JN422507

도서출판 대장간은
쇠를 달구어 연장을 만들듯이
생각을 다듬어 기독교 가치관을
바르게 세우는 곳입니다.

대장간이란 이름에는
사라져가는 복음의 능력을 되살리고,
낡은 것을 새롭게 풀무질하며, 잘못된 것을
바로 세우겠다는 의지가 담겨져 있습니다.

www.daejanggan.org

땅의 예수, 하늘의 예수 산상수훈 강독

지은이 주원규
초판발행 2010년 9월 29일

펴낸이 배용하
책임편집 한상미
등록 제364-2008-000013호
펴낸곳 **도서출판 대장간**
www.daejanggan.org
대전광역시 동구 삼성동 285-16
전화 (042) 673-7424 전송 (042) 623-1424

ISBN 978-89-7071-192-8

이 책은 저작권법에 의해 보호를 받는 출판물입니다.
기록된 형태의 허락 없이는 무단 전재와 복제를 금합니다.

땅의 예수, 하늘의 예수

주원규 지음

차례

들어가는 말

성서의 가르침을 통해 생명의 양식을 취하는 일은 그리스도인에게 주어진 가장 고결한 사역이라고 믿어 왔습니다. 특별히 영적 상징성이 첨예하게 두드러진 마태복음의 산상수훈은 그 깊이의 심오함이 측량할 수 없을 만큼 기이하고 신비하기에 말씀을 묵상하면 묵상할수록 새로워지는 체험을 하게 됩니다. 그러나 이렇듯 심오한 깨달음을 담보하고 있는 산상수훈을 지상의 윤리, 도덕의 차원 속에서만 해석, 적용하려는 시도가 주류를 잠식하고 있는 교회 현실에 대해 아쉬운 마음 금할 길 없었습니다.

하여 필자는 본 졸고拙稿를 준비하여 산상수훈의 가르침을 더욱더 입체적이고 깊은 관점에서 성찰해 볼 수 있는 하나의 토대를 마련해 보고자 했습니다.

오늘날 많은 이들의 관심에선 멀어지고 있으나 본래 성서는 헬라어(희랍어)와 히브리어로 저술된 하나의 문학 작품으로 본래 원전原典의 의미를 세밀히 헤아리지 않고선 말씀 행간에 담긴 참의미를 깨우치기 어려운 점이 있습니다. 그렇기에 특별히 말씀 한 단어, 한 단어에 혁명적인 재생의 깨달음을 부여하는 산상수훈을 헬라어 본문을 토대로 강독講讀해가며 그 참의미를 묵상해 볼 수 있는 하나의 장場을 꾸려보고자 했습니다. 하지만, 의욕과 열의만큼 충분한 학문적 깊이와 영적 무게를 담아냈는지는 의문입니다. 아무쪼록 독자 여러분의 무한한 배려와 이해를 부탁합니다.

이 책을 펴내면서 많은 분께 빚을 지게 되었습니다. 학문적, 신앙적으로 많은 가르침을 전해주신 김철중 목사님과 성서 언어의 존재론적 측면을 일깨워주신 이문환 선생님께 깊이 감사드립니다. 또한, 이 책을 출판하는 대장간출판사에 감사를 표하며 특히 출판을 흔쾌히 허락해 주신 배용하 대표님께 머리 숙여 감사드립니다.

2010년 여름 일산 집필실에서

주 원 규

Chapter 1

팔복八福

팔복 1
영으로 가난한 자

팔복 2
애통하는 자

팔복 3
온유한 자

팔복 4
의에 굶주리고 목마른

팔복 5
긍휼

팔복 6
마음으로 청결한 사람

팔복 7
화평

팔복 8
의를 위하여 핍박을 받는 자

팔복 1 - 영으로 가난한 자

마태복음 5장 1절을 보면 예수께서 무리들*ὄχλους*오클루스을 보신 다음, 산 속으로 올라가셨다는 기록이 나온다. 그와 함께 예수가 자리를 잡고 앉으시자 그의 제자들이 *προσῆλθον*프로셀돈, 가까이 나아왔다는 하나의 장면이 전개된 다음 5장 2절에서 예수는 자신의 입을 여시고 제자들 가르침을 시작하셨다고 밝힌다.

이 대목에서 우리는 산상수훈의 시작을 엿볼 수 있다. 산상수훈은 말 그대로 예수께서 *εἰς τό ὄρος*에이스 토 호로스, 산속에서 행하신 가르침의 기록이다. 그리고 그 가르침은 자신의 입을 여시고 기존 유대 사회와 종교를 지배하는 핵심 가르침, 즉 율법에 대한 기존 해석을 혁명적으로 개혁하는 말씀으로 채워 나간다. 심판과 형제애, 간음과 맹세의 허구성, 진정한 용서와 구제의 동기와 목표, 기도의 방법과 본질, 비판과 참된 것에 대한 추구, 진정한 생명을 얻는 길 등등에 이르는 야훼 하나님을 유일신으로 섬기던 이스라엘 민족을 향한 복음의 참된 해석의 지평을 여는 가르침을 담은 산상수훈은 동 복음 8장 1절에서 산으로부터 내려오신 후에야 마무리되는 것이다.

산상수훈에서 쉽게 놓치고 지나가는 부분이 몇 가지 있는데, 그것은 예수 가르침의 핵심 주제가 어떤 대상을 향한 풀어놓음이냐 하는 부분과 예수가 자신의 말을 들으려고 앞에 나아온 제자들을 향해 가르치셨던 장소의 상징성을 꼽을 수 있겠다.

우선 산상수훈의 전체가 어떤 하나의 대상을 향하고 있다는 의미는 무엇인가. 5장 2절에 보면 예수가 *ἀνοίξας τό στόμα αὐτοῦ*아노익사스 토 스토마 아우투, '자신의 입을 여시고 가르치셨다' 는 구절이 등장하는

데, 이때 이 메시지가 담은 상징성에 주목할 필요가 있다. 공생애 기간 중 종종 예수는 중요한 말씀을 친히 제자들에게 전할 때, '자신의 입을 열어' 란 묘사를 사용했다.

'입을 연다는 것' 은 비밀스러운 하늘의 진리, 하나님나라의 가르침이라 볼 수 있는 메시지를 전달하기 위한 상징적 행위로 이해되는데, 이 비밀이 궁극으로 지향하는 바는 예수 자신이 바로 땅의 백성의 구원을 위한 섭리로서 알려져 오던 그리스도, '기름부음 받은 자' 가 된다는 사실이다. 다시 말해 예수는 자신의 제자들과 ὄχλους오클루스, 무리를 향해 하나님의 비밀 중의 비밀인 자신의 그리스도 되심에 관한 메시지를 전달하시고자 함이 산상수훈 가르침의 최종 목표였던 것이다.

그와 함께 또 하나의 문제, 예수가 무리와 제자들을 가르치셨던 장소에 대한 언급이다. 5장 1절을 보면 예수가 '무리' 들을 보신 다음 산속으로 올라가셨다고 기록되었다. 여기서 기록된 '산' 이 갖는 장소성은 단지 물리적 공간으로서의 실제 산을 의미한다고만 보기엔 충분치 않은 점이 남는다. 본 가르침이 누가복음의 평지설교와 병행되고 있다는 점으로 봐도 그렇다. 마태복음에서 제시된 이 산은 일종의 영의 차원을 상징하여, 예수께서는 산상수훈의 가르침을 듣고자 하는 이들과 함께 하고자 하는 이른바 말씀의 통일성, 일체성의 존재론적 의미를 품고 있음을 보게 된다.

실제로 보면 더욱 그렇다. 예수가 무리를 보신 다음 산으로 올라가셨고 산의 어느 한 장소에 자리를 잡고 앉으신 다음 자신에게 가르침을 들으려고 가까이 나오던 이들은 ὄχλους오클루스, '무리' 들이 아닌 '제자들' 임을 보게 된다. 이러한 정황이 곧 산의 상징적 존재성을 시사하지 않는가.

예수는 익명의 대상들을 향해 자신의 그리스도 되심을 소모적으로 선포하지 않으셨다. 자신의 말씀을 들으려고 προσῆθλον프로셀돈, 매우 근접한 위치에까지 가까이 나아온 존재들을 향해 자신의 στόμα스토마, 영적 상징으로서의 입을 여시고 '자신의 그리스도 되심'의 비밀을 가르치셨던 것이다.

이것은 오늘날의 교회가 추구해야 할 복음 전파의 모델이기도 하다. 세속의 번잡스럽고 무분별한 가치 난립으로부터 복음이 세속화되는 위험을 피하고자 복음을 전파하려는 자는 세상으로부터 분리된 영적 상징의 장소인 산 속으로 들어가 그곳에서부터 복음 전파를 시작해야 한다. 복음, 하나님나라의 비밀을 깨닫고자 하는 자 역시 마찬가지다. 깨닫고자 하는 자는 단순히 '무리들'의 범주에만 만족해선 곤란하다. 참된 복음의 정수를 깨우친다는 건 결국 복음을 전파하는 자가 의도하는 세속적 가치로부터의 분리, 산 속으로 자리를 옮기는 이 상징적 개념을 겸허히 수용할 수 있어야 한다. 그리고 오직 복음의 주체가 되는 예수 그리스도만을 신앙의 대상으로 삼고 그분 앞에 가까이 나아가는 영적 적극성을 취해야만 하는 것이다.

세속의 가르침과 인간의 윤리 도덕적 교훈, 전통과 혼합되는 변질의 가능성을 치명적 해악으로 품는 무리의 활동 무대인 세상은 결코 참된 교회의 소임을 다할 수 없음을 인정해야만 한다. 마태복음 8장 1절 이후부터를 살펴보면 더욱 그렇다. 예수가 가르침을 마치고 다시 산에서 내려오실 때 ὄχλοι πολλοί오클로이 폴로이, 허다한 무리가 예수를 따랐다고 한다. 그러나 이런 무리의 추종이 나타낸 결과가 무엇인가. 단순히 눈에 보이는 이적 행함과 병 고침의 기적에 도취하고, 체제전복의 희망에 세뇌되어 이끌린 군중심리의 발로에 지나지 않는가. 그 마지막은 결국 예수의 십자가 형벌 앞에서 보인 철저한 침묵과 무관심뿐이었다.

예수의 그리스도 되심이란 복음의 정수를 깨달은 자는 산이란 영적 장소성을 향하는 자신의 성전 됨을 확인해야만 한다. 교회는 말씀을 듣고 깨달은 자, 바로 그 자신이다. 깨달은 그리스도인 각자의 몸이 곧 교회이다. 이 몸 된 교회는 비록 세상에서 세상 가치에 도취한 이들과 함께 동거하지만, 눈과 마음의 차원은 필연적으로 영적 차원으로서의 산에 머물러 있어야 한다. 산이란 존재적 상징 안에 자신을 자리매김해야 한다. 그리고 자신을 향해 복음을 듣고자 하는 자, 복음을 들으려고 가까이 나아오는 자에게 자신의 마음속에 담아놓았던 복음 전체를 그 어떤 대가도 없이 있는 그대로 온전히 전달해야만 하는 것이다. 이것이 교회인 우리 그리스도인들이 해야만 하는 유일하고 참된 신앙행위다.

예수는 지금 바로 말씀을 통해 영의 차원에 눈을 뜨고 자신의 본향을 산 속, 그리스도 안에 위치시키려 하는 존재들을 향해 *μακάριοι*마카리오이 '복 있는 사람', '복자' 라고 부르는 것을 절대 망설이지 않으셨다. 이른바 산상수훈은 이렇듯 자신을 향해 나아온 제자들에게 제시하시는 여덟 가지 복으로 시작된 것이다.

이런 맥락으로 성찰해 볼 때 우리는 천국 복음에 대한 한 가지 원칙을 수립하게 된다. 그것은 바로 5장 3절에서 시작해서 5장 10절로 마무리되는 이 여덟 가지 복에서 가리키는 '복' 의 개념이 상식의 개념으로 이해되는 이른바 육의 차원에서 논할 가치가 아니란 사실이다. 팔복은 영의 차원, 하나님 생각의 차원에서 생성, 전개되는 하늘의 개념일 수밖에 없다. 때문에 '영으로 가난한 사람', '애통하는 사람' 의미 역시 영의 차원에서 용해되고 이해되는 차원의 근본적 이동을 통해서만 그 본질 의미가 선명하게 드러나는 것이다.

그런 맥락에서 이제부터 팔복에 등장하는 여덟 가지 복 있는 사람의 상태에 대한 영적 차원의 의미를 살피고자 우선 첫 번째 복 있는 사람에 대한 이야기를 묵상해보겠다. 5장 3절 전반부를 해석하면 다음과 같다.

'영으로 가난한 사람들은 복들이 있다'

*πτωχοί τῷ πνεύματι*프토코이 토 프뉴마티에서 주목할 단어는 *πνεύματι*프뉴마티란 단어다. 가난한, 비천함을 의미하는 형용사 *πτωχοί*프토코이는 성경 전체를 통해 천상적 의미와 지상적 의미로 구분되어 사용됐다. 지상적 의미의 가난함이란 말 그대로 육신의 굶주림, 상대적 빈곤, 그로 말미암은 영혼의 피폐를 상징한다. 그래서 이러한 '가난함' 은 온전한 채워짐이 필요한, 부족함, 부정적 의미로 인식될 것을 요구한다. 그런데 이 전반부에 사용된 '가난함' 은 부정적 의미와는 거리가 있다. '가난한 사람들은 복이 있다' 고 가르치기 때문이다.

그렇기에 우리는 무엇으로 가난한 사람들이 복이 있는지를 주목할 필요가 있는데 그 단어가 바로 *πνεύματι*프뉴마티란 명사다. 헬라어 문법을 살피면 이 단어의 격格이 여격으로 되어 있다. '영으로', '영에' 정도로 해석될 수 있다. 그렇다면 '영으로 가난한 사람들' 이란 의미에서 우리는 위에서 살펴본 '가난함' 의 일반 의미와는 다른 차원에서 해석되어야 할 필요성을 느끼게 된다.

예수는 요한복음을 통해 천상적 차원인 '영' 의 차원과 지상적 차원인 '육' 의 차원 간 대립을 또렷이 밝히신 바 있다. 요한복음 3장 6절에서 '육으로 난 것은 육이요 영으로부터 난 것은 영이라' 고 말씀하신 것이다. 이 말씀은 천상의 비밀을 땅의 차원에서 구하려는 바리새인

니고데모에게 예수께서 들려주신 가르침이다. 이처럼 예수께선 지금 가난한 사람들을 이야기하지만 궁극적으로 말씀하려는 바는 땅의 의미에서 육체의 자발적 빈곤, 이른바 청빈淸貧을 강조하려는 것이 아니라 천상적 의미인 '영으로서의 가난한 상태'를 독려하신 것이다. 종교인들에게 자발적 가난을 요구하는 분위기가 형성되어 있음을 우리는 발견하게 된다. 하지만, 그러한 자발적 가난이나 청빈의 삶은 현재 우리가 사는 사회에서 긍정적 미덕으로 존중받을 순 있을지언정 산상수훈에서 가르치신 예수의 의도와는 거리가 먼 해석임을 분명히 구별해야 한다.

천상적 의미에서 예수는 니고데모에게 하나님나라를 보고, 또한 경험할 수 있게 되려면, 즉 천상의 차원으로 우리 인간 존재가 합류할 수 있으려면 반드시 '거듭나지 않으면' 안 된다는 말씀을 하셨다.

> 진실로 진실로 네게 이르노니 사람이 물과 성령으로 나지 아니하면 하나님나라에 들어갈 수 없느니라 _요3:5

거듭난다는 건 인간 존재가 천상의 차원을 이해할 수 있게 된다는 의미인데, 예수는 이 거듭남은 곧 '물'과 '성령'으로 상징되는 하나님 말씀을 통해서만 가능함을 말씀하시면서 하나님 말씀의 차원으로 인간의 땅의 언어를 이끌어 올리는 해석의 지평을 곧 영으로 이해하는 차원과 동일시했던 것이다.

이런 맥락으로 보면 이제 '영으로 가난한 사람들'에 대한 이해가 가능해진다. '영으로 가난한 사람'이란 그리스도인의 영적 상태를 가리킨다. 그리스도인의 존재 상태는 이렇듯 영으로 가난한 상태의 지속인데, 영으로 가난함이란 곧 하나님 말씀을 깨달아 그 깨달은 생명의 차원을 아직 말씀을 깨닫지 못한 내 이웃, 형제에게 아낌없이, 값없이, 어떤 대가를 바라지 않고 온전히 전달해주는 존재 상태를 가리킴으로 이해할 수 있다.

이러한 상태를 지속하는 존재가 복을 받은 사람이라고 예수는 부르셨다. 이런 영적 맥락을 강화하신 예수의 말씀을 한 구절 더 찾아보겠다. 바로 부자 청년과의 대화를 꼽을 수 있다.

> 네가 온전하고자 할진대 가서 네 소유를 팔아 가난한 자들에게 주라 그리하면 하늘에서 보화가 네게 있으리라 그리고 와서 나를 따르라 하시니 _마19:21

예수가 부자 청년에게 요구하신 '모든 소유의 버림'은 앞서 밝혔듯 영의 차원을 이야기하는 것으로 볼 수 있다. 부자 청년은 율법의 해박한 지식을 머리와 가슴 속에 쌓아온 존재였다. 그런 청년에게 예수는 그가 쌓아둔 하나님의 지식을 그것을 알지 못하는 사람들에게 아낌없이 나눠 주고 자신을 쫓으라고 말씀하셨던 것이다. 예수를 쫓는다는 건 더 깊은 말씀을 추구한다는 의미다. 바로 이것이 예수께서 원하시는 '영으로 가난한 사람'의 자세이며, 열린 마음으로 말씀을 구하고 나누는 그리스도인의 자세이며, 교회의 존재 이유다.

이제 5장 3절의 하반부 구절을 살펴보겠다. 접속사 ὅτι 호티로 시작되는 하반부는 영으로 가난한 사람들이 어째서 복이 있는지에 대한 이유를 밝히는 구절이다.

> 그 하늘들이 소유하고 있는 나라가 그들의 것이기 때문이다 _원문 직역

한글개역 성경에는 '그 하늘들이 소유하고 있는 나라'란 구절이 단

한 마디 단어 '천국' 으로 압축되어 있다. 하지만 '천국' 이란 단어로 압축되어 해석되기엔 무리가 따른다. 시제의 문제 때문이다.

'천국' 에 대해 우리가 가진 보편적 개념은 사후, 혹은 먼 미래, 하늘의 어느 곳을 가리키므로 알고 있다. 그렇지만, 헬라어 문법을 살펴보면 '천국' 으로 압축된 '그 하늘들이 소유하는 나라' 가 *αὐτῶν ἐστιν*아우톤 에스틴, '현재 그들의 것이다' 로 번역된다. 3인칭 동사 *ἐστιν*에스틴이 현재 능동태로 사용됐다는 건 천국이 지금 그들의 것으로 현존하고 있다는 의미인 것이다. 그래서 지금 예수가 가리킨 '천국' 은 사후 세계에 들어가게 될 먼 미래의 어떤 곳만을 가리킴이 아니다.

그렇다면, 이 현재시제로 사용된 '하늘들의 나라' 에 대한 영적 의미를 살펴볼 필요가 있다. 우선 복수로 쓰인 '하늘들' 이란 단어를 사용하는 다른 성경 구절과의 연관성을 살펴보겠다.

> 내가 새 하늘과 새 땅을 보니 처음 하늘과 처음 땅이 없어졌고 바다도 다시 있지 않더라 _계21:1

미래에 나타날 예언의 뉘앙스로 나타나는 기록에서 우리는 거듭난 존재가 '새 하늘' 의 존재적 의미가 있음을 발견하게 된다. 이와 같은 맥락으로 봤을 때, 하늘은 곧 영의 차원을 깨닫고 그 차원에 합류한 상태성을 지닌 영으로 가난한 자들의 존재를 하늘로 표현했음을 짐작할 수 있다. 그러한 영의 가능성을 우리는 헬라어에 사용된 단어 *οὐρανῶν*우라논의 문법기호가 명사 남성단수가 아닌 복수로 쓰인 것으로 확증해 볼 수 있다.

하늘들은 하늘의 차원에 합류된 그리스도인을 가리키고 있음을 알게 되었다. 그렇다면, 바로 우리 존재를 가리키는 '하늘들' 이 소유한

'나라', *βασιλεία*바실레이아는 무엇을 뜻하는가. 바로 우리 주님을 상징하고 있다. 골로새서 1장 13절에 '그가 우리를 흑암의 권세에서 건져내사 그의 사랑의 아들의 나라로 옮기셨으니' 라고 기록되어 있지 않은가. 하나님의 사랑의 아들의 나라가 우리가 지금 말씀으로 소유하는 나라이다.

정리해보면 팔복의 첫 번째 복인 '영으로 가난한 사람들' 이 복이 있는 이유는 바로 하늘로 상징되는 그들, 영으로 가난한 사람들, 복음을 아낌없이 전파하고 가르치길 쉬지 않는 그리스도인들이 아들의 나라를 현재 소유하고 있기 때문으로 이해할 수 있다. 현재 우리는 말씀으로서의 아들의 '나라' 를 소유하고 있으며, 이러한 상태의 지속 때문에 존재가 육의 옷을 벗고 참된 영적 세계에 진입될 때에 맞이하게 될 '나라' 는 더는 내용으로서의 말씀이 아닌 존재로서 하나님을 보게 되는 완벽한 차원의 회복이 구현되는 것이다.

영의 세계에 완벽히 젖어드는 존재가 되는 길, 그리스도의 생명 책에 기록된 참 그리스도인으로서 존재할 수 있는 유일하고 참된 길을 예수께선 이제 팔복의 첫 번째 복을 통해서 밝히 가르치셨다. 그것은 곧 '영으로 가난한 사람들' 이 되는 것이다. 이렇듯 말씀의 영적 의미를 깊이 깨달아 그 깨달은 말씀을 자신의 가슴과 머릿속에만 담아두지 않고 진실한 마음으로 내 이웃, 형제에게 증거, 전파, 가르치는 그리스도인의 삶을 살아가길 기원한다.

팔복 2 - 애통하는 자

우리는 영으로 가난한 존재가 어째서 복 있는 사람이 될 수 있는지 성찰해 보았다. 영으로 가난한 자들은 말씀을 하나님의 뜻에 따라 나누고 전파하는 사람의 상태를 가리키며, 이렇듯 하나님의 뜻과 함께 하는 존재들에게 하나님은 예수 그리스도의 상징인 '나라' *βασιλεία*바실레이아의 온전한 소유를 허락하셨음을 알 수 있었다. 이것은 한 마디로 육의 차원에서 죽을 수밖에 없는 삶을 살아가던 전망 없던 인류에게 영의 차원, 하나님의 차원이란 새로운 세계의 열림을 허락하시는 예수 자신의 그리스도 되심에 대한 감격스런 선포의 메시지로 이해할 수 있다.

그러한 대의적인 맥락에서 본래 산상수훈의 첫머리에 등장하는 여덟 가지 복의 개념은 한 가지 큰 뜻 안에 포괄되어 있음을 볼 수 있다. 그 한 가지 큰 뜻은 바로 인류에게 유일한 구원자 되시는 그리스도가 인간의 옷을 입고 2천 년 전 이 땅에 거룩한 존재를 드러내신 예수란 사실에 대한 발견에 있다. 하지만, 성서는 이러한 발견에만 만족하는 것, 즉 '예수가 그리스도' 라는 명제 안에만 머물러 있는 것이 복 있는 사람이라고 가르치고 있지 않다. 문제는 이 거룩한 진리의 진술인 '예수가 그리스도' 라는 사실의 증언에 달렸는데, 그 증언됨의 서로 다른 형태를 기록한 것이 바로 한 가지 뜻 안에서 분화되는 여덟 가지 복 있는 사람의 모습으로 드러나고 있다. 이번엔 두 번째 복 있는 사람에 대해 묵상해 보겠다. 마태복음 5장 4절, 두 번째 복 있는 사람의 전반부 구절을 직역해 보면 다음과 같다.

'애통하고 있는 사람들은 복들이 있다'

'애통하고 있는' 이란 현재능동태 동사인 πενθοῦντες펜둔테스의 원형은 πενθέω펜데오인데, 이 단어는 πένθος펜도스에서 유래하였다. πενθέω펜데오의 유래어인 원형 πένθος펜도스는 기본적으로 슬픔, 애통, 비애, 비탄이란 부정적 의미가 있으며, 이 단어에서 파생된 πενθοῦντες펜둔테스의 원형 πενθέω펜데오는 '슬퍼하다, 애통하다' 는 등의 뜻으로 나타나 있다. 이러한 언어의미의 차원에서 본 구절 전반부를 조명했을 때 드러나는 표면적 정서는 부정적 감정, 비통함의 호소와 절규 정도로 이해될 수 있다. 그러나 이러한 표면의 의미만으론 해소되지 않는 문제가 남아 있다. 애통해하는 존재가 애통해야 하는 대상이 빠져 있기 때문이다. 과연 성서가 말하는 '애통한 존재' 들은 무엇에 애통해 하는 것인가. 과연 이 언어의미를 삶의 복잡한 관계 속에서 빚어지는 감정적인 비탄의 고백쯤으로만 이해해야 하는 건가. 하지만, 산상수훈에서 나타낸 예수의 가르침은 단지 우리에게 감정의 측면에서만 자신의 가르침이 해소되는 걸 원하지 않으셨다. 요한복음에서도 공공연히 밝혀왔듯 성서에 등장하는 모든 기록은 우리에게 부활과 생명 되는 그리스도, 자기 자신에 대한 기록이라고 밝혀왔기 때문이다.

그런 맥락에서 5장 4절 전반부를 묵상해 보았을 때, 우리가 갖게 되는 언어의미의 심층은 바로 '애통하고 있는 존재' 가 지향하는 애통의 대상이 바로 예수 그리스도와 그분의 복음인 성서를 가리키고 있음을 조심스럽게 진단해 볼 수 있다.

복음을 애통의 대상으로 삼는다는 건 또 무슨 의미인가. 복음은 기쁜 소식이며, 생명의 약속이다. 그러나 이 복음은 그 참 의미를 깨달은 존재에게만 비로소 복된 소식일 수 있다. 예수의 비유에서 이러한 복음의 가치를 깨닫는 자와 깨닫지 못하는 자의 차이가 극명히 드러난다.

> 천국은 마치 밭에 감추인 보화와 같으니 사람이 이를 발견한 후 숨겨 두고 기뻐하며 돌아가서 자기의 소유를 다 팔아 그 밭을 사느니라 _마13:44

13장 44절 헬라어 원문을 살펴보면 이 구절에서도 '천국'은 마태복음 5장 3절에 나타난 '천국'과 같이 '하늘들의 나라'로서 현재형을 갖는 오늘, 그리고 내일 우리 마음 안에 함께 하는 왕국으로서의 예수 그리스도를 뜻하며, 이는 곧 복음의 의미를 함축하고 있다. 그러나 이 복음은 오직 이 진정한 가치를 깨달은 자에게만 복음일 뿐이다. 깨닫지 못하는 자에게 이 복음은 영영 '밭에 감추인 보화'에만 머무를 뿐이다. 그것이 진정한 보화인지, 밭에 감추어 있는 것인지조차 분별할 수 없는 상태에 처한 존재에게 참된 깨달음과 하나님 차원으로의 합류, 즉 영에 속한 사람의 삶을 산다는 건 처음부터 불가능하다는 사실을 성서는 너무나 분명하게 밝힌다. 이렇듯 복음의 참된 가치를 깨닫는 것, 구원의 기쁜 소식이 오직 예수 그리스도에 관한 기록과 내면의 감격으로만 채워져 있다는 충만의 개념을 인지한 존재는 무한한 내면의 기쁨과 환희의 충족을 체험함과 동시에 말할 수 없는 고통, 즉 πενθοῦντες펜둔테스, 애통함 역시 거부할 수 없게 된다는 사실 또한 잊지 말아야 한다. 왜냐하면, 이 복음이란 처음부터, '나'만을 위한 '나 자신의 존재론적 구원'만을 위해 기능을 하는 것이 아니기 때문이다.

복음의 주체이며, 유일한 대상인 예수 그리스도의 삶은 십자가의 삶이었다. 십자가의 삶은 한 마디로 희생의 삶으로 압축된다. 하나님의 아들이 인간이 되셔서 사망의 영역 안으로 자신의 존재를 투신함으로 얻게 된 부활의 표적은 더는 사람이 본래 존엄 가치를 훼손하지 않고서 참 사람의 삶, 영생을 이루게 하신 하나님의 유일 섭리이다. 그 섭리의 핵심이 바로 복음의 역동성이며, 그러한 역동성이 갖는 최종적 목표는 바로 전파다.

'내 이웃을 내 몸과 같이 사랑하라'는 예수의 지상 명령은 타자他者로서의 내 이웃, 내가 아닌 타자를 자신의 몸, 복음 그 자체로 사랑하라는 의미에 불과하다. 복음이 갖는 본질적 특성은 그러므로 말씀의 신비를 깨달은 '나'라는 주체가 주체의 영역 안에만 말씀의 신비를 담아놓는데 그치는 것이 아니라 말씀의 신비를 '나' 아닌 '다른 사람', 타자他者에게 전달함으로 그리스도 안에서 한 몸을 이루고자 함이 복음의 본질적 역할이다.

그런 맥락에서 이제 '애통하고 있는 사람들'의 상태에 대해 더욱 깊이 살펴보겠다. '애통하고 있는 사람들'의 일차적 열림은 바로 그들이 복음을 깨달았다는 측면에서 이해할 수 있다. 그렇다면, 이번엔 복음의 참 가치를 깨달은 존재들이 애통한다는 상태가 무엇인지 가늠하게 해주는 성서 한 구절을 묵상해 보겠다.

> 그래서 예수님이 그들에게 대답하셨다. '신랑의 친구들이 신랑과 함께 있는 동안에 슬퍼할 수 있겠느냐? 그러나 신랑을 빼앗길 날이 올 것이다. 그 때에는 그들이 금식할 것이다. _마9:15 (현대인의 성경)

15절 한 구절만 따로 떼어놓고 보면 충분한 이해가 어려울 수도 있다. 이 텍스트의 배경은 요한의 제자들이 예수 앞에 나아와 자신과 바리새인들은 금식하는데 어째서 당신의 제자들은 금식하지 않느냐는 질문에 대한 예수의 독특하고 개혁적인 답변으로 채워져 있다. 이 대목에서 예수는 금식의 참 의미에 대한 그 자신만의 영적인 비유를 설파하셨음을 볼 수 있는데, 이 장면의 설정을 이루는 15절에서 예수는 신랑을 그리스도가 되는 자신으로, 혼인집 손님들을 복음을 깨달은 존재들로서 비유하고 있다. 그와 함께 예수는 지금 혼인집 손님들이 신랑과 함께 있을 동안에는 슬퍼할 수 없으며, 신랑을 빼앗길 날이 이를 것이니 그때부턴 금식하게 될 것이란 말씀을 남기셨다. 이 가르침에서 역시 헬라어 *πενθεῖν*펜데인, '슬퍼한다' 는 분사가 쓰인 것을 확인할 수 있다. 이 단어의 원형 역시 *πενθέω*펜데오로 마태복음 5장 4절의 '애통하고 있는' 과 같은 단어다. 그런데 9장 15절에서의 '슬퍼함' 이 후반부 구절인 '신랑을 빼앗길 날이 이를 것이니 그때부터는 금식을 하게 된다' 면서 '금식' 의 개념으로 발전하였음을 확인하게 된다. 이로 미루어 보건대 예수는 제자들, 복음을 듣고 깨달은 존재들에게 있어서 '슬퍼함', '애통함' 은 오순절 성령으로 다시 오셨을 때, 우리가 행하게 되는 '금식' 이란 개념과 동일시하고 있음을 짐작하게 되는 것이다.

이러한 영적 맥락을 통해 드러나는 '금식' 이란 과연 무엇인가. 요한의 제자들처럼 육신의 먹을 것을 금하는 것이 금식인가. 그렇게 보기엔 '애통함' 의 차원이 단순히 육신의 고행을 통해 발전하는 종교 행위론적 모델로만 국한되기 쉽다. 예수가 허락한 금식은 복음을 깨달은 존재의 삶 전체를 놓고 그 삶이 지속하는 한 언제라도 지속하여야 할 항구적인 현재의 개념을 담고 있음을 이해해야 한다. 신랑을 빼앗긴, 즉 예수의 존재가 영의 몸이 되어 승천과 오순절 성령으로 다시 오심의 섭리의 과정을 거치고 난 이후 그들의 제자들, 오늘 복음을 듣고 깨달은 우리는 금식을 해야 한다고 가르치시지만 정작 이 금식의 기한이나 방법에 대해선 침묵하고 있다. 그와 함께 9장 17절에서 '새 포도

주는 새 부대에 넣어야 둘이 다 보전되느니라' 는 부연설명을 남기셨다. 이 가르침이 뜻하는 바는 바로 '금식' 의 개념이 '음식으로부터의 단절' 을 통한 종교의식에만 국한된 것이 아니라 포괄적, 본질적 차원에서 발전하는 광의적 의미로서의 '복음 전파' 를 의미하는 것이다.

광의적 의미에서 다시 조망해 본 5장 4절의 '애통해하는 존재들' 은 그들의 삶이 계속되는 동안 언제나 현재형의 상태, 즉 영성을 견지하는 상태에서 애통하고 있어야만 한다. 그러한 애통함은 다시 말해 금식, '복음 전파' 의 개념으로 발전한다. 진리 안에서 복음을 깨달은 자, 영과 진리 안에서의 예배를 경험한 존재는 복음의 본질적 요청을 결코 외면할 수 없다. 복음의 본질인 '이웃 사랑' 의 절대강령을 외면한 채 자신만을 위하는 보신주의補身主義와 기복신앙祈福信仰의 늪에 빠진 채 종말의 날이 다가오기만을 기다리는 자세로는 결코 복 있는 자의 대열에 합류할 수 없음을 명심해야 한다. 삶을 다하는 날까지 이 생명의 복음을 '나' 아닌 '너', 내 이웃에게 증거가 되고 전파해야만 하는 것이다. 이런 존재들에게 계시록은 종말의 날에 주게 될 축복을 다음과 같은 감격스런 필체로 기록하고 있다. 계시록 21장 4절 말씀이다.

> 그들의 눈에서 모든 눈물을 씻어 주실 것이니 다시는 죽음도 없고 슬픔도 없고 우는 것도, 아픔도 없을 것이다. 이것은 전에 있던 것들이 다 사라져 버렸기 때문이다. _계21:4 (현대인의 성경)

새 예루살렘, 온전한 생명의 문이 열리는 생명책에 기록된 존재들은 그때가 이르면 더는 애통함, 눈물 흘림의 수고가 사라지게 될 것이다. 그것이 성서가 말하는 거룩한 약속의 핵심이다. 결코 파기될 수 없는 창조주 하나님의 약속이다.

이제는 이러한 차원에서 이해되는 '애통하는 존재들이' 얻게 될 복의 이유에 대해 묵상해 보겠다.

ὅτι αὐτοί παρακληθήσονται 호티 아우토이 파라클레데손타이

왜냐하면 그들이 위로를 받을 것이기 때문이다 _원문 직역

'위로받게 될 것이다' 라는 미래수동태 동사 *παρακληθήσονται*파라클레데손타이의 사전적 원형은 *παρακαλέω*파라칼레오로서 이 단어는 '곁으로, 밀접하게' 란 뜻이 있는 *παρα*파라란 단어와 '부르다, 요청하다' 는 뜻이 있는 *καλέω*칼레오의 합성어다. 이를 자세히 풀어 보면 '곁으로 부르다, 간청하다', '탄원하다', '애원하다' 정도의 의미로 세밀한 영의 간섭과 통치가 이뤄질 거란 성서에 따른 의미로 이해되고 있다. 그런데 좀 더 주목하면 *παρακαλέω*파라칼레오에서 유래한 명사에 있음을 발견하게 된다. 바로 *παράκλητος*파라클레토스란 단어인데, 이 단어는 우리가 잘 알듯 중성명사로 사용되는 '보혜사, 대언자' 를 뜻한다. '보혜사' 란 누구인가. 바로 거룩한 영, 성령을 말하지 않는가. 그렇다면, 위로받게 된다는 뜻의 광의적, 영적 의미를 이러한 파생 단어의 유래성에서 조망해 보면 다음과 같은 답을 도출해 낼 수 있겠다. 그건 바로 '위로받는다는 것' 은 성령을 받게 됨을 뜻한다고 말이다.

여기엔 좀 더 세심한 성찰이 요구된다. '성령 받음' 의 의미 본질이 무엇인지에 대해 말이다. 5장 4절에 나타난 '위로 받게 된다' 는 *παρακληθήσονται*파라클레데손타이는 미래수동태 분사로 쓰인다. 이런 맥락에서 애통하는, 복음을 증거 하는 존재들이 성령의 존재와 동참하게 된다는 최종적 의미로서 이 구절을 이해해볼 수 있다는 것이다. 좀 더 포괄적으로 이 말씀을 확장하면 마지막 날 그리스도 예수와 우

리가 한 몸을 우리는 성령 받음의 충만 상태가 이루어지기 전부터 우리는 끊임없이 성령과 교통하며 그분의 신비에 잠기는 충만의 세례가 지속적으로 이루어져야 함을 절감하게 된다. 영과 진리 안에서의 예배를 중단할 수 없는 이유가 바로 여기에 있는 것이다.

그런 맥락에서 우리는 복음 전파로 말미암아 중성명사 의미가 있는 '보혜사'의 충만을 더욱 가까이, 세밀하게 발견하게 된다는 일종의 복된 존재의 영적 원리를 깨우치게 된다. '보혜사'가 중성의 성질을 가짐이 뜻하는 언어적 의미는 성령이 존재로서가 아니라 내용contents, 곧 하나님의 말씀으로 기능 하신다는 것을 뜻한다. 이러한 원리는 다음과 같다.

우리가 성령의 존재성을 체험할 수 있는 유일한 길은 곧 성서를 통해서다. 그 외에 진리를 깨달을 수 있는 다른 길은 존재하지 않는다. 성령은 자신의 존재와 뜻을 드러내시기 위해 내용으로서 살아 있고 역동성을 품은 복음을 통해 역사 하시는 것이다. 이러한 차원이 선명해지면 우리가 위로를 받게 된다는 것은 곧 복음을 전파함으로써 복음의 진리에 더 가까이 다가갈 수 있으며, 복음을 전파함으로 생명의 충만 상태에 더욱 신비적으로 돌입할 수 있다는 사실을 깨닫게 된다. 이러한 원리는 흡사 빛에 일시 노출되었을 때, 우리가 그 빛을 피하고 눈을 감아버리다가 점점 빛의 세계에 순응되는 과정을 거치게 되면 종래에 가선 빛의 중심을 또렷이 볼 수 있게 되는 것과 같다고 할 수 있다. 진리이신 예수의 빛 자체인 성서가 처음엔 희미한 토대로서만 인식되던 것이 우리가 그 빛에 대한 거룩한 경외심을 잃지 않고 본질의 뜻을 다하는, 즉 애통하는 존재로서 전력을 다할 때, 우리의 영혼은 어둠의 세계에 길들어 있던 존재의 어둠에서 차츰 벗어나 빛의 세계로의 적응을 이루어내는 복음의 더욱 깊은 곳으로 담대하게 빠져들게 됨을 체험하게 된다. 이것이 곧 우리 존재의 혼이 육의 차원인 σάρξ샤르크의 욕망에 매료되지 않고 σάρξ샤르크에서 πνεῦμα프뉴마의 상태로 이동되는 신비적 충만 상태로의 돌입을 뜻함이다. 그 최종적 충만의 때에 우리는 그리스도와 한 몸이 되어 그분은 우리의 머리 되고 우리는 그분의 몸이 되어 참사람이 되는 진리의 영역에서 영원한 생명을 공유하게 될 것인데, 그것이 바로 천국이요, 영원의 구원이다.

쉼 없고 중단 없는 복음 전파가 중요한 이유가 바로 여기에 있다. '애통하고 있는 자' 만이 위로받을 수 있기 때문이다. 즉, 복음을 참된 심정으로 전파하려 애쓰는 자들에게 주님께서 자신의 몸 그 자체인 성서 말씀을 더욱 밝히 열어주시려 애쓰신다는 것이다.

주님은 오늘도 우리에게 거룩한 영으로 오셔서 일하고 계신다. 우리를 부르고 있다. 그래서 우리는 숙명적으로 사명자의 대열에 동참할 수밖에 없다.

이러한 책임의식을 무거운 중압으로 느끼지 않고 날마다 새로운 깨달음을 수혈받아 생명에 눈을 뜨는 환희로 받아들이며 날마다 기도하는 삶을 추구해 가기를 간절히 기원해본다.

팔복 3 - 온유한 자

우리는 지금 마태복음 5장 도입부에 제시된 여덟 가지 복 있는 사람에 대해 살펴보고 있다. 복 있는 사람의 의미는 이전 글을 통해 묵상했듯 세상에서의 육신적 만족의 기준에서 지향되는 복의 개념이 아니라 천상적, 영적 개념의 지고함으로서의 복임을 깨달게 되었다. 그리고 이러한 여덟 가지 복의 두 개의 복 있는 사람들이 어떠한 상태로 존재하며, 또한 그러한 상태를 유지, 지속하는 영혼들에 주어지는 영적 개념의 축복이 어떻게 우리에게 제시되는지도 살펴보았다. 첫째로 영으로 가난한 사람들은 하늘들의 나라, 지금 우리에게 영으로 현존하는 복음으로서 존재하는 나라를 소유하게 된다고 말하고 있다. 두 번째로 애통하는 사람들은 위로라는 단어로 상징되는 명사인 *παράκλητος* 파라클레토스, 보혜사 성령의 은혜 안에 잠기게 된다는 사실도 깨닫게 되었다. 이러한 두 가지 복 있는 사람의 상태를 살폈을 때 우리가 발견하게 되는 일관되고 예외 없는 한 가지 공통점이 있는데, 그것은 바로 복 있는 사람의 영적 상태는 그 영혼 속에 잠겨 있는, 혹은 충만히 젖어들어 있는 기쁜 소식인 복음이 복 있는 사람의 심령 속에서 살아 역사 한다는 사실이다.

우리는 이전 글을 통해 가난한 사람, 애통하는 사람들의 상태가 육신의 굶주림과 감정의 위로를 요구하는 차원에 머물러 있지 않다는 사실을 깨닫게 되었다. 위에서 언급된 가난함은 영으로 가난한 상태로서 영혼의 내면에 복음이 채워진 존재가 자신에게 기쁨으로 다가온 복음을 내 이웃, 형제에게 전파함으로써 영으로 비워지는 가난한 상태를 실천하게 된다는 상태와 애통함으로 상징되는 영적 금식의 상태성을 충족시킴으로써 자신이 전파하는 복음의 주체와 대상으로부터 마치 '그 배에서 생수의 강이 흘러나올 것' 이란 성서 말씀처럼 끊임없이 우리의 위로 되시는 보혜사의 능력 안에 잠겨 들게 된다는 복 있는 사람들의 상태성은 필연적으로 복음을 자신이 감당해야 할 유일무이한 영적 사명으로 자각하고 있다는 공통점을 갖고 있다는 사실이다. 이러한 공통분모는 이번에 묵상하게 될 세 번째 복인 온유한 사람들에게도 예외 없이 해당한다는 사실을 조심스럽게 진단할 수 있다.

먼저 5장 5절의 전반부를 직역해보면 다음과 같다.

'온유한 사람들은 복들이 있다'

우리가 보편적으로 떠올리는 '온유함' 이란 의미는 아마도 다음과 같을 거라고 생각된다. 부드럽고 유순함 정도의 의미가 있는 것이 바로 온유함을 떠올릴 때 우리가 연상하게 되는 떠올림이다. 사전적 의미 역시 이러한 생각과 크게 다르지 않다.

성경에서 온유한 대상을 가장 극적으로 부각시키는 대상이 존재하는데, 바로 그리스도 예수다. 마태복음 11장 28절에선 예수가 자기 자신에 대해 밝히는 구절에서 온유함이란 단어가 극명하게 드러나고 있다.

수고하고 무거운 짐 진 자들아 다 내게로 오라 내가 너희를 쉬게 하리라 나는 마음이 온유하고 겸손하니 나의 멍에를 메고 내게 배우라 그리하면 너희 마음이 쉼을 얻으리니 이는 내 멍에는 쉽고 내 짐은 가벼움이라 하시니라
_마11:28~30

지금 이 말씀은 영혼이 지치고 진리에 목말라 하는 당시 이스라엘 백성과 자신을 따르는 무리를 향해 자신의 멍에를 메고 배우면 참된 쉼을 얻을 수 있게 된다고 소리치듯 강변하는 예수 그리스도 그분 자신에 관한 말씀이다. 이 구절에서 예수는 자신의 마음이 온유하고 겸손하다고 말하고 있다. 헬라어 본문을 번역해보면 '예수는 자신이 마음으로 온유하고 겸손한 상태로 존재하고 있기 때문에 자신으로부터 배우고, 너희로 번역되는 믿는 자들 위로 자신의 멍에를 붙잡으라' 는 의미로 해석될 수 있다.

물론 인간적으로도 예수가 온유하고 겸손한 모습을 보인 건 사실이다. 그렇지만, 역사적 기록의 증언이나 여러 정황으로 봤을 때 예수께서 항상 한결같이 온유한 성품을 견지했던 건 아님을 발견하게 된다. 예수는 때론 분노를 억제하지 못하고 불같이 터뜨리기도 하셨다. 가증스러운 종교적 위선을 일삼던 바리새인들과 서기관들을 향해 그분은 '독사의 자식들' 이란 욕설에 가까운 표현까지도 서슴지 않았으며, 성전에서 장사하는 타락된 현실을 개탄하시면서 장사꾼들의 상을 뒤엎는 혈기 방자한 모습을 나타내기도 하셨다. 이뿐인가. 예수는 풍부한 감성의 소유자이기도 했다. 병자들, 비루한 현실에 방치된 백성을 보며 가슴을 치며 탄식하던 모습은 부드러움과 자비, 얌전한 이미지로만 비치는 온유함과는 거리가 먼 상태임을 확인하게 된다.

겸손의 의미 역시 주의 깊게 짚어 보면 그 의미가 표면적으로만 이해되기엔 부족하다는 느낌을 지울 수가 없다. 공관 복음서의 전체를 통해 예수는 종종 자신을 하나님과 동격인 존재로 표현했던 것을 볼 수 있다. 그건 물론 하나님의 메신저로서 이 땅에 오신 예수의 처지에서 보면 지극히 당연한 자기 선언이었지만, 일반의 범속한 눈으로 볼 땐 교만한 모습으로 비쳤을 것이 자명한 것이다.

그렇다면, 지금 마태복음 11장 29절을 통해 밝히는 예수 자신의 정체성인 '온유함과 겸손함'의 성향은 우리가 흔히 생각하는 사전적 의미를 초월하고 아우르는 포괄적 의미로 심화하고 있음을 인정하지 않을 수 없겠다.

예수는 자신이 마음으로 온유하고 겸손함으로 존재한다고 밝힌 바 있으셨다. 마음으로 번역된 *καρδία*카르디아는 곧 영적 생명을 상징한다. 그렇다면, 이 말씀은 예수가 밝히듯 영으로 존재하게 되는 온유와 겸손 상태의 심화일진데 이 두 의미는 지금 *καί*카이라는 대등 접속사로 열거되어 두 단어의 의미가 동격의 가치를 가짐을 밝히며, 이는 궁극적으로 우리가 산상수훈에서 묵상하게 된 마태복음 5장 5절의 그분을 따르고자 하는 영혼들에 주게 될 복 있는 사람의 상태를 허락하는 기쁜 소식, 복음 그 자체임을 깨닫게 되는 것이다. 다시 말해 예수가 영으로 온유하고 겸손한 상태로 있다는 건 바로 자기 자신이 하나님의 아들로서 우리에게 온유함과 겸손함의 영적 심연의 궁극을 펼쳐놓으실 수 있는 유일한 존재로서의 복음 그 자체임을 밝힌 것이다. 이것은 바로 예수가 곧 그리스도, 기름부음 받은 자라는 자기 정체성의 공적 선언을 다층적이고 분화된 여러 의미로 풀어서 설명하셨던 케리그마에 다름 아닌 것이다.

이 구절에서 예수는 바로 자신이 온유하고 겸손함, 즉 복음 그 자체로 존재하기 때문에 *μάθετε ἀπ' ἐμοῦ*마데테 아프 에무 '나로부터 배우라'고 말씀하시고, 또한 *ἄρατε τόν ζυγόν μου ἐφ' ὑμᾶς*아라테 톤 쥐곤 무 에프 휘마스 '너희 위로 나의 멍에를 메라'고 담대히 말씀하실 수 있던 것이다.

우리가 예수로부터 배워야 할 것, 배울 수 있는 것은 무엇인가. 그것은 하나의 원인으로부터 파생되는 단 하나의 표적, 예수의 그리스도 되심에 대한 기록인 성서의 참 의미를 배움을 뜻한다고 볼 수 있다. 또한 '너희 위로 나의 멍에를 메라' 는 의미는 또 무엇인가. 이 또한 *μάθετε ἀπ' ἐμοῦ*마데테 아프 에무, '나로부터, 예수님으로부터 배우라' 는 말씀과 함께 *καί*카이라는 대등 접속사로 쓰인 구절로 성경 말씀의 참 의미를 배우라는 포괄적 의미가 있으며, 이를 더욱 자세히 살펴보면 우선 그분의 멍에가 무엇인지를 헤아려 보는 것이 필요하겠다. 29절 전반부 첫 구절인 *ἄρατε τόν ζυγόν μου*아라테 톤 쥐곤 무에서 동사 능동태로 쓰인 *ἄρατε*아라테의 헬라어는 바로 '쥐다, 붙잡다' 의 의미가 있다. 그렇다면, 이 구절은 곧 '나의 멍에를 붙잡으라' 고 볼 수 있는데, 이를 전체 구절과 접목해서 본다면 결국 여기서 예수 자신이 가리키는 멍에는 자신의 정체성이라 할 수 있는 온유함과 겸손함, 즉 복음 그 자체를 우리가 붙잡고 있으라는 가르침으로 이해할 수 있다.

그렇다면, 우리가 오늘날 예수의 영인 성령으로부터 성서의 참 의미를 배우는 상태성의 궤도 위에 영혼의 숨을 쉬게 된다면 우리 주님께서는 29절 가르침을 통해 *καί εὑρήσετε ἀνάπαυσιν ταῖς ψυχαῖς ὑμῶν*카이 휴레세테 아나파우신 타이스 휘카이스 휘몬 직역하여 '그러면 너희의 영혼들에 쉼을 찾게 될 것이다' 라고 밝힌 것을 발견하게 된다.

복음을 붙잡고 배우는 영혼들이 찾게 되는 것이 쉼이라고 말씀하신 예수의 가르침에서 우리가 주목해야 할 단어는 바로 쉼으로 번역된 헬라어 원어 *ἀνάπαυσιν*아나파우신이다. 이 단어는 '~위로', '~위를 향하여' 의 의미가 있는 전치사 *ἀνα*아나와 '멈추다, 그치다' 의 뜻을 갖는 동사 *παύω*파우오라는 단어의 합성어인 *ἀναπαύω*아나파우오에서 유래한 명사로 이 단어를 사용하는 성서 구절 중 하나인 빌레몬서 1장 7절 말씀을 읽어보면 이 단어 '쉼' 이 어떤 대상을 지향하고 있음을 짐작하게 된다.

형제여 성도들의 마음이 너로 말미암아 평안함을 얻었으니 _몬 1:7

빌레몬서에서 사도 바울은 형제 빌레몬과 동역자로 상징되는 '너로 말미암아' 성도들의 마음이 평안함을 얻게 된다고 밝히는데, 이때 사용된 '평안함'으로 번역된 헬라어가 마태복음 11장 29절에 쓰인 '쉼'의 헬라어인 ἀναπαύω아나파우오를 사용했음을 확인할 수 있다. 사도 바울이 자신의 동역자 빌레몬으로 인해 성도들의 마음이 평안, 곧 '쉼'을 얻게 된다고 말하는 이 대목에서 바울이 빌레몬으로부터 확신한 상태가 있었으니 곧 빌레몬서 1장 5절 '주 예수와 및 모든 성도에 대한 네 사랑과 믿음이 있음을 들음이니' 구절처럼 빌레몬이 성도들을 향해 사랑과 믿음의 실천을 하고 있음을 발견했기 때문일 것이다. 이것은 곧 동역자 빌레몬이 예수의 그리스도 되심의 영적 선언 때문에 일어난 교회를 말씀의 반석 위에 세우려고 쉬지 않고 복음의 본질과 참 의미를 갈파했던 빌레몬의 사랑과 믿음을 그의 마음속에 확신했기 때문에 그러한 빌레몬의 복음 전파로 말미암아 성도들이 '쉼'을 얻게 된다 하였으므로 이를 마태복음 11장 29절에 접목시켜 묵상해 보면 29절에서 밝혀진 예수의 멍에, 곧 그분의 복음을 붙잡고 배우고 전파하는 영혼들이 발견하고 얻게 되는 '쉼', '평안'은 궁극적으로 '혼'으로 번역된 ψυχη프쉬케에 채워지게 되는 그리스도 존재 그 자체의 심연을 가리키고 있음을 깨닫게 되는 것이다.

29절은 여전히 중요한 시사점을 우리에게 제시해주고 있으며, 특히 마지막 구절의 가르침이 가져오는 상태의 변화는 우리로 하여금 복 있는 사람의 궁극적 상태를 깨우치게 해준다는 점에서 그 중요도가 매우 높다고 볼 수 있다.

εὑρήσετε ἀνάπαυσιν ταῖς ψυχαῖς ὑμῶν

휴레세테 아나파우신 타이스 퓌카이스 휘몬

이 대목에서 지금 우리는 쉼으로 번역된 명사 *ἀνάπαυσιν*아나파우신이 그리스도의 존재 심연을 지향한다는 사실을 인지하게 될 때, 그러한 인지를 가능케 해준 터전이 바로 *ψυχαῖς ὑμῶν*퓌카이스 휘몬, 곧 우리의 혼들이라고 기록된 사실을 발견하게 된다. 한글 개역성경에서는 이 구절 *ψυχαῖς ὑμῶν*퓌카이스 휘몬을 너희 마음이라고 번역되었지만, 원어 성경으로 나타난 *ψυχαῖς*퓌카이스는 원형 *ψυχη*프쉬케의 복수형 명사로서 '혼'을 가리키고 있다. 그렇다면, 우리의 혼에 쉼, 그리스도의 말씀이 발견된다는 것이 가리키는 의미의 비밀은 무엇인가.

우리의 존재는 영으로 상징되는 *πνεῦμα*프뉴마와 혼의 상태인 *ψυχη*프쉬케, 그리고 육을 상징하는 *σάρξ*샤르크의 존재론을 갖고 있음을 성서를 통해 발견한 바 있다. 사도 바울의 기록처럼 우리가 영에 속한 사람의 삶을 살아가는 상태를 이루려고, 다시 말해 하나님의 말씀 차원으로 존재가 합류되는 *μετάνοια*메타노이아의 이적을 이루려면 *ψυχη*프쉬케의 터전에 그리스도의 생명 되는 참 말씀이 발견되고 깨달아져서 우리의 혼인 *ψυχη*프쉬케가 참된 영의 차원을 감지할 수 있게 되는 *πνεῦμα*프뉴마의 경지로 이행되는 영에 속한 삶을 살 수 있게 한다는 사실이다. 그러므로 지금 주님의 말씀, '우리의 혼들에 쉼이 발견된다'는 구절이 뜻하는 말씀의 참뜻은 우리가 영에 속한 삶을 살아갈 수 있도록 하는 생명 차원으로의 눈뜸으로써 바로 그 열림의 차원에서 회복되는 상태가 곧 팔복의 세 번째 복 있는 자인 온유한 사람들의 상태와 등가의 가치를 갖는다는 사실이다.

이러한 성찰을 통해 우리는 마태복음 5장 5절 전반부인 *μακάριοι*

οί πραεῖς마카리오이 호이 프라에이스, '온유한 사람들' 이 어떤 실천의 궤도 위에 자신을 올려세우는 사람들인지에 대해 헤아릴 수 있게 되며, 동시에 팔복의 세 번째 복에 대한 성서적 의미를 조망할 수 있게 되었다. 온유한 사람들은 온유와 겸손으로 상징되는 예수의 정체성, 곧 그분의 그리스도 되심에 대한 생명을 배우고 그 깨우친 말씀을 자기 십자가를 지고 주님의 길을 따르는 것과 같이 내 이웃, 내 형제에게 전파하는 사명을 감당하는 사람들에게 생명 차원으로의 참여를 상징하는 복을 준다는 사실을 뜻하는 것이다.

그렇다면, 이제는 '온유한 사람들' 이 복 있는 사람들이 되는 이유를 밝힌 후반부를 묵상해 보겠다.

ὅτι αὐτοί κληρονομήσουσιν τήν γῆν 호티 아우토이 클레로노메수신 텐 겐

위 구절을 직역하면 '왜냐하면 그들은 그 땅을 상속받게 될 것이기 때문이다' 정도의 의미로 해석되는데, 여기서 주목할 단어는 미래능동태 동사 *κληρονομήσουσιν*클레로노메수신 '상속받게 될 것이다' 란 단어와 명사 *γῆν*겐으로 쓰인 '땅' 이다.

한글 개역성경에 이 구절은 '저희가 땅을 기업으로 받을 것임이요' 라는 뜻으로 번역되어 있다. 그런데 이러한 번역은 원문 의미를 충실히 반영하지 못하며 온유한 사람들에 대해 일반의 의미차원에만 머무르게 할 위험성을 갖고 있다.

'온유한 사람들이 복이 있다. 그들이 땅을 기업으로 받을 것이다' 라는 의미론에만 머무르게 되면 이 가르침에 대해 갖게 되는 선입견은 보편적으로 부드럽고 온화한 리더십을 가지고 매사에 임하게 되면 땅으로 상징되는 이 세상의 재력, 통치권을 획득할 수 있는 일종의 소

유개념으로서의 기업을 받게 될 것이란 뜻으로 이해할 수밖에 없게 된다는 사실이다.

그렇지만, 팔복에서 나타난 복 있는 사람들의 상태, 아니 성서 전체가 가리키는 복의 근원적 의미는 처음부터 그 지향하는 바가 인간적 관점과 거대한 간극을 갖고 있음을 이미 성령의 조망을 통해 깨달은 바 있다. 복의 근원적 의미 자체가 하늘 차원, 생명 차원의 확보라면 지금 이 후반부에서 가리키는 '기업' 과 '땅' 의 의미 역시 육에 속한 자들의 삶, 세속적 가치에 의해 용해되는 의미론에 머무를 수 없음 또한 발견하게 된다. 그렇다면, 온유한 사람들이 땅을 기업으로 받게 된다는 참 의미는 무엇인가. 그 의미에 대한 답은 바로 '땅' 에 대한 성찰에 있다.

'온유한 사람들은 복이 있나니 저희가 땅을 기업으로 받을 것이다' 라고 기록되어 있다. 그런데 '기업으로 받을 것이다' 라고 번역된 헬라어 *κληρονομήσουσιν*클레로노메수신은 '상속받다' 는 의미의 미래능동태로 쓰인 동사다. '상속 받는다' 는 의미 자체가 이미 미래적 의미가 있는데, 게다가 미래형 시제로 쓰이기까지 한 것으로 미루어 보아 우리가 얻게 될 이 '땅' 은 현재 얻게 될 '땅' 이라기보다는 우리가 앞으로 상속받게 될 땅을 뜻하는데, 이 미래의 상속 됨을 복 있는 사람의 존재 상태와 결부시켜 성찰하면 이때 말하는 미래는 존재가 육의 옷을 벗고 영생의 삶을 살아가게 될 때를 가리키며, 영적 차원에 눈을 뜨고 소위 영에 속한 삶을 살아가는 영혼들, 팔복의 복 있는 자들의 가치를 실천하는 이들이 상속받게 될 '땅' 은 지금 우리가 두 발을 딛고 서 있는 보이는 '땅' 이 아닌 영원한 약속의 땅 가나안을 지향하고 있음을 깨닫게 된다.

약속의 땅 가나안은 하나의 영적 비유로 볼 수 있다. 애굽으로 상징되는 세속의 가치와 육신의 차원에서 생명 차원, 영의 차원을 깨달은 존재들이 그 깨달음을 통해 엑소더스exodus한 이후의 광야에서 만나와 메추라기로 상징되는 생수의 강인 말씀의 진액을 끊임없이 공급받아 이른바 생명호흡인 예배와 기도에 지속적으로 참여함으로 인해 끝내 우리가 머무르게 될 영생의 터전인 약속의 땅 가나안. 바로 그곳이 지금 마태복음 5장 5절이 가리키는 '땅'의 본질이며, 이 땅을 상속받게 되는 존재들이 곧 온유한 사람들, 복 있는 이들이라고 가르치는 것이다.

인간에게 있어서 불멸성은 피할 수 없는 절대의 섭리다. 인간이라면 누구나 육체의 죽음을 경험하게 되며, 동시에 영혼의 불멸세계로 돌입하게 된다. 문제는 육신의 옷을 벗었을 때, 우리 영혼이 어둠의 영역에서 신음하느냐, 아니면 영혼이 말씀의 터전을 발견하고 말씀 안에서 불멸의 쉼을 얻게 되는 생명책에 기록된 존재로 참여하느냐는 엄혹한 갈림길을 마태복음 5장 5절에서 분명하게 제시되고 있다. 우리는 이 약속의 땅 '가나안'을 분명한 약속으로서 상속받아야만 한다. 그러나 가나안 땅을 상속받으려고 우리는 필연적으로 온유한 사람으로서 존재해야만 하는 것이다.

온유한 사람으로 살아간다는 것. 온유함과 겸손함의 자기 정체성을 가지신 그리스도 예수의 멍에를 상징하는 자기 십자가를 지고 영에 속한 삶을 살아간다는 것의 참 의미에 대해 다시 한 번 깊이 성찰할 수 있게 되기를 간절히 기원한다.

팔복 4 - 의에 굶주리고 목마른

이번에 묵상하게 될 가르침은 마태복음 5장 6절이다. 이 말씀을 통해 팔복 강해 중 네 번째 복 있는 사람에 대한 성찰이 이루어지게 된다. 앞선 묵상을 통해 확인했듯이 성서가 가리키는 복 있는 자의 상태, 복의 개념이 세속적, 윤리, 도덕적으로 이해되는 이른바 물질 차원의 복을 초월하고 있음을 확인한 바 있다. 산상수훈의 가르침 자체가 그렇다. 5장 1절에서 예수님은 분명 자신을 따르고, 자신에게 배우길 원하는 제자들을 데리고 '산' 으로 올라가셨다고 기록되어 있다. 여기서 말하는 산의 상징성에 주목할 필요가 있다. 이때의 산은 우리 마음속에서 일어나는 온갖 번잡스러움과 구별된 온전히 하나님의 가르침을 담은 말씀을 듣고, 말씀에만 집중하며, 급기야 말씀 안으로 자신의 영적 존재를 투신하는 마음의 준비가 이뤄지는 곳으로 이해되어야 한다. 그래서 세속적 가치와의 결별을 고하는 상징성을 가진 산으로 들어간 상태에서 말씀하시는 예수 그리스도의 가르침에서 나타나는 '복' 의 차원이 영적 상징의 산이 아닌 세속 차원에서 거론된다는 것 자체가 이론적으로 맞지 않는다는 사실을 자인해야만 하는 것이다.

그러한 맥락에서 5장 6절 전반부를 묵상해 보겠다.

μακάριοι οἱ πεινῶντες καὶ διψῶντες τὴν δικαιοσύνην.

마카리오이 오히 페이논테스 카이 딥손테스 텐 디카이오쉬넨

의를 굶주리고 목마른 사람들은 복이 있다 _원문 직역

네 번째 복 있는 자의 상태가 나타난 가르침이다. 이 구절에서 우리

는 예수가 의를 굶주리고 목말라 하는 사람들이 복이 있다고 말씀하셨음을 확인할 수 있다. 분명히 우리는 예수가 영적 상징인 산에서 팔복을 풀어내고 있음을 알고 있다. 그렇다면, 일차적으로 네 번째 복에서 가리키는 '의'의 개념 역시 표면 개념으로서의 공의와 정직의 의미에만 머무르지 않음을 조심스럽게 진단해 볼 수 있다. 물론 예수는 표면 의미의 공의와 정직함을 실천하고 이루려고 노력하는 자들이 복 있는 사람들이라고 가르칠 수도 있다. 하지만, 앞서 세 가지 복을 거론하실 때 밝히신 말씀 차원은 세상 개념으로부터의 분리를 통한 천상적, 영적 의미론에서 풀어내셨던 것으로 미루어 볼 때, 네 번째 복 있는 자의 상태에서 핵심적으로 가리키는 '의' δικαιοσύνην디카이오쉬넨의 의미론 역시 영적인 개념을 지향하고 있음을 수긍할 수 있어야 하겠다.

그러한 이해를 더욱 견고해 해주는 부분은 바로 '굶주리고 목마름'이란 두 개의 동사에 있다. 만약 통상적이고 표면적 의미로서의 정직과 공의의 실천만을 강조하려 했다면 주님께서 굳이 의에 굶주리고 목말라야 한다는 표현을 사용하진 않았을 것이다. '의를 지키고 가르치는 사람들은 복이 있다' 또는 '의를 행하고 지키는 사람들은 복이 있다' 정도의 표현을 사용함이 더욱 적합했을 거란 말이다. 하지만, 주님께선 5장 6절을 통해 '의에 굶주리고 목마른 사람들이 복이 있다'고 말씀하셨다. 또한 '의에'로 번역된 명사 '의'의 원어 δικαιοσυ΄νην디카이오쉬넨의 문법기호를 살펴보면 그 격이 목적격으로 되어 있다. 문법을 살려 직역하면 '의를 굶주리고 목마른 자들'로 번역되며, 이러한 문법적 의미가 갖는 뉘앙스는 곧 '의'의 개념이 공의와 정직에 머무르는 실천적 의미가 아니라 '의' 자체가 어떤 대상을 지칭하는 존재론의 차원을 갖고 있음을 짐작하게 된다.

그렇다면, 여기서 '의', *δικαιοσύνη*ν디카이오쉬넨이 가리키는 존재론의 궁극은 누구인가. 성서에서 그 답을 찾을 수 있다.

> 나의 자녀들아 내가 이것을 너희에게 씀은 너희로 죄를 범하지 않게 하려 함이라 만일 누가 죄를 범하여도 아버지 앞에서 우리에게 대언자가 있으니 곧 의로우신 예수 그리스도시라 _요일2:1

> 하나님이 죄를 알지도 못하신 이를 우리를 대신하여 죄로 삼으신 것은 우리로 하여금 그 안에서 하나님의 의가 되게 하려 하심이라 _고후5:21

요한일서 2장 1절을 통해 저자 요한은 우리 죄를 대속하시는 대언자가 바로 그리스도 예수임을 밝히면서 그 예수가 의로운 자라는 사실을 천명하고 있다. 또한, 고린도후서 저자 바울 역시 죄를 알지도 못하신 예수 그리스도가 우리를 대신해 죄를 삼으신 이유가 바로 하나님의 '의'가 되려 한다고 기록하고 있음, 또한 볼 수 있다. 이로 미루어 볼 때, 성서에서 주장하는 '의'는 바로 그리스도 예수로 볼 수 있다. 우리에게 구원자 그리스도가 되시는 예수, 바로 그분이 우리의 '의'가 되는 것이다.

그렇다면, 어째서 그리스도 예수는 우리에게 하나님의 '의'가 되는 이름과 역할을 감당하셔야 했던 건가. 그분이 우리의 '의'가 되는 이유는 그분을 통해서만이 비로소 존재가 땅의 차원으로부터 탈각 되어 영, 하늘의 차원에 이를 수 있는, 다시 말해 창세 전부터 잠재되어 있던 원초적 영성을 회복하여 하나님나라에 그분의 백성, 그분의 자녀로 그 거룩함에 동참할 수 있기 때문이다.

또 한 가지 중요한 사실은 만약 그리스도 예수가 우리의 '의'가 되어주시지 않는다면 우리는 하나님의 참뜻을 구별하고 분별할 수 있는 어떤 영적인 기준도 마련할 수 없다는 것이다. 다시 말해 의의 반대인 불의의 세력과 불의가 말하는 가르침, 성서가 말하는 육의 차원이 어떤 한계를 가졌는지 분명히 구별해낼 수 없다는 것이다.

성경에서 말하는 의는 이렇듯 구별과 분리의 의미가 있다. 하나님의 본질과는 철저히 멀어지고 변질한 타락된 세상에서 하나님의 뜻 그 자체인 그리스도인 예수를 받아들이고 그분의 가르침을 통해 참된 하나님의 뜻, 의를 구별해내는 과정이 곧 우리의 감추어졌던 영성을 되살려내고 모든 불의로부터 우리를 지켜내는 유일한 기준이 되는 것이다.

이제 이러한 관점에서 전반부 구절을 해석해보도록 하겠다.

지금 말씀 묵상을 통해 '의' δικαιοσύνην디카이오쉬넨이 하나님의 의로 상징되는 '예수 그리스도' 자신이란 사실을 확인할 수 있었다. 그렇다면, 이번엔 목적격으로 쓰인 δικαιοσύνην디카이오쉬넨, '의를 굶주리고 목말라 한다'는 것이 어떤 의미인지에 대해 성찰해 봐야 한다.

의가 예수 그리스도를 상징하는 그분의 다른 이름이란 전제가 허락된다면 그렇다면 과연 주님에 대해 굶주리고 목말라 한다는 의미 본질은 무엇인가. 이 대목에서도 '굶주림과 목마름'으로 번역된 πεινῶντες페이논테스와 διψῶντες딥손테스, 두 분사가 육신의 굶주림과 갈증만을 의미하는 것으로 보기 어려움을 확인하게 된다. 이는 영적 비유로서 요한복음에서 나타난 것과 마찬가지로 굶주림과 목마름 모두 우리의 내면세계 안에서 일어나는 영적 상태의 변이와 영성의 추구에서 일어나는 하나의 지속적인 현상으로 이해할 수 있어야 한다. 요한복음 4장 14절을 통해 주님께서는 자신이 직접 공급해 주는 물을 먹는 자는 영원히 목마르지 않을 것이라고 말씀하셨으며, 같은 말씀 6장

33절에선 주님 자신이 생명의 떡이라고 밝히신 것을 기억해야 하겠다. 이와 같은 말씀을 통해 우리는 주님을 통해 주님 안에서 흘러넘치는 물을 마시고, 주님 자신으로 상징되는 떡을 먹는 자가 참된 내면 의미로서의 '굶주림', '목마름'의 해소를 체험할 수 있다는 사실을 확인하게 된다.

그런데 지금 마태복음 5장 6절에선 의에 굶주리고 목마른 사람들이 복이 있다고 가르치고 있다. 여기에 나타난 두 개의 분사 πεινῶντες페이논테스와 διψῶντες딥손테스 모두 현재능동태형의 시제와 태를 갖고 있어 굶주림과 목마름이 일회적 사건만으로 해소되는 것이 아니라 꾸준히 지속하여야 하는 상태성을 가지고 있음을 확인하게 된다.

그렇다면, 이때의 굶주림과 목마름이 우리의 내면적 영성 차원에서 일어나야 하는 필연적 활동성임을 진단해 볼 수 있다. 여기서 다시 주목해야 하는 부분은 주님을 가리키는 이름이 '의', δικαιοσύνην디카이오쉬넨으로 사용되었다는 사실이다. 앞서 밝혔듯 주님의 이름이 '의'를 갖는다는 건 타락되고 변질한 세상으로 상징되는 불의의 차원과 구별되는 하늘의 차원으로 나아갈 수 있는 유일한 길이 된다는 사실을 확인한 바 있다. 그런데 이 유일한 길을 지금 오늘을 사는 우리가 확정할 수 있는 단 한 가지 증거는 바로 성서의 모든 가르침이다. 성서를 통해 우리는 예수의 그리스도 되심을 확인할 수 있으며, 또한 성서를 통해 거룩한 영이신 성령께서 우리 내면세계의 굳게 닫혔던 문을 활짝 열어주시게 되는 것이다.

이러한 성서의 가르침이 혁명적으로 역사 할 수 있게 되려면 우리의 내면은 어떤 준비를 해야 하는가. 그저 두 손만 높이 들고 '아멘 주여. 오시옵소서'라는 기도만 반복하면 성령께서 역사 하는 것인가. 그것은 참된 의미에서의 성령의 충만도, 성령의 활동이라고 볼 수 없다. 참된 성령의 능력이 담보되는 그 역시 유일한 길은 우리가 성서 텍스트 안으로 직접 함몰되는 것뿐이다. 말씀 안으로 잠기는 것, 끊임없는 말씀 묵상을 통해 말씀이신 주님의 차원 안으로 들어가는 것 외엔 이 불의로 가득한 세상에서 구별될 수 있는 다른 방법이란 게 존재하지 않는다는 것이다.

두 개의 분사 πεινῶντες페이논테스와 διψῶντες딥손테스 가 모두 능동태로 쓰인 점 역시 우리의 선택과 의지를 강조하는 대목으로 볼 수 있다. 우리가 불의의 세계로부터 참된 하나님의 뜻을 구별하는 하나님 자신의 '의'가 되는 예수 그리스도, 그분에 대한 기록인 성서 텍스트 안으로 돌입하는 것 역시 우리의 자발적인 의지를 촉구하는 대목이라 할 수 있다. 그래서 말씀에 굶주려 하고 목말라 하는 영적 상태성이 우리의 내면세계로부터 개안되는 것은 너무나 당연한 결과일 것이다.

그런데 여기서 우리는 첫 번째 복 있는 사람의 상태성과 함께 연관지어 이때 나타나는 굶주림과 목마름의 상태성이 두 가지 개념으로 나누어지는 역동적 사건임을 이해할 필요가 있겠다.

팔복 중 첫 번째 복을 가리키는 5장 3절의 '영에, 혹은 영으로 가난한 사람들은 복이 있다'는 복 있는 사람의 개념에서 영으로 가난해진다는 개념이 우리가 주님의 생명을 받아 그 생명을 아직 깨닫지 못한 이들에게 전해주는 자로서의 가난한 자라는 개념임을 성찰한 바 있다. 이때의 가난함과 지금 네 번째 복에서 가리키는 굶주림과 목마름 역시 같은 맥락에서 사용되는 주님만의 영적 비유 표현이라고 볼 수 있다. 첫 번째 상태로서의 의의 굶주림과 목마름은 말씀에 대한 우리의 갈급함과 열심으로 이해할 수 있겠다. 우리에게 의가 되시는 주님의 말씀을 깊이 상고하고 과연 성서의 모든 기록이 예수의 그리스도 되심에 그 모든 초점이 맞춰져 있는가 하는 놀라운 영적 사실을 통찰하는 데 열심을 내는 상태가 첫 번째 상태로서의 굶주림과 목마름일 것이다.

그와 함께 두 번째 상태로서의 굶주림과 목마름은 첫 번째 복 있는 사람의 능동적인 상태와 같이 우리가 의에 굶주림과 목마름으로 구하고 얻은 생명 말씀을 아직 말씀의 깊이나 말씀의 차원을 알지 못하는 이들에게 나누어줌으로써 자신을 비우게 되는 주님의 지상 명령을 실천하는 상태 역시 또 하나의 개념으로서의 굶주림과 목마름이며, 이러한 역동적 관계가 지속적으로 존재의 내면에서 실천됨으로 인해 육의 옷을 벗고 주님 나라에 가게 될 때, 생명책에 기록된 하나님 자녀로서 그 나라를 상속받게 되는 영광을 누리게 될 것이다. 바로 그것을 우리 주님께서는 팔복 중 네 번째 복을 통해 강조하셨던 것이다.

이러한 상속의 개념은 네 번째 복 있는 자의 이유에 대해 밝힌 구절인 5장 6절 하반부 구절에서 비유적으로 제시되고 있다. 하반부 구절을 원어로 살펴보겠다.

ὅτι αὐτοί χορτασθήσονται. 호티 아우토이 코르타스데손타이
왜냐하면 그들이 배부르게 될 것이기 때문이다 _원문 직역

음식, 식량, 먹이의 뜻을 갖는 명사 *χόρτος*콜토스에서 유래한 동사 *χορτασθήσονται*코르타스데손타이의 원형 *χορτάζω*콜타조는 만족하게 하다. 배부르다는 의미가 있다. 그와 함께 동사 *χορτασθήσονται*코르타스데손타이의 태가 미래 수동태임을 볼 수 있다.

과연 이 구절에서도 우리는 동사 *χορτασθήσονται*코르타스데손타이가 단순히 세속적 만족, 혹은 배부름을 얻는 개념으로 이해할 수 없음을 확신할 수 있다. 앞 구절에서 나타난 의에 굶주리고 목마른 상태가 그

러한 개념이 아님을 주님께서 분명히 가르치셨기 때문이다.

그렇다면, 네 번째 복에서 가리키는 '의에 굶주리고 목마른 자들' 이 복이 얻게 되는 이유인 배부름을 얻게 된다고 할 때의 배부름은 곧 최종적 영적 만족을 가리킴을 인지할 수 있어야 하겠다. 두 번째 복 있는 사람은 위로로 상징되는 성령을 받게 될 것이라고 했으며, 세 번째 복 있는 사람은 땅으로 상징되는 영적 가나안, 최종적으로 거하게 될 하나님나라를 상속받게 될 거라고 하셨다. 그와 함께 네 번째 복 있는 사람은 배부름을 얻게 될 것이라고 하셨다. 이 배부름은 거룩한 만족을 상징한다. 더 이상의 굶주림과 목마름이 존재하지 않는 상태. 더는 우리가 현상의 차원에 머무르는 것이 아니라 영원히 항존恒存하시는 하나님의 차원에 거하게 되는 최종적 완성의 의미에서 체험되는 우리의 영적 상태를 가리킴이라고 생각한다. 굶주림을 갖지 않게 되는 상태는 우리가 앞서 묵상했던 요한복음 4장 14절 말씀에서와같이 존재가 수님 안에 영원히 거하는 상태에 돌입 되면 불완전하고 타락된 세상 속에서의 삶에서 필연적으로 도출되는 갈증으로부터 해갈되어 영원한 만족에 거하게 됨을 상징함을 확신하게 된다. 바로 이러한 만족을 얻게 됨이 의로 상징된 그리스도 예수의 가르침인 말씀에 굶주리고 목마른 자들이며, 이들이 곧 참된 복을 소유한 사람들이다.

참된 복은 타락되고 변질한 세상의 만족과 육신적이며, 물신을 추종하는 배부름에 그 궁극적 지향점을 두지 않는다. 우리의 목표와 희망은 오직 하늘에 있다. 거룩한 것에 굶주리고 목말라 하는 영혼만이 이러한 하늘 차원에서 열리는 기쁨을 맛볼 수 있음을 우리는 겸허히 인정하며, 복 있는 자의 차원에 합류하기 위한 실천을 언제나 염두에 두는 신앙생활을 지속해야만 할 것이다.

팔복 5 - 긍휼

마태복음에서 가장 논쟁적이고 그만큼 접하는 이의 심령을 자극하는 텍스트는 단연 산상수훈이다. 그중에서도 여덟 가지 복의 가르침은 예수의 지상 명령과 맥을 같이하기에 그 소중함이 더욱 두드러진다고 볼 수 있다.

5장 1절에서부터 시작된 가르침은 일차적으로 실제적 장소를 의미하는 산으로부터 시작해 8장 1절에서 예수가 산에서 내려오는 것으로 종결된다. 3장에 걸쳐 이루어진 예수의 가르침에 대해 혹자들은 우리가 도저히 지킬 수 없는 드높고 고결한 경지를 제시했다는 견해를 밝히기도 한다. 도저히 지킬 수 없다는 것, 그것은 인간의 타락 되고 부패한 현실에 대한 솔직한 고백이기도 하다. 마음속에 품었던 음욕조차도 이미 간음하였다는, 그래서 모세가 광야에서 전수받은 성스러운 십계명을 어긴 것이 될 수밖에 없다는 결과에 대한 제시에서부터, 일생을 살아가며 원망 들을 만한 일을 만든 것이 단 하나라도 생기면, 그래서 그것을 해결하지 못하면 지옥 불못에서 건지움을 받기 어려울 거란 강력한 뉘앙스를 가진 산상수훈의 래디컬radical한 가르침을 우리는 두 가지 반응으로 받아들이는 경향을 보이게 된다.

그중 한 가지 반응은 앞서 밝힌 대로 우리가 도저히 지킬 수 없는 거룩한 경지를 실천할 수 있는 분은 오직 예수밖에 없다는 결론으로의 몰입이다. 이러한 몰입의 결과는 예수의 보혈 공로의 의지로 손쉽게 귀착된다. 그리고 가장 높은 선의 실천을 성취하신 하나님의 아들 예수를 의지하고, 그분께 간구하는 것으로 모든 문제를 해결할 수 있다는 소위 보혈 만능주의가 산상수훈의 핵심 메시지라고 가르치는 현상이다.

또 다른 반응은 이와는 다소 다른 견해를 갖는다. 그 반응은 지나치게 실천적이다. '우리가 의가 바리새인과 서기관의 의보다 낫지 아니하면 결단코 천국에 들어갈 수 없다'는 5장 20절의 가르침을 실제 예수의 명령으로 간주하고 이 명령을 지키기 위한 경건의 실천과 몰입이 구원받은 성도의 마땅한 행위라고 가르치는 작태가 그것이다.

그렇지만, 이 두 가지 반응과 해석 모두 극적으로 모순되진 않는다. 이 중심에 회개라는 도구가 사용되기 때문이다. 이때 그들이 말하는 회개는 도무지 지킬 수 없을 법한 인간의 무력함을 토로하고 예수 이름으로 기도함으로 자신이 알게 모르게 지었던 '죄'라는 범과가 보혈의 공로로 씻음 받을 수 있다는 손쉬운 접근법으로 활용된다. 그와 함께 성도는 회개의 기도로 말미암아 더욱 정결하고 높은 도덕성을 보존하기 위해 노력해야 할 것을 다짐하며, 이러한 회개의 역할을 감당하는 것이 유형으로서 세워진 교회요, 설교자의 주된 설교 주제여야 한다고 자신을 스스로 세뇌하는 교리적 집착으로 발전하는 양상을 손쉽게 발견하게 되는 것이다.

하지만, 이 두 가지 해석의 프레임frame 내에선 산상수훈 가르침이 갖는 본질 의미를 간과할 수밖에 없는 치명적 결함을 갖고 있다. 앞서 묵상했던 첫 번째에서 네 번째 복 있는 사람의 비유에서 이미 드러났듯 예수의 가르침은 결론적으로 땅의 차원이 아닌 하늘의 차원을 지향하고 있음을 깨달았기 때문이다. 그래서 산상 수훈에 등장하는 강력한 말씀과 교훈적 명령이 갖는 메시지는 도덕적 정결을 독려하려는 측면을 뛰어넘어 그와는 다른 차원, 하늘로 상징되는 영의 차원으로 우리의 눈과 귀가 전환될 것을 촉구하는 의도가 담긴 것이다.

산상수훈을 끝내고 예수를 바라보던 제자와 무리의 반응이 나타난 장면을 보면 산상수훈 메시지의 본질에 대해 어느 정도 이해할 수 있는 여지를 갖게 된다.

> 이는 그 가르치시는 것이 권위 있는 자와 같고 그들의 서기관들과 같지 아니함일러라 _마7:29

예수가 서기관들과 같지 않은 가르침의 차이는 과연 무엇인가. 예수께서 더욱 치열하게 율법을 강화하고 교인들의 철저한 순종을 요청했기 때문에 제자들과 무리가 이런 반응을 보인 걸까. 결코, 그렇게 볼 수 없다. 당시 바리새인들과 서기관들의 가르침은 거의 금령에 가까웠다. 그들은 자신들의 조상이 세워 놓은 매우 복잡해진 율법의 어김없는 준수와 복종을 끊임없이 요구하고 가르쳤다. 도달하기 어려운 율법적 아성과 그들이 세워놓은 법에 당시의 이스라엘 백성은 충분히 지쳐 있었고, 무엇보다 가르침의 일방적 연속성을 보고서 예수를 권세 있는 자라고 이야기하지 않았을 거란 말이다.

그렇다면, 무엇이 과연 그분을 '권세 있는 자' 라고 부를 수 있게 만들었는가. 일차적으로 모인 제자들과 무리는 예수로부터 드러나는 영적 아우라aura에 충분히 매료되었을 것이다. 물론 이때의 매료 됨은 영적 몰입과는 조금 다른 차원이다. 표적을 중시하는 유대인들의 습성상 그들은 예수의 말 한마디에서 배여 나오는 신적 풍모에 깊은 영적 충격을 받았을 것이다. 그러한 충격이 곧 예수를 '권세 있는 자' 로 부를 수 있는 원동력이었으며, 이러한 그들의 생각에 자리 잡힌 권세의 차원 역시 그들이 추앙하던 메시아로서의 신적 차원을 표적, 이른바 예수 현상을 통해 발견했던 건지도 모른다.

하지만, 그보다 더 본질적인 깊이가 제자들이 명명한 '권세 있는 자'의 호칭 안에 내재하여 있음을 결코 간과해서는 안 된다. 예수와 가장 근접한 위치에 자리를 잡고 앉아 그분의 말씀 한 마디 한 마디에 귀를 기울이던 제자들과 후일 복음서의 기록으로 남긴 기록자 마태의 영적 심장은 단지 그분의 신적 풍모에 압도당해 그분을 '권세 있는 자'라고 표현하진 않았음을 짐작할 수 있다. 기록자 마태가 예수를 '권세 있는 자'로 부를 것을 서슴지 않은 당시의 제자들과 무리의 반응을 확신에 찬 어조로 기록해 넣은 건 바로 그분이 남기신 가르침, 메시지 자체에 담긴 신적 영역성에 주목했기 때문이다. 신적 영역성에 대한 확신은 바로 마태복음이 주목하는 궁극의 결과로서 예수가 곧 유대인들이 그토록 열망해 마지않던 메시아로서의 그리스도란 사실의 명문화에 이르렀던 것이다. 그러한 맥락의 중심에 지금 다섯 번째 복 있는 자인 '긍휼을 베푸는 사람'이 존재한다.

이러한 의지를 갖추고 마태복음 5장 7절의 전반부를 살펴보면 다음과 같다.

μακάριοι οἱ ἐλεήμονες 마카리오이 호이 알레모네스

위 구절은 매우 단순한 어법으로 구성되었으며, 직역과 개역 한글판의 번역 또한 큰 차이를 보이지 않는다. 직역하면 '긍휼을 베푸는 사람들은 복이 있다' 또는 '긍휼을 베푸는 사람들은 복 있는 사람들이다' 정도의 뜻을 갖는다.

팔복의 가르침 속에 농축된 예수의 가르침은 그분의 언어가 비록 일상의 언어를 활용하고 있지만, 이 언어가 일상의 차원을 넘어선다는 데 그 특징이 있다. 첫 번째 복 있는 사람의 상태에서부터 그러한 특징이 두드러지게 드러난 바 있다. 그저 가난한 사람이 아닌, '영으로 가

난한 사람'이 복이 있다는 사실을 분명히 드러내심으로 그분이 언급한 '가난'이 단순히 물질적 청빈 상태만을 지향하지 않는다는 사실을 분명히 밝히신 바 있다. 그와 마찬가지 맥락에서 쓰이는 다섯 번째 복으로서의 '긍휼을 베푸는 사람들'의 상태성 역시 일반적, 윤리적 의미로서만 해소되는 긍휼을 포괄하면서도 더 깊은 곳을 지향하는 영적 의미를 담고 있음을 결코 외면해선 안 된다는 것이다.

영적인 맥락을 이해하려면 우선 성서에서 사용되는 긍휼이란 단어가 가진 쓰임새와 교훈의 본질이 무엇인지 파악하는 일이 필요한데, 대표적 몇 구절을 찾아보면 다음과 같다.

> '내가 자비를 원하고 제사를 원치 않는다.'는 말씀이 무슨 뜻인지 알았더라면 너희가 죄 없는 사람을 죄인으로 단정하지는 않았을 것이다.
> _마12:7 (현대인의 성경)

> 우리 주 예수 그리스도의 아버지 하나님께 찬양을 드립시다. 그분은 우리를 불쌍히 여기셔서 죽은 사람들 가운데서 부활하신 예수 그리스도를 통해 우리를 거듭나게 하시고 살 희망을 갖게 하셨으며 _벧전1:3 (현대인의 성경)

긍휼의 헬라어 원어 ἔλεος엘레오스는 기본의미로 '자비'의 뜻이 있으며, 광의적 의미로는 불쌍히 여김, 은혜, 친절, 축복 등의 의미까지도 포괄한다. 위 마태복음 12장 7절에도 번역된 바 있듯 동일 단어인 ἔλεος엘레오스가 12장 7절에선 '자비'로 번역되었음을 발견할 수 있는데, 이 대목에서 제사라는 의식 차원과 자비의 차원을 대립시켜 가르치신 예수의 의도를 엿볼 수 있다.

마태복음 12장 7절을 통해 예수가 강조하고자 했던 핵심은 형식으로 점철된 기존 제사 의식의 생명 없음을 지적하고자 함이었다. 당시 종교 지도자들은 문자 그대로의 신앙을 고수하며, 문자주의, 율법주의적 실천을 종교 행위의 최우선 미덕으로 숭앙하며, 그것을 선전하고 독려하기에만 급급했다. 하지만, 그들은 실제로 하나님이 모세에게 광야 백성을 위해 남기신 율법의 참 의미는 철저히 외면했으며, 조상의 전통과 제도에 유리한 방향으로 각색되고 왜곡된 법으로서의 율법을 숭배의 대상으로 승격시킨 오류에 대해선 철저히 침묵했음을 볼 수 있다. 그러한 침묵과 맹목적 종교의식에로의 강요로 말미암아 생명의 불꽃이 좀처럼 살아날 수 없었던 것이 예수 공생애 당시의 정황임을 미루어 볼 때, 이때 그가 사용한 '자비' ἔλεος엘레오스가 갖는 의미는 단순한 동정심의 발로라기보단 더욱 깊고 심오한 경지, 다시 말해 영적 차원을 언급하고자 했음을 짐작하게 된다.

영적인 차원은 생명으로 비약된다. 죽은 믿음이 아닌 살아 있는 믿음, 하나님께서 자기 자신을 이 땅에 나타나게 하셨던 이유 역시 모든 인류로 하여금 살아 있는 생명 영역에 참여하는 존재들이 되도록 하기 위한 그분의 숭고한 의지였던 것이며, 그러한 의지 전부가 곧 ἔλεος엘레오스, 하나님이 우리를 생각하는 영적 차원으로서의 긍휼이었던 것이다.

이러한 그분의 뜻이 결정적으로 나타난 것이 바로 앞서 살펴본 베드로전서 1장 3절이다. 이 말씀에 기록된 대로 하나님께서 자신의 아들 예수 그리스도를 죽은 자 가운데서 부활케 하심으로 말미암아 우리를 거듭나게 하여 산 소망에 이르게 하신 그 결정적 원동력이 긍휼에 있음을 분명히 밝힌 것이다.

이렇듯 하나님의 긍휼은 영적이며, 생명 차원으로의 몰입으로 우리 존재를 이끌어 올리는 결정적 구원 인자因子로 작용하는 언어이다.

그렇다면, 이러한 맥락에서 다시 떠올리게 되는 다섯 번째 복 있는 사람들의 존재 상태로서의 '긍휼을 베풂'의 본질은 과연 무엇인가. 어떠한 행위, 어떤 실천이 참된 긍휼을 베푸는 마음이란 말인가.

마태복음 12장 7절을 통해 밝힌 바 있듯 주님이 원하신 건 외식과 외형으로서의 제사가 아닌 '자비'로 번역된 '긍휼'이었다. 베드로전서 1장 3절에선 하나님 아들의 이 땅에서의 영적 사역과 그분의 정체성 자체가 하나님의 긍휼로부터 발현된 신비라고 언급되기도 했다. 이러한 말씀의 뿌리는 곧 긍휼, ἔλεος엘레오스의 차원이 영의 차원에서 이해될 수 있는 우리 인간에게 영의 생명을 부여하는 생명의 메시지로서의 말씀 자체를 그 핵심 동인으로 품고 있음을 인정하지 않을 수 없게 된다. 다시 말해 긍휼을 베푼다는 상태의 실천은 성서 언어가 지향하는 긍휼, ἔλεος엘레오스의 궁극이 모든 사람에게 산 소망인 영적 생명을 부여한다는 대의지大意志를 갖고 있다는 신비적 메시지를 아직 깨닫지 못한 이들에게 선포하는 행위를 가리킨다고 볼 수 있다. 예수께서는 바로 이러한 차원에서의 궁극적 긍휼을 베풀고자 하는 이들을 복 있는 사람들이라 정의 내린 것을 망설이지 않았다.

또한, 5장 7절의 하반부 구절은 생명 차원으로서의 긍휼을 베푸는 사람이 어째서 복 있는 사람들인지에 대한 이유를 밝히는데, 이 또한 담백하면서도 그 깊이가 헤아릴 수 없이 깊음을 발견하게 된다.

ὅτι αὐτοὶ ἐλεηθήσονται 호티 아우토이 엘레에데손타이

왜냐하면 그들이 긍휼함을 받을 것이기 때문이다 _원문 직역

생명 차원으로서의 긍휼 되시는 그리스도 예수의 천상적 메시지를 함께 나누고 그러한 의미로서의 긍휼을 베푸는 사람들이 복을 가질

수밖에 없는 이유는 바로 긍휼이 어떤 감정적 현상의 배설에 머무르는 것이 아니라 긍휼이란 단어 속에 함유된 영적 존재성이 영원이신 그리스도의 생명 분깃으로서 역사하고 있다는 사실을 깨닫게 해주기 때문이다.

실로 의미심장한 발견이 아닐 수 없다. 긍휼을 베풂으로써 긍휼힘을 받는다는 이러한 생명의 공급과 수여는 요한복음에서 나타나 있듯 사마리아 여인을 향한 예수의 가르침에서 극명하게 드러난다.

> 내가 주는 물을 마시는 사람은 절대로 목마르지 않을 것이다. 참으로 내가 주는 물은 그에게 끊임없이 솟구쳐 나오는 영원한 생명의 샘물이 될 것이다.
> _요4:14 (현대인의 성경)

영원히 목마를 수 없는 이유는 바로 말씀으로 상징되는 '물' 그 자체가 영생을 담보하는 마를 수 없는 샘물로 표현된 원어 *πηγή ὕδατος*페게 휘다토스, '물의 근원' 이 되기 때문이다. 우리가 바로 이러한 영적 생명의 근원 되시는 그리스도 예수의 존재를 끊임없이 나타내고 선포하는 영적 텍스트로서의 성서 안으로 몰입되어 이 말씀을 끊임없이 묵상하여 말씀에서 솟아오르는 생명의 진액을 공급받으며, 이 생명을 아직 인지하지 못한 이들을 향해 생명 말씀을 값없이 나누고 베풂으로써 더 깊은 생명의 차원으로 우리의 존재는 함몰되는 것이며, 이러한 상태의 회복이 곧 참된 의미에서의 회개이며, 영적 본질로서의 세례이며, 말씀 차원으로서의 예수의 몸과 피를 먹고 마시는 성찬이다.

우리는 참된 긍휼을 실천해야만 한다. 야고보서 가르침과 같이 이러한 긍휼 행함의 실천이 없는 믿음, 곧 행위 없는 믿음은 죽은 믿음과 같다. 하지만, 우리가 긍휼을 베풀려면 먼저 긍휼의 깊은 차원을 마치 땅에 숨겨놓은 보물과 같이 심어놓은 성서 텍스트를 열정적으로 묵상하는 일이 우선되어야 할 것이다. 말씀의 광맥을 찾아 우리 생각의 모든 편견과 아집을 내려놓고 묵상하는 일, 하나님의 뜻과 의지만을 찾고 기도하는 일만이 복 있는 사람의 상태를 회복하는 길임을 잊지 말아야 할 것이다.

팔복 6 - 마음으로 청결한 사람

팔복 강해 중 이제 여섯 번째 복 있는 사람에 대해 묵상해야 할 시점에 이르렀다. 중요한 점은 이 여덟 가지 복 있는 사람의 상태가 기존에 인식하던 통념의 범주를 포괄하면서 동시에 넘어서고 있다는 사실이다. 기존 관념의 잣대로서 이해된 온유와 애통하는 자, 심령이 가난한 자의 상태는 우리의 일반적인 삶의 성향이나 성품의 변화를 촉구하는 메시지 이외에 다른 깨달음으로 다가오기가 어렵다. 동시에 우리에게 주님이 부여하신 복이란 개념 또한 우리가 생각하던 일반 통념의 범주에서 파생된 마땅한 결과로 받아들이게 되는 오류를 범하게 된다. 적어도 그럴 가능성이 오늘의 그리스도인들에게 너무나 쉽게 노출되어 있다는 것이다.

분명한 예로 가난한 자의 비유를 들 수 있다. 일반적으로 이 가난한 자의 상태를 청빈과 무소유, 욕심의 제거 교훈으로 이해하려 한다. 물론 이 땅을 살아가는 그리스도인으로서 청빈과 양심에 어긋나지 않는 삶을 살아야 하는 건 당연한 미덕일 것이다. 그렇지만, 이러한 성서 해석과 적용엔 치명적일 만큼 심각한 위험성이 도사리고 있다. 그것은 이 팔복의 가르침이 '가난함의 외적 실천을 통해 복을 얻게 될 것이다' 라는 식으로 가난한 자, 온유한 자의 상태를 너무나 쉽게 객관화시켜버린다는 사실이다. 무슨 말이냐 하면 본래 성서 언어가 뜻하는 복의 차원이 그저 이 땅에서 누리는 복의 개념으로 이해되어버린다는 말이다.

성서가 가리키는 복은 곧 하나님의 영광과 그분의 말씀인 생명과 직결된다. 복으로 번역된 헬라어 *μακάριοι*마카리오이는 계시록 20장 6절에 기록된 말씀과도 같이 존재론적 차원에서 이야기될 수 있는 생명과 사망의 갈림길에서 우리를 생명의 심연으로 인도해주는 거룩한 관문이요, 신성한 수단과 존재론적 본질로서 기능 함을 깨닫게 된다.

> 이 첫째 부활에 참여하는 사람은 행복하고 거룩한 사람입니다. 이들은 둘째 죽음의 지배를 받지 않고 하나님과 그리스도의 제사장이 되어 천 년 동안 그리스도와 함께 왕으로서 다스릴 것입니다. _계20:6 (현대인의 성경)

첫째 부활에서 제시된 '첫째' 는 순서의 개념이 아닌 질적 층위에서 가장 으뜸 되는 의미로서의 첫째로 사용된다. 그러므로 계시록에 기록되어 있는 '첫째 부활' 은 그리스도의 생명에 참여하고 그 생명 안에 거하는 존재들이 맞이하게 될 거룩한 영적 상태를 가리키는 것이다. 그런데 지금 계시록 기록자 요한은 이 첫째 부활에 참여하는 이들이 복이 있다고 말하고 있다. 즉, 팔복과 같은 복을 소유한 존재들이 복 있는 사람들이라고 정의 내리는 것이다. 또한 이러한 복을 소유한 이들은 둘째 사망으로 상징되는 영원한 죽음, 하나님으로부터의 영원한 단절의 구렁 속으로 빠져들지 아니하며, '하나님과 그리스도의 제사장이 되어 천 년 동안 그리스도와 더불어 왕 노릇 하게 된다' 는 생명 차원으로의 합류를 약속하는 것이다.

이러한 맥락에서 성찰해 봤을 때, 성서가 말하는 '복' 이란 개념의 궁극적 지향점은 곧 예수 그리스도 안에 거하고, 그분의 생명 차원에 참여하는 이들에게서 드러나게 되는 필연적인 삶의 모습이라고도 볼 수 있다. 그리스도 예수께선 바로 이러한 가르침을 제자들에게 들려주려고 세속의 가치와 일반론, 상대화된 통념이 지배하는 땅, 지상에서 벗어나 영적 성찰을 상징하는 장소인 산 속으로 들어오는 상징적 행위를 몸소 보여주신 것이다.

그래서 우리는 성서가 말하는 복 있는 자의 상태성에 대한 규정을 이렇게 정의해 볼 수 있다. 복 있는 자는 이 복을 상대화된 윤리, 도덕의 체계 내에서 자신의 드러난 행위를 통해 쟁취하게 된 결과가 아닌, 복으로 상징되는 하나님의 아들 그리스도 예수의 생명 되는 말씀 차원 안에 머무르고 그 말씀에서 벗어나지 않으려 하는 항구적 현재형의 지향점을 마음 안에 소유한 존재들을 복 있는 자들이라고 정의 내릴 수 있다.

이는 우리의 신앙생활에 미묘하지만 분명한 차이를 제공한다. 우리가 우리의 선함을 지향하는 행실로서 선함을 쟁취했다고 믿음으로 복 있는 자가 되었다고 자위하는 것과 그 선함의 기준과 개념을 생명 차원에서 묵상, 실천함으로써 복 있는 자의 상태를 지속하고, 그러한 영적 열망을 언제나 현재형의 상태로 소유하는 것과의 차이는 그야말로 열 처녀 비유에서 등장한 기름을 준비한 다섯 처녀와 그렇지 못한 다섯 처녀와의 차이만큼이나 극적인 대조를 이루는 것이다.

문제의 근원은 선함의 행실을 바라보는 기준의 모호함에서 시작된다. 성서 언어의 깊이는 언제나 그 무한함과 영원성을 담지 하면서 접근해야 할 필요가 있다. 이러한 접근은 하늘의 언어와 땅의 언어의 차이를 강요하며 조건 없는 믿음을 강요하는 근본주의적 방법론의 강화가 결코 아니다.

하늘의 차원은 무한성과 창조성 너머의 초월성에서부터 시작된다. 그것은 피조물의 차원에서 논할 수 있는 차원을 넘어서는 이른바 무차원無次元이라고 말할 수도 있다. 이러한 무차원의 영역에 계신 하나님이 자신의 존재적 속성을 부여한 유일한 소통의 매개가 곧 성서이며, 이 성서는 신, 구약을 망라하여 이 땅에 말씀의 육화로서 인간 역사의 한복판에 들어오신 그리스도 예수에 관한 기록, 즉, 예수란 한 인간이 어떻게 그리스도가 되었는가에 대한 메시지만으로 가득 채워져 있다. 마치 어느 장소에서도 물고기를 잡을 수 있는 촘촘한 망을 자랑하는 거대한 그물처럼, 시대와 역사, 문화, 환경을 초월하여 어떤 콘텍스트context에서도 예수의 그리스도 되심에 대한 흔적을 발견할 수 있고, 그래야만 전체를 통찰할 수 있는 깨달음의 문을 갖는 것이 바로 성서이다. 그러므로 이 말씀 차원 안에 거하고자 하는 간절한 열망을 담은 기도를 드리는 것, 그 열망을 성취하기 위해 애통하고 예수의 영적 성품을 지향하는 온유함의 상태를 추구하는 건 단지 상대성과 가변성을 결코 벗어날 수 없는 현상계의 선한 행실의 추구만으론 도무지 해소될 길 없는 신비로운 영적 지평을 담보하고 있음을 겸허히 인정해야만 하는 것이다.

바로 이러한 맥락에서 이제 주님이 가르치신 여덟 가지 복 중 여섯 번째 복인 '마음이 청결한 자'의 상태에 대해 묵상해 보겠다. 마태복음 5장 8절의 전반부를 직역하면 다음과 같다.

μακάριοι οἱ καθαροί τῇ καρδίᾳ. 마카리오이 호이 카다로이 테 카르디아
마음으로 깨끗한 사람은 복들이 있다 _원문 직역

일반 개역성경엔 '마음이 청결한 자'로 번역되어 있으며, 영문 NIV 성경은 'Blessed are the pure in heart'로 기록 되어져 '마음 안에서 pure퓨어, 순수한 자들은 복이 있다'는 의미로 번역되기도 했다. 그렇지만, 헬라어 원본을 살펴보았을 때, 이 문장에 나타난 '마음', *καρδίᾳ* 카르디아가 여격 형태이므로, '마음으로', '마음에' 정도로 번역되는 것이 타당하다. 이렇게 되면 마음을 주격의 의미로 묵상하게 되는 것과

는 다소 다른 차이를 발견하게 된다.

'마음이 깨끗한 사람' 이라고 번역될 때 쉽게 갖는 생각은 거짓 없는, 순수한, 세속적으로 물들지 않은 정도의 의미론에서 이해하게 되고, 그러한 차원으로 접근하게 된다. 그렇지만 '마음으로 깨끗한 사람' 으로 묵상하게 될 때 가장 크게 나타나는 접근법의 차이는 깨끗한 사람이 무엇으로 자신을 깨끗하게 하였느냐에 대한 영적 환기가 가장 먼저 와 닿게 된다는 사실이다. 다시 말해 그저 마음이 깨끗한 사람의 결과를 놓고 그들이 복이 있다고 접근하는 토대에서 한 발자국 더 깊이 들어가 깨끗한 사람이 복을 얻을 수 있는데, 이 깨끗함을 마음으로 이뤄내야만 한다는 수단, 혹은 방법론으로서의 질문이 추가되는 것이다.

이러한 영적 접근법의 요구가 5장 3절에서도 같이 등장한 바 있는데, 그것은 곧 첫 번째 복 있는 사람인 '영으로 가난한 사람들' 이다. 5장 3절에서도 개역 한글 성경엔 '심령이 가난한 사람들' 로 번역됨으로 심령으로 의역된 영이 가난함이란 결과론으로 접근했던 것을 볼 수 있다. 그렇지만, 이때에도 가난한 사람들이 무엇으로 가난함을 이루에 되었는지에 대한 질문을 가능하게 해 준 것이 바로 영으로 번역된 헬라어 *τῷ πνεύματι* 토 퓨뉴마티가 명사 여격의 문법을 갖고 있음을 통해서였다.

5장 3절에서와 마찬가지로 지금 묵상하는 5장 8절에 나타난 마음은 관사와 함께 쓰여 '그 마음' 단 하나의 대상을 지칭하고 있다. 이러한 사실을 조합해 성찰하면 '그 마음으로 깨끗한 사람들' 의 의미는 포괄적 맥락에서 그 마음으로 깨끗해짐을 받게 된 사람들이거나 마음으로 깨끗해진 사람들을 가리킨다고 볼 수 있다. 그렇다면, 그 마음은 사람들 각자의 심령 전체를 개별적으로 지시하는 것이 아니라 어떤 대표적 상징성, 하나의 근원적 지향성을 가진 개념임을 짐작하게 되는 것이다.

여섯 번째 복을 얻게 되는 사람들은 모두 이 대표적 상징성인 '마음으로', '마음에' 깨끗함을 얻는 존재들인데, 그렇다면 이 대표성으로서의 *τῇ καρδίᾳ*테 카르디아, 그 마음은 성서 언어의 신적 차원 안에서 추상적, 혹은 비물질적으로 해석되는 개념이 아닌 존재론의 개념 세계에서 풀어지는 차원임을 진단할 수 있다.

그렇다면, 이 마음은 무엇인가. 아니, 누구인가.

> 그가 또한 우리에게 인치시고 보증으로 우리 마음에 성령을 주셨느니라 _고후1:22

> 여러분이 아들이기 때문에 하나님은 성령을 우리 마음 가운데 보내셔서 '나의 아버지'라고 부르게 하셨습니다. _갈4:6 (현대인의 성경)

성서가 담지 하는 '마음', *καρδία*카르디아 안에 좌정하여 활동하는 범주는 곧 성령과 아들의 영으로 국한된다. 이는 우리 각자의 존재적 터전으로서의 마음 안에 거하는 상징성의 충만한 성령, 아들의 영외엔 다른 것일 수가 없다는 의미다. 그러므로 5장 8절에 등장한 *τῇ καρδίᾳ* 테 카르디아, 그 마음은 우리 인간의 마음 터전 안에 거하게 되는 유일한 영적 대표성을 갖는 아들의 영, 성령을 가리키며, 이를 단적으로 풀어보면 결국 '그 마음'은 예수 그리스도를 지향한다고 볼 수 있다.

그러나 이 마음은 단순히 존재론적 양태로만 기능 하는 것이 아니다. 이 마음은 곧 우리 각자에게 모두 주어지는 고유한 영적 터전이다.

'우리는 모두 이 마음을 품으라, 곧 예수 그리스도의 마음이라'

빌립보서 2장 5절을 통해 사도 바울은 그리스도 예수의 마음으로 상징되는 생명 차원으로 나아갈 수 있는 하늘의 보물인 말씀을 그 역시 우리 마음에 담아내야만 한다고 말하고 있다. 그리스도인으로서 우리 각자의 마음 안에 채워져야만 하는 단 하나의 콘텐츠content가 존재한다면 곧 생명차원으로서의 '그 마음', 그리스도 예수에 관한 기록인 성서이며, 이 말씀이 우리 마음 안에 거하게 되면 그것이 곧 우리 마음이 그리스도 예수의 존재론적 터전, 생명 터전이 되어 급기야 우리의 영靈을 하늘 차원, 생명 차원으로 이끌어 올리는 것이다. 이러한 이끌어 올림, 주의 말씀 안에 거하는 상태를 추구하는 존재들이 곧 복 있는 자들이라고 마태복음 기록자는 힘주어 주장하는 것이다.

그렇지만, 그와는 반대의 현상을 내보이는 또 다른 마음 상태가 존재한다.

> 하나님을 가까이하십시오. 그러면 하나님도 여러분을 가까이하실 것입니다. 죄인들은 과거의 잘못을 깨끗이 씻고 두 마음을 품은 사람들은 마음을 정결하게 하십시오. _약4:8 (현대인의 성경)

주님께서는 우리 각자의 마음 터전 안에 말씀의 생명 차원만이 담겨 있기를 갈망하신다. 그러한 갈망의 표현이 곧 육화된 말씀으로서의 예수 그리스도의 역사적, 영적 현현일 것이다. 그런데 주님의 뜻과는 다른 상태로서 자신의 차원을 결정짓는 다른 마음을 내버려두는 사람들이 존재했음을, 오늘날에도 여전히 기승을 부리고 있음을 경고하는 말씀이 성서 곳곳에 기록되어 있다.

우리 마음이 생명 차원이 아닌 육신의 차원, 유한성의 차원에 머무르게 하는 강퍅함의 영적 지배에서 벗어날 수 있는 방법론으로서 교훈한 것이 바로 '깨끗함', καθαροί카다로이다. 야고보서 4장 8절에서도 두 마음을 품은 자들에 대한 권고로 '마음을 성결케 하라'고 기록하는데, 이 문맥에서 사용된 '손을 깨끗이 하라'는 병행 구절에서도 '깨끗이'로 번역된 헬라어 καθαροί카다로이가 사용되었음을 보게 된다. 병행 구절의 특징상 죄인들과 두 마음을 품은 자들은 같은 상태에 처해 있는 존재 상태로 볼 수 있으며, 그러므로 '손을 깨끗이 하게 하라'는 권면 역시 '마음을 성결케 하라'는 권면과 같은 가치를 갖는다고 본다면 두 마음에서 벗어나는 길에 대한 제시를 야고보서 기록자는 '깨끗함', '성결케 함'에 무게중심을 두었다고 추정해볼 수 있다.

이때 나타난 깨끗함에 대한 언어 개념 역시 우리에게 생명 차원에서의 이해를 요구하고 있음을 간과해선 안 된다. 앞서 마음 터전에 담아내는 마음의 대표적 상징성을 그리스도 예수의 말씀으로 묵상했다면, '그 말씀으로 깨끗하게 된다'는 요청 또한 일반 행위에서의 선한 행실을 포괄하면서도 더 깊은 차원을 성찰해야 할 필요성을 실감해야만 할 것이다. 더 깊은 차원에서의 깨끗함은 결국 생명 차원을 성취, 지속하기 위한 깨끗함이 되어야 할진대 이러한 깨끗함의 방향을 적실히 제시한 성서 한 구절을 묵상해 보겠다.

> 어리석은 자들아 겉을 만드신 이가 속도 만들지 아니하셨느냐 그러나 그 안에 있는 것으로 구제하라 그리하면 모든 것이 너희에게 깨끗하리라 _눅11:40~41

'그 안에 있는 것으로 구제하라'는 주님의 말씀은 참으로 혁명적이며, 동시에 온전히 영적이다. 생명 차원에서 드러나는 그 안에 있는 것으로의 구제는 외형적 종교 행위와 윤리, 도덕의 충족을 통해 생명의 깊이에 도달하려 하는 2천 년 전 종교 지도자들의 목표와는 극적으로 대비되는 것이다.

그 안은 외부 세계를 지배하는 내부 세계의 신비로서의 마음이다. 이 마음은 내부 세계의 신비를 지향하는데, 이 신비는 곧 내부 세계를 창조하신 무한적 일자 하나님의 초월적 영역을 지향하지 않을 수 없다. 그러므로 내부 세계로 상징되는 '그 안에 있는 것'으로 구제함은 구제함, 나누어주는 것의 재료가 외형적 종교 행위를 통해 이루어지는 것이 아님을 분명히 밝힌다. 이때 구제의 재료는 오직 내부 세계의 충만, 생명 차원의 신비이다. 이 신비로운 생명 차원의 말씀을 나누어주는 것, 그것이 곧 참된 의미에서의 구제이며, 그 결과로서 우리는 '너희에게 깨끗하리라'는 말씀의 성취, 마음으로 깨끗한 사람들의 상태성을 회복, 확증할 수 있다.

그렇다면, 이제는 5장 8절 하반부를 묵상하면서 전반부 구절의 '마음으로 깨끗한 사람들이 복이 있는' 이유에 대해 성찰해 보기로 하겠다.

후반부 구절을 직역해 보면 다음과 같다.

ὅτι αὐτοί τόν θεόν ὄψονται. 호티 아우토이 톤 데온 옵손타이

왜냐하면 그들이 하나님을 볼 것이기 때문이다 _원문 직역

5장 8절 하반부는 우리 마음 터전의 주인 되시는 그리스도 예수의 가르침을 우리 안에 거하게 하고 이 생명의 말씀을 나눔으로써 우리가 갖게 되는 복 있는 자의 이유가 분명하게 밝혀진 내용이다. 여기서 주목할 부분은 바로 마음으로 깨끗해진 존재들이 복이 있을 수밖에 없는 이유가 그들이 하나님을 볼 것이라는데 있다.

하나님을 본다는 건 대체 어떤 의미인가. 지금 우리가 사는 물질세

계에서 우리는 과연 하나님을 볼 수 있고 만질 수 있을까. 그것은 불가능하다. 그럼에도, 예수는 지금 마음으로 깨끗한 사람들은 하나님을 볼 수 있다고 말하고 있다. 이 어찌 된 일인가.

이것은 곧 우리의 영적 개안開眼을 상징한다고 볼 수 있다. 생명 차원은 우리 마음 안에서 일어나는 거룩하고 신비로운, 그러나 실제로 나타난 사건임이 틀림없다. 단지 그 실제가 외형 세계에 표출되지 않았다는 것뿐이며, 실제로 이 영적 실제는 우리의 외부 세계와 내부 세계 모두를 포괄한다. 내부 세계의 생명 차원은 우리에게 영생의 길을 제시해 준다. 새로운 차원에 눈 뜨는 건 곧 내부 세계의 혁명적 변화를 통해 외부 세계를 무한적 일자의 영역 속으로 편입하여 성찰할 수 있게 되는 시야의 토대를 확보하는 것과 같다. 보이는 세계는 보이지 않는 세계의 신비롭고 역동적인 원리의 지배를 받는다. 생명 차원에 눈을 뜨는 이러한 영적 개안의 신비를 요한복음 3장 3절은 이렇게 말하고 있다.

> 예수께서 대답하여 이르시되 진실로 진실로 네게 이르노니 사람이 거듭나지 아니하면 하나님의 나라를 볼 수 없느니라 _요3:3

생명 차원의 눈 뜸은 거듭남의 신비와도 같다. 이러한 거듭남의 신비가 우리에게 주어지지 않고, 열리지 않는다면 우리는 결코 하나님 나라의 놀라운 역사를 체험할 수도, 볼 수도, 인식할 수도 없다. 그러므로 5장 8절 하반부에서 가리키는 하나님을 본다는 건 생명 차원으로서의 그리스도 예수와 그분에 대한 기록인 성서 텍스트를 먹고 마시는 영적 성찬과 구제를 실천하는 존재들의 마음속에서 하나님은 기꺼이 자신을 드러내고 자신의 무한함을 함께 나눌 것이란 거룩한 약속의 다른 표현임을 깨달았을 때만이 가능한 신비적 사건이다.

요한복음 3장 3절과 같이 하나님나라를 볼 수 없으면 우리는 거듭남의 신비에 여전히 참여하는 것이 아니며, 그러한 생명 차원에 둔감한 채로 있다는 건 곧 영적 죽음 외에 다른 것일 수 없으니 장차 임하게 될 하나님으로부터의 철저한 분리를 상징하는 둘째 사망의 해를 결코 피할 수 없음을 명심해야 한다. 그래서 지금 묵상한 '마음으로 깨끗한 사람들'의 회복은 단순한 윤리, 도덕적 선행의 실천이나 계명으로 위장된 외부 세계의 유형적 만족만을 위해 헌신 되는 일체의 종교 생활로부터의 엑소더스exodus를 우리에게 강력히 요청하고 있다. 주님께선 하나님을 볼 수 있는 신비로운 지경을 자신의 가르침을 통해 밝히 열어놓으셨다. 이 생명 차원의 말씀이 곧 우리 마음의 주인이 되고, 우리 마음의 전부가 된다. 이 말씀이 거룩함으로 채워지고 충만해질 때, 그때 우리는 내 안에 내가 사는 것이 아니요 그리스도가 사는 것이라고 자신 있게 고백할 수 있을 것이다. 그 고백이 나의 것이 되기까지 거룩한 생명 말씀 안에 거하는 삶을 지속하게 되기를 기원한다.

팔복 7 - 화평

지금까지 산상수훈에서의 예수님의 가르침 중 여섯 번째 복 있는 사람의 상태에 대해 묵상해 보았다. 산이라는 상징적 장소로 예수가 올라가시고 가장 먼저 시작한 가르침의 화두가 팔복이란 점을 생각해 볼 때, 이것은 예수가 그만큼 복에 대한 중요성을 강조한 것으로 볼 수 있다. 또한, 여섯 가지 복에 대해 깊이 성찰하면서 성서 텍스트가 말하는 복의 개념에 대해 좀 더 분명하게 헤아릴 수 있었다. 성서가 말하는 복은 그야말로 지고한 차원에서 이야기되는 하늘 차원의 복이며, 그 복을 소유한 존재들, 즉 '복 있는 사람들' 은 바로 하늘의 복으로 대표되는 하나님의 생명을 소유하고 그 말씀과 동행하는 사람들이었던 것이다. 그런 맥락에서 볼 때, 예수가 친히 제자들에게 가르치셨던 이 여덟 가지 복은 복의 근원이 되는 하나님의 존재성과 하나가 되는 신비적 합일을 지향하고 있음을 볼 수 있다. 다시 말해 여덟 가지 복 있는 사람의 상태가 각기 다른 상태와 다른 모양을 하고는 있지만, 궁극적 지향점은 하나의 대상, 하나의 차원인 하늘 차원, 하나님의 말씀을 향한다는 사실이다.

그런 측면에서 이제 일곱 번째 복 있는 사람의 상태에 대해 묵상해 보겠다. 5장 9절 전반부를 직역해 보면 다음과 같다.

> *μακάριοι οἱ εἰρηνοποιοί* 마카리오이 호이 에이레노포이오이
>
> 평화하게 하는 사람들은 복들이 있다 _원문 직역

여섯 번째 복 있는 사람에서는 '마음으로 깨끗한 사람들' 이 복이 있

다고 하였으며, 다섯 번째 복 있는 사람에게선 '긍휼을 베푸는 사람'이 언급되었다. 또한, 의에 굶주리고 목마른 사람, 온유한 사람, 애통하는 사람, 영으로 가난한 사람들이 모두 복 있는 사람의 상태성을 확보한다고 주님께선 거듭 반복해 밝히고 계신 것을 볼 수 있다. 앞서 복 있는 자의 상태성이 생명 차원의 진리를 발견하고 깨닫고 그 진리를 우리 삶에 그대로 적용하는 이에게 말씀의 복을 준다는 지향점을 묵상해 보았을 때, 우리는 이 일곱 가지 복이 모두 한 가지 지향점을 추구하는 복 있는 자의 상태임을 성찰할 수 있으며, 그런 맥락에서 5장 9절 가르침인 '평화하게 하는 사람들' 에 대해서도 같은 관점의 접근이 요청된다고 볼 수 있다.

다시 말하자면 성서가 말하는 평화에 대한 의미를 보다 본질적인 측면에서 고찰해야 한다는 사실이다.

우리는 언제나 평화에 대해 이야기한다. 우리가 생각하는 평화는 다양하지만 대개 하나의 큰 공통주제를 갖고 있다. 보편적으로 연상되는 평화는 전쟁과 분쟁, 다툼이 없는 상태를 가리킨다. 다툼과 전쟁은 다름에서 시작된다. 계급과 계급 사이의 다름, 극심한 빈부 격차, 국가 간 이념의 차이로 말미암은 다름, 가치관의 달라 세계에선 크고 작은 갈등이 유발되며 그 갈등을 극복하기 위해 대화나 타협, 협상을 시도하기보단 폭력이나 일방적인 자기주장을 고집함으로 전쟁과 분쟁을 빈번하게 일으킨다.

이러한 상태를 종식하는 의미가 바로 평화다. 서로 다름을 인정하는 것, 혹은 어느 한 쪽의 방향이 좀 더 타당하다고 판단될 때, 상대가 자신이 추구하는 방향으로 이끌리게끔 대화하여서 한 생각, 한마음을 만드는 상태, 그러한 추구와 완성이 바로 평화의 개념이며, 그런 맥락에서 성서 텍스트가 말하는 '평화' 의 개념 또한 적용하려 한다.

그렇지만, 성서가 말하는 평화의 궁극적 원인으로서의 '다름'은 우리가 생각하는 다름의 의미와는 그 층위가 다소 다른 것을 발견할 수 있다. 성서에서 평화에 대해 언급한 구절을 살펴보면 이러한 짐작이 더욱 견고해진다.

> 예수님은 우리의 평화가 되시는 분이십니다. 그분은 유대인과 이방인을 갈라놓은 담을 헐어서 둘이 하나가 되게 하셨습니다.
> 그들을 원수로 만들었던 계명의 율법을 예수님이 자신의 육체적인 죽음으로 폐지하신 것은 유대인과 이방인을 자기 안에서 하나의 새로운 백성으로 만들어 화목하게 하고 또 십자가로 그들의 적개심을 죽이고 둘을 한 몸으로 만들어 하나님과 화해시키기 위한 것입니다. _엡2:14~16 (현대인의 성경)

에베소서에 등장한 화평이란 헬라어 *εἰρήνη*에이레넨은 지금 마태복음 5장 9절에 등장한 화평하게 한다는 형용사 *εἰρηνοποιοί*에이레노포이오이의 원형으로 사용되어 두 단어 모두 '평화', '화평'의 의미가 있다. 이렇듯 에베소서를 통해 우리는 성서에서 언급된 평화의 근원이 그리스도 예수임을 볼 수 있다.

어째서 그리스도 예수가 우리에게 평화가 되는 걸까. 이유는 하나의 관점으로 소급된다. 앞서 말했듯 평화를 주는 상태 이전, 즉 평화 이전 상태가 전쟁과 다툼, 분쟁이라면 그 전쟁을 일으키는 가장 큰 원인이 다름임을 밝힌 바 있다. 이 다름이 인간과 인간 사이에 일어나는 다름인 경우, 평화의 방법은 인간과 인간 사이의 중재나 협상을 통해 이뤄지며 그를 통해 평화를 실현하는 것은 얼마든지 가능한 일이다. 다시 말해 인간의 노력으로 평화를 이뤄낼 수 있다는 것이다. 그런데 성서가 말하는 이 평화를 저해하는 핵심 요소인 '다름'은 인간과 인간 사이의 다름이 아니요, 인간과 하나님, 피조물과 창조주의 다름을 말하고 있다.

창세기서부터 줄기차게 이야기해온 성서의 대주제大主題는 인간이 하나님의 깊음과 은혜로 말미암아 생명 차원에 합류할 것을 지향한다. 생명을 줘야 하는데, 그러한 상태가 이 땅에서 실현되지 못하는 불가항력에 가까운 현실을 이른바 원역사原歷史라고 부른다면 그 원역사의 토대 속에서 나타난 아담 이후의 인류는 하나님의 생명 차원에 합류될 가능성을 박탈당한 '다름' 의 교도소에 갇힌 것이며, 그러한 다름의 실존이 인간 의지와 노력을 통해 이뤄낼 수 없는 상태임을 사도 바울은 서신들을 통해 누구보다 강경하게 주장해 왔다.

기록된 바 의인은 없나니 하나도 없으며 _롬3:10

사도 바울이 구약 기록을 인용하여 다음과 같이 의인의 존재 불가를 천명한 건 이렇듯 의인으로 상징되는 하나님 뜻에 들어맞은 존재, 생명 차원에 들어갈 수 있는 인류가 단 한 사람도 없음을 강조하기 위함임을 모르지 않는다. 동시에 바울은 이러한 생명 차원에 합류할 수 있는 유일한 길을 에베소서 가르침을 통해 그리스도 예수, 말씀의 육화인 그분을 통해서만 이뤄낼 수 있다는 사실을 힘주어 강조하고 있다.

그러한 맥락에서 그리스도 예수는 우리의 화평이 되는 것이다. 다시 말해 의인으로 상징되는 하나님 차원에 인간의 공력이나 노력으론 도저히 합류될 수 없는 이른바 불가항력적인 원역사의 실존實存, 그 현상의 한복판에 그리스도 예수가 실제로 이 땅에 현현하셔서 둘로 나뉘었던 인간과 하나님의 간격을 하나로 만들어 내신 이 사건을 깨닫고 이 감격을 아멘으로 동의하는 믿음만이 우리에게 궁극적인 화평을 이뤄내실 수 있음을 바울은 강조했던 것이다.

구약이나 과거 율법을 신앙과 구원의 유일한 수단으로 신앙해 오던 바울에게 지금 에베소서 2장 15절에서 밝힌 의문에 속한 계명의 율법이 인간을 하나님에게로 나아갈 수 있게 하는데 결정적인 장애가 되는 원수, ἔχθραν에크드란이 되는 궁극적 이유에 대해서도 밝혀볼 필요가 있다. 어째서 법령들, δόγμασιν도그마신 안에 담겨 있는 계명들의 법이 사도 바울의 영적 안목에선 육체 안에서 원수 된 것으로 여겨졌던 것일까. 그렇다면, 과연 그 계명을 우리에게 허락하신 하나님조차도 우리의 원수란 말인가. 그렇지 않다. 하나님의 공의와 사랑의 법은 그러한 관점에서 이해할 수 없는 신비를 우리에게 요구하고 있다.

그 신비는 바로 우리가 그 법령들을 지킴으로서 구원을 얻고 이른바 의인 칭호를 얻게 되는 방법론과 시도 자체가 무익하고 생명과는 무관한 것이요, 도리어 생명을 좀먹고 육체 안에서 생명 차원을 가로막는 추악한 도그마dogma가 되어버린다는 사실에 대한 발견이다. 즉, 율법은 하나님이 우리에게 그것을 지켜냄으로써 의를 얻는 것으로 제시된 것이 아니라 법의 주관자, 창조자이신 하나님이 그 법을 통해 드러낸 죄악과 타락의 원현상原現想을 긍정하고 그 현상의 드러남을 깨닫는데 궁극의 목적이 있었던 것이다.

이러한 생명의 원리를 사도 바울은 16절을 통해 분명하게 제시하고 있다.

'십자가로 이 둘을 한 몸으로 하나님과 화목하게 하려 하심이라'

인간의 다름을 인간의 의지, 노력으로 극복하려는 모든 시도를 심지어 원수 된 것, 불법으로 간주하는 바로 이 대목에서 화평, εἰρήνη에이레네 자체이신 그리스도 예수, 말씀의 육화가 바로 2천 년 전 이 땅에 실제 현현하셔서 십자가란 사망의 고통으로 들어가는 가장 극렬한 죽음의 의식을 겪어내시고 그 메시지를 성서 말씀을 통해 핑계할 수 없는 것으로 규정함으로써 하나님께서 주셨던 계명의 법을 자신의 성육신 안에서 하나로 만드신 이 거룩한 사건은 그로 말미암아 우리가 우리의 궁극적 다름, 불가항력적이던 타락의 차원에서 벗어나 비로소 하나님의 생명 차원을 맛볼 수 있고 그 차원에 합류되는 길을 열어놓으신 것이다. 그러한 의미에서 그리스도 예수는 다름의 차이를 극복한 유일한 길, 진리, 생명이 되시며, 그 자체만으로 그분은 성서가 말하는 최상의 εἰρήνη에이레네, 평화이다.

그렇다면, 이제 우리는 질문하지 않을 수 없다. 5장 9절에서 나타난 '화평하게 하는 사람들' 의 행위에 대해 말이다.

성서 언어가 가리키는 화평은 이렇듯 어떤 맥락에선 보편적인 평화를 추구하는 모든 노력에 대한 포기와 단절을 뜻하기도 한다. 이것이 역설이며, 성서의 오묘함이다. 인간이 추구하는 평화의 차원은 인간과 인간 사이의 다툼과 분쟁에서 기인한다. 주님이 가르치신 마태복음 5장 9절의 평화는 그러한 동일한 보편성의 차원에서 일어나는 평화의 실현이 적어도 본질이 아닌 것을 명확히 하는 것이다.

또한, 우리는 이 땅에서의 평화의 실현을 통해 복 있는 사람이 되었다고 스스로 자위하는 자기 착각에서 벗어나야 한다. 지금 언급된 화평의 개념은 오직 하나님 차원으로 나아갈 수 있는 차원의 다름을 극복게 하시는 유일한 화목 제물이신 그리스도 예수의 말씀을 통해서기 때문이다.

그분의 말씀이 차원의 다름을 극복한다. 오직 하나님 그 자체의 현현이신 말씀의 육화, 독생자를 통해서만이 우리는 하나님 차원으로 나아갈 수 있으며, 그때야 비로소 참된 평화를 맛볼 수 있게 된다. 예수는 지금 이러한 평화를 추구하는 이에게 복을 준다고 말하고 있다.

그렇다면, 우리가 추구하는 평화, 그 화평케 함의 행위는 무엇인가. 그것은 바로 우리에게 생명 되시는 오묘하고도 신비로운 신적 섭리의 실체이신 그리스도 예수에 대한 기록인 성서를 아직 이 말씀을 깨닫지 못한 이에게 전하고 나누어주는 행위가 화평케 함의 행위 전부다. 이 행위가 곧 야고보서에서 말하는 행함을 가진 믿음의 실천이며, 이 믿음을 통해서만 우리는 의로 상징되는 생명 차원을 확보하여, 영원한 생명, 하늘 본향에 이르는 것이다.

그렇다면, 이제 5장 9절 하반부를 묵상하면서 화평케 하는 사람들이 복이 있는 이유에 대해 성찰해 보도록 하겠다.

ὅτι αὐτοί υἱοί θεοῦ κληθήσονται. 호티 아우토이 휘오이 데온 클레데손타이

왜냐하면 그들은 하나님의 아들들이라 불려질 것이기 때문이다.

동사 *κληθήσονται*클레데손타이는 미래수동태로 쓰여 있다. 그렇다면, 화평케 하는 사람들이 복이 있는 이유는 장차 그들이 미래에 *υἱοί θεοῦ*휘오이 데우, 하나님의 아들들로 불릴 것이기 때문에 복이 있다는 의미일 것이다.

하나님의 아들이 된다는 건 이런 맥락에서 그리스도인의 최종적 완성을 상징한다. 물론 지금도 우리는 그리스도인으로서 그분의 아들로 칭함을 받고 있다. 그렇지만, 미래형 동사 *κληθήσονται*클레데손타이는 장차 존재가 육의 옷을 벗고 생명의 부활로 나아갈 때, 우리의 영원한 정체성을 확립해주는 존재로서 불릴 것을 암시하는 의미가 더 크다고 볼 수 있다.

그러한 사실을 더욱 분명히 밝혀주는 대목은 예수께서 바로 우리가 하나님의 자녀가 아니라 하나님의 아들로 불리게 된다는 사실에 대한 강조에 있다.

헬라어가 가진 문법 특징 중 하나로 단어에 성性의 개념이 포함되어 있음을 볼 수 있다. 남성과 여성, 중성으로 단어마다 성의 역할과 위치를 준다는 뜻이다. 헬라어 단어가 남성이 쓰일 때(남성명사) 보편적으로 완전, 세워짐, 일으켜지고 증거 하고, 전파하는 성립의 의미를 띄며, 반대로 여성(여성명사)인 경우는 불완전하며, 수용하며, 받아들이고, 일으켜짐을 받아야 하는 미완성의 의미가 있다고 보는 것이 공통된 헬라어 언어 이해다. 또한, 중성은 온전히 사물을 가리킬 때, 사용되거나 혹은 여성(명사)의 경우처럼 미완성과 진행, 수용의 의미를 담고 있다.

만약 5장 9절에서 단순히 주님께서 '하나님의 자녀' 라는 의미로 τέκνα θεοῦ테크나 데우를 사용하셨다면 이는 미래에서도 우리의 존재가 온전히 하나님의 차원으로 나아가지 않았음을 의미할지도 모른다. 왜냐하면, 자녀로 번역된 헬라어 τέκνα테크나가 중성명사이기 때문이다. 그렇지만, 주님은 미래형으로서 '불려질 것' 을 확신한 상태에서 우리를 남성명사를 가진 υἱοι휘오이, '아들들' , 하나님의 아들들이 된다고 말씀하셨다.

화평케 하는 사람들의 복은 이러한 전체 맥락에서 중성의 과정적 의미가 있는 하나님 자녀의 삶을 지속하면서 육신의 옷을 입은 이 지상에서 하나님의 말씀을 사모하고 본향을 사모하는 삶을 지속하다가 궁극적으로 세워진 자, 완성된 자의 존재성을 담지 한 하나님의 아들들로 칭함을 받는 그날의 성취를 이루게 될 거대한 영적 도정 속에 한순간을 살아가고 있으며, 그러한 삶을 살아가야 할 것을 우리에게 확실한 가르침으로 남기고 있음을 잊지 말아야 한다. 그러므로 화평을 위해 우리의 생명 되시는 그리스도 예수의 말씀을 먹고 마시는 영적 성찬과 그분 말씀의 깊이 속에 거룩히 잠겨 드는 성령 세례의 지속은 말 그대로 존재의 숨이 살아있는 그날까지 언제나 현재형으로서 지속하여야만 할 것이다. 그분은 이 현재의 순간 속에서 우리를 자신의 아들로 부르는 것을 주저하지 않으셨다. 롬8:14, 갈3:6 참고 그분에게 시간은 절대와 영원을 포괄하고 있기 때문이다. 그러나 우리는 끊임없이 그 생명 차원의 신비에 머물러야 한다. 그 안에서 숨을 쉬고 끊임없는 복음 전파의 사명을 감당해야 한다. 그것이 곧 복 있는 자, 생명 차원을 소유한 자, 하나님의 아들이라 불리는 존재의 참된 축복이다.

팔복 8 - 의를 위하여 핍박을 받는 자

이제 팔복의 마지막 복에 대해 묵상해 보겠다. 산상수훈에서 예수가 가르친 여덟 가지 복의 근원은 이제 더는 땅의 차원, 육신의 차원에서 만족하는 복이 아님을 분명히 깨닫게 되었다. '복'의 개념 자체가 그렇다. 성서가 밝히는 복은 유한성의 한계를 벗어날 수 없는 깨달음 없는 어둠의 세계, 그 심연 속에서 자의적 의지로는 도저히 발견할 수 없는 무한, 생명의 빛을 발견하는 그 자체임을 가르치셨던 것이다.

이 여덟 개의 복은 당시 예수를 따르던 제자들에게만 국한되는 메시지가 아니라 오늘을 사는 그리스도인에게도 새로운 창조의 기쁨으로 고동쳐야만 한다. 그러나 만일 이 '복'의 개념이 유한의 차원으로 다가와 우리 마음에 현상적 기쁨으로만 고동친다면 그것은 아마도 참된 의미로서의 '복'에 대한 충분한 이해가 아닐 것이며, 그러한 상태에서 체득되는 복의 차원 역시 바닷가에 쌓아올린 모래성과 같은 위태로움에 지나지 않는 것이다.

또한, 여덟 번째 복 있는 사람은 첫 번째 복 있는 사람과 같이 복 있음의 상태가 현재형으로 진행되고 있다. 예수께서 처음 입을 여시고 가르치기를 시작하셨을 때 나타난 첫 번째 복 있는 자의 상태는 바로 '영으로 가난한 사람들'이었다. 그리고 그러한 영으로 가난한 삶을 지향하는, 즉 우리 마음 안에 온전히 그리스도의 영으로 채워지고, 그 생명의 영을 이웃에게 나누어주어 자발적인 영적 가난을 이뤄내는 존재들이 얻게 되는 '복'의 이유가 바로 '하늘들의 나라'를 소유할 수 있었기 때문이다. 이것은 이제 여덟 번째 복 있는 자의 비유와도 맥을 같이한다. 의를 인하여, 의 때문에 핍박받아지는 사람들이 복이 있다는 것인데, 그들이 복이 있는 이유는 하늘들의 나라, 천국이 그들의 것이기 때문이다.

첫 번째 복 있는 사람을 통해 한글 번역 성경에 기록된 '천국이 저희 것임이요' 라는 대목에 대해 새로운 성찰을 하게 되었다. '천국' 이 단지 내세에 나타날 먼 본향을 뜻하는 것이 아니라, 산상수훈에서 예수가 말한 천국은 '하늘들의 나라' , 그리스도의 생명 말씀을 받아 하늘 차원에 깨달게 된 존재들을 상징되는 하늘들이 소유할 수 있게 되는 나라, 바로 우리 마음속에 이루어지게 되는 심령 천국으로서의 '나라' , 그 왕국의 존재 자체이신 그리스도 예수의 말씀을 상징하고 있음인데, 그 말씀이 지금 현재형으로서 우리 마음속에 역동적인 생명으로 존재하게 됨을 뜻하는 것이다. 바로 그러한 생명 말씀의 지속과 말씀 안으로의 삶을 이루게 되는 지평 그 자체가 천국이요, 현재 우리 마음속에 주어지는 천국이 내세에 궁극적으로 도달하게 될 최종 본향, 아버지 나라로 들어가게 되는 영적 필수 조건이다. 바로 그래서 예수는 '영으로 가난한 자' , '의를 위하여 핍박을 받아지는 사람' 들이 복이 있다고 힘주어 주장하셨다.

이러한 맥락에서 여덟 번째 복 있는 사람에 대한 가르침인 마태복음 5장 10절 전반부를 직역해 보면 다음과 같다.

μακάριοι οἱ δεδιωγμένοι ἕνεκεν δικαιοσύνης

마카리오이 호이 데디오그메노이 헤네켄 디카이오쉬네스

의 때문에 핍박받아지고 있는 사람들은 복이 있다 _원문 직역

'의' 로 번역된 헬라어 *δικαιοσύνης*디카이오쉬네스의 원형 *δίκαιος*디카이오스는 공정한, 흠 없는, 거룩한, 적당한 등의 뜻으로 사용된다.

δίκαιος디카이오스의 유래어는 δίκη디케인데, 그 의미는 '자명한 것', '마땅한 것'으로서의 옳음, '공의'의 뜻이며, 이러한 자명한 것으로서의 공의의 개념에서 처벌과 심판, 보응의 개념이 파생되었다.

이러한 언어 맥락에서 고찰해 본 '의'는 흠으로 상징되는 절대적이지 못한 상대적 가치의 유한성, 혹은 한계를 포괄하는 이른바 절대의 영역을 상징하고 있다. 절대의 영역을 아우르는 존재는 존재와 비존재를 통합하는 창조주 하나님 외엔 존재하지 않는다. 적어도 이 말씀이 오늘 우리 안목에 의해 인식되는 이 순간, 우리는 유한의 틀 안에서 말씀을 대함으로써 오히려 이 말씀이 상대의 영역을 넘어 절대의 영역을 지향함을 발견하게 되는 것이다.

초월의 신비로서 존재하는 '의'는 그러므로 유한적 존재인 우리 인간이 판단할 수 없고, 규정지을 수 없는 상대성의 영역 위에 있는 '자명함', '당연한 것'으로 우리에게 주어진다. 그것이 바로 '의'인데, 오묘한 사실은 '의'에 의해, 혹은 '의' 때문에 핍박받아지게 되는 사람들이 복이 있다고 가르치시는 데 그 포인트가 있다. 그러므로 이 말씀이 뜻하는 하나의 상태가 드러난다면 오늘 우리의 영역에서 이 자명한 것, 당연한 것으로서 우리에게 인정돼야 할 하나의 의, 절대의 신비가 핍박과 걸림과 배척의 대상이 될 수 있다는 현상에 대한 인정을 요구한다.

실제로 그렇다. 지금 그리스도 예수는 자신이 하나님의 아들로 이 땅에 오셨음을 밝히려고 이 땅에 왔음을 명백히 밝히려고 소위 공생애의 삶을 시작하셨다. 그렇지만, 그러한 자기 드러냄의 결과는 어처구니없게도 십자가 형벌이었다. 물론 그 또한 하나님의 깊은 은혜의 경륜이라 볼 수 있지만, 중요한 사실은 메시아, 그리스도의 현현을 인식한 그 순간, 그 '의로움'을 우리는 당연한 것, 자명한 것으로 받아들이지 못하고 상대의 영역으로 의로움을 끌어내려 스스로 의롭게 되고자 하는 인간의 타락된 욕망을 그대로 드러내고 말았다는 사실이다.

그래서 우리가 복 있는 사람이 되려면 이 '의'를 상대적 차원으로 끌어내려 상대적 차원에서 절대의 신비를 추구하려 하는 이른바 자기 의의 수립을 위한 어떠한 행위도 거부해야만 할 것이다. 이러한 거부가 적극적으로 나타나는 것이 의미하는 바는 무엇인가. 그것은 곧 우리가 이 '의'를 긍정한다는 것을 뜻한다. '의로움'을 긍정한다는 건 '의', 자명한 것으로서의 창조의 신비가 육화肉化된 말씀이 되어 현상계에 모습을 드러내셨고 오늘날엔 그분에 대한 기록인 성서 텍스트로서 영의 숨을 지속한다는 사실에 대한 전 존재를 걸고 내뱉는 '아멘'의 탄성이 시작됨을 뜻한다. 이 '의'는 존재의 타락한 욕망의 틀에서 추구되는 '의'가 결코 아니다. 단적으로 말해 이 '의'는 온전히 타자화他者化된 창조주의 은혜요 선물이다. 그런 맥락에서 이 '의'는 일종의 존재의 신비로 볼 수 있다. 고린도전서 1장 30절에서 이 '의'의 존재적 궁극에 대해 밝히 드러내고 있다.

> 너희는 하나님으로부터 나서 그리스도 예수 안에 있고 예수는 하나님으로부터 나와서 우리에게 지혜와 의로움과 거룩함과 구원함이 되셨으니 _고전1:30

예수는 하나님께로부터 나온 존재다. 그분은 요한복음 1장 1절처럼 말씀의 하나님으로 오늘을 사는 인간에게 하나님께로부터 나와 하나님께로 들어갈 수 있도록 이끌어주시는 유일무이한 길이 된 것이다. 무한의 창조주가 유한의 피조물을 자신의 생명 영역으로 이끌어 올리기 위한 하나의 길로서 예수가 말씀으로 현현되셨고 그 예수가 우리 인간에게 지혜, 의로움, 거룩함, 구속으로 존재하게 된 것이다.

여기에 등장하는 이 의로움에 주목하라. 과연 이 의로움이 '무엇이냐' 고 질문할 수 있는 성질의 것인가. 아니다. 우리는 다시 물어야 한다. 이 의로움을 '무엇이냐' 고 물을 게 아니라 이 의로움이 '누구냐' 고 질문해야 한다.

이 의로움은 누구인가. 우리에게 의로움은 오직 예수 한 분밖에 없다. 그렇다면, 오늘날 우리가 이 의로움을 소유하게 되면 핍박받아진다는 의미는 무엇인가. 이때의 핍박은 존재의 내면에서 일어나는 유한의 차원, 타락된 존재적 본성에서 비롯된 땅의 차원에서 발아되는 욕망과의 끊임없는 투쟁을 뜻하며, 또 하나는 이러한 의로움의 절대적 자명함을 상대적 차원으로 끌어내려 숭배하고 그를 통해 복을 얻고자 하는 당시 종교 지도자들과 같은 전통과 유전에 얽매여버린 율법주의가 가하는 유, 무형의 핍박을 뜻한다.

우리가 참 의미의 '의로움' 을 소유하고 있다면, 우리는 이러한 내면의 영적 전쟁과 외면의 종교적 틀로부터의 핍박이 드러나게 됨을 겸허히 인정할 수 있어야 한다. 그와 함께 우리는 이러한 상태의 도래를 오히려 기쁨으로 받아들여야 할 것이다. 왜냐하면, 이러한 존재들이 복 있는 사람이 될 수 있는 궁극의 이유가 마태복음 5장 10절의 하반부에서 밝히 드러나기 때문이다.

ὅτι αὐτῶν ἐστιν ἡ βασιλεία τῶν οὐρανῶν. 호티 아우톤 에스틴 헤 바실레이아 톤 우라논 왜냐하면 하늘들의 나라가 그들의 것이기 때문이다 _원문 직역

주목해보자. '의' 로 인해, 절대적인 것에 의해 존재의 상대적 틀이 뿌리째 흔들리고 있다. 아니, 흔들려야만 한다. 이것은 거룩한 균열이다. 왜냐하면, 존재의 타락 본질은 욕망에 의해 우리의 존재로부터 절

대의 문이 열린다고 믿어오던 불가항력적인 쓴 뿌리가 존재하고 있기 때문이다. 인류의 어미인 하와의 타락에서 이미 그것은 시작되었다.

타락으로 말미암아 하와가 가장 먼저 취한 행동은 위선의 종교성을 상징하는 무화과나무 잎으로 자신의 수치를 가리려 했던 행동이었다. 그러한 본능으로부터 비롯된 자기 의의 추구를 하와는 선악과를 먹고 소위 눈을 뜨게 된 직후에 자행하고 말았던 것이다. 자기 의를 향한 본능의 눈뜸은 그러므로 존재의 차원에선 재앙일 수밖에 없었다.

이 재앙을 극복하는 길이 바로 지금 우리에게 말씀으로 주어져 있다. 예수의 산상수훈, 팔복의 마지막 복 있는 사람에 대해 갈파하신 말씀 안에 생명으로의 몰입이 가능한 유일한 길을 준 것이다. 그것은 '의'의 절대성을 우리가 긍정하는 것, 바로 그것이다. 자명한 것, 흠없이 이 땅에 오신 예수가 우리의 그리스도가 된다는 사실에 대한 탄성과 깨달음이 우리 내면으로부터 발설되는 그 순간, 절대의 영역을 지배해 오던 상대적 영역의 추악함으로부터 세워진 욕망의 바벨탑을 뿌리서부터 뒤흔들 수 있는 것이며, 이러한 영적 전쟁의 시작이 곧 핍박의 시작이다. 이 핍박을 발견할 때, 비로소 우리는 우리 의와 행위, 우리 종교로 인해선 결코 도달할 수 없는 절대의 영역인 하늘들의 나라, 그리스도의 말씀을 소유하는 존재임을 깨닫게 되는 것이다. 이 깨달음의 현재성이 우리를 내세의 천국, 아버지의 나라를 이끌고 갈 것이다.

그 진리를 소망해야 한다. 이 진리를 위해 기도하고 찬양하고 이 진리를 위한 영적 순교를 열망해야 한다. 예수는 이런 진리를 소망하는 자만이 복 있는 사람이라고 간곡히 밝히기 때문이다. 마태복음 5장 3절부터 시작해 5장 10절로 마무리되는 여덟 가지 복, 팔복의 신비를 통해 말이다.

Chapter 2

율법律法의 일점일획

세상의 소금

세상의 빛

율법의 일점일획

바리새인의 의보다 낫지 아니하면

원망과 화해

오른 눈과 오른손

맹세하지 말라

누구든지 네 오른편 뺨을 치거든

원수를 사랑하라

온전하라

나팔을 불지 말라

은밀함 안에서

세상의 소금

너희는 세상의 소금이니 소금이 만일 그 맛을 잃으면 무엇으로 짜게 하리요 후에는 아무 쓸 데 없어 다만 밖에 버려져 사람에게 밟힐 뿐이니라 _마5:13

안타깝게도 이 구절의 한글번역은 지나친 의역들이 난무하고 있다. 시제의 문제도 그렇고 의미전달의 문제도 또한 그렇다.

너희는 세상의 소금이라.
Υμεῖς ἐστε τό ἅλας τῆς γῆς.

이 부분을 원문의 의미로 직역해보면 '너희들은 이 땅의 소금들로 존재하고 있다'로 볼 수 있다. 이 땅이 소유하는 소금들이란 의미다. 이 땅을 한글번역에선 세상으로 의역했다. 일견 타당한 번역으로 보인다. 아마도 5장 14절에 나타난 빛을 묘사하는 장면에서 *τό φῶς τοῦ κόσμου*토 포스 투 코스무 '이 세상의 빛'이란 구절과 병행구로 묘사하기 위해 세상으로 번역했을 가능성이 다분하다.

땅은 곧 세상을 의미하는데, 그런데 이 땅이 지금 소금들을 소유하고 있으며, 제자로 상징되는 하나님의 말씀을 받은 자들, 즉 팔복의 지혜를 얻은 자들은 소금으로 존재한다고 말하고 있다. 이 존재됨은 현재형동사 *ἐστε*에스테가 쓰였다. 계속적으로 존재하고 있다는 것이다. 어디에 말인가. 세상으로 상징되는 이 땅에 머물러 있다는 의미다.

말씀 안에서 빛을 발견한 존재는 그 발견한 말씀을 통해 땅의 차원 자체를 버리고 초월적 경지로 나아가는 것을 의미하지 않는다. 예수가 그리스도인의 존재의미를 '소금'으로 비유한 것에 주목하기 바란다. 소금의 기능을 중시한 것이다. 소금은 이 땅에서 쓰여야 할 의무가 있다. 그 의무는 어떤 의무인가. 소금의 가치를 보다 정확하게 드러낸 성경구절을 묵상해 보겠다.

> 소금은 좋은 것이로되 만일 소금이 그 맛을 잃으면 무엇으로 이를 짜게 하리요 너희 속에 소금을 두고 서로 화목하라 하시니라 _막9:50

마가복음에 나타난 예수의 가르침에서 소금의 역할을 밝히고 있는데, 그것은 바로 '화목하라'는 것이다. 동사 '화목하라'의 헬라어 원형 εἰρήνη에이레네는 '화평'을 의미하며, 우리는 이 '화평'의 영적 의미를 무한의 하나님과 유한의 인간 사이의 영적 간극을 메워주는 중보자이신 예수 그리스도였던 것을 살펴본 바 있다. 이렇듯 성경 언어의 의미 추구는 타협을 모른 채 한 가지 대상을 향한 제유법의 수사를 지향하고 있다. 마가복음 9장 50절의 '화목' 역시 단순히 이웃 간의 분쟁 조정, 정서적 화목의 지속만을 의미하는 게 아니라 무한과 유한의 질적 차이 극복이란 거룩한 사건의 선포에 있던 것이다.

이 선포는 곧 계명의 신비와 연결된다. 예수께서는 우리에게 새 계명으로서 하나님 사랑과 이웃 사랑의 강령을 남기셨다. 하나님 본체의 현현이신 그리스도 예수를 말씀을 통해 발견하는 것이 하나님 사랑의 본질이라면 그렇게 사랑하여 깨달은 참 말씀의 영역 지평을 내 이웃, 형제에게 전파하는 영적 행위가 곧 이웃사랑의 본질이다.

다시 돌아와 살펴보면 산상수훈에서 예수가 비유로 제시하신 '소금'의 의미가 더욱더 명확해진다. 이때의 소금은 단순한 물질의 차원에 머무르지 않는다. 이웃을 사랑하는 유일한 질료가 된다. 이 질료는 곧 생명이신 하나님의 말씀이다. 산상수훈 당시의 시대로 되돌아가 본다면 말씀의 성취자로 오신 그리스도 예수 그분이 곧 소금의 근원이시다. 그리고 화목의 근원인 예수를 하나님의 신비 가운데로 우리를 인도할 그리스도로 받아들이는 존재 역시 소금이 되는 것이다. 이 소금은 여전히 땅으로 상징되는 세상의 소유로 남아 있다. 하지만, 우리는 이 사실을 육신의 굴레로 인지하는 것을 당당히 거부해야 한다. 이것은 계명의 실천을 위한 유일무이한 기회이기도 하다. 육의 옷을 벗고 영의 몸을 입은 신령한 부활의 날엔 더는 복음증거의 기회가 소멸하고 만다. 비록 땅에 매여 땅에 속한 백성의 삶을 살고는 있지만, 소금을 가진 이상 아직 생명의 참 의미를 깨닫지 못하는 이들에게 소금의 근원을 밝히 드러내는 선포 행위를 통해 땅이 다시는 땅의 차원에 머무르지 않고 급기야 하늘의 차원으로 비약되는 영적 통일성의 성취를 우리 주님은 간절히 원하고 계신 것이다.

그런데 불행히도 예수는 제자들에게 다음과 같은 가정을 남기셨다.

> 그러나 소금이 만일 맛을 잃게 되면 무엇으로 짜게 하리요
> *ἐάν δέ τό ἅλας μωρανθῆ ἐν τίνι ἁλισθήσεται*

이 구절 역시 원문 의미에 맞게 직역해보면 다음과 같다.

> 그러나 만일 소금이 무의미하게 되면(소금 아닌 것이 되면) 무엇 안에서 소금치듯 할수 있게 되어지겠느냐. (소금되도록 할 수 있게 될 것이냐)

'맛을 잃게' 로 번역된 *μωρανθῆ*모란데의 원형 *μωραίνω*모라이노는 어리석음, 무의미한 정도로 사용된다. 또한 '짜게 하리요' 로 번역된 동사

ἁλισθήσεται할리스데세타이는 태가 수동태로 쓰여, '소금되도록 할 수 있게 될 것이냐'의 의미로 번역됨이 적당하다.

이 구절이 뜻하는 바는 무엇인가. 예수께선 어째서 소금이 무의미해지는 가정을 하셨는가. 과연 소금이 무의미해진다는 의미는 무엇인가.

이것을 우리는 성도의 내면세계의 영적 투쟁에 대한 격려와 동시에 경고의 메시지로 이해할 수 있다. '화목게 하는'의 의미본질은 하늘 하나님과 땅의 인간들의 중보 되시는 그리스도 예수의 복음을 통해서만 가능하다. 반대로 이 의미본질이 아닌 다른 의미로서 '화목'의 가치가 남발, 왜곡된다면 그것은 엄밀하게 말해 복음이 아니다. 이렇듯 복음의 의미는 항상 그 본질을 염두에 두어야 한다.

소금 역시 마찬가지다. 우리는 땅에 속한 땅의 백성이지만 동시에 땅의 형질을 변화시켜 모든 이들을 천상의 빛, 하나님의 생명과 연합하게 할 계명을 받은 존재들이다. 이 계명의 본질을 잊지 않을 때, 우리는 현재 참 소금으로 존재할 수 있다. 그런데 만약 우리가 이 계명의 본질을 잊은 채, 왜곡되고 변질한 의미로, 다시 말해 땅의 가치관에 그대로 함몰된 채 땅의 가치에서 하늘의 가치인 계명의 본질을 재구성, 재해석하고자 할 때 이미 그 계명은 인간의 교훈과 도덕에 불과해질 것이며, 더는 계명, 복음이 아니요 궁극적으로 맛을 잃어버린 소금, 의미를 잊어버린 복음을 닮은 껍데기에 지나지 않을 것이다.

그것은 더는 복음도, 계명도, 소금도 아니다. 우리는 땅에 속한 상태에서 생명의 빛을 얻었다. 빛에 눈을 떴다. 그러나 그 빛이 다시금 거대한 똬리를 튼 어둠의 영역 속에서 변질하여버리고 말았다. 하늘의 고결한 지혜를 그 숱한 땅의 유혹의 수사修辭, 인간의 물物의 차원을 장악한 욕망의 심연이 아예 삼켜버리고 만 것이다. 이렇듯 무의미로 전락하게 된 소금, 껍데기만 남은 소금 아닌 소금은 더는 소금으로서의 역할도, 기능도 감당할 수 없다. '무엇 안에서' 그 소금은 소금다워질 수 있겠는가. 욕망의 차원, 땅에 차원에서 배설되고 재생산되는 복음 아닌 복음, 다른 복음으로서만 기능할 뿐이다.

이렇듯 소금의 본질을 땅속 깊이 매장해 버린 존재, 그리고도 뻔뻔스럽게 여전히 자신은 참 소금을 소유했다며 자기들의 종교가 펼쳐놓은 지배영역 아래로 사람들을 끌어모으는 이들에게 나타나는 궁극의 결말은 너무나 비참하다. 하반부를 묵상해 보겠다.

후에는 아무 쓸데없어 다만 밖에 버리워 사람에게 밟힐 뿐이니라.

복음의 껍데기를 붙잡고 하늘의 생명 운운하는 자들에게 주어지는 참으로 비극적인 결과가 아닐 수 없다. 이 가르침에서 예수가 가리키는 '아무 쓸데없어', *οὐδέν ἰσχύει* 우덴 이스퀴에이는 세상에서의 임시변통과 처세술에는 유용하게 쓰이는 복음의 껍데기가 실상 생명의 영역과 계명의 본질을 밝히는 것엔 아무 도움도 주지 못한다는 사실을 강조한다. 그와 함께 *βληθῆναι ἔξω* 블레데나이 엑소, 밖으로 던져진다고 했다.

'~안에'는 성경언어에서 하나님의 생명, 신비적인 처소를 뜻한다. 참 진리에 눈을 뜬 존재들은 자신들의 존재가 어디에 있는지 자각하는 것으로부터 구원의 신비를 인지하기 시작한다. 거듭남의 신비는 하나님 생명의 자궁 안에서부터 시작되기 때문이다. 하지만, 어느 순간부터 땅의 욕망에 눈이 멀어 복음의 껍데기를 붙잡고 숭배하는 이들의 눈엔 이러한 생명의 자궁에 대한 인식이 무뎌지고 말 것이다. 결국, 그들은 그들이 숭배하는 복음의 껍데기, 금, 은 송아지 우상을 끌어안고 땅의 차원으로 곤두박질 치게 될 것이다. 그와 함께 따라오는 결과는 더한층 비참하다.

καταπατεῖσθαι ὑπό τῶν ἀνθρώπων카타파테이스다이 휘포 톤 안드로폰, 바로 사람들 밑에서 짓밟혀짐을 당하게 된다고 예수는 단언하셨다. 그들에게 자초하는 심판은 이제는 하나님의 의지와는 무관하다. 그들은 사람들에 의해 심판받게 되는 것이다. 이것이 바로 참 의미의 소금을 땅의 차원에 배설한 존재들에게 임하는 심판이다. 생명의 자궁이 아닌 외부 세계, 땅의 세계는 잔혹과 냉정만이 난무한다. 그곳엔 참 의미로서의 사랑이 존재하지 않는다. 선악의 개념에 길들어 버린 이들의 인식엔 비록 그 과정의 세련됨에도 결국 선과 악, 단죄와 심판의 개념에 굶주려 있다. 그 땅에서 그들은 일시 심판자가 될 수 있을지 모르지만, 결국 상대를 단죄했던 그들 역시 또 다른 이들의 잣대에 의해 정죄 받게 될 것이다.

결론은 다음과 같다. '화목하게 하지 않는' 의미로 배설되는 소금은 더는 소금이 아니다. 우리는 이 '화목'의 의미본질을 항상 우리의 마음 안에 새겨 놓아야만 한다. '화목'의 본질이 εἰρήνη에이레네, 하늘과 땅의 무한간극을 연결해주시는 중보자 그리스도 예수, 그분의 가르침과 생을 기록한 성서 텍스트란 존재론적 차원에 대한 본질 인식 말이다. 이 치열한 인식이 세상의 덫과 욕망의 안목에 의해 갈수록 무뎌진다면 우리는 어느새 참 생명의 소금을 어리석고 무의미한 것으로 만들어버릴지도 모른다. 거룩한 것을 개에게 던지고 진주를 돼지우리에 집어던지는 어떤 이들처럼 말이다.

거룩한 것을 개에게 주지 말며 너희 진주를 돼지 앞에 던지지 말라 그들이 그것을 발로 밟고 돌이켜 너희를 찢어 상하게 할까 염려하라 _마7:6

세상의 빛

너희는 세상의 빛이라 산 위에 있는 동네가 숨겨지지 못할 것이요 _마5:14

῾Υμεῖς ἐστε τό φῶς τοῦ κόσμου. οὐ δύναται πόλις κρυβῆ ναι ἐπάνω ὄρους κειμένη.

우리는 생명의 말씀을 발견했다. 그 말씀은 곧 무한의 하나님, 창조주의 신비를 온전히 대표하며, 오직 하나님만을 *πρός*프로스, 향하고 있다. 그러므로 그 말씀은 곧 하나님이 되었다. 무한의 하나님을 유한의 차원에서 이해할 수 있는 거대한 간격divide의 막힌 담을 허무시고 이 땅에 하나님의 충만한 신성을 드러내신 것이다. 바로 그 말씀의 육화가 그리스도 예수다. 요1:1~1:14 참고

그리스도 예수를 통해 드러난 창조주 하나님의 신비는 세상으로 상징되는 땅, 유한의 차원에선 빛으로 나타날 수밖에 없다. 무한을 향한 깨달음이 부재한 유한의 영역에서 무한의 신비가 발출 된다는 사건 자체가 곧 하나님 신비로서의 빛이 되는 것이다. 무한의 신비는 창조의 영역을 담보하기에 유한의 영역에선 그것이 생명으로 인지될 수밖에 없다. 유한의 세계는 무한의 광활함이 존재했기에 비로소 모습을 드러낼 수 있기 때문이다. 그래서 유한의 세계로 돌입해 들어온 이 빛은 곧 무한으로부터 발출된 생명이다.

그 안에 생명이 있었으니 이 생명은 사람들의 빛이라 빛이 어둠에 비치되 어둠이 깨닫지 못하더라 _요1:4~5

이 생명이 사람들에게 비추었다. 그런데 유한의 존재들은 이 빛을 깨닫지 못하는 어둠의 영역에 사로잡혀 있다. 이 어둠은 무엇인가. 어둠은 인간 실존의 근원적 절망을 상징한다.

인간은 영적 존재다. 수많은 학자가 여러 가지 철학적 용어를 사용해 인간 존재를 밝혔다. 하지만, 그들 주장의 궁극엔 도리 없이 인간의 영성을 직, 간접적으로 언급하지 않을 수 없는 한계를 갖고 있다. 영성이란 존재의 피할 수 없는 속성이다.

인간에게 있어서 영성이란 어떤 가치를 지니는가. 단지 종교적 의미만을 가리키지 않는다. 영성은 자신의 존재가 유한의 영역에 매달려 있음을 발견케 해준다. 그 감각이 인간에겐 존재하고 있으며, 사물과 자연, 가축에겐 주어져 있지 않다. 그 감각이 곧 영적 감각이며, 그 감각을 통해 우리는 지금 우리의 현상계가 존재 영역의 전부가 아님을 직, 간접적으로 인지하게 된다. 그러한 인식을 통해 우리는 어렴풋하게 유한의 세계를 조성한 근원의 터전, 무한의 영역을 생각하게 된다. 하지만, 그 생각은 너무나 추상적일 수밖에 없다. 인간 내부 의지로부터 추출되는 무한에 대한 감각은 그야말로 불가지에 가까운 추상성으로 휘덮여 있기 때문이다.

그와 함께 인간의 영성은 내부에서부터 욕망의 노예가 되어 있음을 발견하게 된다. 이 욕망을 창세기에선 타락이라고 불렀으며, 교리적 용어로는 원죄原罪라고 부른다. 욕망에 매달린 존재의 궁극적 지향점은 내부 의지, 본성으로 주어진 영성에 기대어 유한의 영역에서 스스로 무한으로 나아가고자 하는 모습을 보이게 된다.

하지만, 유한적 존재일 수밖에 없는, 영혼서부터 육신의 뼛속까지 유한의 지배를 받는 피조물이 그 내부에 희미함으로 깃든 추상적 영성을 바탕으로 무한의 참 빛과 생명을 온전히 깨달을 길은 사실상 존재하지 않으며 불가능하다. 즉, 인간 내부의 의지로부터 도출되어 나온 모든 영적 지식은 무한 영역의 존재성에 대한 어렴풋한 인지에만 머무를 뿐, 그 어느 것도 무한의 생명, 실체를 깨달을 수는 없다. 어둠이 빛을 깨닫지 못하듯 말이다.

그런데 지금 예수께서는 산상수훈의 메시지를 통해 자신과 함께 영적 상징의 장소인 산에 모여, 그분의 말씀을 들으려고 마음의 눈과 귀를 연 제자들을 향해 '너희들은 세상의 빛이라' 고 선언하셨다. 빛은 생명의 약동을 그대로 담아낸다. 빛은 무한의 신비를 깨닫고 있다. 그럼에도, 이 빛이 지금 세상에 있다. 여기에서 말하는 세상은 무한의 신비를 깨닫지 못하고 번뇌와 고통의 나날을 보낼 수밖에 없는 유한의 영역, 즉, 어둠을 상징한다. 제자들은 바로 유한, 곧 세상이었으며, 오늘을 살아가는 그리스도인 역시 마찬가지다.

오늘의 우리 역시 영적 존재임을 인지하지만, 뼛속 깊숙이 실존의 한계에 사로잡혀 버린, 내부 의지로부터 무한의 생명을 쟁취하려는 욕망의 노예가 된 세상으로 살아가고 있다. 이 세상에서 지금 무슨 일이 벌어지고 있는가. 종교의 탈을 쓰고 서로 정죄, 심판하고 도그마의 틀 안에 관습과 행위, 의식을 가두어버리고서 그것이 곧 무한의 신비에 참여하는 길이라 주장하고, 그것을 진리라고 주장하는 욕망의 바벨탑을 쌓아올리고 있지 않은가. 예수가 2천 년 전 자신의 땅에 나타났을 때의 현상 역시 바로 그렇지 않았는가. 무한의 생명에서 발출되어 나온 말씀의 하나님이 본 유한의 세상은 참 생명을 깨닫지 못하고, 깨달으려고도 않는 기이하리만치 끔찍한 욕망의 노예가 되어버린 세계였다.

하나님 아들의 오심은 이 무지의 욕망으로부터 우리를 해방하기 위함이셨다. 우리 내부세계 깊이 뿌리박힌 스스로 무한의 생명을 쟁취하려는 욕망에 헌신된 모든 종교심을 내던지고 내부세계에 무한의 말씀 씨앗을 심어 그 씨앗의 생명을 통해 빛을 드러내고 드러난 빛으로 어둠, 욕망의 무지를 깨우쳐 우리 모두를 하나님의 생명 영역으로 이끌어 올리기 위함이셨던 것이다. 그 숭고한 목적의 중심에 제자들과 오늘의 그리스도인이 자리하고 있다. 제자들은 뼛속 깊숙이 깨달음을 갖지 못한 '세상'이며, '세상'으로 불리는 욕망의 소유지만, 그 욕망의 실존 안의 빛이요, 생명이신 그리스도 예수의 말씀이 존재 내부에 착상着床됨으로써 비로소 영적 무지의 교도소에서 벗어나는, 욕망의 악취를 풍기는 감겨 버린 붕대를 풀어내는 나사로의 부활과 같은 빛의 현현으로 존재하게 된 것이다.

이렇게 현현된 빛은 산으로 상징되는 하나님의 지고한 신비의 영역, 그 깊은 곳에서부터 더는 감추어질 수 없는 존재가 되어 타오르기 시작한다.

> 산 위에 있는 동네가 숨겨지는 것을 할 수 없게 된다.
> *οὐ δύναται πόλις κρυβῆναι ἐπάνω ὄρους κειμένη.*

동네로 번역된 헬라어 단어 *πόλις*폴리스는 도시라는 뜻이다. 또한, 이 구절에서 예수께서 표현한 '산', *ὄρους*호루스는 영적 성숙을 포괄함과 동시에 드러냄, 발출을 의미하는 내부세계 깨달음의 상승을 상징하기도 한다. 무한의 신비를 말씀을 통해 깨달은 존재는 그 안에 이미 깨달음 자체로서의 빛이 태동하기 시작한다. 그 빛은 더는 무지와 세속의 가치와 연합될 수 없다. 빛은 그 스스로 유한으로부터 무한의 영역으로 비약한다. 그러한 영적 비약이 우리 안에 뿌려진 말씀의 씨앗을 통해 가능해졌다. 이 말씀인 씨앗의 속성을 빛으로 비유하신 예수는 산 위에 드러난 도시, 곧 거룩한 성 새 예루살렘의 예언적 불꽃이 되어 신성神聖의 뜨거움으로 타오를 것을 가르치셨다.

> 또 내가 보매 거룩한 성[πόλις폴리스] 새 예루살렘이 하나님께로부터 하늘에서 내려오니 그 예비한 것이 신부가 남편을 위하여 단장한 것 같더라 _계21:2

계시록에서 동의어로 쓰인 '성' πόλις폴리스는 미래적 사건의 성스러움으로 묘사되지만, 이 πόλις폴리스의 강림이 가능해진 궁극의 이유는 바로 오늘날 그리스도인의 마음 안에 말씀의 씨앗, 빛으로서의 πόλις폴리스가 존재하고 있기 때문이다.

우리 마음 안에 지금 하나님의 말씀, 생명이 고동치고 있다. 그 신비의 빛이 하늘을 바라보며, 빛만이 우리로 하여금 무한의 하나님을 갈망할 수 있도록 인도해 준다. 빛인 말씀은 더 우리 욕망의 종교 안에 가두지 못한다. 어둠의 압박과 고통, 세뇌, 억압, 무지에의 강요를 용납하지 않는다. 아니, 용납할 수 없다. 이렇게 드러난 빛의 도성이 결코 숨겨지게 되는 것을 할 수 있는 능력이 없다고 선포하셨기 때문이다.

> οὐ δύναται πόλις κρυβῆναι 우 뒤나타이 폴리스 크뤼베나이
> 도시가 감취어지는 것을 할 수 있게 되는 능력이 없다 _원문 직역

우리 안에 드러난 이 생명의 빛을 두려워해선 안 된다. 땅의 가치가 이 빛을 다시 감추게 하여선 결코 안 되는 것이다.

그러나 참으로 기이한 일이 2천 년 전, 그리고 오늘 끔찍한 절망의 징조로 기승을 부리고 있다. 생명을 받았을 때의 인간 실존은 이제 그

내부에 있는 빛의 드러남, 감추어질 수 없는 거룩함의 속성을 겸허함으로 받아들여야만 한다. 그 역동성에 우리 존재를 과감히 투신해야만 하는 것이다. 우리의 욕망으로 점철된 땅의 관점을 버리고 하늘의 관점, 무한을 향해 정신의 눈을 높이 들어야 한다. 그것이 바로 '땅끝까지 이르러 내 증인이 되라' 고 밝힌 예수의 유일한 지상 명령의 성취이며, 증인 된 그리스도인의 삶이다. 그러나 이 정체성을 다시금 세상, 깨닫지 못하는 어둠 속으로 감추려 하는 현상이 자행되고 있음을 우리는 말씀을 통해 확인하게 된다.

> 한 달란트 받았던 자는 와서 이르되 주인이여 당신은 굳은 사람이라 심지 않은 데서 거두고 헤치지 않은 데서 모으는 줄을 내가 알았으므로 두려워하여 나가서 당신의 달란트를 땅에 감추어 두었었나이다 보소서 당신의 것을 가지셨나이다
> _마25:24~25

한 달란트 받았던 종의 두려움은 무엇인가. 그는 내부 세계에 일방적으로 돌입 된 무한의 생명, 빛의 출현을 두려운 것으로 치부하고 말았다. 이때의 두려움은 단순한 감정의 차원을 넘어서서 현상계에 얽매인 육신의 안목에 지배된 상태로 볼 수 있다. 이 두려움은 우리로 하여금 한 달란트를 땅에 묻은 종과 같은 어둠으로의 퇴행 의지, 감추고자 하는 욕망의 유혹에 이끌리게끔 하는 요소다.

생명의 일방적 투입으로서의 빛은 우리에게 지금까지 모든 바벨의 시도를 무력화하는 것이기에, 유한의 탑을 통해 무한의 영역으로 오르고자 하는 모든 의지의 예봉을 철저히 꺾어버리는 것이기에 철저한 현상계의 두려움을 촉발할 수밖에 없다. 하지만, 이 두려움을 극복하지 않으면, 지금 하늘에서부터 쏟아져 내려오는 찰나의 섬광과 같은

말씀이 갖는 수직성, 배타성, 이 충만함을 우리 마음의 밭에 받아들이지 못한다면 어느 순간 우리는 하늘에서부터 주어진 말씀을 어둠과 현상계의 안목으로 세뇌되어버린 땅 깊은 곳에 파묻고서 언제까지라도 두려움과 욕망의 노예가 되어 번뇌의 구렁 속에서 신음하게 될 것이다. 악한 종의 굴레를 뒤집어쓰고 산 위로 높이 드리워진, 더는 감추어질 수 있는 능력이 없는 빛 그 자체의 생명을 유한의 차원 깊숙이 파묻어버리고 그러한 행위를 합리화하려 하는 끔찍한 자기기만의 종교로 회귀 되고 마는 것이다.

세상의 빛으로 존재한다는 예수의 가르침은 결코 낭만적인 것이 아니다. 커다란 감정의 자부심도 없다. 이것은 그야말로 현상계의 두려움이 아닌 영적 두려움이요 거룩한 떨림이요 영적인 사건, 그뿐이다.

이 사건의 도상 위에 오늘의 그리스도인이 존재하고 있다. 빛의 생명을 받아 영적 상징인 산 위로 올라가 감추어질 수 없는 생명의 역동성을 담대히 증거 하든지 아님, 이 빛을 끊임없이 두려워하며 다시금 땅, 현상계, 인간의 안목을 향해 곤두박질 치든지 이제 이 두 가지 갈림길에서 우리는 하나의 길을 선택해야만 하는 것이다.

주님의 가르침은 오늘날 우리에게 또 다른 선택에의 강요다. 피할 수 없으며, 피해 갈 수도 없는 엄혹한 실존의 갈림목, 이 거룩한 긴장 앞에 마음을 열고 묵상의 깊이로 몰입될 수 있는 그리스도인 되기를 간절히 기원한다.

율법의 일점일획

> 내가 모세의 율법과 예언자들이 쓴 책을 없애러 온 줄로 생각하지 말라. 없애러 온 것이 아니라 완성하러 왔다.
> 진정으로 너희에게 말한다. 천지가 없어지더라도 율법은 일점일획도 없어지지 않고 다 이루어질 것이다. _마5:17~18 (현대인의 성경)

2천 년 전 당시도 지금도 예수와 유대교, 혹은 구약성서에 대한 의견에는 두 가지 견해가 대립하고 있다. 전자는 예수가 구약, 특히 구약의 핵심을 구성하는 율법에 대한 철저한 반역의 의지를 갖췄다는 의견이요, 후자는 예수는 오히려 율법 아래 예속되는 정서를 공공연히 표방했다는 의견이다. 물론 후자의 의견을 프로테스탄트가 공공연히 지지했다고는 볼 수 없다. 우리는 믿음으로 구원을 얻었으며 그 구원은 온전히 하나님의 은혜로부터 나왔다는 의견을 강조하는 데 있어선 전자 쪽의 의견으로 기울어지는 것 같지만, 소위 말하는 성화聖化의 차원으로 들어서면서부터 어떤 규범보다도 더욱 강력하게 율법을 믿음의 잣대로 들이미는 경우가 심심찮게 발생하곤 한다. 그와 함께 가장 빈번하게 인용하는 성서 구절이 바로 지금 본 마태복음 5장 17절, 18절이다.

보아라. 예수 역시 율법을 폐하러 온 게 아니라 완성하러 왔다고 하지 않느냐. 율법의 일점일획이라도 없어지지 않고 다 이룰 거라고 하지 않더냐. 그러니 우리도 예수의 가르침을 따라 율법의 하나라도 지키고 보존하기 위해 발버둥쳐야 한다. 그것이 제자 된 삶의 마땅한 규범이다. 이런 식의 논리가 그리스도교의 성화의 과정에서 드러나는 규범에 대한 강박으로 발전하는 것이다.

하지만, 신약에서 강조된 율법의 원리, 산상수훈에서 밝힌 율법에 대한 예수의 견해는 그분을 따르는 자들로 하여금 규범의 강조에 집중하는 차원과는 다른 차원을 지향하고 있음을 볼 수 있다. 먼저 예수가 율법의 궁극에 대해 어떻게 이해하고 있는지 다른 성서 구절을 통해 살펴보도록 하자.

> 선생님, 모세의 율법 중에서 어느 것이 가장 큰 계명입니까?
> 예수께서 대답하셨다. "'네 마음을 다하고, 목숨을 다하고 생각을 다하여 주 너의 하나님을 사랑하라.' 이것이 가장 크고 첫째가는 계명이다.
> 그러나 '네 이웃을 네 몸과 같이 사랑하라'는 둘째 가는 계명도 이에 못지않게 중요하다. 모든 다른 계명과 예언자들의 요구는 이 두 계명으로 요약될 수 있다.
> _마22:35~40 (현대인의 성경)

정황은 이렇다. 예수를 시험하기 위해 한 율법사가 다가왔다. 그는 규범과 통제의 기능으로 정교하게 다듬어진 율법의 수호자였을 것이다. 그러한 율법사의 입에서 나오는 질문의 차원은 바로 율법의 경중이었다. 어떤 법이 우월하며, 어떤 법이 상대적으로 가치가 떨어지느냐는 게 율법사가 생각하는 율법의 가치개념이었다. 하지만, 이러한 가치 개념은 율법의 본질인 하나님의 계명이 뜻하는 본질에 대해 철저히 무지한 결과다. 하나님의 계명은 우리에게 주어진 것, 행함으로써 취득되는 것이 아니라 그 계명 안에 머무르는 상태, 즉 하나님의 존재 상태를 공유함으로써 성취되는 것이다. '하나님을 사랑하라'는 계명은 규범화, 객관화된 율법을 극복 대상 혹은 목표로 설정하고 그것을 지킴으로 내가 율법을 완성했다고 믿는 차원을 넘어서게 하는 본질적인 키워드가 된다. 왜냐하면, 본질적으로 유한의 존재가 무한의 하나님을 사랑한다는 것이 규범적 전제 아래에선 불가능하기 때문이다. 하나님을 사랑하려면 결국 유한의 존재가 자신의 존재한계를 인정하는 그 순간부터 시작된다. 이때 유한의 존재는 행함, 'doing' 의 차원에서 존재로서 하나님을 만나는 'being' 존재론으로서 율법을 대하게 되는 것이다.

예수는 바로 그러한 하나님의 말씀의 육화로 이 땅에 오셨다. 하나님을 사랑할 수 있는 존재론의 터전을 여신 존재이다.

마태복음 22절 40절의 헬라어 원문을 살펴봤을 때, 예수는 앞서 밝힌 '하나님을 목숨을 다해 사랑하고 네 이웃을 네 몸과 같이 사랑하는' 것, 바로 그 두 가지 계명 안에 율법과 선지자의 모든 것이 매달린다고 직역할 수 있다. 다시 말해 동 복음 산상수훈에서 밝힌 율법과 선지자의 일점일획이 곧 두 계명, 하나님 사랑과 이웃 사랑의 존재론적 터전 안에 모두 보존됨을 뜻하는 것이다.

ἐν ταύταις ταῖς δυσίν ἐντολαῖς ὅλος ὁ νόμος καί οἱ προφῆται κρέμανται.

엔 타우타이스 타이스 뒤신 엔톨라이스 홀로스 호 노모스 카이 호이 프로페타이 크레만타이

그 두 계명들 안에 모든 율법과 선지자들이 매달리니라

하나님을 사랑하라는 이 사랑, *ἀγαπάω*아가파오의 궁극은 그러므로 세상을 이처럼 사랑하셔서 독생자를 보내신요한복음 참고 하나님의 뜻의 전부인 그리스도 예수를 통해 그 중심이 확립되는 것이며, 우리는 이렇게 확립된 무한 존재의 유한 관입 사건, 그 온전한 터전 안에 자신의 모든 것을 투신함으로써 예수의 심장을 공유하고 말씀과 뜻 안에 충

만히 잠겨 그 차고 넘치는 영적 환희를 아직 그 하나님의 사랑을 모르는 자들에게 나누어주는 사랑의 전이를 실천하는 것. 바로 그러한 존재 상태가 곧 율법과 선지자의 완성이었던 것이다.

이러한 사실을 염두에 두셨던 예수는 그러므로 이처럼 강력하게 주장할 수 있었던 것이다. 자신 안에서 결국 이루어지고야 말 말씀의 성취를 강조했던 것으로 볼 수 있다는 것이다.

이 대목에서 사실상 우리가 생각한 성화의 관념, 행위론적 구원관에의 집중은 재고되어야 한다. 우리는 산상수훈의 가르침을 종종 규범의 철저성으로 인식하고 가르쳐 자신에게 가학에 가까운 행위론적 실천을 닦달하는 도구로 활용될 때가 잦다. 거기에 장식품처럼 덧붙여지는 것은 오직 은혜일뿐이다. 하지만, 산상수훈은 우리의 관념을 지배하는 악의 극복을 통한 선의 성취라는 인간 행위를 통한 구원의 도달이란 대전제를 극복, 분쇄하기 위한 철저한 우상파괴의 메시지로 점철되어 있다. 행위론에 파묻힌 인간의 이원론적 구원관을 극복하고 존재론 안에서 참 생명 안으로 함몰되는 유일한 차원의 혁명을 요구하는 것이다.

그런 맥락에서 이제 18절 말씀을 원문으로 묵상해 보면 율법의 일점 일획에 대한 존재론적 차원의 발견이 한결 수월해질 것으로 생각된다.

> 진실로 너희에게 이르노니 천지가 없어지기 전에는 율법의 일점 일획이라도 반드시 없어지지 아니하고 다 이루리라 _마 5:18
>
> *ἰῶτα ἓν ἢ μία κεραία* 이오타 엔 헤 미아 케라이아 – 일점이나 혹은 일 획

율법 성역화는 오직 하나님의 주권에 의한 신성함으로 우리의 의식

을 환기시키고, 그 율법의 성취체로서 예수가 이 땅에 오셨다. 예수는 말씀의 육화라는 생명의 전제에 우리가 동의하든 그렇지 않든 그분은 율법의 성취, 본질의 문을 열어 놓은 유일무이한 존재이다. 그런 예수가 지금 하늘과 땅의 소멸과 율법의 일점일획을 비교하면서 성취된 율법의 존재론적 영원성을 강조하고 있다.

하늘과 땅의 상징은 무엇인가. 그것은 곧 현상계의 유한성을 가리킨다. 굳이 종말을 언급하지 않는다 해도 현상계의 유한성은 그 유한성의 속성 때문에라도 없어짐, *παρέλθη*파렐데의 영역에서 결코 벗어나지 못하다. 그런데 율법은 다르다. 물론 이때의 율법은 인간의 행위론적 규범 차원에서의 율법을 말함이 아니다. 말씀의 육화가 성취하기 위한 생명의 흔적으로서의 율법을 말함이다. 이 율법은 없어지지 않는다. *πάντα γένεται*판타 게네타이, '모든 것을 이루어낸다' 고 밝힌다. 말씀의 육화이신 예수 그리스도가 이렇게 말하는 것이다.

유한의 숙명의 그물에서 결코 벗어나지 못한 하늘과 땅은 *παρέλθη*파렐데의 허무 속으로 사라져 버렸다. 그러나 *πάντα γένεται*판타 게네타이, '모든 것을 이루시는 영원의 차원은 지속할 것이다' 는 예수의 정언定言은 그야말로 신비 중의 신비다.

πάντα, '모든 것' 은 무엇을 의미하는가. 그것은 현상계에 관입한 무한자의 출현이 궁극적으로 뜻하고자 하는 의지의 모든 것. 자기 백성의 구원사역 총체를 뜻함이다. 예수의 출현 자체가 바로 무한으로의 돌입을 가능하게 해준 구원사의 시작이요, 예수는 훗날 구원을 예고한 자신의 지체들과 함께 그 구원사의 완성을 이룰 것을 예표하시면서 구원사의 완성을 '모든 것' 으로 표현하신 것이다. 그때, 구원사의 원대한 비전에 존재론적으로 합류된 존재는 그 무한의 빛 안에서 발견될 것이다. 하나님 생명의 터전 안에 발견된 존재들은 하늘과 땅의

παρέλθη파렐데의 숙명을 거부하는 전무후무한 존재의 신비를 맛보게 될 것이며, 오늘의 우리는 지금 이 신비를 직접 체험하고 있다. 말씀을 통해 말이다.

모든 것을 이루어내는 이 율법, 무한의 뜻을 그대로 담아낸 말씀의 육화 보존에 담겨 있는 일점 일획은 그러므로 단순히 기표記標가 가리키는 규범의 성취를 뜻함과는 차원이 다름을 인정해야 할 것이다.

'하나의 점' 으로 번역된 헬라어 ἰῶτα이오타는 히브리 알파벳 중 가장 작은 글자다. 이 가장 작은 하나가 상징하는 바는 무엇인가. 그것은 규범으로서의 율법을 보존한다는 의미 범주를 너머서 있다. 이 상징은 가장 작은 자에 대한 영적인 집념을 보이신 예수 그리스도의 존재론을 가리킨다.

예수께서는 또 다른 비유를 들어 말씀하셨다.

> 하늘나라는 어떤 사람이 자기 밭에 심은 겨자씨 한 알과 같다.
> 겨자씨는 모든 씨앗 중에 가장 작은 것이지만 새들이 날아와 그 가지에 깃들일 만큼 큰 나무가 된다. _마13:31~32 (현대인의 성경)

겨자씨 자신이 죽어 하나의 밀알이 되어 훗날 많은 열매를 맺었다는 비유와 맥을 같이하면서 겨자씨가 곧 우리를 유한에서 엑서더스하게 만드신 그리스도 예수를 상징하고 있음을 모르지 않는다. 바로 그 겨자씨는 모든 씨앗보다 가장 작은 것. 지극히 작은 것의 상징을 하고 있다. 그 가장 작은 하나의 문자적 표현 ἰῶτα이오타 하나마저 보존된다는 것은 곧 말씀의 육화인 자신의 구원사의 모든 것이 세속의 오류에 의해 변개되지 않고 온전히 이루어내고야 말겠다는 하나님의 뜻을 온전히 전달한 메시지로 이해되는 것이다.

'하나의 획' 으로 번역된 헬라어 *μία κεραία*미아 케라이아의 의미는 좀 더 노골적으로 율법의 존재론적 차원을 지향하고 있다.

'획' 으로 번역된 *κεραία*케라이아의 어원은 *κέρας*케라스로서 이는 '뿔' 이란 의미가 있다. '뿔' 은 첨단이요, 궁극이란 상징성을 가짐과 동시에 성서에서 예표된 '뿔' 의 의미는 구원의 대표성을 상징한다.

우리를 위하여 구원의 뿔을 그 종 다윗의 집에 일으키셨으니 _눅1:69

구원의 뿔이 지금 다윗의 집을 통해 일으켜졌다. 하나님의 일방적 신비가 지금 우리의 눈앞에 말씀의 신비로 펼쳐진 것이다. 산상수훈의 가르침은 이렇듯 제자가 되고자 하는 우리에게 강력한 도전의 메시지를 던지고 있다. 그것은 율법을 규범과 행함, doing의 실천으로 인식하는 차원의 틀을 과감히 해체하고 율법의 주체, 율법 전부인 존재론적 차원으로 우리의 존재를 투신할 것을 요청하는 것이다. 이것이 바로 이 땅에 말씀으로 오신 그리스도 예수의 존재 이유다. 그분이 곧 사랑의 결정체이다. 그 사랑 안에 함몰되는 것. 우리 존재를 그분의 뜻 안에 온전히 풀어내는 것. 이 거룩한 해체, 차원의 혁명을 주도하는 것이 곧 엄밀한 의미에서의 '믿음을 가진 행함' 이 아닌지 묻게 되는 이유가 바로 여기에 있다.

영혼 없는 몸이 죽은 것 같이 행함이 없는 믿음은 죽은 것이니라 _약2:26

바리새인의 의보다 낫지 아니하면

내가 너희에게 분명히 말한다. 너희가 바리새파 사람들이나 율법학자들보다 더 의롭게 살지 못한다면 결코 하늘나라에 들어가지 못할 것이다.

_마5:20 (현대인의 성경)

과연 당시의 제자들이 바리새인들보다 더 우월한 의를 행할 수 있을까. 바리새인들이 누구인가. 황폐해진 민족의 기강을 바로잡으려고 율법을 중심으로 강령을 직접 손질, 제정하고 각 회당에 율법을 막강한 신의 계시처럼 설파하며 민족의 도덕적 해이를 바로잡고자 했던 소위 율법의 전문가들이 아니던가. 상황이 이러하다면 그들이 추구하는 의의 정교함, 그 세련됨은 오직 하였겠는가. 비단 서기관으로 번역된 율법학자들은 어떠한가. 그들은 아예 직업으로서 하나님의 법을 기록하고 제정하던 이들이었다. 그들을 상대로 지금 예수는 제자들에게 의의 우월함을 강요하고 있다.

이건 예수의 명백한 억지요 부당한 요구다. 중산층, 엘리트, 귀족, 식자층으로 알려진 바리새인들, 서기관들의 고매함에 비교하면 제자들의 사정은 그야말로 말도 아니다. 그들은 세련된 '의'를 몰랐고 더욱 정교해진 규범으로서의 율법에 대해 숙지조차 제대로 못 했다. 그런데 예수는 이런 그들의 간담을 서늘케 하는 말씀을 한 치의 망설임도 없이 그대로 선포하고 있다. '너희 의가 바리새인이나 서기관들보다 낫지 않으면 결단코 천국에 들어가지 못한다' 고 말이다.

고통스러운 현실은 여전히 이 구절이 이천 년이 지난 오늘도 프로테스탄트에서조차 규범의 차원에서 접근되고 설교 된다는 사실에 있다.

다만, 교묘하게 이 가르침의 엄혹한 바탕 위에 잘 부풀려진 소다처럼 예수의 은혜가 개입된다는 점이 다를 뿐이다.

요지는 이런 것이다. 우리의 의는 오히려 바리새인들이 추구하던 의, 규범보다 훨씬 더 우월해야만 한다. 모든 삶에서 타의 모범이 되는 삶을 살아야 한다. 하지만, 만약 혹시라도 그런 삶을 살지 못함이 순간 순간마다 발견되면 그때마다 우리가 지은 모든 죄를 사하신 예수의 날개 그늘의 아래로 들어가 회개해 씻음을 받고 다시 삶의 현장으로 나아가 바리새인보다 우월한 의의 성취를 위해 노력해야만 한다. 이것이 바로 규범으로 인식된 의의 실천과 좌절을 예수의 사랑과 결부시키는 작태의 전형이다.

과연 그런가. 우리는 정말 규범화된 율법을 바리새인들의 그 정교하고 세련된 실천보다 더욱 우월하게 지킬 수 있는가. 그리고 혹 제대로 지키지 못했다면 그것을 죄로 규정하고 동시에 모든 죄를 사하는 전능한 예수의 이름만 목청껏 부르며 회개를 외치면 모든 게 해결되는 것인가. 이거야말로 과거 가톨릭의 극단적 모순을 드러낸 면죄부가 아니고 또 뭐란 말인가.

여기서 우리는 예수가 말하는 '의' *δικαιοσύνη*디카이오쉬네의 본질을 명확히 밝혀야 할 필요가 있다. 동시에 지금까지 율법을 규범의 범주에서 이해했던 차원에 머물러 있음을 다시 한 번 환기시킬 필요가 있다.

방금 앞 구절인 마태복음 5장 17절, 19절에 걸쳐 예수는 율법의 존재론적 차원을 설파하셨다. 이때 예수가 언급한 율법은 곧 말씀의 육화인 자기 자신의 구원사의 한 맥락, 그 한 모양을 갖고 있음을 밝히신 것이다. 그분이 곧 하나님의 법, *νόμος*노모스로 존재하신다. 그 법 *νόμος*노모스는 사망의 법이 아닌 생명인 성령의 법이다.(로마서 참고)

그 법이 펼쳐놓는 생명의 신비를 향해 존재를 투신함으로써 함께 공유하는 생명의 전이, 바로 그 상태의 회복이 율법의 성취, 모든 것의 이루어짐이 요구하는 궁극의 뜻, 참사랑의 실체다.

그러한 차원에서 보면 이미 답은 나왔다고 볼 수 있다. 지금 예수가 가리키는 '의' 의 차원 역시 앞 구절에서 밝힌 규범으로서의 율법이 아닌 것처럼, 바리새인들이 생각하는 '의' 의 차원과 다른 차원이다.

바리새인들이 신앙하는 '의' 는 무엇이었을까. 이 '의' 는 곧 규범으로서의 율법을 실천, 보존함으로서의 얻게 되는 결과물을 뜻한다. 그 '의' 는 곧 권력과 통제의 수단으로 발전한다. 그것이 너무나 당연한 합목적적인 결론으로 못 박힌다.

왜냐하면, 처음부터 그 '의' 는 바리새인들 자신의 의지로 말미암아 준수되고 태동한 결론이기 때문이다. 바리새인들은 떳떳한 것이다. 자부심을 느낄 수도 있을 것이다.

많은 오해의 소지가 있으며, 몇몇 타락한 세력이 개입되어 있음이 여러 정황을 통해 드러났음에도 당시 바리새인들의 엘리트주의와 규범준수의 무결함을 향한 의지는 사실상 산헤드린 공회와 로마 권력의 주구가 되기로 작심한 사두개인들보단 훨씬 우월한 것이었다. 그러니 제자들이 만약 이 차원을 이해하지 못했다면 얼마나 예수 가르침에 주눅이 들었겠는가. 그런 엘리트들이 스스로 앞장서서 보존하는 강력한 규범의 체제 안에서 오히려 그들보다 더욱 철저하게 그 규범을 완벽히 지켜내는 상태를 지향해야 한다는 명령으로 예수의 가르침을 이해했다면 그것은 그들과 오늘의 우리에게 너무나 가혹한 형벌이 될 것이다.

그러나 그들의 '의' 엔 가장 중요한 한 가지가 숙명처럼 배제되고 있다. 안타깝지만, 그것은 진실이다. 그것은 바로 그들이 보존하는 '의'

의 중심에 정작 그 '의'가 목적하는 본질이 배제된다는 사실이다. 그 본질의 자리를 대신 차지한 건 그들 자체의 떳떳한 의지와 행함으로 쟁취해낸 체제의 권력이며, 규범의 첨단을 차지하고 선 계급의식뿐이다.

예수는 지금 그렇게 황폐해져 버린 본질을 망각해버린 '의'와 자신이 제시하는 생명 차원에서의 '의'를 비교하라고 제자들에게 명령하고 있다. '의'의 본질, *νόμος*노모스의 본질은 모두 그것을 제정한 주체에 달렸으며, 그 주체는 말할 것도 없이 '하나님'이다. *νόμος*노모스가 *νόμος*노모스일 수 있는 궁극은 그것이 하나님의 법이기 때문이다. 그런데 그 *νόμος*노모스가 우리 선악의 차원에 가로막혀진 유한성 내에서 해소되는 차원에서 하나님의 본질이 배제되는 것이 곧 끔찍한 선악과 이원론에 빠진 원죄적 실존인 인간의 한계이다. 그 한계 속에서 인간은 체제와 권력을 산출해낸다. 그 권력을 통한 질서의 유지를 곧 평화라고 부르거나 종교의 승리라고 떠들어댄다. 바리새인들의 의가 바로 그랬다. 그들은 입으로는 '하나님'의 정결을 부르짖지만 정작 *νόμος*노모스의 머리를 차지하고 앉은 이들, 그리고 그 *νόμος*노모스를 통해 의와 불의를 구분하는 심판자의 칼을 맹렬하게 휘두르는 주도권을 하나님에게 절대 양보하지 않는다. 회당과 성전의 주인은 오직 하나님의 이름을 빙자한 그들의 행함의 면류관이다. 바로 그러한 '의'가 당대를 지배하는 체제, 이데올로기였으며, 예수는 지금 그 '의'의 궁극적 허망함을 통렬히 지적했던 것이다.

> 너희는 하나님으로부터 나서 그리스도 예수 안에 있고 예수는 하나님으로부터 나와서 우리에게 지혜와 의로움과 거룩함과 구원함이 되셨으니 _고전1:30

하나님에게서 나온 말씀의 육화, νόμος노모스의 성취체가 우리에게 죽기까지 자신을 내어주셨다. 그 격랑의 신비를 기록한 것이 바로 그리스도에 대한 기록 성서 텍스트다. 그래서 이 성서의 기록은 결코 우리에게 규범의 지침서로서만 기능될 수 없다. '이렇게 하라', '저렇게 하라'는 명령의 실체조차 우리 각자의 주체가 그리스도의 말씀 안에 함몰되는 영적 생명의 연대 이후에 선택해야 할 내면의 영역에서 다뤄져야 할 문제이다.

궁극적인 차이가 존재한다. 예수가 제자들에게 밝힌 이 의로움은 인간의 잣대와 규범의 결과로서 규정지은 불의의 극복을 통해 쟁취하고 그렇게 쟁취한 것을 권력과 체제 안에 옹립시켜 놓고서 다른 이들의 심판관 역할을 자처하는 끔찍한 선악과의 노예로 기생하는 의로움과의 철저한 결별을 요구하는 의로움이다. 이 의로움은 온전한 생명 안에서의 발견이다. 유한의 차원에서 발견되는 무한의 경이에 대한 발견과 탄성, 그 생명력의 지속과 참여, 그것이 곧 '의로움'의 차원에 합류하여 숨을 쉬는 것이다. 그 의로움엔 체제와 권력, 압박과 핍박, 종교의 이름을 빙자한 심판과 판단의 선악 패러다임이 발붙일 곳이 없다. 이 생명의 눈으로 볼 때, 비로소 바리새인들이 믿는 '의'의 실천이 곧 '불의'라는 사실을 깨닫게 되는 것이다. 이른바 성별聖別의 눈이 뜨여지게 되는 것이다.

원망과 화해

그러므로 만일 네가 성전 제단 앞에 서서 하나님께 제물을 드리려고 할 때 네게 원한을 품은 형제가 생각나거든 제물을 제단 앞에 그대로 두고 가서 그에게 사과하고 화해하라. 그리고 와서 제물을 하나님께 드려라. 너를 고소하려는 사람과 법정에 갈 때에는 길에서 얼른 그와 타협하라. 그렇지 않으면 고소하는 사람이 너를 재판관에게 넘겨 너는 감옥에 갇히게 될 것이다. 내가 진정으로 말한다. 그렇게 되면 너는 마지막 한푼까지 다 갚기 전에는 결코 풀려 나오지 못할 것이다. _마5:23~26 (현대인의 성경)

예물을 성전 제단에 드린다는 행위가 갖는 상징은 곧 종교 생활을 말함이다. 예물은 물질의 측면일 수도 있으며, 기도, 예배, 기타의 종교 행위를 포괄한다고 볼 수 있다. 분명한 건 제물을 성전 제단에 드린다는 게 종교 행위를 의미한다는 건데, 예수는 여기서 그보다 더 중요한 한 가지 사항을 언급하는데, 그 언급이 제물을 성전 제단에 올리는 이른바 종교 행위보다 더 우선해야 한다는 사실의 강조점을 둔다는 점에 주목할 필요가 있다.

우리는 하나님께 먼저 다가가야 한다는 이른바 종교지상주의에 깊이 연루되어 있다. 그리스도인은 어쩌면 종교 생활의 엄격성에 가장 민감하게 반응하는 종교 단체일지도 모른다. 세상에서 어떤 일을 하든 항상 하나님의 영광을 생각해야 하며, 주일엔 무슨 일이 있든 우선으로 예배 참석을 제일 먼저 고려해야 마땅하다. 그것이 곧 하나님을 향한 충성의 발로요 우리 죄를 사해주신 하나님 아들에 대한 마땅한 도리다. 이러한 견해가 바탕이 된 선동의 메시지가 주일 설교를 통해 전파되는 대부분의 가르침이 되어 온 것이다.

이천 년 전 당시도 상황은 크게 다르지 않았다. 바리새인들, 유대교인들에게 절기와 행사, 소소한 종교적 행위는 아예 일상이 되어버렸다. 제물로 상징되는 종교 행위의 결과물은 그 어떤 것보다 우선되는 것이다. 즉, 종교가 정치와 경제를 지배하는 하나의 권력 체제로서 기능 했던 것이다.

그런 상황에서 예수의 이 발언은 다르게 들으면 대단히 생뚱맞을 수 있다. 이 무슨 소리인가. 제물을 성전 제단에 바치는 이 가장 중요한 종교 행위의 과제를 앞두고 갑자기 형제에게 원망들을 만 한 일이 생각나거든 다 집어치우고 우선 형제와 화해부터 하라니.

여기서부터 산상수훈은 두 가지 측면으로 해석된다. 하나는 소위 일반적 해석이다. 보편적으로 예수는 이웃 사랑을 강조해 왔고 공동체의 질서를 중시했다. 그런 맥락에서 내 이웃을 돌보는 일이 형제와 화해하는 일과 맥을 같이한다고 보는 해석이다. 형제와 화해하는 것이 참된 이웃 사랑이고 더 나아가 형제 사이에 송사하는 일이 발생한다는 건 예수 이름을 내건 공동체의 명예를 실추시키고 스스로 자정능력을 갖추지 못했다는 반증이 곧 화해의 의무로 승격되었다는 것이다.

그러나 이웃 사랑의 본질, 혹은 이웃을 사랑할 수 있는 궁극의 질료는 하나님을 사랑하는 데 있다. 율법의 완성을 이루는 두 계명 중 굳이 경중과 순서를 따지자면 하나님 사랑, *ἀγαπάω θεοῦ*아가파오 데우가 이웃 사랑을 우선한다. 그런데 하나님 사랑의 본질이 무엇이던가. 단순한 감정의 차원에서 해소될 수 있던가. 우리는 *ἀγάπη*아가페가 무한의 하나님을 대표하는 고유명사임을 인식한 적이 있다. 그렇다면, 그 고유명사인 '사랑' 을 '사랑한다' 는 의미는 무엇인가. 그 의미 본질에서 우리는 그 본질의 선행 유무를 확인할 필요가 있다. '사랑' 을 '사랑한다' 는 것의 본질은 사랑이신 하나님의 무한으로의 몰입을 의미한다. 그 몰입이 곧 존재론적 사랑의 참여다. 이 사랑의 참여는 결코 추상적 감정의 영역을 충분조건으로 고려하지 아니한다. 말씀의 본질은 무한의 하나님이 유한의 인간에게 던진 메시지가 우선되기 때문이다. 무한의 존재가 자신의 무한적 생명을 유한의 존재에게 빛으로 드러냈다는 이 사건 자체가 곧 궁극의 사랑이다. 이 '사랑' 을 '사랑하기' 위해 우리는 그 사랑의 발현체인 그리스도 예수의 말씀, 곧 성서 텍스트에 몰입되는 것이다.

그렇다면, 이 이웃을 향한 사랑의 계명 실천 역시 무한 생명의 공유에 있다 할진대 그러한 차원에서 들여다본 형제로부터의 원망의 본질을 살펴보면 다음과 같다.

κἀκεῖ μνησθῇς ὅτι ὁ ἀδελφός σου ἔχει τι κατά σου,

카케이 므네스데스 호티 호 아델포스 수 에케이 티 카타 수

네 형제에게 원망들을 만한 일이 있는 줄 생각나거든

원문을 살펴보면 '원망' 이란 단어는 존재하지 않는다. 이 구절을 직역해 보면 ὁ ἀδελφός σου ἔχει τι κατά σου 호 아델포스 수 에케이 티 카타 수, '너를 반대하는, 너를 거역하는 어떤 일을 가진 너의 형제' 정도다. 원망의 개념은 곧 지금 예수가 '너' 라고 지칭하는 자신의 말씀을 들으려고 가까이 나아온 제자와 반대, 혹은 제자의 의지와 거역 되는 어떤 것을 소유하는 상태를 가리킨다.

여기서 제자와 반대되는 어떤 것은 무엇을 의미하는가. 예물을 드림은 곧 생명 참여에 대한 영적 결과물을 함께 나눔을 의미한다. 하지만,

그러한 나눔이 실천되려면 생명의 영역에서 채움이 선행된 나눔이 이루어져야 한다. 예물은 지금 하나님 말씀의 육화인 그리스도 예수로부터 봇물처럼 터져 나온 생명, 무한차원의 열림을 뜻함이다. 하지만, 생명 차원의 열림을 맛본 존재는 예수의 곁에서 그분의 말씀을 듣는 제자들이다. 이 제자들은 예물을 갖고 있지만, 예수는 그들과 전혀 다를 게 없는 보편적 인간의 상징으로서 '한 형제'를 제시하며 그 형제에겐 아직 이 생명의 복음이 증거되지 않았음을 가리키는 것이다.

생명의 복음을 듣지 못한 존재는 그러므로 생명의 차원과 어쩔 수 없이 반대되는 자리에 설 수밖에 없다. 빛을 깨닫지 못한 존재가 깨달은 존재에게 행할 수밖에 없는 숙명적인 위치는 곧 대치, 거역, 반대일 수밖에 없다.

이러한 상태에 놓인 존재를 예수는 지금 '형제'로 부르고 있다. 형제란 호칭이 갖는 의미는 무엇인가. 이 형제는 혈육과 전통으로서의 형제가 결코 아니다. 이 형제는 전 인류를 향하고 있다.

> 그래서 어떤 사람이 예수께 "선생님, 어머니와 형제들이 밖에 와 계십니다"하고 전하자 예수께서 물으셨다. "누가 내 어머니요 내 형제냐?" 그리고 제자들을 가리키시며 "보라, 이들이 내 어머니요 형제들이다. 하늘에 계신 내 아버지의 뜻대로 사는 사람은 누구나 내 형제요, 자매요, 어머니다"하고 말씀하셨다.
>
> _마12:47~50 (현대인의 성경)

이것이 바로 생명의 영역을 열어젖힌 존재의 구원사건이다. 이 구원사건의 반열에 있어선 어떤 차별, 기득권의 옹호, 전통의 집착도 있을 수 없다. 당시 예수를 따라 오른 그 산이 단지 눈에 보이는 특권화 된 특정장소가 결코 아니듯 우리 마음속에서 지금 이 생명의 신비가 열리는 경이로운 채움의 순간이 곧 우리 마음의 산이요, 이 산에서 쏟아지는 생명 메시지를 '너의 형제' 로 상징되는 마음의 산을 갖지 못한 이에게 전달해 주어야만 하는 것이다. 이것이 바로 모든 율법의 이루어짐의 단초인 두 계명, 하나님을 사랑하고 이웃을 사랑하는 사랑의 전부다.

바로 그 사랑을 실천했을 때, 비로소 예물은 예물다워지며, 종교는 종교다워진다. 종교다워지는 종교는 무엇일까. 그것은 전통과 관습, 선민의식과 행위론에 의한 '의' 관념에 길들어 버린 껍데기를 벗어던지는 혁명적 생명을 향한 종교다. 그 생명의 중심에 말씀의 육화, 그리스도 예수가 있다. 그래서 형제와 화해하는 유일한 방법 역시 인간적 감정차원의 해소를 뜻함이 결코 아니다. 여기에 사실상 윤리적 가르침은 우선될 수가 없다. 그것이 우선되어서도 안 된다. 이 가르침에서 우선되는 본질은 단지 인간적 감정인 사랑을 베풀고 좋은 감정의 유대를 공유하며 그 상태를 배려의 미덕으로 생각하고 안주하는 태도 자체가 이미 선악과 '의' 관념에 길들어 버린 행위론의 결과물임을 폭로하는 데 있다.

25절 가르침 또한 마찬가지이다. 23절에서 '너와 반대되는 어떤 것' 을 소유한 형제의 경우와 마찬가지로 25절의 원문은 23절의 '반대자' 개념을 더욱 견고히 밝힌다.

ἴσθι εὐνοῶν τῷ ἀντιδίκῳ σου ταχὺ ἕως ὅτου εἶ ἐν τῇ ὁδῷ μετ' αὐτοῦ 이스티 유노온 토 안티디코 수 타퀴, 헤오스 호투 에이 엔 테 호도노 메트 아우투

너의 반대자가 길 안에 함께 있는 동안에 급히 합의하여 있어라 _원문 직역

'송사하는 자' 로 번역된 헬라어 *ἀντίδικῳ*안티디코는 '반대자' 라는 개

념을 갖는다. 이를 더 풀어 보면 '정의'를 가리키는 *δίκη*디케와 '반대하다'의 의미가 있는 *ἀντι*안티란 의미의 합성어로 '의를 반대하는' 존재의 뜻으로 읽힌다.

'의'를 반대하는 자는 누구인가. 이때의 '의'는 생명의 '의'를 가리킴이다. 권세와 체제의 그늘의 아래에 기생하는 '의'는 자기 행위를 통한 권력화된 자긍심의 늪에서 헤어 나오지 못한다. 그 '의'의 덫에 당시 종교 이념인 유대교를 지배하던 산헤드린 공회, 그들을 암묵적으로 조종하는 바리새인들, 서기관들이 깊이 빠져 있다. 그 '의'가 바로 생명의 '의'를 반대하는 것이다. 바리새인들의 그릇된 욕망의 가르침의 노예가 되어 그 이데올로기에서 한발자국도 벗어나지 못하는 정신의 강박에 시달리는 모든 이들이 예수의 눈에 반대자로서의 형제, 여전히 깨닫지 못하는 어둠으로 존재하는 것이다. 그러니 어찌 이 절박한 부조리 앞에서 제단으로 상징되는 눈에 보이는 종교 행위가 우선될 수 있겠는가. 예배와 기도, 금식과 십일조. 전통처럼 내려온 종교 행위는 이제 그 형식의 껍데기를 벗겨 내고 본질의 차원에서 용해되어야만 한다. 다시 말해, 예수의 눈에 비친 참된 예배와 기도, 금식은 생명의 '의'와 반대되는 어둠에 있는 이들에게 생명의 차원을 열어주는 것, 이웃 사랑의 실천이 곧 예물을 제단 위에 드리는 행위가 되는 것이다. 그 본질이 충족되는 순간 율법의 전부가 완성되고 율법의 일점일획이 단 하나의 버림도 없이 온전히 성취되는 것이다.

그렇다면, 생명 차원으로의 초대에서 우리가 형제들에게 화해를 요청할 수 있는 근거는 무엇인가? 만약 이조차도 우리의 길들여진 관념이 길어 올리는 관용, 화해로서만 이해한다면 또다시 생명의 의미를 희석시키는 안타까운 결과로 회귀 될지도 모른다. 화해의 차원 또한 철저히 생명의 관점에서 풀어져야 한다. 그 생명의 영역의 중심에 말씀의 육화가 존재한다.

> 그는 우리의 화평이신지라 둘로 하나를 만드사 원수 된 것 곧 중간에 막힌 담을 자기 육체로 허시고 법조문으로 된 계명의 율법을 폐하셨으니 이는 이 둘로 자기 안에서 한 새 사람을 지어 화평하게 하시고 _엡2:14~15

예수 그리스도가 곧 우리의 화평이 되신다. 둘로 막힌 담, 유한의 영역에 갇혀 사망의 어둠을 끌어안던 존재를 무한으로 이끌어내시는 유일무이한 해방의 존재, 그 존재 자체가 곧 우리의 화해요, 그 화해가 곧 나의 형제에게 생명 차원을 입증할 수 있는 유일한 증거가 되어준다. 예수를 제시하는 것. 예수의 생명차원에 함몰되어 버린 나 자신을 쏟아내는 것. 그 생명 차원에서 불가항력적으로 드러나는 존재의 빛을 드러내는 것. 그것이 곧 제자도의 궁극이요, 참 예물을 제단에 드릴 수 있는 껍데기를 벗어던진 종교의 참모습이요 형제를 본질로서 사랑할 수 있는 기적의 차원에 참여하는 존재론의 회복이다.

오른 눈과 오른손

그러므로 만일 네 오른 눈이 음욕을 일으키게 하거든 빼내 버려라. 몸의 한 부분이 못 쓰게 되더라도 온몸이 지옥에 던져지는 것보다는 낫다.
또 만일 네 오른손이 죄를 짓게 하거든 그 손을 찍어 던져 버려라. 몸의 한 부분이 못 쓰게 되더라도 온몸이 지옥에 던져지는 것보다 나을 것이다.
_마5:29~30 (현대인의 성경)

예수의 과격함이 적나라하게 드러나는 대목이 아닐 수 없다. 오른 눈과 오른손이 죄를 범하면 그것을 빼내거나 찍어 던져 버리라는 이러한 가르침을 오늘의 우리는 어떻게 받아들여야 하는가.

오늘의 그리스도인은 흔히 하나님의 말씀에 대한 이중적인 잣대를 가지는 경향이 있다. 하나는 성서 말씀을 문자 그대로 받아들여 우리 삶에 적용하는 경우와 다른 하나는 소위 말하는 알레고리한 수법으로 받아들이는 경우다.

구하고 기도하면 무엇이든 받을 수 있다는 기복신앙의 전형을 이루는 혐의로 가득한 성서 구절은 문자 그대로 받아들이라고 요구한다. '능력을 주시는 자 안에서 내가 무엇이든 할 수 있다.' 빌4장 참고라는 식의 성서 구절 또한 예외는 아니다. 어디 그뿐인가. 노사 갈등이 첨예화되는 직장 같은 곳에서 사측이 흔히 피고용주들을 윽박지르기 위하거나 자신들의 행동에 대한 합리화를 도구로서 성서 구절을 인용하는 경우가 빈번하게 등장한다. 로마서 같은 경우가 그 대표적인 예다.

국가의 권위에 복종하십시오. 하나님께서 그 권위를 세우셨기 때문입니다. 이 세상에 하나님께서 세우시지 않은 권위는 하나도 없습니다.

그러므로 나라의 법률을 거역하는 사람은 하나님께 복종할 것을 거부하는 자입니다. 그에게는 형벌이 따라 옵니다. _롬13:1~2 (현대인의 성경)

나치스의 국가적 만행을 정당화하기 위한 수단으로 말하는 전쟁신학의 슬로건 또한 이러한 성서 구절들을 당시 시대 상황에 따른 정황의 특수성은 전혀 고려하지 않은 채 문자 그대로 받아들이는 데서 비롯되는 끔찍한 결말로 나타나기도 한다. 물론 이건 극단적인 사례일 것이다. 하지만, 그럼에도 문자 그대로의 성서 해석의 공통분모는 자신들의 처지에서 유리할 때에만 문자 그대로의 해석을 고집한다는 점이다.

그런데 만약 산상수훈에서 예수의 가르침을 문자 그대로 받아들여야 한다고 설교하거나 가르치는 경우는 어떠한가? 오늘의 교회나 그리스도인은 지금 등장하는 오른 눈과 오른손의 가르침을 비롯해 앞구절에 나온 '여자를 보고 음욕을 품는 자마다 간음하였다' 28절 참고는 가르침 또한 문자 그대로의 받아들임에 심한 거부감을 느끼고 있다. 그와 함께 대두하는 것이 바로 알레고리한 받아들임, 그도 아니면 가르침에 대한 초월적 태도다. 이 초월적 태도는 예수의 신성성을 특별히 강조한다. 다시 말해 지금 이 가르침은 우리가 결코 지킬 수 없는 계명의 외피를 쓴 예수의 하나님 아들 되심의 강조라는 거다. 우리는 살인하지 말라 정도의 계명은 지킬 수 있지만, 여자를 보고 음욕을 아예 품지 않을 수는 없을 것이다. 또한, 살면서 서원이나 맹세하는 일을 완전히 금하고 살 수 있다고 장담할 수도 없을 것이다.33~34절 참고 원수를 사랑한다고 말은 하겠지만 정말 누군가 내 오른 빰을 후려친다면 정당방위의 이름으로 대항폭력을 휘두를 수밖에 없을 것이다. 이런 식의 이상과 현실 구분의 잣대를 설정해 놓고서 인간의 기준에서 지켜내기 어려운 성서의 가르침은 신성한 초월자의 가르침이란 터부를 씌워 그것은 우리가 지켜야 하는 게 아니라 그것을 제정하신 신성의 그늘에 숨어 회개하고 기도함으로 해소될 수 있을 거라는 결말로 대충 마무리 지으려 한다. 거기에 적당히 살을 붙이고 의미에 상징성을 부가하는 태도가 용어 선택상의 오류가 있을지는 몰라도 문자 그대로의 받아들임이 아니라는 측면에서 알레고리한 접근이라고 말할 수밖에 없지 않겠는가.

그러나 과연 그런가. 산 위로 하나님 아들의 가르침을 들으려고 따라나선 모든 것을 버리고 따라나선 제자들에게 예수가 단지 자신의 초월적 신성을 과시하기 위해 위와 같은 말씀을 남발했단 말인가. 결론부터 말하면 '그렇지 않다' 이다.

문제는 산상수훈의 가르침이 목표하는 그 행간의 의미다. 그 의미들은 우리가 흔히 말하듯 문자적 해석, 혹은 알레고리 해석 정도로 분화될 수 없는 깊이를 갖고 있다. 예수는 지금 해석학의 문제를 말하고 있음이 아니라 계명의 완성, 성취의 중심인 생명으로서의 자신의 정체성을 밝힘과 동시에 이제 새로운 창조에서 다시금 생명의 외부를 기웃거리지 않게 만드는 참된 영성의 성장을 위한 메시지를 하나의 화두로 던지는 것이다.

그렇다면, 이 말씀을 받아들이는 우리는 말씀의 소위 표면적 의미 이면에 담겨 있는 본질에 주목하지 않을 수 없을 것이며, 동시에 그 본질 속에 담겨 있는 우리 존재 상태에 대한 돌아봄, 존재의 바른 지향점을 향한 행함의 의지를 수행하고 지켜내야 함을 아멘으로 동의해야 한다. 즉, 본질의 깊이로부터 토해져 나오는 무한의 메신저가 전달하는 메시지를 생명의 차원 안에서 지켜내야만 한다는 것이다. 그것이 바로 알레고리함과 표면적 문자 해석으로 구분되는 이분법적 성서 이해로부터 탈주하는 길이다.

그런 맥락에서 위의 가르침을 살펴보도록 하자. 우선 29절은 27절과 28절에 대한 실천적 계명의 실례를 담고 있다. 27~28절에서 예수는 구약 율법인 '간음하지 말라' 는 계명을 예로 들면서 간음의 본질을 갈파하신 바 있다. 그렇다면, 결과적으로 29절에서 부연한 예수의 '오른 눈' 과 '오른손' 에 대한 의미 역시 27절에서 언급한 '간음' 의 본질에 대한 계명 준수의 연장 선상에서 이해되어야 함이 자명하다.

그렇다면, 지금 우리로 하여금 범죄, 혹은 실족하게 하는 '오른 눈' 과 '오른손' 의 본질 의미는 무엇인가. 실제 우리 몸의 구성 요소로 존재하는 '눈' 과 '손' 이 우리를 실족게 하는 것인가. 엄밀히 말하면 신체기관은 범죄와는 아무런 관계도 없다 '눈' 과 '손' 을 지배하는 것은 머리요, 정신이다. 정신의 어둠이 '눈' 과 '손' 을 실족, 죄를 짓게 하는 게 아닌가. 그러한 맥락에서라도 지금 예수 가르침 속에서 가리키는 '오른 눈' 과 '오른손' 은 신체 기관으로서의 눈과 손을 직접적으로 가리키고 있음이 아님을 알 수 있다.

실족에 대한 범위에 대해서도 재고해 볼 여지가 충분하다.

간음의 본질 의미는 하나님의 생명을 땅의 차원에 배설, 혼합하는 영적 불경건을 갖고 있다. 그러한 간음의 고통에서 벗어나기 위해 선행되어야 하는 건 하나님 생명 차원으로의 몰입이다. 예수가 율법이 규범이 되었을 때, 그 율법을 지킴으로 말미암은 준수의 의지와 행위로 구원을 받을 수 있다고 생각하는 자기 의의 종교에서 벗어남을 촉구하셨던 것처럼 이 생명 차원으로의 몰입은 더는 율법을 규범, 심판과 정죄의 수단으로 보지 않고 존재론 측면으로 받아들이는 인식의 전환으로 귀결된다. 율법 일점일획 성취의 궁극에 초월적 의로움으로 제시되는 하나님의 아들 그리스도 예수, 그분에 대한 기록인 성서 텍스트에로의 몰입, 그 생명의 피와 살을 먹고 마시는 존재론의 회복이 생명으로의 몰입이다.

반대로 이러한 생명 차원에로의 몰입이 선행되지 않는 종교 생활에 연루된 존재는 그 존재의 터전이 혁명적 변화를 맞이하지 않는 이상 생명에 대해선 죽은 존재일 수밖에 없다. 성서는 분명하게 그러한 영적 죽음에 빠진 존재 상태 자체를 실족, 곧 죄에 빠진 상태로 규정하고 있다. 다시 말해, 시대의 삶 속에 제정되고 적용된 규범으로서의 윤리, 도덕의 불이행이 성서가 말하는 죄의 본질이 아니라 하나님을 모르고 생명 차원과 멀어진 존재의 현실 자체가 죄의 존재론으로 제시되는 것이다.

그렇다면, 이제 상징으로서의 산에서 말씀을 풀어내시는 예수 가르침에 우리는 눈을 뜨지 않을 수 없는 상황을 맞이하게 된다. 예수는 하나님을 모르는 죄에서 벗어날 것을 말씀을 들으려고 모인 제자들에게 강하게 피력하셨다. 오늘날 이 말씀을 통해 생명의 길을 발견하기 원하는 그리스도인들 역시 예외는 아니다. 그런 예수가 지금 우리의 오른 눈과 오른손이 실족, 죄를 짓도록 할 경우를 말하고 있다. 이때 오른 눈과 오른손은 지금 우리에게 무엇이며, 또한 그것들이 자행하는 범죄의 본질은 무엇인가.

전통적으로 유대 사회에서 '오른쪽' δεξιός 덱시오스는 지도자와 인도자를 상징한다. 오른 방향은 갈 길과 나아가야 할 지향점을 상징하고 있기 때문이다. 오른 눈과 오른손은 그러한 맥락에서 우리의 존재가 나아가야 할 길, 사상과 삶의 지향점, 인생의 방향 등, 인간 존재의 방향타를 가리킨다고 말하는 것이 그 상징성의 측면에서 가장 적합할 것이다. 우리의 존재는 지금 오른 눈과 오른손의 방향을 따라 움직이고 있으며, 그렇게 살아가고 있다. 존재는 그것을 이끌어주는 인도자의 인도를 받아 그 삶을 꾸려가는 숙명을 끌어안은 것이다.

그런데 지금 예수의 중요한 가정이 나온다. 그 인도자, 지향점, 존재를 지배하는 사상, 가치관, 삶의 존재론적 근거를 선택하게 해주는 방향타가 만약 너희를 실족게 하는 일이 발생할지도 모른다는 가정이 그것이다. 그러한 가정은 두려운 일이지만 예수는 존재를 지배하는 이념, 지향점이 지금 그들을 범죄의 구렁 속으로 내몰고 있을지도 모른다는 필연에 가까운 가정을 하는 것이다. 우리의 지향점과 이념, 사상의 범죄는 무엇인가. 이 범죄가 흔히 말하는 도덕, 윤리적 측면에서의 범죄를 말함인가. 아니면 자신들의 지도적 능력의 완전함의 결여, 혹은 흠과 티의 발견으로 말미암은 부족함의 지적을 뜻함인가. 불행히도 두 측면에서 범죄의 참 의미를 이끌어내려 함은 둘 다 결정적 오류를 낳는다. 예수는 지금 그러한 측면에서 본 범죄를 말하고 있음이 아니다. 예수가 말하는 범죄는 생명 차원과는 거리가 먼 상태를 지향하게 하는 사상과 지향점, 지배세력의 무지를 지적하는 것이다.

예수가 말한 실족함, 범죄의 본질은 하나님의 참뜻을 알지 못하고, 참뜻과 관계없는 자신들만의 왕국을 건립하기 위한 종교성의 헌신에 매달리고 있다. 자신의 의지로 자신만의 선의 왕국을 세워 올려 흠결 없는 완벽함으로 하나님께 자신의 의로움을 인정받으려 하는 욕망의 종교는 결국 바벨탑의 다른 이름에 지나지 않는다. 하지만, 불행히도 당시 유대 땅의 회당과 성전을 차지하던 바리새인들과 대제사장들, 사두개인들의 행태는 그러한 욕망의 종교에서 단 한발자국도 벗어나지 않고 있었다. 예수는 그런 그들을 '독사의 자식들아!' 라며 강하게 질책하셨고 그들이 쌓아올린 욕망의 바벨탑을 당장 허물 것을 명령하셨다. 그와 함께 보이는 성전, 욕망이 쌓아올린 현상계의 성전을 일거에 허물어뜨리고 생명인 성전, 말씀의 육화인 자신의 몸, 말씀을 제시하셨다. 이 말씀이 곧 율법의 일점일획의 첨단尖端이요, 구원의 뿔이요, 계명의 궁극이다.

우리는 고통스럽지만 분명한 선택을 해야만 한다. 지금 영혼을 지배하는 오른 눈과 오른손이 지향하는 것이 무엇인지를 명확히 분별하여야 한다. 나의 오른손이 지금 욕망의 종교, 자기 의의 성단을 쌓아올리고 있는가. 그 자리에 생명 영역의 호흡은 오간 데 없고 사망과 죽음의 악취만이 가득하지는 않은가. 만약 그렇다면 하늘과 땅을 통틀어 그 오른 눈과 오른손은 사상 유례없는 최악의 범죄를 저지르는 것이다. 예수는 명령하고 있다. 그 범죄를 뻔뻔스럽게 자행하면서 우리 존재를 지배한 그 잔혹한 이데올로기의 구렁 속으로 밀어 넣어 한 줌의 빛조차 발견 못 하게 만드는 철저한 어둠, 무한과는 결여된 유한의 영역에서 쌓아올린 허탄한 욕망이 난무하는 범죄의 고통 속에 밀어 넣는 오른 눈과 오른손을 지금 당장 찍어 내버리라고 단호히 명령하는 것이다.

오늘의 우리를 사망의 진창 속으로 끌고 가는 오른손은 무엇인가. 과연 오늘의 우리는 그 최악의 범죄를 자행하는 오른손을 단숨에 찍어 내버릴 수 있는 생명의 칼, 말씀의 칼을 소유하고 있는가. 심각하게 자문해봐야 할 문제가 아닐 수 없다.

맹세하지 말라

또 모세의 율법에 '거짓 맹세를 하지 말며, 주께 맹세를 하였거든 그것을 다 지키라'고 하였다. 그러나 나는 이렇게 말한다. 어떠한 맹세도 하지 말라. 하늘을 두고도 맹세하지 말라. 하늘은 하나님의 보좌이기 때문이다. 땅을 두고도 맹세하지 말라. 땅은 하나님의 발판이기 때문이다. 예루살렘을 두고도 맹세하지 말라. 예루살렘은 위대한 왕의 도성이다. 네 머리를 두고도 맹세하지 말라. 너는 머리카락 하나도 희거나 검게 할 수 없다. 다만 너희는 '예, 하겠습니다' 또는 '아니오, 하지 않겠습니다'라고만 하라. 그것으로 충분하다. 그 이상 다른 말을 하는 것은 잘못이다. _마5:33~37 (현대인의 성경)

보편적으로 이천 년 전 당시 이스라엘 백성이 자신들에게 주어진 규범으로서의 율법을 대하는 태도랄까, 그 대세를 이루는 정서는 인과율因果律 또는 보응의 원리였다. 그건 하나님의 본래 뜻과는 별개 문제라고도 볼 수 있다. 하나님이 모세를 통해 자신이 선택한 백성인 이스라엘 민족에게 율법을 허락하신 이유는 '하라'와 '하지 말라'의 규범적 의미를 내포하고는 있지만, 그 본질엔 '하라'와 '하지 말라'의 명령 준수에 대한 보답으로서만 해소될 수 없는 생명의 영역을 가리키고 있다. 그 생명의 영역은 무한의 영역과 궤를 같이한다. 무한의 영역에서 도출되는 일방적인 초월성의 관입은 유한에 속한 존재로 하여금 분명한 한계를 느끼게 한다. 그 한계를 통해 나타나는 반응은 대개 공포와 경외감이다. 공포심과 경외감은 상당히 거리가 먼 의미로 보여도 실상 매우 유사한 반응이다. 이 두 감정 모두 종교심의 영역에서 발흥 된다는 전제가 성립된다면 말이다. 공포는 미지에 상태에서 출현되는 현상, 혹은 낯선 감정의 발출이며, 경외심은 일방성의 출현에 대한 지속적인 감정의 교류이다. 공포가 즉물적인 감정이라면 경외감은 지속적인 교류에 의존한다. 그러나 둘 다 종교적 감정의 결과임이 틀림없다.

공포와 경외심으로 무장된 종교심의 테두리에서 드러나는 건 '하라', '하지 말라'의 계명이며, 이를 통해 인간은 신적 무한의 영역을 간접적으로나마 성취하려는 가능성을 발견하고자 한다. 그것이 곧 '하라'와 '하지 말라'의 계명을 자기 의지로 성실히 지켜냄으로 공포를 극복하고 신적 경외심을 좀 더 담대하게 밀고 올라가는 초월적 상승을 경험할 수 있다고 확신하는 것이다.

그러나 성서의 가르침이 이렇듯 율법을 규범으로 인지하고 그것의 준수를 통해 생명의 영역에 참여할 수 있다는 인과율의 원리에 대해 말하고 있음이 아님을 우리는 알고 있다. 예수는 바로 그 점을 지적하고 있다. 구약, 더 나아가 성서의 본질은 율법을 지키고 지키지 않고의 문제가 아니다. 규범의 차원, 행위의 차원이 핵심이 아니다. 성서의 본질은 창조적 생명의 일방적 출현과 초월적 존재의 현현, 그 생명의 영역에 참여하는 것이다. 그것은 계시의 발견과 감흥의 지속으로 상징된다. 이 경우 공포와 경외심으로 대표되는 종교적 감정은 인식의 철저한 불일치를 통해 이른바 멈춤의 의식에 몰입된다. 그것이 바로 생명 영역의 발견이다.

아브라함의 믿음이 무엇인가. 모세가 율법을 발견한 그 사건의 출현 배경, 혹은 그 현상의 본질은 무엇이었던가. 하나님이 아브라함을 의롭게 여기신 건 그가 윤리적인 처신을 잘하거나 삶의 지향점이 신본주의여서가 아니었다. 그것은 번외 사항일 뿐이다. 히브리서를 통해 드러난 아브라함의 의는 아들 이삭을 제단 위에 희생제물로서 올려세우는 그 이해불가의 행위, 그것이 핵심이었다. 가혹하지만, 그것이 성서가 밝힌 아브라함의 '의'인 것이다. 그 '의'가 아브라함을 소위 열국의 아비로 만들었다. 그것이 과연 인과율의 원리만으로 해결될 수 있는가.

아브라함은 율법이전의 존재여서 그렇다 해도 모세가 율법으로 상징되는 십계명을 받는 과정에서의 초월성은 그야말로 신성의 수직적 출현과 그에 대한 조건 없는 수용에 불과하다.

이를 공포와 경외심으로 윤색된 종교의 차원에서 받아들이는 건 신화적인 발상일 뿐이다. 무한의 수직적 돌입은 원시적 미신이나 일방적인 권력행사의 이미지에 국한되지 않고 무한자의 신비가 유한의 세계 앞에 펼쳐지는 그야말로 생명 영역의 개안開眼으로 이해되어야 한다. 십계명은 그렇게 시작된 것이다. 하나님의 초월적 신성을 드러내고, 그러한 드러냄 자체가 곧 하나님의 약속된 백성을 향한 사랑의 표현임을 인지하는 것. 그것이 바로 율법이 뜻하고자 하는 약속, 성서의 본질이다.

예수는 산상수훈 메시지를 통해 바로 자신이 그러한 생명 영역의 궁극, 그리스도임을 밝히심과 동시에 또한 자신이 그리스도임을 밝히는 또 다른 이름인 율법의 일점일획임을 동등하게 선포하였다. 율법의 궁극은 그러므로 이제 생명이다.

그러나 예수의 눈에 당시, 그리고 오늘날도 여전히 이 율법을 인과율의 원리로 이해하려는 인식의 한계에 사로잡혀 있는 존재들이 목격되었다. 예수는 그러한 존재들을 과감히 옛사람이라고 표현하셨던 것이다.

옛사람의 등장은 통상 해석되기를 구약시대 사람들이라고 말한다. 타당한 해석이다. 그러나 구약시대의 사람들만이 옛사람의 범주에 속한다고 보는 것, 다시 말해 물리적 시간에 따라 옛사람과 새사람을 구분하는 건 어리석은 일반론의 오류라고밖에 볼 수 없다. 옛사람은 지금도 현존하고 있다. 여전히 복음을 생명의 역동성으로 이해하지 못하고 이 복음을 나 자신이 지켜냄으로써 자신이 곧 복음의 주인이 되고자 하는 인과율의 원리에 묶여 있다면 그 존재는 여전히 옛사람의 범주에서 한발자국도 벗어나지 못한 것이다. 옛사람의 의미는 구습과 관습, 인간 의식 속에 뿌리박힌 통념, 더 나아가 원죄적 실존의 늪에 사로잡힌 존재를 통합적으로 가리키고 있기 때문이다. 그러한 대비를 극명하게 나타내는 성서 몇 구절을 찾아보면 아래와 같다.

> 그런즉 누구든지 그리스도 안에 있으면 새로운 피조물이라 이전 것(옛 것)은 지나갔으니 보라 새 것이 되었도다 _고후5:17

> 새 포도주를 낡은(옛) 가죽 부대에 넣지 아니하나니 그렇게 하면 부대가 터져 포도주도 쏟아지고 부대도 버리게 됨이라 새 포도주는 새 부대에 넣어야 둘이 다 보전되느니라 _마9:17

그러한 맥락에서 이제 맹세에 대한 예수의 가르침에 주목해 보자.

모세의 율법엔 맹세하긴 하되 거짓된, 헛된 맹세를 하지 말라고 했으며, 만약 맹세한다면 그 맹세들을 주님께 갚으라고 기록되었다고 했다. 여기서 잘 살펴볼 것은 거짓맹세의 어원적 의미와 지금 한글에서 번역된 것처럼, '맹세' 라는 단어가 동사형으로 쓰여 있는지 살펴보는 것이다. 먼저 거짓맹세로 번역된 헬라어 단어를 살펴보자.

ἐπιορκήσεις 에피오르케세이스

위 단어는 ἐπι에피 전치사와 ὅρκος호르코스 명사의 합성어이다. ὅρκος호르코스는 '맹세', '서약'을 뜻하는 의미인 것은 잘 알려져 있다. 그와 함께 합성어로 쓰인 ἐπί에피 전치사는 다른 단어와 합성된 뜻으로 사용될 때 '연속', '지배', '추가', '증가', '관할' 등의 의미로 쓰이며, 소수 의미로 '대항'의 뜻을 내포하기도 하지만 이 경우에도 위에 언급된 '철저한 지배'의 의미 범주에서 결합하는 합성어 의미를 더욱 강화하는 뜻으로 사용되는 경우가 대부분이다.

그렇다면, 이 단어는 단순히 맹세를 어기는 것, 거짓된 맹세, 위증이란 의미를 넘어서서 심층 의미로는 '철저화된 맹세', '더욱 견고하게 강화된 맹세'란 의미로 볼 수 있다. 적어도 헬라어의 어원을 짚어보면 그렇다는 것이다.

그렇다면 '철저하게 강화된 맹세', '맹세 위에 덧붙여진 맹세'가 갖는 의미는 무엇일까. 그리고 모세 율법에 이러한 맹세를 하지 말라는 계명을 제시한 궁극의 이유는 무엇일까. 이것이 과연 규범, 혹은 인과율로서 적용되는 범주에만 국한될 수 있는 걸까. 그렇게 보이지 않는다. 여기엔 '맹세'란 단어가 가진 약속의 개념에서부터 인과율의 토대가 흔들리고 있음을 발견할 수 있다. 이 약속은 일견 보기엔 인간과 인간 사이의 약속으로 보일 수도 있지만, 더욱더 궁극적인 의미로는 신과 인간의 약속, 아니, 인간을 향한 신의 일방적 약속의 성격이 강하다고 볼 수 있다.

우리는 다음과 같은 도발적인 질문을 던질 수 있다. 이스라엘 백성을 구원하셔야 할 이유가 과연 야훼 하나님에겐 존재했을까. 만약 존재하지 않는다 해도 우리는 야훼 하나님을 추궁하거나 원망할 자격은 없다. 무한적 일자一者가 이스라엘 백성을 구원하건 말건 그건 그 존재의 소관에 달린 것이다. 그럼에도, 이스라엘 백성, 더 나아가 모든 인류를 구원하시겠다는 그 의지가 피력된 것이 바로 약속이며, 그러므로 이 약속은 인간과 인간 사이에 지켜지는 어떤 인과율의 원리만으론 해소될 수 없는 일방적인 생명 출현과 그 영역의 참여라는 본질을 내포하는 것이다.

그와 같은 맥락에서 '맹세 위에 덧붙여진 맹세' 란 의미로서의 '거짓 맹세' 를 하지 말라는 모세 율법에 담겨 있는 참뜻은 맹세에 대한 인과율을 더는 적용하지 말라는 뉘앙스가 담겨 있음을 포착할 수 있어야 할 것이다. 옛사람으로 부정적 그물망의 인식체계에 사로잡힌 존재가 가진 맹세 준수에 대한 관념의 이면엔 내가 그 약속을 지킴으로서 나 자신이 약속의 주인이 될 수 있다고 생각하는 신념의 강화로 이어지거나 그도 아니면 내가 신이 펼쳐놓은 약속을 지켰기 때문에 신도 나에게 대가를 지급한다는 신과 인간, 무한자와 유한 자 사이의 거래관계를 정당화하려는 의도가 노골적으로 함유되어 있음을 짐작할 수 있어야 한다.

그러나 냉정히 구분할 필요가 있다. 유한적 존재가 무한히 펼쳐놓은 생명의 영역을 그 자신이 개척하거나 창조해 낼 수 없듯 인간이 신의 약속을 자신의 것으로 만들어 내가 그 약속을 지켰으므로 신도 나에게 축복을 허락할 수밖에 없다는 생각을 이른바 종교적 원리에 끼워 맞춤으로써 공포와 경외심의 종교성을 극복하려는 일련의 시도는 그야말로 인본주의적 신 관념의 극치가 아닐 수 없다.

맹세 위에 덧붙여진 맹세는 바로 이러한 관계의 역전이요, 치욕스러운 원죄적 종교성, 즉, 자신의 의지로 결핍을 극복하여 스스로 하나님같이, 생명의 창조자로 군림하려 하는 뱀의 의지에 굴복하는 또 하나의 그릇된 종교적 욕망이다.

예수가 모세 율법을 인용해 나타낸 '맹세 위에 덧붙여진 맹세' 로서의 '거짓 맹세'의 배척에 대한 메시지와 함께 또 하나 생명 차원의 일방성을 강조한 구절을 살펴보면 다음과 같다.

ἀπρδώσεις δέ τῶ κυρίῳ τούς ὅρκους σου

아프르도세이스 데 토 퀴리오 투스 오르쿠스 수

너의 그 맹세들을 그 주님께 갚아라 _원문 직역

'갚아라'로 번역된 동사 *ἀπρδώσεις*아프로도세이스는 '갚아라'란 뜻과 함께 '넘겨주어라', '보내라'는 뜻도 함께 쓰인다. 여기선 '맹세하는 것'이란 맹세의 동사형은 존재하지 않는다. 단지 존재가 소유한 *ὅρκους σου*오르쿠스 수 '너의 맹세들'이 존재할 뿐이다. 이 '맹세들'의 명사형이 뜻하는 바는 무엇인가. 맹세가 '서약' 혹은 '약속'이란 측면으로 이해했을 때, 존재가 소유할 수 있는 '약속'은 존재 그 자신이 그것을 지켜냄으로써 성취할 수 있는 유한 자 대 유한 자의 수평적 개념에서 주어지는 교환원리, 인과율의 개념이 아니라 무한자가 유한적 존재에게 펼쳐놓은 생명의 발출로 대표되는 구원의 메시지, 그 일방적인 사랑의 개념을 뜻하고 있다. 그러므로 우리가 지금 소유한 약속으로서의 맹세들은 산상수훈에서 밝힌 예수의 일관된 주장에 미루어 볼 때, 결국 율법의 일점일획, 구원의 뿔로 자신을 드러낸 그리스도가 되시는 예수에 대한 기록인 성서 텍스트를 뜻하는 것이리라. 이러한 깨달음이 '옛사람', 관습과 편견에 휩싸인 인간에게 근원적인 혁명을 일으킨다. 그것이 바로 지금 맹세에 대해 예수가 말하고자 하는 가르침의 핵심이다. 맹세들로 상징된 그리스도이신 예수의 말씀들을 하나님에게 돌려주라는 것 일방적으로 펼쳐진 생명 차원에로의 합류, 발견, 그 무한으로의 돌입에 마음껏 함몰되라는 창조주의 더 할 수 없는 신비의 메시지이다. 이보다 더한 축복의 교감을 어디서 찾을 수 있는가.

이런 맥락에서 우리는 34절에서 제시한 예수의 엄중한 가르침에 대해 충분한 공감대를 가질 수 있을 것이다.

μή ὀμόσαι ὅλως 메 오모사이 홀로스

전혀 맹세하지 말라

34절에서 예수는 동사형으로 표기된 *ὀμόσαι* 오모사이, '맹세함' 이란 의지 자체의 예봉을 꺾는 새로운 계명을 제시한다. 이것은 더는 모세의 계명을 옛사람의 관점에서 해석하고 받아들이지 말라는 경고와 맥을 같이한다.

그렇다. 이것은 하나의 경고이며, 생명 차원의 무한 발출이다. 말씀의 육화인 예수가 드러난 사건 자체가 이미 생명의 무한 발출이며, 예수는 지금 자신에게 다가와 유한으로부터의 혁명적 깨달음을 원하는 제자로 상징되는 모든 그리스도인에게 옛사람의 껍데기를 깨고 새사람의 창조적 생명을 힘입게 하는 구원의 메시지를 쏟아 붓는 것이다.

그러므로 '맹세하지 말라' 는 메시지의 궁극은 이제는 율법의 가르침을 인과율의 원리, 더 나아가 하나님의 약속을 기계적인 수평적 관점에서 받아들이는 종교성의 한계를 철저히 인식하라는 인식의 전환을 촉구하는 단 하나의 계명으로 소급될 수 있다. 유한의 존재가 맹세한다는 이 동사형으로서의 '맹세함' 속에 담겨 있는 불온한 의지의 핵심엔 앞서 드러난 '맹세 위에 덧붙여진 맹세' 로서의 거짓맹세, 위증의 요소가 담겨 있음을 볼 수 있다. 이 거짓맹세는 바로 약속의 참 개념을 왜곡시키는 가증스러운 뱀의 유혹이다.

창세기 스토리에서 뱀은 선악과로 상징되는 선 악 개념을 통해 유한의 존재가 하나님같이 될 수 있다는 소위 아래로부터 위로 상승하는 종교적 욕망을 촉발시켰다. 그 유혹에 빠진 인간은 악의 극복을 통해 선을 쟁취하여, 궁극의 선, 하나님과 같이 되고자 하는 종교의 노예가 되어버렸다. 바로 그러한 불온한 인식, 이른바 선악과 관념에서 도출된 인식으로는 계명의 참 의미, 율법의 새로운 창조로서의 의미가 규명될 가능성이 끼어들 여지를 주지 않는다. 무한자가 허락하신 그 약속을 자신의 것으로 만들어버리고 그 약속을 지키는 행위를 통해 자기 자신이 약속의 궁극이 되고자 하는 이 기괴한 욕망을 하지만 이천 년 전이나 그때나 다름없이 같게도 끔찍한 매혹으로 다가오는 뱀의 혀로서 오늘의 종교 위에 맹위를 떨치는 것을 어렵지 않게 목격하게 된다.

여기에 지금 하나님의 이름, 무한의 상징이 소비되고 있다. 맹세의 궁극적 의미를 배제한 채 맹세의 차원을 인과율의 논리로 격하시킨 불온한 종교성의 외피에 뻔뻔스럽게도 인간은 하나님의 보좌인 '하늘' 과 하나님의 발등상인 '땅' , 큰 임금의 성인 '예루살렘' , 그리고 우리의 머리 되시는 그리스도로서의 이름을 내걸고 맹세의 이미지를 남발하는 것이다.

과연 그러한 자리에 그리스도 예수가 펼쳐놓은 생명의 참여가 이루어질 수 있겠는가. 예수가 본 것은 바로 이러한 헛됨의 추구에 하나님의 상징, 이름, 무한의 요소들을 그대로 빌려 속으로는 곪아 터지면서도 겉으로는 하나님을 경배하는 척, 무한자의 일방적인 사랑의 약속인 '맹세' 를 존중하는 척 위선을 떨어대는 작태였던 것이다.

착각을 버려야 한다. 이 메시지는 단지 이천 년 전 당시에 이스라엘 유대교를 지배하던 종교 지도자들에게만 해당하는 경고가 결코 아니다. 오늘의 그리스도교를 끊임없이 맹세의 종교, 자기 행위로 말미암은 축복의 쟁취만을 강요하는 공포와 경외심의 종교로 끌고 가는 뱀의 유혹이 더욱 간교하게 기승을 부리고 있음을 결코 간과해선 안 될 것이다. 깨달음조차도 나 자신의 의지로부터 생성되지 않음을 인정하는 그 순간, 우리의 터전을 조성하신 무한자의 일방적 사랑의 현현이 진실로 우리의 삶 깊은 곳에서 시원始原의 울림으로 체험되며, 그 체험을 통해 우리는 비로소 생명의 참 영역에 참여하는 구원의 기쁨을 경험하는 것이다. 그 경험을 나누는 것, 생명의 영역 안에 머무르는 것. '나'로 하여금 이 깨달음을 허락하신 그리스도의 영인 성령의 세밀한 음성에 아멘으로 화답하는 것. 바로 그것만이 우리에게 허락된 생명의 맹세들을 하나님께 돌려 드리는 생명의 연합, 교통, 생명의 궁극을 이루어내는 반석 위에 세워지는 집, 노아 방주로의 거룩한 돌입으로 전개되는 것이다.

누구든지 네 오른편 빰을 치거든

또 '눈은 눈으로 이는 이로 갚아라.' 한 말을 듣지 않았느냐?
그러나 나는 너희에게 말한다. 악한 사람을 대적하지 말아라.
누가 네 오른뺨을 때리거든 왼뺨도 돌려 대어라.
_마5:38~39 (현대인의 성경)

38절에서 예수가 지적한 '눈은 눈, 이는 이로'의 대항 보복의 뉘앙스가 강하게 풍기는 구절 또한 율법의 한 귀퉁이를 차지하는 가르침임이 분명하다. 하지만, 예수는 지금 이 가르침조차도 정반대의 관점을 취하고 있음이 나타난다. 표면적으로만 보면 말이다.

이것이 시사하는바, 혹은 이 가르침을 듣는 산에 모인 제자들의 사고의 영향력, 파급 효과 등은 실로 엄청났을 것이다. 이러한 예수의 가르침은 가히 혁명적이다. 산상수훈의 가르침을 모두 듣고 산으로 내려온 제자들의 반응은 다음과 같았다.

예수님이 이 말씀을 끝내시자 군중들은 그 가르치심에 몹시 놀랐다.
왜냐하면 예수님이 율법학자들과는 달리 권위 있는 분답게 가르치셨기 때문이다. _마7:28~29 (현대인의 성경)

예수가 율법학자와는 분명히 다른 모습의 사자후를 드러냈다는 거다. 그와 함께 예수의 가르침을 당시 사람들은 '권위 있는 모습'을 담아내며 가르쳤다고 평가하고 있다. 물론 이건 후대 기록자인 사도 마태의 주관적인 평가, 즉 예수에 대한 사람들의 반응을 긍정적으로 표현하고자 한 의도적인 묘사로 비칠 수도 있다.

하지만, 우리는 산상수훈의 오름과 내려옴의 과정을 지켜봤다. 거기서 한 가지 분명한 차이점을 발견할 수 있다. 먼저 산상수훈의 5장 시작의 장면을 지켜보면 산에서의 예수의 가르침, 그 율법해석의 혁명적 성취를 직접 곁에서 전해 들은 구성원들의 범위가 매우 제한적이었음을 알 수 있다.

> 예수님은 많은 사람들이 모여드는 것을 보시고 산에 올라가 앉으셨다. 그러자 제자들이 그분에게 나아왔다. 그래서 예수님은 그들에게 이렇게 가르치셨다.
> _마5:1~2 (현대인의 성경)

굳이 헬라어 원역본을 살펴보지 않더라도 예수가 산에 올라가 앉은 다음 그를 따라 함께 산에 올라앉은 이들의 구성원이 '제자들' 로 국한되었음을 볼 수 있다. 한발 양보해 수많은 사람이 모두 예수가 올라간 산에 따라 올라갔다고 하더라도 지금 이 성서 구절만 놓고 보면 곁에 앉아 진지하게 이 가르침을 귀담아들은 이들은 그 수많은 사람, 즉 군중이 아니라 곁에 앉은 제자들임을 부정할 순 없을 것이다.

그런데 7장 28절, 29절을 보라. 예수가 말씀을 마치자 군중들이 그 가르치심에 몹시 놀랐다고 묘사되고 있다. 분명 이 가르침의 혁명적 단초를 전해 들은 것은 '제자들' 일진대 한때 모여든 수많은 군중들이 그의 가르침에 격한 반응을 나타내고 있다. 그 반응이 과연 산상수훈이 담는 혁명적 메시지의 기운을 제대로 느끼고 탄성을 내지른 건가. 아님, 이 놀람이 그저 예수의 범상치 않은 태도나 말투에서 나타나는 신비스러운 혁명가다운 풍모에 매료된 결과로 볼 수 있는가. 사실상의 답은 후자 쪽에 무게중심이 있을 수밖에 없다. 설령 군중이 예수의 가르침을 모두 전해 들었다 해도 율법에 대한 해박한 지식이 결여된 상태에 있는 군중까지 모두 같은 놀라움을 가질 순 없었을 것이다. 그래서 이들의 놀라움은 헬라어 원어 ἐκπλήσσω엑세플렛소의 성향과 같이 메시지 그 자체에 놀랐다기보단 예수의 겉모습에 놀라움을 표현했던 것으로 볼 수 있다.

예수는 사실상 이러한 놀라움에 도취한 군중의 옹립과 그들의 맹목적인 추종을 단호히 거부하셨다. 그 일관된 거부가 결국 공생애 막바지에 예루살렘에서 골고다 십자가로 이르는 비극을 맞이하게 된 원인을 자초하기도 하셨지만, 예수의 관점에서 볼 때, 현상을 현상으로 대하는 이들의 놀라움이 빚어낸 추종의 열기 속엔 그들이 아무리 종려나무 가지를 흔들어 '호산나, 다윗의 자손이여!' 라는 메시아 도래의 슬로건을 외친다 해도 그것을 진정한 생명 영역의 참여, 깨달음으로 볼 수 없었던 것이다.

지금 묵상하게 될 '눈에는 눈, 이에는 이' 에 대한 율법의 혁명적인 재해석 역시도 이와 같은 가르침의 범주에서 벗어나지 못한다. 오히려 지금 이 구절은 군중의 영적 무지에서 비롯된 '놀람' 과 '추종' 에 대한 철저한 돌아섬과 생명 영역으로의 온전한 몰입을 촉구하는 메시지로 채워져 있기 때문이다. 어째서 그런가.

'눈에는 눈, 이에는 이' 의 법령은 일견 일리 있는, 오늘날에도 전통적으로 인간의 관습과 통념 속에 남아있는 윤리다. 비록 이제는 법이란 테두리가 남아 있고 공동체의 자치 질서가 확립되었기 때문에 이러한 철저 보응의 논리를 기준으로 제시하는 경우는 드물다. 그럼에도, 보응의 논리는 당위성이란 이름을 갖고 여전히 맹위를 떨치고 있다. 정의와 평등, 분배의 논리 역시 정당함을 위해 그 초점이 맞추어지는 경우가 허다하다. 죄를 지은 자에게 죄질에 해당하는 만큼의 처벌을 감당해야 한다는 논리 역시 보응 논리의 산물이다.

그렇기에 냉정히 따져 물어 만약 예수가 이 보응 논리의 파괴를 의도하면서 동시에 이웃 사랑의 가능성을 이 대목에 결부시켰다고 본다면 그것은 예수가 율법의 주제를 바라보는 관점에 대해 우리가 오해하고 있다는 사실을 인정해야만 할 것이다. 다르게 말해 예수는 지금 철저 보응 논리인 '눈에는 눈, 이에는 이'의 테두리를 변혁하는 메시지로서 '오른 뺨을 치거든 왼 뺨을 돌려대라'는 새로운 슬로건을 제시한 게 아니란 말이다.

그렇다면, 무엇인가. '눈에는 눈, 이에는 이'의 논리가 당한 대로 갚아준다는 그 논리가 아니란 말인가. 그렇진 않다. 그것은 내가 경험한 대로 돌려주겠다는 교환의 논리와 맥을 같이하는 것이다. 그렇지만, 관점은 분명히 다르다. 어떤 관점을 말하는가.

인간이 생각하는 당한 대로 갚아준다는 논리의 저변을 잠식하는 정서는 전적으로 물질적, 현상적 개념에 묻혀 있다. 즉, 이 율법을 물질의 손해나 인간적 피해와 가해의 측면에서 해석하는 경향이다. 그러나 지금까지 한결같이 예수가 산상수훈을 통해 율법과 복음의 관계를 피력한 것을 살펴보면 하늘과 땅의 관계를 말하고 있음에 주목하지 않을 수 없다. 그것이 곧 한결같이 산상수훈 가르침에서 나타난 혁명적 메시지이며, 이 메시지를 제대로 이해하는 존재의 결론은 아래로부터의 준행과 행위를 통해 위의 영역 차지, 지배가 아니라 위로부터의 일방적 생명의 수혜, 곧 은혜를 받아들이고 펼쳐놓은 그 생명의 영역에 참여하는 것으로 존재의 의식은 변화되기 시작한다. 이것이 곧 참된 의미에서의 예수에 대한 놀라움이며, 예수의 그리스도 되심에 대한 깨달음으로부터 우러나오는 신앙고백이다.

땅의 상징인 세상은 현상과 현상의 관계, 수평적 관계에 집중한다.

맹세에 관한 적용이 그랬고, 오른 눈과 간음에 대한 관계도 인간 대 인간의 수평적 관계로 인식하고 적용했다. 그러면서 이렇게 수평적 관계의 준수를 통해 유한 존재인 인간은 무한 존재에게 무한 영역으로의 참여, 더 나아가 성취의 당위성을 요구한다. 그것이 바로 당시 회당을 차지하고 설쳐댔던 바리새인들의 종교관이다. 내가 이 계명을 하나도 남김없이 세세히 지켰으니 그 행위를 신이 어여삐 여길 수밖에 없으며, 이것이 바로 신의 약속이라는 관념. 비록 그 관념이 노골적으로 성문화되진 않았어도 당시 종교 지도자들의 공통된 인과율에 근거한 종교관이었던 것이다.

이 종교관에서 '눈에는 눈, 이에는 이'가 도출되었다. 심판과 정죄의 근거로 인간 대 인간의 수평적 대응과 보복의 논리만을 강조하는 계명으로 황폐화되어버린 것이다.

그러나 예수는 이 가르침을 그들의 수평적 관계에서 용해되는 것을 절대 용납하지 않는다. 예수는 이 가르침을 현상과 현상을 뛰어넘어 현상과 본질의 관계로 비약될 것을 과감히 요구한 것이다. 그 근거가 바로 39절에 있다.

μή ἀντιστῆναι τῷ πονηρῷ 메 안티스테나이 토 포네로

위 구절을 직역해 보면 '그 사악한 자에게 대항하지 말라' 정도로 읽을 수 있다. '사악한 자'는 누구인가. 윤리, 도덕적 사악함만을 가리킴인가. 그렇다면, 당시의 윤리, 도덕을 가르치는 종교 지도자들을 향해 예수는 무슨 근거로 그들을 독사의 자식들이라고 말할 수 있었는가. 예수가 본 '사악함'은 본질을 잃어버린 존재 상태를 가리킴이다. 그러한 존재 상태에 함몰된 존재는 참 빛을 깨달을 수 있는 여지가 없

다. 빛을 깨달을 수 없는 철저한 어둠이다.(요한복음 참고) 예수는 지금 그 어둠에 빠진 존재를 사악한 자로 묘사한 것이다. 그러므로 사악한 자는 우리의 실존, 그 어두운 자화상일 수밖에 없다. 사도 바울은 인간 존재의 원죄적 한계를 다음과 같은 말씀으로 통렬히 고백하고 있다.

> 여기서 나는 하나의 원리를 발견했는데 그것은 선한 일을 하려는 나에게 악이 함께 있다는 사실입니다. 나의 내적 존재는 하나님의 법을 좋아하지만 내 육체에는 또 다른 법이 있습니다. 그것이 내 마음과 싸워서 나를 아직도 내 안에 있는 죄의 종으로 만들고 있다는 것을 알았습니다. 아아, 나는 얼마나 비참한 사람인가요! 누가 이 죽음의 몸에서 나를 구해 내겠습니까?
> _롬7:21~24 (현대인의 성경)

우리 실존의 이면, 내적 존재는 하나님의 법을 좋아하며 그 법을 추구하는데, 우리의 현상, 땅의 차원에 얽매여 있는 육적 존재는 또 다른 법, 어둠의 법에 사로잡혀 있는 이 상태. 사도 바울이 이 고백을 통해 발견한 게 바로 '사악함' 이었던 것이다. 윤리, 도덕적 범죄, 사회적 통념에서 본 사악함은 사실상 예수 가르침의 주제가 아니다. 예수가 본 사악함은 '눈에는 눈, 이에는 이' 의 철저 보응 논리를 땅의 차원에 그저 배설해 버려 당한 만큼 갚아주는 것이 곧 하나님의 계명을 지키는 것으로 이해하는 실존의 절대적 오해를 사악함으로 지적한 것이다.

그렇다면, 이 사악한 자로부터 대항하여 서 있다는 동사 *ἀντιστῆναι* 안티스테나이는 어떤 의미가 있는가. 동사 *ἀντιστῆναι* 안티스테나이는 '맞서다', '대항하다' 는 의미가 있는 *ἀντι* 안티와 '서다', '견뎌내다' 등의 의미가 있는 *ἵστημι* 히스테미의 합성어로 '반대편에 대항하여 서다' 는 정도의 뜻으로 읽을 수 있다.

반대편에 선다는 것은 철저한 수평적 대치관계를 의미함이다. 수평적 대치는 곧 현상에 대해 현상으로 대응한다는 땅과 땅의 논리의 충돌상태, 긴장의 연속이다. 이러한 땅과 땅의 논리의 대립은 언제나 심판과 정죄의 의식만으로 넘쳐난다. 하지만, 땅의 입장에서 자신과 다른 편을 정죄할 때, 언제나 들먹거리는 것은 하늘의 이름, 신의 이름이다. 자신은 지금 신의 이름으로 상대를 심판한다고 보는 것이다. 그리고 그 심판이 의롭다며, 지금 자신의 구미에 맞게 철저 보응의 논리인 '눈에는 눈, 이에는 이'를 제시한 것이다.

예수의 관점에서 본 율법은 인류를 구원할 무한자의 현상계로의 돌입인 그리스도가 된 자기 자신에 대한 기록의 성취이다. 그리스도가 되신 예수는 땅의 차원에서의 심판의 의식과 무관한 하늘에서부터 온 존재의 일방적인 돌입이다. 이러한 하늘의 사건, 생명 영역에의 참여로의 눈뜸을 예수는 거듭남이란 용어로 명료화하셨다. 거듭난 존재는 하늘에서부터 땅으로, 위에서부터 아래로 온 이 초월적 존재의 현현의 발견이며, 동시에 제시다. 요 3장 참고

발견과 제시. 그렇다. 이것이 바로 예수가 우리에게 명하신 단 하나의 지상명령. '땅끝까지 복음을 증거하라'는 명령의 실천이다. 바로 그러한 맥락에서 예수는 39절의 가르침을 우리에게 들려주는 것이다.

ἀλλ' ὅστις σε ῥαπίσει ἐπί τὴν δεξιάν σου σιαγόνα, στρέψον καί τήν ἄλλην.

알르 호스티스 세 라피세이 에피 텐 데익시안 수 시아고나, 스트레폰 아우토 카이 텐 알렌

그러나 누구든지 너의 오른편 뺨을 치면, 그에게 그 다른 편을 돌려대라

_원문 직역

같은 장 29절에서 오른 눈과 오른손의 범죄에 대해 묵상한 적이 있다. 이때의 오른쪽은 인도자, 리더, 자신의 방향을 이끌어가는 주된 흐름을 뜻한다고 볼 수 있다. 그런데 그 오른 눈과 오른손의 범죄, 실족됨의 가장 중요한 원인은 존재의 방향을 땅에서 하늘을 찾는 무모한 숭배, 왜곡된 종교적 열정에 경도되었기 때문이다. 이것은 곧 땅에서 하늘을 찾는, 더 나아가 땅에서 하늘을 창조하려 하는 인간 내면에 도사린 끔찍한 원죄적 실존의 한계이기도 하다.

'악한 자' 와 맥락을 같이하는 '누구든지', 그 익명의 존재들, 사악함의 한계에 빠진 이들이 지금 우리의 오른편 뺨을 치는 동기 또한 명백해진다. 이는 단순히 그 '누구든지' 가 성품, 혹은 윤리, 도덕적으로 사악하기 때문에 우리를 단순히 괴롭히기 위한 목적으로 뺨을 치는 것이 아니다. 오른편 뺨을 치는 이 사악한 자는 과연 누구인가. 이는 단지 우리를 핍박하기 위해 세속에 빠진 이들만을 가리킴이 아니다. 사도 바울의 고백과 같이 우리 내면을 지배하는 땅의 사슬, 현상의 안목에 사로잡힌 원죄적 실존의 자화상을 함께 포괄하는 것이다.

정죄와 사망의 법에 사로잡힌 이 사망의 몸으로부터 우리는 어떻게 벗어날 수 있는가. 그 가르침을 주는 것이 바로 예수의 말씀이다. 현상으로 드러난 사악함을 또 다른 현상, 땅의 차원으로 대응하여 극복한다는 건 행위와 공덕을 통한 궁극의 선을 추구하는 선악과 패러다임에서 한 발치도 벗어나지 못한 고통의 반복이다. 그러나 하나님 사랑의 현현인 예수, 그 생명인 성령의 법인(로마서 참고) 예수는 그리스도가 되어 이 땅에 오셨다. 땅에서는 도무지 깨달을 수 없는 하늘의 법, 무한의 신비가 일방적으로 이 땅 위에 나타나고야 만 것이다. 이 거대한 신비에 눈이 머는 것. 더는 땅을 바라보지 않고자 우리의 눈을 그리스도 예수가 발설하는 그 가르침 자체에 주목하게 하는 것. 그것이 바로 지금 예수가 말한 오른편에 대한 땅과 땅의 수평적 관계를 벗어나 ἄλλος알로스, 다른 편으로 상징된 현상의 이면, 본질의 차원을 제시할 수 있는 수직적 관계로의 혁명적 변이를 가능케 하는 유일한 결단이 되는 것이다.

주님의 깊이에 몰입되길 간절히 갈망해야 한다. 이것이 바로 생명인 성령의 법에 참여하는 유일한 길이다. 그 길을 예수는 자기 자신에 대한 선포의 포도송이 속에서 산상수훈이란 가르침을 통해 거침없이 쏟아내었다. '눈에는 눈, 이에는 이'의 정당성은 언제나 타자를 향한 정죄와 심판의 본질적 한계, 그 유한의 틀에 결박된 종교의 탐욕 속에서 신음할 뿐이다. 이제 그 틀을 박살 낼 결정적인 때가 온 것이다. 바로 지금, 예수의 이 가르침 속에서 그 숭고한 문이 열리는 것이다. 현상과 땅의 이데올로기, 그 무참한 파괴와 공허의 실상을 밝히 드러내는 것이다.

이제 우린 어디를 바라봐야 하는가. 더는 잿더미, 그 지독한 영적 허무만으로 존재하는 땅을 바라보고만 있을 것인가. 아니면 하늘을, 생명을, 무한적 일자一者의 빛을 바라보아야 할 것인가. 답은 너무나 자명한 것이다.

원수를 사랑하라

네 이웃을 사랑하고 원수를 미워하여라.'는 말씀을 듣지 않았느냐?
그러나 나는 너희에게 말한다. 원수를 사랑하고 너희를 핍박하는 사람들을 위해 기도하라. _마5:43~44 (현대인의 성경)

원수에 대해선 생각하면 당시에도 그렇고 지금도 생각하게 되는 가장 보편적인 인식은 관계로서의 원수를 떠올리기 십상이다. 이스라엘의 종교 지도자들이 이 율법의 가르침을 근거로 원수를 미워할 때의 원수의 기준, 혹은 대상은 누구였겠는가. 일단은 이방 백성을 가리킬 것이다. 그들은 야훼 하나님의 간택을 받지 못하고 이교의 불결함과 마음껏 어울리는 짐승과 진배없는 존재들이니 그들을 미워하는 것을 당연시하게 여겼을지도 모른다. 또 다른 원수들은 패역한 백성이다. 역사적으로 바벨론 이교 종교와 혼합되어 이스라엘 종교의 순수성을 훼손시킨 사마리아 사람들, 북이스라엘 출신들을 당시 예루살렘에서 둥지를 틀던 남유다 출신들은 하나님에 대해 심각한 패역을 저지른 이교도로 간주했으며, 그들 역시 원수들로 취급했을 것이다.

그렇지만, 원수의 범위와 대상은 여기에만 국한되지 않는다. 이건 더 숭고한 종교적 주제를 놓고 봤을 때의 원수이며, 생활과 삶에서 드러나는 원수는 더욱 다양하게 그 모습을 나타낸다.

문제는 이때 그들, 오늘의 우리가 생각하는 원수의 기준이 불변적이 아니요 가변적이고 상황적이란 사실이다. 이건 종교적 대상도 그렇고 일반의 대상도 예외가 아니다.

생각해 보라. 종교적 원수에게 구약의 율법은 과연 종교 지도자들이 생각하는 것처럼 절대적 불심판과 정죄의 칼날만을 들이밀고 있던가. 그렇지 않다. 구약의 가르침에서조차 원수로 생각되던 이교도, 패역한 백성에게도 회개의 문을 열어놓고 있음을 볼 수 있다. 패역의 범주만 놓고 볼 때, 이스라엘 백성에게도 충분한 전례가 있지 않은가. 출애굽이후 광야에서 그들이 벌인 작태는 그 어떤 이교도의 불경한 짓거리보다 더하면 더했지 결코 덜하진 않았다. 그럼에도, 하나님은 이스라엘 민족에게 약속한 가나안 땅으로의 입성을 허락하셨다. 구약의 하나님 역시 피와 정죄에 굶주린 하나님이 아니라 사랑에 근거한 공의의 하나님이었던 것이다.

그와 마찬가지로 이교도와 패역한 백성조차 영원한 원수가 될 수는 없다. 하물며 일반의 대상으로 단정한 원수의 개념은 오죽하겠는가. 오늘날 국가적인 관계만 보아도 그렇다. 서로 물고 뜯으며 으르렁거리던 국가들끼리도 자신들의 이해관계에 플러스가 된다고 판단하면 어느 순간 손을 잡는 타협과 전쟁의 아이러니가 반복됐다. 이 정도로 원수 개념은 상황적이며, 가변적임을 인정하게 될 때 우리는 산상수훈에서의 원수의 가르침에 대해 새로운 시각을 가져야 함을 인정해야 할 것이다.

예수가 가리키는 원수의 대상은 누구인가? 이 원수는 일차적으로 가변적인 우리의 이웃을 가리킴이다. '이웃을 사랑하고 원수를 미워하라' 는 가르침이 주어졌을 때, 예수는 이를 '원수를 사랑하고 너희를 핍박하는 자들을 위해 기도하라' 고 가르치고 있다. 이때 예수가 밝힌 44절의 '원수' 는 43절에서 제시된 '이웃' 의 범주 안에 모두 포함되고 있음을 볼 수 있다.

이유인즉 네 이웃은 곧 내 지체이기 때문이다. 이웃 관념에 대해 예수가 말한 한 몸의 관점을 드러낸 성서 구절을 살펴보면 다음과 같다.

'선생님, 모세의 법 중에 가장 큰 계명은 어느 계명입니까?' 하고 물었다.
그래서 예수님은 이렇게 대답하셨다. '네 마음을 다하고 정성을 다하고 뜻을 다하여 주 너의 하나님을 사랑하라.'
이것이 제일 중요한 계명이다. 그 다음은 '네 이웃을 네 몸과 같이 사랑하라.'는 계명이다. 모든 율법과 예언자들의 가르침은 이 두 계명에서 나온 것이다.'
_마22:36~40 (현대인의 성경)

율법의 경중, 그 가르침의 수준과 중요도의 차이를 묻는 율법사에게 밝힌 예수의 대답이다. 이 대답에서 예수는 두 계명, 즉 하나님 사랑과 이웃 사랑의 강령을 모든 율법의 가르침의 근원됨을 나타내고 있다. 그와 함께 주목할 수 있는 건 이웃 사랑에 대한 대목이다. 하나님 사랑에 이어지는 두 번째 계명에서 예수는 '네 이웃을 네 몸과 같이 사랑하라' 고 말하고 있다. 이웃을 몸과 같이 사랑해야 한다는 것이다. 이러한 가르침 속에 담긴 궁극의 이유는 이웃으로 상징되는 모든 인류가 하나님의 영역에서 하나가 되는 하나님 사랑의 극치로 볼 수 있다.

하나님은 인류로 상징되는 세상을 사랑하셔서 독생자 그리스도 예수를 이 땅에 보내셨다.(요한복음 참고) 그 뜻이 몇몇 소수의 선택받은, 흔히 말하는 예정 받은 이들의 구원을 위한 것이던가. 절대 그렇지 않았다. 빛으로 상징되는 무한의 신비를 받아들이지 못하는 건 오직 인간 선택의 문제였을 뿐, 하나님은 모든 이들이 생명을 받아들이는 목적을 잃지 않았던 것이다. 그 목적을 가질 수 있었던 가장 근원적 동기는 바로 인류를 한 몸으로 인식했기 때문이다.

그렇기에 지금 예수는 모든 율법 가르침의 근원으로서 '네 이웃을 네 몸 같이 사랑하라' 는 가르침을 제시했던 것을 볼 수 있다.

그런데 앞서 밝힌 것처럼 이 '이웃' 이라는 대전제 아래 있는 존재들이 유한적 존재들의 수평적 관계에서 가변적인 변화의 부침을 겪으면서 어느 순간에 가선 이웃이 아닌 원수의 가면을 뒤집어쓸 때가 있다. 종교적 타락과 변절을 경험할 수도 있으며, 관계와 삶의 측면에서 '나' 에게 끔찍한 위해를 가하는 '원수' 의 상황으로 자신을 자리매김할 수 있게 되는 것이다. 그러나 본질적으로 보면 그러한 원수의 등장은 결코 불변적인 것이 아니다. 다시 말해 그 '원수' 가 '나' 에게 영원히 불변한 '원수' 로 존재하지 않기 때문이다. 궁극적으로 그 '원수' 는 '나' 와 한몸이다. 예수는 이들이 지체로서 '한 몸' 일 수밖에 없음을 십자가 못 박힘을 통해 입증해 보이셨다. 모든 이들이 자신을 직, 간접적으로 방관이나 비난의 태도를 앞세워 정죄하고 핍박했지만, 예수는 결코 그들을 원수로 받아들이지 않고 '죄' 의 결과를 그들에게 향하지 않게 하는 기도를 토해내었다. 그것은 바로 예수가 자신을 하나같이 '원수' 로 생각하던 피와 정죄의 인식에 길들어 버린 백성을 '원수' 가 아닌 자신의 몸과 같이 사랑해야 할 지체, 이웃으로 보았다는 가장 확실한 증거인 것이다.

> 그들이 '해골' 이라는 곳에 이르렀을 때 군인들이 예수님을 십자가에 못박고 두 죄수도 못박았는데 하나는 예수님의 오른편에, 하나는 왼편에 매달았다.
> 그때 예수님은 '아버지, 저 사람들을 용서해 주십시오. 저들은 자기들이 하는 일을 모르고 있습니다.' 하고 말씀하셨다. _눅23:33~34 (현대인의 성경)

예수의 '이웃 사랑' 의 전제는 그러므로 모든 인류에게 해당하는 보편성을 갖는 메시지로 확대된다. 하지만, 보편성으로서의 이웃 사랑을 실천하려면 먼저 하나님을 사랑해야 하는 첫 번째 계명의 이행이 선행되어야만 가능하다. 다시 말해 하나님을 사랑하지 않고선 어떤 방법으로도 이웃을 자신의 몸과 같이 사랑할 수 없다는 뜻이다.

바로 여기서 하나님을 사랑할 때 드러나는 이웃에 대한 두 번째 관점이 드러난다. 이때의 원수는 보편적 '이웃' 으로서의 '나' 가 아닌 '너', '타자' 들을 가리킴이 아니라 '나' 자신 안에 내재한 유한의 한계를 가리키고 있음이다. 이 원수들이 지금 내 마음 안에 자리 잡고 있다. 예수는 이러한 원수들이 존재의 생명으로의 비약을 가로막는 사실을 다음과 같이 지적하고 있다.

그러므로 사람의 원수는 자기 식구가 될 것이다. _마10:36 (현대인의 성경)

예수는 후에 제자들에게 강력하고 난감한 메시지를 던지신다. 누구든지 처와 자식과 형제들을 버리고 자신을 따라야 한다는 가르침이 그것이었다.(마태복음 참고) 그 가르침의 내면의 의미를 파악해 볼 필요가 있다. 예수가 말하는 처와 자식은 '나' 의 사상과 신념의 방향을 결정짓던 오른 눈과 오른손의 의미와 같다고 볼 수 있다. 예수는 지금 유한의 영역에 갇혀 무한의 생명을 보지 못하도록 가로막는 우리 안의 한계, 원죄적 실존의 껍데기를 과감히 내버리고 생명 깨달음으로의 일방적 돌입인 그리스도가 되어 이 땅에 현현한 자신에게 주목하라고 요청하셨던 것이다. 하나님 말씀의 현현에 우리 정신의 눈과 손이 저당 잡히는 것, 생명의 심연을 발견하고 급기야 그 생명의 심연에 함몰되어 생명과 내가 하나가 되는 거룩한 돌입, 바로 그것이 '하나님을 사랑' 하는 계명의 실천이다. 그러한 하나님 사랑을 실천하게 될 때, '나' 를 지금까지 유한의 영역에 갇혀 있게 하던 오른손과 오른 눈, 자기 식구로 표현된 내 '자아' 의 끔찍한 현상계에로의 집착에서 벗어나게 되는 것이다.

예수는 지금 이러한 의미로서 '원수를 사랑하라' 는 가르침을 제자들에게 말하고 있다. 이 내면적인 '자아' 의 원수를 이웃으로 변화시키는 혁명적 변화의 계명은 그러므로 앞서 말한 '하나님 사랑' 계명의 실천을 통해 가능케 된다. 이렇듯 하나님, 무한의 존재를 유한의 그릇 안에 받아들임으로써 '원수' 로 상징되는 '나' 의 한계의 틀이 무너지고 급기야 무한의 영역에 참여하는 그 순간 비로소 내 '이웃', '나' 가 아닌 '너', '타자' 들의 유한적 한계의 틀이 보이게 되며, 그들에게도 '하나님을 사랑' 할 수 있는 생명을 선포하는 초월적 관계성이 가능케 된다. 이것이 바로 예수가 가르치는 원수 사랑에 대한 본질적 가르침이다.

구약에서 말하는 '원수' 의 본질이 명확하게 드러나는 시점을 우리는 생명의 신비로 받아들여야 한다. 그리스도가 되신 예수가 밝힌 '원수' 의 상징성은 인류 각자를 가리킴이 아니다. 오늘의 우리는 내 안에도, 그리고 내 밖에도 수많은 '원수' 의 영향력, 유한적 한계의 고통 속에 갇혀 있다. 이 '원수' 의 궁극은 곧 사망이다. 여기서 말하는 사망은 단순히 물리적 육신의 죽음만을 뜻함이 아니다. 하나님 생명과의 영원한 격리, 그것이 성서가 말하는 사망의 참 의미이다. 우리를 창조한 창조주와의 관계가 영원히 단절된다는 생각을 떠올려보기 바란다. 그것은 끔찍함을 넘어선 고통이다. 그 초월적 고통을 감지한다는 것, 고통의 영역에 발을 담근다는 것 자체가 지옥이 아닌가. 그렇다면, 지옥은 이미 이 땅에서부터 시작되고 있는지도 모른다. 지금도 이 유한의 한계 속에서 온갖 살육과 만행, 하나님의 신성을 잃어버린 수성의 본능만으로 미쳐 날뛰는 지옥도가 펼쳐지고 있지 않은가.

맨 나중에 멸망 받을 원수는 사망이니라 _고전15:26

온전하라

그러므로 하늘에 계신 너희 아버지의 온전하심과 같이 너희도 온전하라

_마5:48

5장의 마지막을 장식하는 구절이다. 이 가르침은 5장의 결론임과 동시에 산상수훈 전체를 아우르는 핵심이기도 하다.

예수는 당시 자신의 가르침을 듣는 제자들, 오늘날 당신의 제자들이 원하는 모든 그리스도인에게 온전하라고 요구하신다. 그러나 우리는 냉정히 우리 자신을 돌아볼 필요가 있다. 과연 우리는 온전할 수 있는가. 더욱이 예수는 우리가 하늘에 계신 아버지와 같이 온전해야 한다고 말하고 있다. 이 도대체 무슨 말인가. 어떻게 우리가 창조주와 같은 온전함을 이뤄낼 수 있는가. 잔뜩 주눅이 들게 만드는 불가능에 가까운 요구가 아닐 수 없다.

깊은 오해는 여기서부터 시작된다. 헬라어 접속사 οὖν운, '그러므로' 로 시작되는 이 구절은 앞 구절의 최종적 결과로 다가온다. 앞 구절은 물론 바로 앞 47절의 가르침에만 국한될 수도 있겠으나 더 나아가 5장 전체에 이어진 가르침을 포괄한다.

5장 가르침엔 어떤 말들이 있었던가. 마음속에서 좁쌀만 한 음욕만 품어도 이미 이성異性을 범한 것이며, 오른 눈과 오른손이 너를 실족하게 하면 그 눈과 손을 뽑거나 잘라버리고 철천지원수를 무조건 사랑하며, 평소에도 눈엣가시처럼 여기는 인간이 나의 오른 뺨을 후려치면 왼 뺨을 돌려대는 기막힌 선행을 베풀며 형제에게 아무리 화가 나도 노하지 말고 예배가 중요한 것이 아니라 우선 빚진 것부터 갚으며,

바리새인과 대제사장의 의보다 낫지 않으면 천국에 들어갈 엄두도 내지 말라는 가르침들의 결과로 지금의 가르침을 받아들여야 한다면 이 온전함의 성취는 전혀 현실가능성이 없어 보인다. 이 가르침들을 정말 초인적 인내와 극기로 지켜낸다면 그런 존재가 성자聖者로 비치지 않을 수 없기 때문이다.

심각한 건 실제로 종교인 삶의 목표를 살펴보면 바로 이러한 가르침들을 일종의 목표로 설정해 놓고 그러한 가르침을 지키지 못하는 자기 자신에 대한 책망과 질책, 그로 말미암은 가학의 심리학을 종교적 감정으로 순환시키는 이른바 마조히스트적 종교성에 몰두 되는 경향을 너무나 뻔뻔스럽게 드러내고 있다는 사실이다. 동시에 강단의 설교자들은 어느 순간 마조히스트에서 사디스트로 돌변해 버린다. 그래도 자신은 설교자요, 종교인이므로 이 가르침의 준수에 어느 정도는 비슷한 방향에 근접한다고 자위한다. 그러면서 상대적으로 세속의 진창 속에서 허우적거리는 기도도 하지 않고 예배에 등한시하고 헌금도 가뭄에 콩 나듯 하는 이들이 천하에 둘도 없는 패역한 백성, 이교도로 보이기 시작한다. 설교자는 그들의 더러움과 불결함을 씻어주기 위한 오만한 열정을 종교적 열정으로 착오하고서 독기를 품은 혀를 날름거리며 정죄와 심판의 메시지를 사랑이란 우산 아래 맹렬하게 쏟아 부어 버린다. 이때 하나님의 사랑, 예수의 자비는 그저 구색 맞추기에 급급한 장식품에 불과하다.

이러한 설교자의 심판의 메시지로 점철된 융단폭격을 맞은 신도들은 다시 마조히스트가 되거나 사디스트가 되거나 둘 중 하나의 방향을 선택하는 데 집중하게 된다. 일생을 마조히스트의 감성에 묶여 있으면 지옥 불에 떨어지는 것이며, 다른 이를 정죄할 수 있는 수준의 위치를 쟁취한 존재, 사디스트가 된 존재는 비로소 천국에서 우수한 상을 받을 자격을 획득한 존재가 된다고 보는 현상. 과연 이러한 현상이 예수의 가르침이 낳은 결과라고 말할 수 있는가. 예수가 과연 이런 의도로 우리로 하여금 '온전하라' 고 가르치셨단 말인가.

이 온전함의 신비를 바르게 이해하려면 우리는 5장 전체를 통해 예수가 말하고자 했던 핵심 메시지를 이해할 필요가 있다. 그것은 바로 율법의 가르침에 대한 예수의 성취됨을 나타내는 구절에 담겨 있다.

> 내가 율법이나 선지자를 폐하러 온 줄로 생각하지 말라 폐하러 온 것이 아니요 완전하게 하려 함이라 _마5:17

'완전케 함' 으로 번역된 헬라어 *πληρῶσαι*플레로사이는 '성취하다' 는 뜻이다. 이 성취됨이 곧 완전함으로 번역되어 율법과 선지자로 대표되는 하나님 약속의 성취체가 바로 자신임을 밝힌 것으로 볼 수 있다. 구약에서 나타난 하나님 약속의 주체는 무엇이었던가. 인류를 고통과 유한의 한계에서 초월자, 생명의 영역으로 이끌어 올림을 약속하셨고 그 주체로서 우리에게 '기름부음을 받은 자', '그리스도' 를 제시하셨다. 그리스도는 유한 존재의 구원 핵심이다. 그 기름부음 받은 자가 바로 이 땅, 현상계 한복판에 등장하셨다. 다른 그 무엇도 아닌 바로 말씀이 육신이 되어 오신 것이다.(요한복음 참고)

성서의 다른 가르침에선 이 성취함, *πληρῶσαι*플레로사이의 개념을 어떻게 인식하고 있는가.

> 온 율법은 네 이웃 사랑하기를 네 몸같이 하라 하신 한 말씀에 이루었나니(원형 *πλήρωμα*플레로마:성취되었다.) _갈5:14

> 내가 날마다 너희와 함께 성전에 있어서 가르쳤으되 너희가 나를 잡지 아니하였도다 그러나 이는 성경을 이루려 (원형 πλήρωμα플레로마: 성취하려) 함이니라 하시더라 _막14:49

사도 바울 역시 예수의 가르침을 따라 이웃을 사랑하는 것이 곧 율법의 성취라고 보았다. 그와 함께 예수는 자신의 공생애를 통해 성서에 기록된 모든 약속의 핵심, 곧 그리스도의 주체성을 회복하기 위해 그 모든 기록에 대한 성취의 개념으로서의 생을 살아내셨다. 그 결과가 무엇이었나. 바로 십자가의 못 박힘과 죽음, 그리고 영광의 부활이 아니었던가.

바로 이러한 생명으로의 전환이 곧 우리로 하여금 새로운 약속, 재창조된 약속으로서의 율법을 보게 하는 눈을 열어주었다. 사망으로 상징되는 영적 죽음의 상태에서 단지 유한의 수평적 관계로만 만족하여졌던 정죄와 심판의 관념에 굶주린 종교성으로부터 해방된 생명의 참여가 비로소 이루어진 것이다. 어떻게 말인가. 바로 그 율법의 성취인 그리스도이신 예수의 영의 감동을 받아 기록된 성서 텍스트를 통해 가능해졌다.

> 이는 그리스도 예수 안에 있는 생명의 성령의 법이 죄와 사망의 법에서 너를 해방하였음이라 _롬8:2

ἐν Χριστῷ Ἰησοῦ엔 크리스토 이예수, 그리스도이신 예수 안에서 하나님 자신의 신비를 드러낸 단 하나의 흔적인 νόμος노모스가 성취되었다. 바로 이것이 생명의 문을 열어놓은 단 하나의 문, 말씀이 육신이 되어 오신 예수의 존재 이유였다. 예수의 존재 이유는 우리로 하여금 이 단

하나의 문, 유한의 존재가 무한의 영역에 들어서는 길을 열어놓으신 이른바 존재의 비약이 가능해진 유일한 길이 되어주시는 것이다.

이러한 관점에서 5장의 마지막을 장식하는 48절의 헬라어 원문을 살펴보면 다음과 같다.

> *ἔσεσθε οὖν ὑμεῖς τέλειοι, ὥσπερ ὁ πατήρ ὑμῶν ὁ ἐν τοῖς οὐρανοῖς τέλειός ἐστιν.* 헤세스데 운 휘메이스 텔레이오이, 호스페르 호 파테르 휘몬 호 엔 토이스 우라노이스 텔레이오스 에스틴

'온전함'으로 번역된 헬라어 *τελείοι*텔레이오이의 유래어는 *τέλος*텔로스로서 그 본래 의미는 '완전함', '끝', '결과' 등의 뜻을 갖는다. 그리스도가 되신 예수는 자신의 존재 근거로서 *τέλος*텔로스를 밝힌 적이 있었다. 성서의 한 구절을 살펴보자.

> *Ἐγω εἰμι τό Α καί τό Ω, ἀρχή καί τέλος.* _계1:8
> 에고 에이미, 토 알파 카이 토 오메가, 아르케 카이 텔로스

나는 알파와 오메가, 시작과 끝으로 존재한다고 밝힌 무한 존재의 자기 규명에서 하나님은 시작과 끝으로 존재한다고 밝히셨다. 그런데 이때 신성이 드러남을 밝히는 이 '시작과 끝'이 물리적 시간만을 담고 있으므로 보기 어려운 점이 있다. 신성의 발출의 대목에서 사용된 *Εγω εἰμι*에고 에이미, 주님께선 자신의 존재 상태를 밝히실 때, *εἰμι*에이미 현재형 동사로서 '존재하고 있다'로 묘사하는 구절이 나온다. 이를 직역해 보면 주님은 '시작과 끝'으로 지금도 현재 존재하고 계시다는 의미가 있다.

이 무슨 뜻인가. 이것은 단지 주님이 밝힌 '시작과 끝'이 물리적 흐름만을 말하는 것이 아닌 무한성의 영역에서 유한계의 구원사의 시작과 끝을 가리키고 있다고 볼 수 있으며, 이는 더 나아가 '시작과 끝'이 하나의 존재론적 상태, 즉 그리스도 예수의 시작과 끝으로 이해할 수 있다. 이러한 한 몸의 이루어짐이 구원의 완성이 됨을 역설한 사도 바울의 기록에 주목할 필요가 있는 이유가 바로 여기에 있다.

> 또 만물을 그의 발 아래에 복종하게 하시고 그를 만물 위에 교회의 머리로 삼으셨느니라 교회는 그의 몸이니 만물 안에서 만물을 충만하게 하시는 이의 충만함이니라 _엡1:22~23

에베소서를 통해 밝힌 교회의 의미는 단순히 건물로서의 교회를 뜻함이 아니다. 이 교회는 구원사의 시작과 끝을 의미하고 있다. 시작의 의미로서 하나님은 말씀의 육화인 그리스도가 되시는 예수를 이 땅 위에 보내셨고 그분으로 하여금 약속의 말씀을 성취하게 하셨다. 그러므로 그분은 구원의 시작, 곧 교회의 머리가 되신 것이다. 그와 함께 이제 그리스도가 되신 예수의 생명의 말씀, 생명의 신비에 참여하는 존재들이 곧 교회의 몸이 되는 것이다. 머리와 몸이 하나가 되는 이 충만한 성취, 그 상태가 이웃으로 상징되는 전 인류에게 전파될 때, 비로소 τέλος텔로스, 끝이 이루어지는 것이다. 바로 '시작과 끝'의 생명 영역을 모든 이들이 아멘으로 받아들이는 그 순간이 물리적 τέλος텔로스가 되는 것이고, 그리스도이신 예수의 구원사 성취의 신비는 이미 무한의 영역에선 '시작과 끝'으로 현재 유한 존재들의 현상계에 제시되고 있는 것이다.

그러므로 산상수훈의 가르침, 하늘에 계신 아버지의 온전함과 같이 우리도 온전하라고 요청하시는 것은 이러한 생명과 무한의 관점에서 볼 때 너무나 지당한 것이다.

하늘에 계신 아버지로 상징되는 무한의 영역, 생명은 그 자체로는 '시작과 끝', 온전함의 어원인 *τέλος*텔로스를 가져야 할 이유가 없다. 생명의 영역에서 *τέλος*텔로스가 도출될 수 있는 이유는 바로 우리 인간의 유한성이 무한의 생명력을 취하기 위한 창조주 하나님의 거룩한 사랑의 발출인 것이다. 바로 그러한 사랑의 발출, 구원사의 유일한 흔적으로서 '시작과 끝'을 드러내신 이 상태, 그 '끝'을 성취하기 위해 오신 그리스도이신 예수의 텍스트인 성서를 우리가 무한의 숨을 쉬는 생명의 흔적으로 받아들일 때 비로소 우리는 예수의 가르침을 제대로 실천하는 그리스도인이 될 수 있다. 곧 하나님이 펼쳐 놓으신 '시작과 끝'에 참여하는 *τελος*텔로스, '온전한' 존재들이 되는 것이다.

나팔을 불지 마라

너희는 사람들에게 보이려고 일부러 선한 일을 하지 않도록 조심하라. 그렇지 않으면 너희가 하늘에 계신 너희 아버지에게서 상을 받지 못한다.
네가 불쌍한 사람을 도울 때 위선자들이 사람들의 칭찬을 받으려고 회당과 길거리에서 하듯 나팔을 불지 말아라. 내가 분명히 말해 두지만 그들은 받을 상을 이미 다 받았다. _마6:1~2 (현대인의 성경)

선한 일로 번역된 현대인의 성서의 단어는 개역개정판의 번역어로는 '의' 란 단어가 쓰였다. 하지만 '의' 로 번역된 이 단어의 헬라어는 ἐλεημοσύνη엘레모쉬네으로 '구제', '긍휼' 이란 의미로 쓰이고 있다. '구제' 란 단어는 3절과 4절에서도 한결같이 이어진다. 그러므로 1절에서 4절은 '구제' 의 참 의미와 그 본질, 그리고 그 본질이 어떻게 현상의 감흥에 의해 소비되고 있는지에 대한 예수의 통렬한 지적이 담긴 부분이다.

'구제' 의 행위에 대한 본질 묵상에 대해서는 3~4절에서보다 중점적으로 다루어야 할 문제일 수 있지만, 1~2절에서도 이 의미가 가진 본질적 차원에 대해서 잠시 언급하지 않을 수 없다고 본다. 본질적 차원이란 무엇을 뜻함인가.

우리는 통상적으로 6장의 포문을 여는 가르침을 통해 주로 '구제' 와 '기도' 로 표현된 일련의 행위들을 표면적 의미에서 받아들이는 경향이 다분하다. 이를테면 이런 것이다. 구제를 할 때 외식하는 자들과 같이 드러내서 하지 말고, 공연히 자랑하지 말고, 숨어서, 아무도 모르게 실천하는 것이 최선의 미덕이다. '기도 역시 마찬가지다' 라는 식으로 받아들이는 것이 전통적인 견해이다. 이 경우 통념대로 이 해석을 따르지만, 여기에서 예수 가르침의 핵심은 선한 일은 드러내지 않고 묵묵히 실천하는 것이 하나의 덕목이라는 것이 된다.

물론 타당한 가르침이다. 하지만, 과연 예수가 그러한 일반의 윤리와 덕목만을 위해 지금 제자들에게 가르침을 주고 있는가. 그러한 견해는 지금까지 5장에서 밝혀 온 예수의 가르침이 가진 이면적 의미 짚기의 일관성에서 벗어나는 결과를 낳는다.

산상수훈의 핵심은 예수의 그리스도 되심에 대한 선포이다. 그리고 그리스도의 현현은 무한 영역에서 유한 영역으로의 수직적 관입이다. 유한 존재의 처지에서 봤을 때, 말씀이 육신이 되어 오신 그리스도이신 예수는(요한복음 참고) 그야말로 온전한 선물이다. 이때 말하는 선물의 주권은 전적으로 무한적 일자一者의 의지에 달렸다. 그와 함께 그 전적 의지의 내부에 담겨 있는 무한의 비밀, 유한 존재가 좀처럼 자신의 수평적 개념체계 안에서 도달할 수 없는 초월적 깨달음을 허락하는 것이 곧 산상수훈 가르침의 핵심이다. 그 근원을 토대로 말씀을 묵상하게 될 때, 우리는 단순히 예수가 뱉어낸 말씀 한 구절, 단어 한 마디가 갖는 본질에 천착하지 않을 수 없게 된다. 왜냐하면, 그리스도가 되신 예수의 일관된 목적은 이른바 '말씀의 육화' 라는 무한 영역의 유한 존재들을 향한 최초이자 최후의 의지, 곧 하나님의 θέλμα델레마, 뜻이기 때문이다.

그러한 관점에서 이제 6장 1~2절에 기록된 예수 가르침을 묵상해 보면 중요한 한 가지 대비를 발견할 수 있다. 그것은 먼저 제자들에게 무엇을 주의하라고 가르쳤는지에 대한 성찰이다.

예수는 제자들로 하여금 무엇을 주의하라고 말했는가. 바로 '구제'란 행위가 사람에게 나타나는 것을 경계하라는 것이었다. 그와 함께 사람에게 드러나는 행위는 2절에서 외식하는 자의 대표적인 특징으로 연결되고 그러한 외식하는 자들, '구제' 란 행위를 사람들 앞에 드러나게 행하는 사람들이 행하는 그 행위 중심에 '나팔을 분다' 는 표현이 담겨 있음을 보게 된다. 이것이 의미하는 바는 무엇일까. 단순히 나팔을 불지 말라는 것이 자랑과 교만, 거드름을 일삼지 말라는 의미론에만 머무르는 건가. 예수의 가르침은 그러한 차원에만 머물러 있는 것에 만족하지 않는다.

예수는 지금 자신의 제자들, 그리고 이 텍스트를 접하는 오늘의 그리스도인들이 본질적 영역에서의 깨달음을 얻기를 소망하신다. 그러한 의지의 천명을 이미 5장에서 자신의 존재 이유를 '율법의 성취', '계명의 화신' 의 개념으로 갈파하시지 않았던가. 본질적 영역이라 함은 무엇인가. 바로 유한의 질서와 수평적 개념질서에서 한 발자국도 벗어나지 못하는 무한적 일자를 향한 바라봄과 인식의 한계를 넘어서서 무한자의 차원에 단번에 깊이 연루되는 생명에로의 참여를 요구함일 것이다. 그러한 생명 영역의 참여는 과연 어떻게 가능한가. 바로 텍스트를 대하는 차원의 혁명을 통해서다. 텍스트 안에 담겨 있는 생명의 의지와 그 의지가 토해내는 의미론을 말씀의 존재론으로 받아들이는 것이다. 그러한 동의는 더는 이 텍스트를 현상계의 메시지로 보지 않겠다는 의지의 발로이고, 그것을 곧 성서에서는 '믿음' 이란 신앙행위로 규정했다. 다르게 말한다면 여전히 이 텍스트를 현상계의 차원으로 대하고 있다면 그 존재는 여전히 하나님의 존재론, 생명에의 참여를 수행하지 못한다는 불행한 증거로 귀결되는 것이다. 그 불행한 영역에서의 순환을 반복하는 이들이 곧 예수 가르침에 의하면 외식하는 자들이요, 구제할 때에 사람에게 보이면서 행하는 사람들이다.

예수가 지적한 외식하는 자들의 행태가 갖는 궁극의 한계는 바로 이런 것이다. 이때 예수가 가리키는 '외식', '사람들에게 보이려고 행하는 행위'는 단순히 자기 자랑, 거드름, 기득권, 종교 권력의 행사만을 뜻하지 않는다. 본질적으로 볼 때, 예수가 말하는 '외식'의 의미는 성서 텍스트에 대한 수평적인 소비와 교환이란 악순환을 반복하는 행위를 뜻함이다. 수평적 소비와 교환이란 무슨 말인가. 하나님 말씀에 대한 개념인식의 오류를 뜻함이다.

앞서 반복해 언급했듯 하나님은 무한적 일자로 우리의 현상계를 조성하시고 지탱하신다. 물리적 시공時空의 지속이 무한자의 초월적 신비의 터전 안에 담겨 있는 것이다. 물리적 시공은 이러한 초월적 능력을 인지하지 못하지만, 무한적 일자는 물리적 시공에 그 역시 초월적인 방법으로 개입하고 있다. 시공을 넘어서는 무시간적 영역에서 시공을 부여하는 것이다. 이러한 긴장관계에서 무한적 일자인 하나님은 어둠으로 표현된 깨닫지 못하는 물리적 시공의 한계 안에 갇혀 있는 유한 존재들을 해방하기 위해 -이를 성서는 구원으로 표현하고 있다- 유한의 언어를 빌려 자신의 뜻을 갈파하였다. 이 뜻의 모든 것을 담고 이 땅에 나타난 존재가 바로 그리스도이신 예수다. 예수가 그리스도이신 것은 바로 이러한 무한적 일자의 유한 존재들을 향한 '뜻'이 담겨 있는 유일한 소통의 통로, 양의 문이기 때문이다.

그런데 중요한 것은 이 소통의 통로에서 쓰인 그리스도의 말씀들은 비록 유한 존재들의 소통 수단인 언어를 사용하곤 있지만, 그 차원이 무한적 일자이신 하나님의 '뜻'이란 사실이다. 그 '뜻'을 적절히 인지하고 깨달음을 갖으려고 우리에게 주어진 그 '뜻'의 차원을 유한 존재의 차원에서 찾으려 하는 일체의 시도로부터의 포기, 혹은 철저한 해체를 선행하여야 한다. 그러한 시도의 포기, '자기 의'로 표기되는 유한 존재에서의 '뜻'의 난도질을 멈추는 것이 바로 거듭남의 시작이요,

깨달음을 통해 얻게 되는 무한적 일자와의 수직적 소통의 길을 확보하는 구원의 시작이 되는 것이다.

하지만, 외식하는 자들은 이러한 깨달음을 위해 우리에게 주어진 말씀을 수평적 개념 안에서 해석하고 그 의미를 절대로 정의 내리려 한다. 율법에 대한 경우가 대표적이다. 하나님이 모세에게 율법을 주신 궁극의 이유는 바로 초월적 신성의 발견과 자각이 목적일진데 도리어 그 율법을 받아들이는 지도자들은 율법을 지킴으로 자신들의 결핍을 극복하여 행위와 결과를 통해 무한의 생명을 차지할 수 있다고 믿는 신념을 하나님의 유일한 뜻인 것 마냥 생각하고 가르쳤다는 것이 바로 소통의 문을 닫아버린 결정적 오류였던 것이다. 율법을 지키는 행위가 우리에게 구원과 생명을 가져다줄 수 있다고 믿는 신념은 바로 '선악을 알게 하는 나무', 결핍으로서의 '악'을 발견하고 그 발견한 '악'의 결핍을 자기 의지로 극복함으로써 하나님이 발출해내는 그분의 속성인 '선'을 차지할 수 있다고 믿는 패러다임의 테두리에서 한발자국도 벗어나지 못하는 타락한 천사, 마귀의 신념과 하나 다를 것이 없다. 단지 다른 것이 있다면 그들의 외식의 중심엔 신비스러운 말의 성찬으로 회칠 된 종교의 외피가 덧씌워져 있고 하나님, 신의 이름이 소비되고 있다는 것 정도일 것이다.

그렇다면, 외식하는 자들은 누구인가. 그것은 극단적으로 표현해 마귀의 욕망, 유한 존재의 유한 차원에서의 행위를 통해 무한, 생명 영역을 차지하려 하는, 즉 피조물이 창조자와 같이 되고자 하는 불가능한 욕망을 위해 헌신 되는 종교의 제물이 되어버린 존재들을 뜻함이다. 이러한 이들의 신념이 잉태해낸 하나님 말씀을 대하는 눈엔 이미 하나님 말씀의 수직적인 신비와 초월의 의지는 휘발되어 버리고 그 말씀을 겉으로는 신성의 말씀으로 대하고 있지만, 말씀의 의미를 인간이 해석하고 지켜냄으로써 자신이 말씀 자체가 되고자 하는 욕망의 차원으로 말씀을 끌어내리는 일반론의 진창 속에서 허우적거리는 것이다. 예수는 하늘의 말씀을 땅의 차원에 배설하는 이들의 행태를 '사람에게 보이려고 구제를 하는 존재'의 상태로 보았고, 그들은 자기의 상을 이미 받았다고 표현하셨다.

상을 이미 받았다는 가르침에 대해서도 더욱 세심한 묵상이 요구된다.

ἀπέχουσιν τόν μισθόν αὐτῶν. 아페쿠신 톤 미스돈 아우톤

자기의 상으로부터 멀어지다(상이 폐하여지다) _원문 직역

예수의 가르침에서 말하는 '상'은 우리가 흔히 생각하는 공덕의 결과로 주어지는 대가가 아니다. 하나님과 인간의 관계는 결코 인과율의 원리에 의해 재단될 수 없는 관계다. 하나님의 인간을 향한 구원의지와 배려는 결코 존재가 어떠어떠한 행위를 보여, 그 행위의 대가를 받는 개념의 차원을 넘어서는 것임을 항상 잊어서는 안 된다.

그러한 관점에서 볼 때, 이 '상'은 분명히 유한 존재가 행위의 대가로 받게 되는 개념으로서의 '상'이 아니라 하나님께서 우리에게 펼쳐주신 생명 터전으로의 참여 그 자체를 뜻하고 있음이 '상'의 본질 개념이다. 그런데 지금 외식하는 자들은 자기의 상, 즉, 무한의 영역으로의 참여의 기쁨을 이미 받았다고 표현되어 있다. 하지만 '이미 받았다'고 번역된 헬라어 동사 *ἀπέχουσιν*아페쿠신을 좀 더 세심히 살펴보면 '~로부터'란 분리의 의미가 있는 전치사 *ἀπο*아포와 '소유하다', '받다', '가지다' 등의 의미가 있는 *ἔχω*에코 동사의 합성어로 '삼가다', '멀리하다', '거부하다' 등의 의미가 더 정확할 것이다. 실제로 동일

단어가 사용된 디모데전서 4장 3절에선 이 동사가 '폐하다' 는 뜻으로 사용되었다. 이러한 용례의 정황을 미루어 볼 때, 지금 외식하는 자들은 '상' 으로 표현된 무한적 일자의 생명 참여로부터 철저히 멀어져 생명과 분리된 차원에서 고통스러운 영적 생명의 결여를 체험할 수밖에 없게 되었으며, 그것이 바로 예수 가르침의 본질이다.

심각한 것은 이 외식하는 자들의 행태가 갖는 생명과의 분리라는 끔찍한 죽음의 현상에 대한 자각이 전혀 선행되지 않고 있으며, 그에 대해 철저히 무지하거나 오히려 더욱 견고해진 자기 신념을 통해 초월자의 뜻을 다른 이들에게 가르치는 작태다. 예수는 바로 그 점을 제자들, 오늘을 사는 우리에게 분명함으로 알려주고자 하셨음을 볼 수 있다.

다시 한 번 이 구절을 살펴보자. 2절에서 예수는 외식하는 자가 무엇을 얻으려고 회당과 거리에서 나팔을 불고 있다고 했는가. 바로 영광을 얻기 위함이라고 하였다. '영광' 의 본질은 무엇인가. 그것은 무한 일자의 빛이 유한 존재들의 현상계에 비추어진 거룩한 초월성의 관입과도 같으며, 이 역시 철저한 은혜 차원에서 주어지는 개념이다. 그런데 외식하는 자들은 지금 이 수직적 차원에서의 영광을 *ύπο τῶν ἀνθρώπων*휘포 톤 안드로폰, '사람들에 의하여' 받아지려 하고 있다. 수직적 차원에서 줘야 할 영광이 사람의 차원, 수평적 차원에서 주길 갈망하는 이 상태, 이것이 바로 선악과 패러다임에 결박된 원죄적 실존들의 근본적 죄악인 욕망이 빚어낸 최악의 결과이다. 어째서 이것이 최악인가. 신성, 초월적 세계의 무한한 빛, 그 찬란함을 희미함으론 인지하면서 도리어 그 찬란함을 향해 우리 유한 존재의 터전을 포기하거나 거부하는 행위를 추구하기보단 오히려 우리 존재의 터전 그 자체에서 찬란한 빛, 초월적 터전을 조성하려는 행위가 벌어지는 이 작태가 끔찍한 최악의 선택이 아니면 또 무엇이란 말인가. 이 최악 선택의 궁극에 나팔을 불어대는 행위가 자리 잡고 있다.

> 보라 내가 너희에게 비밀을 말하노니 우리가 다 잠 잘 것이 아니요 마지막 나팔에 순식간에 홀연히 다 변화되리니 나팔 소리가 나매 죽은 자들이 썩지 아니할 것으로 다시 살아나고 우리도 변화되리라 _고전15:51~52

나팔은 누가 부는 것인가. 그 나팔 소리가 들려오는 주체는 누구인가. 나팔을 부는 주체는 무한적 일자, 창조주 하나님의 주권이다. 그렇다면, 나팔소리를 듣는 대상은 누구인가. 바로 창조주 하나님이 펼쳐놓은 텍스트를 생명의 영역으로 받아들인 참여자들이 듣게 되는 것이다. 결국, 유한 존재인 우리는 생명의 나팔 소리를 듣는 존재이지 나팔을 부는 존재들이 아니다. 그런데 외식하는 자들은 지금 이 나팔을 자신들이 직접 불어대고 있다. 이 무슨 짓거리인가. 어째서 자신들이 무한의 영역에서부터 흘러나와야 할 주권자의 영역을 대신 차지하고 앉아 나팔을 불어댄단 말인가. 그러한 외식하는 자들이 불어대는 나팔 소리를 듣고 그 소리를 따라 눈먼 소경처럼, 거짓 목자의 뒤꽁무니를 졸졸 따라다니는 어수룩한 양들은 또 무엇이란 말인가. 유한 존재의 참혹한 암흑으로부터 영원한 광명을 찾으려고 헤매고 방황하는 존재들을 바라보며 예수는 가슴을 치며 탄식하고 있다. 사람으로부터 주어지는 영광을 무한 생명의 전부라고 규정하고 그것을 절대의 도그마로 못 박아 버린 선악과 패러다임의 노예가 되어버린 이들을 향해 고통스럽게 호소하는 것이다. 그들의 '구제', 그들의 '외식'이 가져오는 이 끔찍한 최악의 도그마에서 이제 제발 손을 떼라고 말이다.

우리는 지금 그들이 불어대는 요란하고 화려한 나팔소리로부터 멀어지고 있는가. 그 나팔소리를 생명과는 아무 관계도 없는 원죄적 실존인 인간의 최악의 숙명임을 철저히 자각하고 있는가. 과연 우리는 이 '외식'의 의미를 제대로 깨닫고 있기는 한 것인가. 심각하게 생각해 볼 문제가 아닐 수 없다.

은밀함 안에서

너는 불쌍한 사람을 도울 때 오른손이 하는 것을 왼손이 모르게 하여 너의 착한 행실이 남의 눈에 띄지 않게 하라. 그러면 은밀히 보시는 네 아버지께서 갚아주실 것이다. _마6:3~4 (현대인의 성경)

현대인의 성서에서 '불쌍한 사람을 돕는 것'으로 번역된 ἐλεημοσύνη엘레모쉬네, '구제' 함이 명사로 쓰였다는 점에 주목할 필요가 있으며, 또 하나 3절 가르침에 주의 깊게 보아야 할 부분은 오른손과 왼손의 관계다.

우선 구제의 의미에 대해 묵상해 보자. 우리는 산상수훈의 일관성에 대해 살펴보았다. 산에 오른 예수의 행적 자체가 갖는 상징성부터 율법 완성에서부터 시작된 5장 전체에 걸쳐 증거된 예수 가르침에는 온전한 생명 영역의 참여를 당시의 제자들, 오늘을 사는 그리스도인들에게 촉구하고 있었다. 사랑과 간음, 살인과 원수사랑. 이 모든 개념이 유한 존재들에게 무한 생명의 신비적 메시지를 발견케 하는 의미론으로써 활용되었다는 것이다.

그와 같은 일관성의 측면에서 보았을 때, 3절의 '구제'란 뜻이 있는 명사 ἐλεημοσύνη엘레모쉬네 역시 그 개념이 수평적 차원, 유한 존재들의 교류 해소에만 매달려 있지 않음을 긍정해야 할 것이다.

그렇다면, 이 '구제'(함)의 본질은 무엇인가. 단지 눈에 보이는 불쌍한 사람만을 돕는 것이 아니라면 그 본질은 무엇인가. 구제의 단어 ἐλεημοσύνη엘레모쉬네의 어원이 되는 단어 ἔλεος엘레오스는 '자비', '긍휼'이란 뜻을 갖는다. 그렇다면, 성서에서 말하는 '자비'의 의미범주는 무엇인가. 우리는 같은 산상수훈의 가르침, 그 중 백미라 할 수 있는 팔복의 비유에서 그 의미범주의 본질을 모색해 볼 수 있다.

긍휼히 여기는 자는 복이 있나니 그들이 긍휼히 여김을 받을 것임이요 _마5:7

팔복 메시지에서 복 있는 사람의 의미가 갖는 공통분모는 무엇인가. 유한 존재가 복이 있다는 이 범주에서 언급된 '복' 은 철저히 하늘의 복을 지향하고 있음을 부정할 수 없을 것이다. 이때의 '복' 은 유한 존재가 무한적 일자의 생명 터전을 발견하고 그 생명의 숨을 함께 쉬는 상태를 공유함을 뜻함이다. 그러한 존재들이 곧 '복 있는 사람' 들이다. 그런데 이 복 있는 사람의 행위 중 긍휼히 여기는 상태가 존재한다. 이때의 긍휼은 포도송이처럼 의미 망이 하나로 연결된 팔복의 연계성으로 미루어볼 때, 생명의 복음을 증거 하는 상태의 발견, 혹은 드러냄, 지속의 의미를 총괄적으로 함유하고 있다. 이때의 '자비', '긍휼' 은 단순히 가난하거나 불행한 이웃을 향한 연민이나 동정에만 머무르지 않는다. 이때의 긍휼은 이웃으로 하여금, 원죄적 한계에 결박된 '너' 의 다른 자화상인 '나' 로 하여금 생명 영역, 초월적 신비를 발견하도록 이끌어내는 말씀을 이적할 수 있게 한다. 예수 치유사역의 동인을 살펴보면 더욱 확실하게 그림이 그려진다.

그때 예수님이 제자들을 불러 말씀하셨다. '군중들이 나와 함께 있은 지가 벌써 3일이 되었는데 먹을 것이 없으니 가엾구나. 저들을 굶겨서 그대로 보내고 싶지는 않다. 그러다가는 길에서 쓰러질지도 모른다.' _마15:32 (현대인의 성경)

군중들의 굶주림을 가엾이 여긴 예수에게서 나타난 이 가엾음으로 번역된 헬라어 Σπλαγχνίζομαι스플라그크니조마이는 '측은히 여기다' 마음속에 불쌍히 여김, 긍휼을 갖는 마음 상태를 나타내는데, 동사의 태가 수동태로 사용되었다. 예수는 굶주린 군중의 굶주림을 보는 것만으로도 '긍휼히 여김', '불쌍히 여김'을 받게 되었다는 것이다. 이는 비단 이 유명한 오병이어의 기적뿐만이 아니다. 수많은 군중의 질병과 고통을 치유하실 때도 그가 그들을 긍휼히 여긴 것은 수동적인 의미인 수동태로 쓰였다. 그것은 바로 하나님 아들의 현현이 목표하는 바는 유한의 한계에 갇혀 있는 모든 존재를 향해 숙명적으로 그들을 긍휼히 여길 수밖에 없다는 것이며, 그들에게 궁극적으로 생명의 문을 열어주기 위한 ἐλεημοσύνη엘레모쉬네, 구제를 할 수밖에 없다는 이른바 생명의 필연이다.

그러므로 이러한 생명 영역의 흐름 속에서 예수는 지금 팔복 상태에 있는 존재들이 예수와 같은 마음을 소유한 존재들이며, 그들이 곧 긍휼히 여김, 생명의 말씀을 많은 이들, 영과 육 모두에 고통받는 이들에게 영적 생명의 구제를 베풂으로써 그들 역시 하늘로부터 내려오는 생명의 빛에 더 가까이 나아갈 수 있는 복 있는 사람들이 될 수 있음을 천명한 것이다. 이것이 바로 성서 텍스트에서 밝히는 '구제' 행위가 갖는 본질이다.

그런데 예수는 지금 이 가르침을 말씀하시면서 한 가지 조건을 붙이고 있다. 구제를 할 때 오른손이 하는 일을 왼손이 모르게 하라고 하신 것이다.

한 가지 확인할 것이 있다. 우선 오른 눈과 오른손에 대한 가르침에서 예수는마5:29~30 참고 분명 오른손이 우리 자신을 현상계의 사상과 관념을 인도하는 부정적 인도자, 껍데기를 숭배케 하는 거짓 경향으로 사용했다는 사실이다. 그런데 그 경우엔 인도자, 리더, 사상의 주도적 흐름이란 상징성을 갖는 오른쪽이 반대 개념인 왼쪽이란 용어가 등장하지 않았다. 또 하나 확인할 점은 지금 묵상한 3절의 '오른손과 왼손' 이란 뜻으로 번역된 헬라어 *δεξιά*데익사와 *ἀριστερά*아리스테라에서 '손' 이란 의미는 생략되어 있음을 볼 수 있다. 즉, 오른손과 왼손, 보이는 손의 개념이 아니라 오른쪽과 왼쪽의 개념이다.

이러한 확인에서 우리가 발견할 수 있는 건 바로 구제의 생명 차원, 영적 차원과 곧바로 연결된다. '구제' 가 생명 영역의 터전을 열어놓은 그리스도 예수의 가르침, 이 텍스트를 그 의미를 모르는 형제들에게 풀어놓음인데, 여기서 오른쪽과 왼쪽이 등장하는 경우, 오른쪽은 앞장 29절과 30절에서 묵상한 현상계에 집착하는 사고의 주도권으로서의 개념이라기보단 왼쪽의 반대를 뜻함이 좀 더 강하다는 사실이다. 즉, 3절에서 강조하고자 했던 예수 가르침의 핵심은 '구제' 의 영적 진정성을 왼쪽으로 상징되는 본질의 개념과 상극 상태에 있는 현상계의 차원에 배설하거나 혼합되지 말라는 경고로 읽을 수 있어야 한다는 것이다.

상극의 개념으로 대치된 오른쪽과 왼쪽에서 만약 오른쪽이 주도권, 인도자라면 왼쪽은 무엇이겠는가. 동전의 양면과 같이 본질과 현상이라는 인간 존재의 양면적 실존성에 비교해 본다면 왼쪽은 그 중심의 인도가 결여된 현상을 뜻함이요 본질은 보이는 세계를 주도하는 궁극의 인도자, 내면적 흐름의 주도권으로서 오른쪽을 뜻함일 것이다. 그런데 예수는 지금 3절 가르침에서 오른쪽에서 주도되어야 할 이 생명의 구제가 왼쪽으로 상징되는 현상계의 차원, 원죄적 실존의 개념 속에 뒤섞어 넣거나 내면세계의 신비를 외부세계의 드러난 차원에 배설하지 말라는 메시지를 가르치려 하고 있다.

바로 이러한 의미의 강조가 부연 되는 것이 바로 4절의 가르침이다.

원문을 직역해 보면 다음과 같다.

> ὅπως ᾖ σου ἡ ἐλεημοσύνη ἐν τῷ κρυπτῷ.
>
> 호포스 에 수 헤 엘레모쉬네 엔 토 크립토
>
> 너의 그 구제가 은밀함 가운데 있게 하기 위함이다.

역시 이번에도 '구제'란 단어가 동사형이 아닌 명사형으로 쓰였다. 이 명사가 2인칭 소유격인 'your'와 함께 쓰였으며, 현재형 가정법 동사 ᾖ에가 함께 쓰여 '지금 네가 소유하고 있는 구제'라고 직역해볼 수 있다. 예수는 우리가 이 '구제'를 소유하고 있다고 말씀하신다.

그렇다면, 질문할 수 있다. 지금 우리가 소유하는 '구제'는 무엇인가. 이것은 바로 우리를 한계를 불쌍히 여기셨던 주님의 말씀 자체, 말씀을 이루어낸 예수의 공생애, 십자가 죽음과 부활, 승천과 오순절 성령의 임재의 사건들 자체가 '구제'의 콘텐츠가 된다. 우리가 진심으로 우리 한계를 철저히 긍정하고 그 긍정의 믿음으로 하늘을 바라볼 때, 언제나 우리를 긍휼히 여길 수밖에 없는 그리스도가 되신 예수의 숙명적 필연이 우리 내면에 이렇듯 생명의 황홀한 터전을 제시해 주는 것이다.

그런데 예수는 그 터전이 우리에게 ἐν τῷ κρυτῷ엔 토 크립토 '은밀함 안에' 존재하고 있다고 말씀하고 있다. 어째서 '은밀한 곳' 안에 이 생명이 존재하는가. 이것이 바로 성서 텍스트가 밝히는 거대하고 놀라운 신비다.

주님은 지금 영원한 생명이시지만 그 생명의 차원이 눈에 보이는 현상계의 패러다임, 즉 선악과 패러다임에 의해 이 생명의 온전함이 물들어 버리는 것을 절대 원하지 않으신다. 그것은 옛것을 새것에 옮겨 담는 현상과 본질의 혼합과 하나 다를 바 없는 종교적 무지의 극치가 아닐 수 없다. 그래서 주님은 우리가 소유한 이 생명의 말씀, '구제' 가 은밀함으로 상징된 무한적 일자가 펼쳐놓은 생명의 현재적 영역 안에 거할 수 있음을 끊임없이 요청하는 것이다.

이때의 은밀함은 밀교의 비의나 소수의 각자覺者들만이 깨닫는 이교적 가르침과는 차원이 다르다. 이 은밀함은 사실상 무한적 일자가 펼쳐놓은 생명의 신비를 믿음으로 인지한 존재들의 내면에 자리한 그리스도의 영이신 성령의 거룩한 터전이다. 이 터전 안에 우리의 구제가 머물러 있어야 한다. '구제' 로 번역된 ἐλεημοσύνη엘레모쉬네가 갖는 성서 텍스트의 경이로운 무한성에 집중해야만 하는 것이다. 하지만, 여전히 '구제' 의 텍스트를 눈에 보이는 인간적 감정 차원에만 머물러 이야기하는 행태는 결코 존재의 내면에 자리 잡은 생명, 그 빛의 자궁인 은밀함을 소유할 수도 없을뿐더러 은밀함의 참된 개념조차 망각해 버리는 상태에 빠져들 수밖에 없을 것이다.

> 오직 이면적(은밀함, κρυπτω크립토) 유대인이 유대인이며 할례는 마음에 할지니 영에 있고 율법 조문에 있지 아니한 것이라 그 칭찬이 사람에게서가 아니요 다만 하나님에게서니라 _롬2:29

> 위의 것을 생각하고 땅의 것을 생각하지 말라 이는 너희가 죽었고 너희 생명이 그리스도와 함께 하나님 안에 감추어졌음이라 _골3:2~3

우리는 죽었다. 무엇에 대하여 죽었는가. 땅의 차원으로 배설되는 모든 무한 생명의 삼킴, 그 허망한 숭배, 선악과 패러다임으로부터 죽은 것이다. 이 죽음이 우리로 하여금 유한 존재의 시스템 안에 갇혀버린 죽은 텍스트를 무한적 일자를 향해 살려내는 것이며, 이 살려냄이 곧 땅의 것들을 향해선 철저한 죽음의 상태로 나타나는 것, 곧 생명과 죽음의 혁명적인 전이轉移가 일어나는 것이다.

이 혁명적 전이를 향해 나아가는 존재, 영의 생명 영역을 풀어내는 무한적 일자의 일방적 담지체인 그리스도 예수의 텍스트에 천착하는 존재를 향해 온전한 선물인 텍스트의 참 의미를 우리 마음의 골방, 은밀함 안, 이면적 유대인으로 상징되는 내면세계의 신비 속에 보존하는 존재들이 궁극적으로 얻게 되는 건 무한적 일자와의 신비적 연합이다. 4절 후반부 말씀을 원어로 묵상해 보자.

> *καί ὁ πατήρ σου ὁ βλέπων ἐν τῷ κρυπτῷ αὐτός ἀποδώσει σοι ἐν τῷ φανερῷ*
>
> 카이 호 파테르 수 호 블레폰 엔 토 크립토 아우토스 아포도세이 소이 엔 토 파네로
>
> 그러면 그 은밀함 안에서 보고 계시는 너의 아버지가 나타남(드러남)안에서 너에게 갚을 것이다 _원문 직역

무한적 일자의 생명 터전, 그 신비를 온전히 깨닫는 터전은 유한 존재에게 있어서 오직 '나'를 버리고 그리스도 예수의 가르침을 받아들일 수 있는 마음, *καρδία*카르디아외에는 그 어느 곳도 없다. 이 영적 장소성이 곧 '은밀함 안'을 상징하며, 이러한 경이로운 마음의 골방 안에 성서 텍스트의 강렬한 무한적 일자의 빛을 보존하게 되는 혁명적 생명 참여가 일궈내는 놀라운 결과는 예수의 가르침에서도 적나라하게 드러나듯 지금 이 순간 현재형으로 우리의 생명 깨달음이 이뤄지는 '은밀한 안에' 무한적 일자의 뜻이 함께하면서 생명의 교감을 통해 최종적인 드러남, 무한적 일자의 뜻이 물리적 시공時空을 완전히 자

신의 영역으로 이끌어 올리는 생명으로서의 종말의 문이 열릴 때, 그 때 우리에게 갚으신다는 것이다. 무엇을 말인가. 우리의 마음, 은밀함 안에 숨 쉬고 있던 생명의 신비를 자신의 무한 안으로 이끌어 당겨 '나'와 '너'의 생명이 유한에 결박됨을 거부하도록 하고 무한의 심연 속으로 함몰되게 하는 거룩한 하나 됨의 광명을 마음껏 쏟아 부으시겠다는 전무후무한 축복의 약속을 말함이다.

이 놀라운 생명 발출의 현장 앞에 우리의 영적 실존이 숨 쉬고 있다. 이제 우리는 심각하게 자문해 보아야만 한다. 지금 내가 소유하는 '구제'가 현상계의 허탄함과 궁극적 허무로 귀결되는 유한적 토대에서 해소, 순환되는 의미로서의 구제인가. 아니면 하늘로 비약되는 무한적 일자에 대한 동의와 자각, 깨달음으로서의 구제인가. 그와 함께 또 하나의 질문. 지금 내 안에 숨 쉬는 하나님의 신비를 인지할 수 있는 단 하나의 터전인 마음, '은밀함 안'이 정말로 '은밀함'으로 존재하고 있는지에 대한 질문이 그것이다.

정말 나의 내부, 마음 안은 은밀한가? 거룩하고 오묘한 생명의 신비만이 불꽃이 되어 마음껏 타오를 수 있는 그러한 터전인가? 아님 온갖 잡다한 인간의 오욕과 절망이 빚어낸 바벨의 욕망, 선악과 패러다임에 의해 난도질당한 폐허의 오물통인가. 무엇을 취하고 무엇을 비워야 하는지에 대한 선택의 몫은 언제나 우리의 영역에 속한 일이다. 그건 결국 지금 우리 마음 안에 은밀함을 다시 한 번 돌아보지 않으면 더는 희망이 없다는 뜻이기도 하다. 존재의 최종적 신비인 생명으로 나아갈 수 있는 유일한 희망 말이다.

Chapter 3

주기도문主祈禱文

기도의 차원

기도의 깊이

땅의 말言, 하늘의 말言

하늘에 계신 우리의 아버지여

이름이 거룩히 여김을 받으시오며

나라이 임하옵시며

뜻이 하늘에서 이룬 것 같이

일용할 양식을 주옵소서

우리의 죄를 사하여 주옵시고

유혹 안으로

주기도문 - 기도의 차원

예수는 산상수훈 메시지를 통해 특별히 기도에 대한 가르침을 강조하셨다. 구제를 베풀 때의 자세와 원수 사랑의 가르침에 이어 등장하는 기도에 대한 가르침에서 예수는 기존 종교 형식과 전통적 규례에 대한 맹목적 충성을 통한 의로움의 획득을 가르치던 바리새인과 서기관들로 대표되는 종교 지도자들의 행위를 위선으로 규정한 것을 빼놓지 않으셨다.

구제와 사랑하는 행위, 지금 묵상하게 될 기도 역시 종교 지도자들의 외식과 위선의 틀에서 벗어날 것을 촉구하신 건데, 이러한 교훈은 우리에게 일반적 차원의 위선에서 벗어난 좀 더 깊은 차원을 요구하고 있다.

일반적 차원의 위선과 외식의 틀은 긍휼과 사랑, 기도의 의미를 행위 차원에서 받아들이려 한다. 물론 구제와 원수 사랑의 실천은 행위가 수반되어야 한다. 기도 역시 마찬가지다. 그렇지만, 성서가 말하는 구제와 사랑, 기도가 갖는 틀frame 이 과연 일반적 차원에서 생각하게 되는 표면적 의미의 행위로만 규정되고 있는가에 대해선 회의적인 질문을 던지지 않을 수 없다. 다시 말해 구제와 사랑, 기도 자체가 더 깊은 차원을 지향하고 있음을 긍정해야 한다는 것이다.

우리는 사랑의 헬라어 ἀγαπη아가페가 남성 고유명사로 사용됨을 확인한 바 있다. 이때 사랑이란 명사가 갖는 특징은 이 단어가 감정, 혹은 보이지 않는 실체의 추상적 흐름을 말하는 추상명사가 아니라 고유한 한 대상의 이름을 가진 고유명사로 쓰인다는 점이다. 고유명사로서의 사랑을 가리키는 성서는 그 가리킴의 대상을 단 하나의 대상

으로 압축한다. 바로 사랑은 하나님이신 것이다.요일4:16 참고

이러한 맥락에서 자신들을 사랑하는 사람들만 사랑하지 말고 원수를 사랑하라는 마태복음 5장 43절, 46절에 기록된 가르침은 사랑이신 하나님을 유일하게 깨닫고 체험할 수 있는 거룩한 수단인 말씀을 원수로 상징되는 복음을 듣지 못하고 거부, 배척하는 이들에게 전해 주라는 복음 전파의 메시지를 함축하고 있다. 그와 함께 원수를 사랑하라는마 5:44 참고 가르침은 구약 이스라엘 백성에게 주어진 이른바 인과율의 법칙과 통념으로부터의 자유와 해방의 기능을 제공한다.

율법은 그 본질 의미가 '죄'와 '사망'의 권세를 폭로하는 데 있다. 그런데 이스라엘 백성의 전통과 종교 지도자들의 가르침은 이 율법을 철저히 준수하는 자기 행위로서 의로움, 곧 선민選民의 자격을 얻을 수 있다고 믿었다. 그러한 그들의 신념의 바탕 위에 받아들여지게 되는 율법은 그러므로 온전히 인과율적일 수밖에 없다. 원인과 결과, 행한 대로 갚아 주겠다는 이른바 보응의 원리가 그들로 하여금 진정한 사랑의 차원을 가로막고 여호와 하나님을 경외하지 못하는 이방 백성을 모조리 원수로 취급하는 엘리티즘 속에서 사랑과 구제, 기도의 의미를 국한 시켰던 것이다.

그렇지만, 예수는 이러한 인과율의 토대를 신봉하는 종교 지도자들의 생각을 혁파하시기 위해 이 땅에 오셨다. 그분 자신이 하나님의 아들, 메시아란 사실의 자기 선포는 이렇듯 산상수훈 메시지로 상징되는 가르침들을 통해서도 여실히 드러난다.

예수는 하나님으로 상징되는 사랑의 결정체다. 하나님 아들의 육화 사건은 그 자체로 하나님 사랑의 발현이 더는 밝을 수 없는 세미하고 뜨거운 인류의 빛이 되는 것이다. 이 빛 외에 다른 빛은 없다. 이 빛은 영적인 빛으로 우리를 하나님의 존재 심연으로 인도하는 유일한 길이

요, 생명이다. 그러므로 하나님 아들의 육화 사건에 대한 기록인 말씀 그 자체가 길과 진리와 생명이 된다는 이 틀frame이 곧 예수가 이 땅에 오셔서 가르치셨던 사랑의 실체이다.

우리는 바로 영적 실체로 주어진 사랑을 우리 마음에 담아낼 수 있어야 한다. 이 하나님 사랑의 결정체를 말씀으로 마음 안에 담아낼 때 비로소 우리는 내 마음 안에 자리 잡던 인과율과 행위우선주의적 우상을 극복할 수 있다. 추상적이고 일반적인 감정적 사랑을 뛰어넘어 이를 포괄하면서도 이를 넉넉히 초월하는 이른바 위로부터 거듭난 자요3:3의 차원에 합류하는 것이다.

이러한 영적 교훈의 내면적 투사는 구제함에 대한 예수의 가르침에서도 예외 없이 적용된다.

사랑의 실체적 도래를 힘주어 강조한 예수는 마태복음 6장 2절부터 4절에 이르는 말씀을 통해 구제하는 존재에게서 나타나는 외식하는 행위로 변질하여 버린 현상에 대한 지적과 이를 벗어날 수 있는 혁명적 가르침을 동시에 언급하셨다.

6장 2절에 기록된 '구제'의 헬라어 단어는 *ἐλεημοσύνη*엘레모쉬네이다. 위 단어는 '자비를 베푼다'는 뜻으로도 번역되며 무엇보다 이 단어의 유사어가 산상수훈 메시지의 시작인 여덟 가지 복의 비유에서 사용된다는 사실에 주목할 필요가 있다. 바로 마태복음 5장 7절에서 '긍휼을 행하는 사람들이 복이 있나니 왜냐하면 그들이 긍휼함을 받을 것이기 때문이다'라는 복 있는 사람의 비유가 등장하기 때문이다. 이때 언급된 '복'의 차원이 땅의 차원이 아닌 하늘 차원임을 묵상한 바 있듯 긍휼을 행하는 존재들이 복 있는 자의 대열에 합류할 수 있게 된 결정적 이유가 바로 그들이 긍휼을 받게 될 것이란 사실에 주목해야 한다.

그렇지만, 이와는 반대로 당시 외식과 위선의 틀 안에서 구제와 긍휼을 행하려 하던 이스라엘 종교 지도자들의 생각은 그렇지 않았다. 6장 2절 말씀에도 드러났듯이 그들은 사람에게 영광을 얻으려고 나팔을 불었다. 복 있는 사람의 차원이 하늘 차원이라면 긍휼을 행한 존재가 받게 되는 긍휼과 구제함 역시 하늘 차원으로 상징되는 하나님 사랑의 결정체이신 예수 그리스도의 말씀으로부터 받게 됨을 뜻한다. 그런데 당시 종교 지도자들은 마땅히 하나님의 사랑으로부터 받아야 하는 긍휼을 기대하지 않았다. 그들은 온전히 사람으로 상징되는 땅의 차원 앞에서 긍휼을 행했고, 그 결과로 얻은 긍휼함을 마음껏 탕진했다. 마치 과거 구약 시대 생명의 씨를 잉태하지 않으려고 땅에 설정했던 오난창 38장 참고과 같이 말이다.

그들은 자신들의 행위를 하늘 차원에 있는 생명의 관점에 두지 않고 썩어 없어질 수밖에 없는 땅의 가치에 죄다 배설해 버린 것인데, 나팔을 불었다는 건 그러한 맥락에서 이해할 수 있는 그들의 위선을 적나라하게 드러낸 대목으로 볼 수 있다. 예수가 지적했던 위선에 대한 측면 역시 바로 그러한 그들의 행위가 갖는 인과율적 요소, 행한 대로 거둔다는 땅의 차원에서 시작해 땅의 차원으로 마무리되는 허무의 틀에서 벗어나지 않으려 했던 것이다. 단 한발자국도 말이다.

땅의 차원에서 사랑이신 하나님의 결정체가 나타난 것은 구약의 모든 기록을 통해서도 한결같이 기록된 바 있듯 유한의 차원에 머물러 있는 우리 인류에게 구원으로 상징되는 생명 차원, 무한 차원으로의 들어 올림, 생명의 고결함을 취할 수 있는 하늘 차원으로의 비약을 허락하셨음을 뜻한다. 그러므로 그 말씀의 육화인 예수 그리스도가 가르치는 말씀 전체는 그 궁극적 지향점이 비록 그 언어의 토대와 가르침이 땅의 일반론에 머물러 있지만, 일반론에 머물러 있길 거부하는 엑소더스exodus의 긴장으로 존재하며 언제나 하늘로 상징되는 생명의 본향인 하나님 아버지의 품을 지향했던 것이다.

그런데 종교 지도자들, 위선자들은 바로 이러한 생명 본향에 이르도록 하는 생명의 말씀을 그저 땅의 차원에서 시작해 땅의 차원으로 마무리 짓는 일반론의 순환에만 머무르도록 했다. 가장 심각한 문제는 이러한 일반론의 순환을 통해서만이 메시아, 그리스도를 대망하게 되는 선민으로서의 자격을 얻게 된다고 가르치는 그 가르침에 있다. 예수는 바로 그러한 가르침을 ὑποκριταί휘포크리타이, 위선자들의 행태라고 통렬히 폭로하셨다.

예수는 긍휼과 자비의 차원을 생명 차원으로 이끌어 올리려면 우리가 가진 구제의 행위가 은밀함 안에 계시는 아버지께서 갚게 되실 거란마6:4 가르침을 통해 분명히 밝히고 있다. 은밀함의 헬라어 단어는 κρυπτω크립토가 사용되는데 이 단어는 그 존재성의 영역이 외부로부터 차단된, 내부 세계를 지향하고 있다. 내부 세계는 외부 세계, 즉 보이는 세계로부터 온전히 보이는 세계를 거부하는 영역에 머무름이 아니다. 오히려 외부 세계의 모든 현상과 물리적 흐름을 포괄하면서 이 외부 세계의 표상적 실체를 나타내고 이끄는 궁극적 동인動因으로 기능을 함이 바로 내부 세계의 존재 설명이 되는 것이다.

그렇다면, 이 내부 세계는 성경적 의미로 볼 때 이미 땅의 차원, 유한의 차원을 포괄하고 있던 무한의 차원으로 이르거나 무한의 차원을 엿볼 수 있고, 체험하는 이른바 실체의 장場으로 쓰임 받는 하나의 존재론적 터전임을 유추할 수 있다. 이 내부 세계가 지금 예수의 가르침에 의하면 구제를 하는 존재, 마태복음 6장 6절에 기도하는 존재들에게 고유하게 주어지는 무한으로의 문이 됨을 발견하게 된다.

유한의 차원, 땅의 차원 존재가 그저 땅의 차원에 머무를 수밖에 없는 태생적 한계를 극복하고 무한의 차원으로 나아갈 수 있도록 해주는 이 문을 내부 세계, 은밀함으로 가르치신 예수의 이 말씀에서 주목해야 할 점은 바로 이 말씀을 밝히신 화자話者가 메시아, 그리스도이신 그분 자신이란 점이다.

은밀함에 대해 이야기한 예수는 온전히 하나님 사랑의 실체, 곧 우리에게 메시아 되시는 그리스도다. 그분이 우리에게 그리스도가 되었다는 건 우리가 그분의 실체를 통해서만 하나님의 차원을 발견할 수 있고 동시에 무한의 전능체全能體인 하나님이 그분의 실체 안에 거하고자 하는 우리 존재를 발견하시고 우리 존재와 관계를 맺으실 수 있게 됨을 뜻한다. 이런 맥락에서 그분의 실체는 곧 우리의 내부 세계 그 자체가 되며, 이 내부 세계에 대한 성서적 표현이 바로 ἐν τῷ κρυπτῷ엔 토 크립토, 마6:4 '그 은밀함 안'이 되는 것이다. 영적 공간성을 담지 하는 ἐν엔 전치사와 함께 쓰인 τῷ κρυπτῳ토 크립토는 관사와 함께 쓰여 한정적 의미가 있다. 그러므로 '그 은밀함 안에'서만이 하나님이 우리를 보시고 장차 육의 옷을 벗고 천상의 차원인 하늘나라에 들어가게 될 때를 상징하는 ἐν τῷ φανερῷ엔 토 파네로 '그 드러남 안'에서 우리를 기억해 주시고 생명과 무한의 속성을 공유할 수 있도록 해주시겠다는 분명한 약속을 하고 있음을 깨닫게 된다.

이러한 내부 세계의 신비 앞에 유한의 존재는 사실상 외부 세계에 대해 아무 매력도, 흥미도 느낄 수 없게 된다. 이것은 곧 생명 차원으로 나아가는, 혹은 나아가고자 하는 존재가 내부 세계의 은밀함 안에 거하게 될 때 불가항력적으로 체험할 수밖에 없는 존재의 신비다.

땅의 차원, 인과율과 보응의 잔혹함만이 활개치는 토대에서 생명을 소비하는 존재들은 결코 이러한 신비를 느낄 수 없다. 그들은 이러한 존재의 신비로부터는 철저히 죽어 있는 것이다. 예수는 이 영적 죽음으로부터 우리가 다시 살아나길 간절히 바라고 있다. 그와 같은 맥락에서 오늘 글의 주제라 볼 수 있는 기도에 대해 가르치셨던 것이다.

원수 사랑의 실천과 구제 행함의 영적 장소성에 대해 언급하신 말씀과 함께 예수께서는 마태복음 6장 5절 말씀을 통해 기도 역시 이전 구제 행함의 내용과 마찬가지 맥락에서 전개하고 계심을 볼 수 있다.

6절 5절에서 예수는 제자들에게 역시 단 한 마디로 기도의 본을 절대로 따르지 말아야 할 하나의 대상을 언급하시는데, 그들은 바로 위선자, 외식하는 자들이다. 이들은 당시의 사회 종교학적 측면에서 볼 때 종교 지도자들과 바리새인, 서기관들을 상징하겠지만, 오늘날의 경우로 볼 땐 포괄적인 측면으로 확장된다.

이것은 우리에게 대단히 세밀한 분별력을 요구한다. 성서 텍스트를 단순히 역사적 기록으로만 대한다면 우리는 예수의 가르침을 도식적으로 간단히 분리해낼 수 있다. 과거를 통해 위선자들은 바리새인과 서기관들이란 등식이 성립되기 때문이다.

하지만, 오늘의 상황에 이 말씀을 적용해 보면 문제는 그리 간단하지 않다. 한 마디로 위선자들을 상징하는 분명한 대상이 확실하게 나타난 게 아니란 말이다. 그런 의미에서 우리는 위선자들의 범주를 어느 특정한 단체나 집단에 돌리는 것이 아니라 바로 우리 자신에게 엄격함으로 적용할 수 있어야 한다. 즉, 위선자들과 같이 되지 말라는 예수의 가르침을 오늘 나에 대한 가르침으로 받아들어야만 한다는 것이다.

위선자들이 갖는 위선은 앞서 밝힌 바 있듯 땅의 차원에서 하늘 말씀을 받아 하늘 말씀을 생명 차원으로 나아가는 내부 세계의 결정적 동인으로 받아들이지 못하고 다시 땅의 차원으로 돌아가 생명 차원을 땅의 차원에 설정해버리는 행위의 반복을 의미한다. 이것이 뜻하는 바는 오늘 내부 세계를 발견한 우리 존재에게도 만약 이러한 패턴이 반복된다면 우리 역시 위선자의 범주에서 벗어날 수 없다는 사실을 입증해준다. 이러한 위선자들의 결과는 곧 '자기들의 상을 다 받고 있기 때문이라' 고 번역된 원어 *ὅτι ἀπέχουσιν τόν μισθόν αὐτῶν*호티 아페쿠신 톤 미스돈 아우톤, 마6:5에 명백함으로 드러난다.

한글개역성경에 '이미 받았다' 로 번역된 동사 *ἀπέχουσιν*아페쿠신의 본래 의미는 '멀어졌다', '멀리 떠났다' 는 뜻을 갖는다. 이를 직역해 보면 자기들의 상, 혹은 자기들의 상으로부터 멀리 떠났다는 의미로 다르게 읽힐 수 있음을 확인하게 된다. 여기서 예수가 언급한 '상' *μισθόν*미스돈은 생명 차원에서 최종적으로 나타나게 될 그날에 하나님께서 우리에게 증여하신 무한적 속성, 하나님 생명으로의 참여를 상징할진대 그렇다면 이 상으로부터 멀리 떠난다는 의미는 만약 우리가 위선자들과 같이 땅의 차원에 생명 차원의 말씀을 설정할 때 결코 하나님 차원으로의 합류, 이른바 천국에 이를 수 없음을 뜻하는 것이기도 하다.

이 말씀이 의미심장한 이유는 이러한 가르침이 불신자, 즉 기도에 대한 인지가 없는 존재들이 아닌 기도 한다고 하는 존재들에게서 생명으로부터의 분리가 일어날 수 있다는 가능성을 말한다는 데 있다. 기도하지 않는 존재들이 하나님나라에 들어가지 못하는 거야 이해할 수 있다 해도 기도하는 존재들도 하나님나라에 들어가지 못할 수도 있다는 가능성을 천명한 예수의 이 가르침을 두렵고 떨림으로 묵상할 수 있어야 하겠다.

그렇다면, 예수는 어떻게 기도해야 할 것을 가르치고 있는가. 마태복음 6장 6절을 통해 예수는 먼저 우리가 기도하기 전 기도하는 영역, 장소성에 대한 언급을 아끼지 않으셨는데, 바로 그 장소가 골방

ταμιεῖόν타미에온으로 나타난다.

> 그러나 너는 기도할 때 골방에 들어가 문을 닫고 보이지 않는 데 계시는 네 아버지께 기도하여라. 그러면 은밀히 보시는 네 아버지께서 갚아 주실 것이다.
> _마6:6 (현대인의 성경)

'네 골방'으로 번역된 εἰς τό ταμιεῖόν σου에이스 토 타미에온 수는 '네가 소유하고 있는 그 골방 안으로 들어가라'를 뜻한다. 이는 곧 존재가 모두 각자의 골방을 소유하고 있다는 뜻인데, 이때 언급된 장소로서의 골방은 단지 보이는 골방, 특정 장소를 언급함이 아니라 산상수훈의 가르침이 일어나는 장소로서의 산이 의미하는 상징성과 같이 골방 역시 내부 세계의 신비를 지향하며, 그 신비는 곧 같은 구절에 등장하는 ἐν τῷ κρυπτῷ엔 토 크립토, 은밀함 안으로 상징되는 사랑의 결정체인 예수 그리스도 안으로 이를 수 있는 유일한 영적 공간으로서의 내부 세계를 가리킨다.

이것은 기도의 의식, 행위론과 존재론적 접점을 공유함을 뜻한다. 이것은 곧 우리가 기도하는, 기도가 행해지는 시간과 동시에 벌어지는 하나의 사건이 곧 골방으로 상징되는 우리 내부 세계에서 발출되는 하나의 사건이라는 뜻이다. 그리고 이 내부 세계를 성서는 '골방'이라고 상징하므로, 결국 우리가 기도하는 때는 단지 물리적 시간의 틀을 넘어서서 우리 각자가 소유한 영혼의 골방이 외부 세계의 피상적 실제에 에워싸여 있는 우리 존재에게 은밀함의 신비, 은밀함으로 상징되는 사랑의 결정체인 예수 그리스도를 이 땅에 보내신 전능자 하나님을 체험할 수 있는 유일한 소통의 매개로서 개안開眼된다는 진리의 발견을 뜻한다. 그 진리의 발견이 이뤄지는 순간 존재는 생명 차원의 영원성을 땅의 차원에서 체험하게 되는 그야말로 경이로운 영적 황홀경에 압도당하게 된다. 은밀함 안에서, 바로 외부 세계의 모든 소란스러움에서 벗어나 생명이 고동치는 영음靈音을 들으며 말이다.

기도의 신비는 그러므로 땅의 차원에서 시작해 땅의 차원으로 마무리되는 공허의 순환이 아니라 우리 안에 내재한 영의 터전인 내부 세계의 상징인 골방 안에서 생명의 신비, 하늘 차원을 발견하는 존재적 열림의 한 장場으로 볼 수 있다. 이러한 장field의 열림이 순간과 순간의 중첩처럼 겹쳐져 영원에 이르는 유일한 교각橋脚이 된다. 바로 그리스도가 우리의 화목 제물엡2:14~16 참고이 되어주신 것처럼 말이다.

주기도문 - 기도의 깊이

예수께서 산상수훈의 가르침에서 이제 본격적으로 기도에 대한 가르침에 들어서는 대목이 등장한다. 기도의 깊이에 몰입되기 위해, 다시 말해 말씀의 지평을 확장하기 위해 기도라는 성스러운 재료가 허락됨에 있어서 가장 중요한 건 외부 세계의 안목이 아니라 내부 세계의 신비임을 예수는 마태복음 6장 5절, 6절을 통해 가르친 바 있다. 그런 맥락에서 도출된 단어가 바로 골방이었으며, 골방의 상징성을 잉태한 ἐν τῷ κρυπτῷ엔 토 크립토 '은밀함 안에서' 라는 접속사절이었다. 은밀함 안으로 상징되는 내부 세계에서만이 존재는 참 생명을 체험할 수 있으며, 주님이 존재에게 허락하신 생명 진액을 맛보아 놀라운 영적 체험을 통해 은밀함, 내부 세계의 신비 안에서만 자신을 드러내시는 하나님을 볼 수 있으며, 하나님께 나타날 수 있다는 사실에 대해 묵상했던 것이다.

내부 세계의 신비는 차안의 세계로부터의 무관계성, 혹은 초월적 포괄성을 내포한다. 보이는 세계는 영적 생명의 원리 측면에서 볼 때 일종의 그림자, 또는 모형의 역할을 감당한다. 보이는 세계는 그야말로 보이지 않는 영적 세계의 모델이다.

그렇지만, 이 보이는 세계 자체에서 진리를 체험할 수 없다. 왜냐하면, 보이는 세계는 영적 세계의 모형이지만 영적 세계 자체가 아니기 때문이다. 존재는 보이는 세계에 주어진 신비로운 하나님의 말씀을 통해 보이지 않는 세계, 피안의 세계를 감지할 수 있다. 바로 이렇듯 말씀으로서의 계시는 보이는 세계를 살아가는 존재를 보이지 않는 피안彼岸의 세계로 인도해주시는 생명의 문이 된다. 보이지 않는 세계의 상징성을 예수는 '은밀함 안으로' 표현했으며, 더 나아가 유한성을 숙명처럼 품고 태어난 우리가 이렇듯 육적 생명의 한계성을 뛰어넘어 영적 생명의 무한성을 품는 길을 곧 내부 세계로 상징되는 은밀함과 골방 안에서만 체험할 수 있음을 강조하셨다. 그것은 곧 예수 자신이 생명의 무한성을 창조하신 하나님 사랑의 결정체란 사실이었다.

예수가 하나님 사랑의 결정체인 기름부음 받은 자 그리스도란 사실에 대한 깨달음이 곧 말씀을 통해서 이뤄지는데, 이때 발견된 말씀의 궁극적 지향점은 바로 사랑의 결정체인 예수 그분 자신을 가리킨다. 그러므로 오늘날 우리가 예수의 그리스도 되심을 믿는다는 건 곧 말씀의 육화肉化로 우리 내부 세계 안에 직접 말씀으로서 거하신다는 사실에 대한 지속적 발견과 영적인 탄성을 의미한다. 요한복음 1장 14절에서 이러한 영적 원리가 밝히 드러내고 있다.

> 말씀이 육신이 되어 우리 가운데 거하시매 우리가 그의 영광을 보니 아버지의 독생자의 영광이요 은혜와 진리가 충만하더라 _요1:14

하나님의 본질 자체인 말씀이 육신이 되었다는 것. '예수' 라는 2천 년 전 이스라엘 땅의 선지자 탄생은 이렇듯 하나님의 사랑인 말씀의 현현顯顯이었다. 이 예수 탄생은 단순히 역사적 시간의 어느 한 부분만을 장식하는 역사적 인물에만 머무를 것을 단호히 거부한다. 그분은 육신이 되어 오신 말씀으로서 과거 2천 년 전 예수와 함께 호흡하던 동시대 사람들과 함께 2천 년이 지난 오늘 그분을 말씀으로 체험하게 되는 그리스도인의 마음 안에서도 영적 거주를 진행하고 계심을 선명하게 인지하기 때문이다.

'우리 가운데 거하시매' 라는 구절의 헬라어 문헌은 다음과 같다.

ἐσκήνωσεν ἐν ἡμῖν에스케노센 엔 휘민 직역해 보면 '우리들 안에 천막을 치고 거주하신다' 정도의 의미로 읽을 수 있다. 동사 ἐσκήνωσεν에스케노센의 원형 σκηνόω스케노오란 단어는 '천막을 치다', 또는 '야영하다', 다시 말해 상징적으로 '거주하다', '거하다'는 뜻이 있으며 이는 구약시대 하나님의 보호와 교제의 상징인 성막처럼 거하심을 상징한다.

이렇듯 말씀이 머무르는 영적 장소는 바로 우리의 마음이다. 역사적 시간에 실제 존재하셨던 말씀의 육화인 그리스도 예수를 부정하는 건 결코 아니다. 하지만, 그 역사적 시간을 토대로 오늘 우리에게 말씀하시며 또한 살아 역사 하시는 하나님 사랑의 결정체가 이렇듯 우리 마음, 내부 세계 안에 영적 신비로 천막을 치고 거주하신다는 사실은 결국 이 말씀에서부터 비롯된 영적 생명은 골방과 은밀함으로 상징되는 말씀 그 자체인 그리스도 예수의 생명 자궁 안에서 잉태된다는 사실에 대한 발견으로 비약된다.

그리스도 예수를 상징하는 말씀 안에서 우리는 생명의 호흡을 쉬고 다시 태어나는 기쁨을 맛보게 된다. 이는 예수와 니고데모와의 대화에서도 분명하게 드러난다.

> 예수께서 대답하여 이르시되 진실로 진실로 네게 이르노니 사람이 거듭나지 아니하면 하나님의 나라를 볼 수 없느니라 니고데모가 이르되 사람이 늙으면 어떻게 날 수 있사옵나이까 두 번째 모태에 들어갔다가 날 수 있사옵나이까
>
> _요3:3~4

니고데모는 이스라엘의 선생으로 기록되어 있다. 그는 높은 종교적 학식을 지닌 유대인 관원이며 동시에 바리새인이었다. 적어도 그들이

그러한 메시아사상의 중심을 차지한다면, 그리고 만약 그들이 구약의 모든 기록에 주옥같이 심겨져 있는 기름부음 받은 자, 그리스도 메시아에 대한 바른 성찰과 깨달음을 갖고 있었더라면 지금 위와 같이 예수의 가르침에 대해 경악하는 반응을 보이며 유아적인 질문은 하지 않았을 것이다.

두 번째 모태. 바리새인 니고데모는 생명의 역동성과 내부 세계의 신비를 인정하지도, 경험하지도 못했음이 틀림없다. 자신의 질문을 통해 니고데모는 자신의 한계를 분명히 드러낸 것이다. 당시 그를 향해 던진 예수의 말씀이 급진적일 수는 있다. 사람의 거듭남은 곧 γεννηθῆ ἄνωθεν게넨데 아노덴 '다시 태어남', '다시 나타남'을 의미하기 때문이다. 하지만, 예수는 영의 신비를 발견하는 이 놀라운 영적 생명의 개안開眼을 다시 태어남으로 묘사하셨다. 보이는 세계의 나타남은 모형에 지나지 않음을 '다시 태어남'이란 어조로 완곡히 표현한 것인데 지금 니고데모는 이 차안此岸의 세계에서 피안의 세계로 도약할 수 있는 유일한 길인 예수 안에 내재한 메시아 그리스도의 생명력生命力을 깨닫지 못하고 차안에서 차안의 세계로 수평이동 되는 구원과 생명에만 집착했음을 보게 된다.

그러므로 보이는 세계에서 보이는 세계의 원리와 현상을 통해 보이지 않는 세계의 진리를 구하려는 모든 시도는 니고데모의 답변과도 같이 공허한 메아리로 울려 퍼지게 된다. 사람의 육신이 다시 어머니의 자궁 안으로 들어가 생명을 깨우치게 된다는 이러한 답변은 보이는 세계에서 보이지 않는 세계, 보이는 세계의 생명과 능력을 주관하는 보이지 않는 세계의 창조적 속성의 진리를 발견하려는 모든 시도의 헛됨을 극명히 보여주는 대목이다.

그것은 한 마디로 불가능하다. 예수의 거듭남은 보이는 세계의 어머니의 자궁 안에서 다시 그 생명의 씨가 착상되는 것이 아니다. 다시 태어남에 대한 예수의 가르침은 영적 생명을 상징하는 보이지 않는 세계의 어머니, 곧 예수 그리스도를 이 땅에 보내신 하나님의 거룩한 창조적 태반으로서의 생명 자궁 안에서 말씀의 씨가 우리 안에 뿌려져서 그 말씀의 씨가 착상되어 발아發芽되는 참 생명의 재생을 체험하는 경이로움이다. 이 생명의 자궁으로서의 영적 터전을 조성하는 유일한 길은 바로 말씀 그 자체다. 말씀이 육신이 되어 오셨다는 것, 그 말씀이 보이는 세계가 아닌 피안의 세계, 내부 세계 안에 천막을 치듯 거하셨다는 이 의미는 우리의 생명의 씨가 발아할 수 있는 유일한 터전 역시 말씀 안에 있음을 거듭 천명한 것이다.

니고데모의 유한성의 한계에 사로잡힌 답변은 앞서 말했듯 공허한 메아리에 지나지 않듯이 산상수훈에 나타난 예수의 말씀 중 마태복음 6장 7절에 나타나 있는 기도에 대한 교훈에서도 같음으로 지적되고 있다.

> 또 기도할 때에 이방인과 같이 중언부언하지 말라 그들은 말을 많이 하여야 들으실 줄 생각하느니라 _마6:7

이 말씀은 이방인들 기도의 특징을 말한다기보단 중언부언이란 상태로 기도하는 모든 행태가 이방인으로 상징된 외부 세계에서 진리를 추구하는 보이는 세계의 한계를 가리키고 있음이 더욱더 적절한 해석일 듯싶다.

다시 말해 중언부언하는 기도, 말을 많이 하는 기도는 이방의 영역으로 규정된 보이는 세계의 한계에 가로막힐 수밖에 없는 사실에 대한 예수의 가르침이다.

그렇다면, 중언부언과 말의 많음은 어떤 의미인가. 물론 이 가르침엔 말을 많이 함으로써 기도의 핵심을 놓쳐버리는 이방인들의 기도의 습성에 대한 지적으로 볼 수도 있다. 하지만, 이방의 상징성이 오늘날 우리에게 보이는 세계의 한계를 가리킴으로 묵상했다면 이방의 기도로 상징되는 중언부언과 말의 많음은 그보다 더 본질적 한계를 내포하고 있음을 짐작하게 해준다.

중언부언으로 번역된 헬라어 원어 βαττολογήαητε바톨로게아테는 '공연히 반복하다', '흐리게 하다', '지루하게 같은 말을 계속 반복하다' 등의 의미가 있는 βάττος바토스란 단어와 말씀을 의미하는 λόγος로고스란 단어의 합성어로 '말씀을 공연히 반복하고, 흐리게 하다' 라는 포괄적 의미가 있다. 또한 '말을 많이 함' 으로 번역된 헬라어 원어 πολυλογία폴륄로기아는 '양이 많은', '더 큰', '대부분' 이란 뜻이 있는 πολύς폴뤼스란 명사와 역시 말씀이란 뜻이 있는 λόγος로고스의 합성어로 쓰여 '많은 말씀, 혹은 더 큰 말씀' 이란 의미로 이해된다.

예수께서 모인 제자들에게 기도할 때 이방인들 기도의 도구나 현상을 따르지 말라고 가르친 이 대목에서 중언부언과 말의 많음의 의미는 더욱더 영적인 심연으로 제자들의 영혼이 기울어지길 간청하는 성격을 지니고 있다.

중언부언과 말의 많음의 헬라어 원어 βαττολογέω바톨로게오와 πολυλογία폴륄로기아의 공통점은 두 단어 모두 합성어란 점이며, 또한 두 단어의 합성어 중 공통으로 쓰이는 단어가 곧 말씀, λόγος로고스란 사실이다.

λόγος로고스는 생명을 대표하는 영적 상징성을 담은 단어이며, 동시에 이 단어는 요한복음 1장 1절에서도 나타나 있듯 말씀 그 자체로서 존재론적 의미가 있는 하나님 사랑의 결정체다. 그런데 이방으로 상

징되는 유한성의 영역에서 일어나는 기도의 상태는 이러한 말씀을 '지속적으로 반복하게 한다' 또는 '흐리게 만든다'는 의미로 쓰인 *βαττολογέω*바톨로게오가 사용되고 있다.

말씀의 공연한 반복은 성서에 기록된 바 있듯 '울리는 꽹과리'에 지나지 않는 공허한 메아리를 상징한다. 이 공허함은 니고데모의 답변에 나타난 영적 무지를 뜻한다. '다시 태어남'의 생명 신비를 내부 세계에서 찾지 못하고, 다시 말해 보이는 세계에서 말씀을 통해 보이지 않는 세계로 돌입해 들어가는 생명의 신비를 추구하지 않고 보이는 세계에서 보이는 세계로 순환되는 허무한 배설의 질서에 말씀을 헌납하는 상태가 곧 공허한 메아리, *βαττολογέω*바톨로게오인 것이며, 그것이 곧 이방인의 기도였던 것이다.

이러한 영적 맥락은 *πολυλογία*폴뤼로기아란 단어에도 그대로 적용된다. '말씀의 넘침'과 '말씀의 홍수'가 곧 영적 생명의 넘침으로 귀결되는 것이 결코 아니다. 말씀의 홍수는 반대로 생명의 중심에 들어가는 영적 기갈이 이뤄지지 않는 보이는 세계의 허무한 반복으로 말미암은 무의미한 소모에 지나지 않는다. 진리와 생명은 무한의 자궁 안에서 생명의 씨가 착상되고 잉태되는 것과 같은 다시 태어남의 신비를 체험해야만 한다. 이것이 곧 물질계의 타락 때문에 생명이 죽어버린 인류를 다시 살려내시기 위한 사랑의 결정체인 말씀의 육화가 이뤄낸 단 하나의 영적 사건이다. 이러한 생명의 체험, 다시 태어남에 대한 참된 자각 없이 그저 넘치는 보이는 세계의 추구는 자기 의로서의 우상 숭배에 지나지 않는다. 예수는 이러한 공허한 메아리에 지나지 않는 우상 숭배로서의 종교의 틀을 뛰어넘어 생명의 신비 안으로 혁명적으로 돌입해 들어가는 그리스도인이 되길 강력하게 권고하셨던 것이다. 산상수훈의 메시지를 통해 말이다.

보이는 세계의 지속적인 반복과 진보는 내부 세계의 생명 신비가 충족되고 다시 태어나는 영적 이적을 맛본 존재들에겐 지극히 자연스런 현상에 대한 긍정으로 귀결된다. 이러한 생명의 원리, 보이는 세계를 지배하고 좌우하는 현상의 열쇠가 보이지 않는 영적 세계의 신비 안에 주어져 있다는 사실을 발견했기 때문이다. 예수는 마태복음 6장 8절 말씀을 통해 이러한 원리를 밝히 나타내고 있다.

> 너희는 그들을 본받지 말아라. 너희 아버지께서는 너희가 구하기 전에 너희에게 필요한 것이 무엇인지 다 알고 계신다. _마6:8 (현대인의 성경)

이방으로 상징되는 물질계의 한계에서 반복되는 기도를 예수는 *οὖν ὁμοιωθῆτε*운 호모이오데테 '같게 되어지지 말라'고 경고하듯 말씀하셨다. 동사 *ὁμοιωθῆτε*호모이오데테의 원형 *ὁμοιόω*호모이오는 그 모양과 형식, 의식을 같게 만드는 행위를 뜻한다. 이로 미루어 보아 지금 예수는 참된 삶을 살기 원하는 그리스도인에게 이방의 기도로 상징되는 말씀의 공연한 반복, 즉 보이는 세계에서 진리와 생명으로 다시 태어나려 하는 모든 헛된 시도를 따르지 말라는 가르침으로 이해할 수 있다. 그와 함께 예수는 '너희에게 있어야 할 것' *ὧν χρείαν ἔχετε*혼 크레이안 에케테 곧 보이는 세계의 필요가 우리에게 항상 부족함이 없으므로 주어지게 된다는 사실을 못을 박듯 규정하셨다.

본질적으로 우리에게 있어야 하는 것은 보이는 세계 자체 유한성의 반복이 아니라 우리 마음 안에서 보이는 세계를 감당하여 이 보이는 세계를 하나님의 신비의 지평으로 이끌어 갈 수 있는 유일한 길이 되는 보이지 않는 영적 세계의 궁극인 사랑의 결정체인 말씀의 회복이다. 이것이 살아서 우리를 하나님의 생명 자궁 안에서 출산의 때까지 성장시킬 때, 우리는 보이는 세계를 넘어서는 포괄적이며 초월적인 전능자의 영역으로 나아갈 수 있다. 이러한 담대한 나아감을 위한 숭고한 행위가 곧 기도의 본질이다. 이러한 본질의 기도에 힘쓰는 그리스도인들이 되기를 간절히 바라는 이유가 여기에 있다.

주기도문 - 땅의 말言 하늘의 말言

우리는 마태복음 원전을 통해 기도의 깊이에 대해 묵상했다. 예수는 마태복음 6장 9절과 13절에 걸쳐 그 유명한 주님을 향한 기도문을 말씀하셨다. 이러한 기도가 나올 수 있게 된 배경 설명을 6장 5절에서 6장 8절을 통해 밝히셨던 것이다.

우선 예수는 아버지를 향한 기도의 차원이 외식하는 이들과는 달라야할 점을 강조하셨다. 당시 종교 지도자들이 행하는 기도를 예수가 외식의 기도라고 강조한 이유는 그들이 자신들의 기도를 사람들 앞에서 발설해 버렸기 때문이다. '외식하는 자들'이란 의미의 헬라어는 *ὑποκριταί* 휘포크리타이로 이는 곧 맹세하는 자, 위선자들이란 뜻이다. 곧 참된 선함의 내면을 가로막고 선을 가장한 행위를 자행한 존재들이란 뜻인데, 이들이 선을 가장한 행위를 행하는 것이 바로 사람들 앞에서 기도를 배설하는 것이다. 여기서 말하는 사람들은 땅의 차원을 상징한다. 보이는 것, 드러난 것을 향한 기도는 엄밀한 의미에서 이미 기도가 아니다.

보이는 것은 땅을 지향하며, 생명 지향의 의지와는 무관한 방향에 매달린다. 예수는 산상수훈 메시지 전반을 통해 그러한 메시지를 제자들에게 전달하고자 애쓰셨다. 보이는 것의 상징은 바로 물질세계에서의 만족이다. 그러나 생명은 보이는 현상계에 머물러 있지 않는다. 물론 현상계 역시 생명의 토대와 근거를 갖고는 있다. 하지만, 현상계가 곧 생명의 토대는 아니다. 생명의 토대와 뿌리는 보이는 모든 것을 조성하고 생명을 유지하는 창조적 능력에 있다. 그 창조적 능력을 성서는 창조자 하나님이라고 표현한다. 그 하나님을 만나고 참 생명의 깨달음을 위해선 보이는 세계에 배설하는 기도를 하는 것만으론 불가능한 것이다.

하지만, 위선자들은 '선'을 상징하는 보이지 않는 하나님을 지향하는 생명 말씀을 땅으로 상징되는 보이는 세계에 그대로 배설해 버렸으며, 더 나아가 바로 그러한 행위가 기도의 참된 모본模本인 것 마냥 가르쳤다는데 문제의 심각성이 있다.

보이는 세계에 서 있는 인간이 보이지 않는 생명 차원으로 나아가려고 예수는 6장 6절 가르침을 통해 보이지 않는 세계로 나갈 것을 촉구한 바 있다. 바로 '은밀함'으로 상징된 '골방' 안으로 들어가라고 말이다.

우리는 마태복음 6장 6절 말씀을 단순히 사람들에게 보이지 않고 하나님께 드리는 기도의 효과를 강조하기 위한 의미로 이해하는 경우가 다분하다. 물론 틀린 이해는 아니다. 하지만, 이 말씀은 그보다 좀 더 깊은 뜻을 품고 있다. 마태복음 6장 6절에서 가르치신 '골방'과 '은밀함 안'은 보이지 않는 세계의 터전인 우리 마음 안을 상징하는 것이다.

이렇듯 기도의 신비는 우리 내부 세계 안에서 벌어지는 하나의 영적 사건이다. 기도는 보이는 세계에서 보이는 세계로 순환되는 단순한 배설의 역사가 아니고 보이는 세계에서 보이지 않는 세계로 몰입되는 거룩한 영적 상승의 도정道程인 것이다.

존재는 비록 보이는 세계에 뿌리를 두고 있지만 보이는 세계는 긍정하면서도 보이는 세계로부터의 거룩한 결별을 자신에게 요청하는 영적 역설을 실천해야만 한다. 기도할 때 각자의 골방 안으로 들어가는 것이 바로 그 역설적 행위의 시작이다. 그것은 기도의 기본 조건이다. 예수는 어떤 기도와 어떤 말을 해야 할지 먼저 가르치지 않았다. 대신 그는 먼저 기도하기 위해서 어떤 장소에 머물러야 할지를 비유적으로 설명하셨다. 그 장소는 보이는 장소로서의 골방이 아닌 보이지 않는 우리 마음을 상징하는 처소로서의 골방이었다. 이 골방 안으로 들어가 문을 닫는 행위, 땅의 차원과의 결별을 고하는 행위가 기도의 근거가 된다는 가르침을 통해 우리는 땅의 말과 하늘의 말을 구분해 생각할 수 있는 여지를 확보하게 된다.

예수는 이렇듯 땅의 차원에서 배설되는 기도를 무의미한 행위로 규정한 것을 마태복음 6장 5절 말씀을 통해 밝히셨으며, 그와 함께 6장 6절에서 기도의 깊이를 확보하기 위해 우리로 하여금 내면세계, 골방 안으로 들어가라고 요청하셨다. 그렇게 골방 안에 들어가 문을 닫은 존재는 이제 그 기도의 대상에 주목해야 한다. 기도의 대상은 누구인가. 단 한 분 하나님이다.

창조자의 깊이에 나아가려는 의지가 기도인 것을 모르지 않는다. 그렇다. 기도는 사람에게 하는 것이 아니라 하나님에게 하는 것이다. 하지만, 그 사실을 모르지 않으면서도 당시도, 오늘날도 우리는 하나님께 드리는 기도의 토대에 대해선 그다지 신경 쓰지 않는다. 골방의 상징성에도 무감각하며 무엇보다 기도의 대상이 어떤 세계에 존재하신지를 그다지 신경을 쓰지 않는 것이다.

그렇지만, 예수는 산상수훈을 통해 기도의 대상인 하나님에게 기도하려면 우선 하나님을 만날 수 있는 영적 공간 확보의 중요성을 강조했다. 그 첫 번째 장소가 바로 골방으로 상징되는 내부 세계다.

내부 세계에 돌입 된 존재는 이제 우리의 아버지가 존재하시는 영적 영역에 대해 그 영혼의 심안心眼을 열어야만 한다.

아버지는 우리의 골방 안에서 은밀함으로 존재하신다. 헬라어로 이 구문을 살펴보면 *ἐν τῷ κρυπτῷ*엔 토 크립토로서 '은밀함 안' 이란 공간성의 의미가 강하게 나타난다. '~안에', '~의 내면'의 뜻을 갖는 전치사 ἐν엔의 역할이 그렇다. 그래서 이 구문은 '은밀함 안에' 정도로 번역함이 바람직하다. 그렇다면, 존재의 내부 세계의 상징인 골방 안으로 돌입된 존재가 보이는 차원으로의 기도의 배설을 차단하기 위해 문을 닫은 다음 향해야 하는 차원은 바로 '은밀함 안'이다. 왜냐하면, 예수는 지금 당신의 아버지, 곧 우리 아버지 하나님이 그 '은밀함 안'에 거한다고 했기 때문이다.

그렇다면, 내부 세계에서 더는 외부 세계를 바라보지 않고 철저히 하나님의 생명이 고동치는 '은밀함 안'에서 기도할 수 있는 상태는 어떤 상태인가. 이때의 기도는 어떻게, 어떤 말을 할 수 있는가.

예수는 이 '은밀함 안'의 영적 영역을 보이는 차원에서의 배설과는 무관한 하늘 차원으로 나아갈 수 있는 깊이의 터전으로 제시하셨다. 산상수훈 전체를 관통하는 메시지가 그렇다. 우선 예수가 소수 제자만을 데리고 영적 상징성인 '산' 안으로 올라가신 것 자체가 그렇다. 그분은 그렇게 깊이의 터전을 존재에게 보여주시기 위한 여러 가지 장치를 마련하셨던 것이다. 그렇다면, 그러한 행위들이 가리키는 건 무엇인가. 골방 안으로 들어서려고 실제 세상으로부터 철저히 격리된 과거 교부들의 명상 장소인 사막 같은 곳으로 혈혈단신 떠나야만 하는 건가. 말씀은 그러한 차원을 말하고 있지 않다. 물론 보이는 세계로부터 격리되기 위해 보이는 세계로부터 멀리 벗어나고자 하는 의지는 소중하다. 하지만, 하늘의 차원은 오히려 더 철저한 현상계로부터의 결별을 요구한다. 그 결별됨의 충족은 온전히 영적이다. 지금 예수는 그러한 영적 메시지를 우리에게 하나의 화두話頭로 던진 것이다. 급기야 그 말씀이 오늘 존재의 마음 터전 안에 한 알의 씨로 떨어져 싹을 틔울 때 비로소 발견하게 된다. 이 말씀 자체가 예수의 생명이 되어 우리로 하여금 영혼의 골방을 발견하고 깨달게 해준다는 사실을 말이다.

그래서 우리가 골방 안으로 들어간다는 건 우리 마음의 한계를 인정하는 것에서부터 시작된다. 마음이 땅의 차원에 머물러 있음을 인정하고 마음의 주인이 우리 자신이 아니란 사실을 고백하는 깨달음의 순간 마음의 골방은 스스로 우리에게 문을 열어주거나 스스로 문을 닫는다. 그때부터 우리는 참된 하늘의 차원을 바라볼 수 있게 된다. '은밀함 안' 으로 상징되는 우리 내부 세계의 전체를 압도하는 하나님 말씀의 육화인 그리스도 예수를 통해 말이다.

이때 전달되는 예수의 가르침은 철저히 하늘 차원인 생명을 지향한다. 비록 그분의 가르침의 언어는 땅의 차원에 뿌리를 두고 있지만, 언어적 체계를 넘어선 그 어떤 것이 생명 차원을 향해 순간마다 비약하는 것이다.

그러므로 어쩌면 이제 하늘 차원의 초입에 들어선 존재에게 예수가 마태복음 6장 7절 말씀을 주신 건 당연한 권고로 보인다. 원문의 내용을 깊이 묵상해 보자.

> 또 기도할 때에 이방인과 같이 중언부언하지 말라 그들은 말을 많이 하여야 들으실 줄 생각하느니라 _마6:7

이방인으로 번역된 헬라어 ἐθνικόι에드니코이의 일반적 의미는 실제 이방 백성을 가리킨다. 이는 2천 년 전 당시 상황에서 본 해석이다. 이때 이방 백성은 하나님의 존재를 자세히 알지 못했고, 그분의 가르침에 철저히 무지했다. 그렇지만, 산상수훈의 메시지가 단지 2천 년 전 당시 상황에만 해석되지 않고 오늘 우리 영혼의 내면을 자극하는 영적 메시지란 점을 참작한다면 이방 백성 *ἐθνικόι*에드니코이는 좀 더 확장해서 해석할 필요가 있다.

이방 백성은 표면적으론 '이방인' 들로 실제 인간들의 존재적 의미가 있지만, 그 심층 의미를 살펴보면 관습, 종족, 버릇, 익숙해진 것, 전통적인 것 등의 뜻까지도 포괄한다. 여기에 언급된 관습과 익숙해짐은 무엇을 뜻하는가. 우리는 기도에 대한 메시지로서 예수께서 6장 5절 말씀을 남긴 것에 주목할 필요가 있다. 6장 5절에서 예수는 위선자들의 기도를 경계하셨다. 그들의 기도는 곧 사람들 앞, 땅의 차원에서 배설하는 무의미의 순환이었다. 위선자들은 보이지 않는 세계, 내부 세계의 참된 생명에 대해 철저히 무감각했다. 그들은 어느새 관습화된 습관과 형식화된 '기도' 행위 자체를 우상처럼 숭배했던 것이다. 그들은 그 행위가 심지어 하나님께 영광을 올리는 것으로 믿는 것을 전혀 부끄러워하지 않았다.

예수는 지금 이방인들의 의미를 좀 더 상징적으로 사용하고 있다. 관습과 익숙해진 것, 전통에 뿌리를 박은 기도는 엄밀한 의미로 말해 기도가 아니다. 이러한 결정적 모순에 예수는 '중언부언' 이란 말로서 이방인의 기도, 무의미의 순환 행위에 나타난 결정적 허점을 지적한 것이다.

'중언부언' 으로 번역된 헬라어 원어 *βαττολογήσητε*바톨로게세테는 '쓸데없이 말을 반복하다' , '말을 더듬는다' 등의 뜻이 있는 *βάττος*바토스와 '말씀' 의 뜻이 있는 *λόγος*로고스의 합성어로서 직역해 보면 '무의미하게 반복되는 말들' 정도의 뜻을 갖는다.

참된 *λόγος*로고스, '말씀' 은 지금 마태복음 6장 6절의 지적대로 우리의 골방 안, 은밀함 안에 생명의 호흡을 더하고 있다. 이 '말씀' 은 그러므로 온전히 하늘 차원에 속해 있어 우리를 하늘 차원으로 이끌어 올리는 깊이의 터전이 된다. 그런데 이 깊이의 터전으로서의 말씀 λόγος로고스가 βάττος바토스, 무의미하며 사람의 전통으로 고착화된 말에 의해 그 참 의미가 희석되고 있다. 그것은 결국 변질을 뜻한다.

말씀이 말씀답게 되지 못하는 상태, 그것이 바로 위선자들이 행하던 기도의 무의미함이었다. 땅의 차원으로 하늘 차원인 말씀을 내려앉았을 때 그 말씀이 단지 땅 차원의 배설에 쓰임 받기 위함이 아님을 우리는 철저하게 인지해야만 한다. 하지만, 당시도 오늘도 우리는 그러한 자각과 깨달음에 더없이 인색하다. 대신 그와는 반대의 경향을 보이는 열심을 갖는다. 그런 상태로 이 '말씀' 을 대한다. 그리고 이 '말씀'의 재료를 땅의 말, 세상의 말로 활용할 것을 스스로 강요한다. '말씀' 이신 하나님의 차원이 철저히 땅의 차원에 의해 짓밟힘 당하는 것이다.

예수는 산상수훈 메시지를 통해 이러한 현상에 대한 경계를 줄기차게 가르치셨다. 하나님 말씀의 더럽혀짐. 이것이 바로 신성 모독이며, 성전 훼방이 아니면 또 무엇인가. 그러나 당시의 유대교인들, 종교 지도자, 그리고 오늘날의 우리는 어떠한가. 지금 우리는 어떤 행위가 하나님의 말씀을 더럽히는지 제대로 구별하고는 있는가. 무엇이 우리의 성전을 더럽히는 일인지 알고는 있는가. 우리도 어느새 이방인들의 기도와 같이 전통에 길든 땅의 말로서 하늘의 말을 땅의 말 아래로 끌어내리는 치명적인 모순을 범하고 있지는 않은가.

그러므로 이 말씀, 마태복음 6장 7절은 단순히 말을 많이 하는 기도에 대한 경계로만 이해해서는 곤란하다. 이는 세속적인 기도에 대한 경계이기도 하지만 그보다 더 심층적 차원으로 들어가 땅의 말로 인해 하늘의 말이 더럽혀지는 현상에 대한 경계로 이해해야만 한다.

이방인들의 기도로 말미암아 더럽혀지는 가능성의 시작은 6장 6절에서부터 그 단서가 제공된다. 바로 우리가 하나님의 말씀을 땅의 차원이 아닌 하늘 차원의 터전으로 상징된 골방 안으로 들어가 문을 닫지 않는 것에서부터 시작된다. 사람들 앞에 서서 하늘의 말을 땅의 차원으로 끌어내려 무의미한 배설 행위에 열중하는 동안 하늘의 말은 그들 스스로 영광됨에 의해 질식하고 있다. 어느새 하늘 차원은 오간데 없고 그들의 습관과 관습, 조상의 전통에 의해 철저히 왜곡되어 버린 것이다.

이 엄청난 영적 부패는 오늘을 사는 우리에게도 전혀 예외가 아니다. 오히려 2천 년 전이 지난 지금 이 영적 부패의 속도, 하늘 말의 타락은 수습할 수 없는 지경까지 이른 건 아닌지 심히 우려된다. 그 부패의 결과론으로 *βαττολογήσητε*바톨로게세테 무의미한 배설의 말, 땅의 말의 난무가 우리의 숨을 막히게 한다.

우리가 돌아가야 할 곳은 어디인가. 두말할 것도 없이 영혼의 골방이다. 그곳에 들어간 존재는 일단 문을 닫아야 한다. 비록 하나님의 충만함이 담겨 있는 말씀이 땅의 차원에 의해 기록되어 있으나 우리는 이 말씀이 하늘의 말임을 긍정하기 위해서라도 우리 내면의 골방을 찾아야 한다. 그리고 기다려야 한다. '은밀함 안'으로 상징되는 하나님 말씀의 육화인 예수 그리스도의 품 안에서 다시금 생명을 허락하시는 그분의 말, 하늘의 말에 귀를 기울어야 한다.

이러한 기다림은 그대로 넋을 놓고 기다리는 무감각한 명상과는 다르다. 우리는 싸워야 한다. 무엇과의 싸움인가. 먼저 우리 안에 내재된 이방인들과 싸워야 한다. 6장 7절에 나타난 이방인의 의미를 깊이 묵상하기 바란다. 이때의 이방인은 우리에게 지금까지 우리를 길들여 왔던 말, 사람의 말, 땅의 말을 상징한다. 이 땅의 말이 참된 하늘의 말을 가로막고 있다. 하늘의 말을 천연덕스럽게 무의미의 말로 바꿔치기하고 있다. 세상의 안목과 육신의 정욕이 하늘 차원을 보지 못하게 하는 것처럼 말이다.

또한 모든 익숙해진 것과의 결별을 시도해야 한다. 그것이 곧 내 안에 자리 잡은 나를 잘못 인도하는 오른 눈, 오른 손이고마5:27~30 내 안에 자리 잡은 자아를 상징하는 나의 원수마5:44이기 때문이다.

이것이 영적 전쟁의 본질이다. 내 안에 자리 잡은 이방인들의 말, 땅의 말을 제거해 내는 일. 명심해야 한다. 이 영적 전쟁의 시작은 나의 내면, 골방 안에서 시작된다는 사실을 말이다. 골방 안으로 들어가 문을 닫지 않고선 전쟁은 시작되지도, 시작될 수도 없다. 그러므로 진정한 차원, 하늘 차원에서의 영적 전쟁의 시작을 위해 우리는 우선 골방의 문을 닫고 하늘의 말, 하나님의 말씀에 집중해야 한다. 그럴 때 말씀이신 하나님, 그리스도 예수가 우리에게 참 의미의 기도를 풀어내시는데 그 기도가 바로 주기도문이다.

주기도문 - 하늘에 계신 우리의 아버지여

마태복음 6장 9절에서 주기도문의 첫째 구절이 시작된다. 먼저 예수께서는 당시 자신을 따라 산에 올라온 제자들에게 기도의 명확한 한계와 본질을 밝힌 다음 곧바로 주기도문의 포문을 여셨다. 기도의 명확한 한계를 밝힌 가르침을 살펴보면 다음과 같다.

> 그러므로 너희는 이렇게 기도하라 _마6:9

기도라는 단어의 헬라어 어원을 찾아보면 흥미로운 사실을 발견하게 된다. 기도의 명사형은 *προσευχή*프로슈케이며, 이 단어는 '기도하다'로 쓰인 동사형 *προσεύχομαι*프로슈코마이에서 유래하였다. *προσεύχομαι*프로슈코마이는 합성어로 '~을 향하여', '~에게로'의 뜻이 있는 전치사 *πρός*프로스와 '원함', '구함' 등의 뜻이 있는 *εὔχομαι*유코마이가 합쳐져 생성된 단어다.

성경에서 말하는 인간 존재의 원함과 간청은 땅의 차원에서 일어나는 세속적인 추구와는 그 차원을 달리한다는 사실을 우리가 동의한다면 역시 이때의 원함은 생명 차원을 향하고 있다는 사실임을 인정하게 된다. 그런 맥락에서 '기도하다'라는 뜻의 헬라어 *προσεύχομαι*프로슈코마이 역시 그 '원함을 향하여', '원함을 지향하는' 정도의 뜻으로 직역되어 생명을 지향하는 지속적이고 일관된 상태성을 뜻한다고 볼 수 있다.

예수는 바로 이 '기도'를 앞서 6장 5절서부터 하늘 차원, 하나님 차원에서 기도의 대상을 온전히 하나님께만 두고 내용보다는 기도하는 존재의 상태를 중요시한 것을 확인한 바 있다. 내용보다는 상태를 중시한 것은 바리새인들의 기도에 대한 신랄한 지적으로 말미암아 확고히 드러났으며, 기도할 때의 영적 장소에 대해 언급한 부분에서도 드러난다. 또한, 땅의 차원으로 변질한 악순환의 가능성인 이방인의 중언부언을 주의하라는 가르침을 통해 기도의 대상과 기도자의 상태를 특별히 강조했는데 그 가르침의 끝에 6장 9절의 가르침이 제시되었다. 기도에 대한 가르침 말이다.

큰 맥락에서 보면 어쩌면 우리가 행할 수 있는 기도의 영역과 그 대상, 내용 전체는 주기도문 안에 모두 담겨 있다고 봐도 과언이 아니다. 기도의 본질이 참된 생명의 호흡이며, 그 생명이 우리의 영을 통해 주어진다고 보았을 때, 오늘날 존재가 기도할 수 있는 대상과 내용은 명백히 하늘 주인인 하나님이시며, 그 내용 역시 하나님 생명의 자궁 안에 들어앉는 충만 상태의 지속이다. 예수는 바로 이러한 상태의 지속을 보는 존재가 추구하길 원했던 것이다. 그래서 그는 기도의 한계를 명백히 결정짓는다. '너희는 이렇게 기도하라' 고 말이다.

그러나 예수가 정한 이 '기도의 한계' 는 우리 인간의 안목에서 볼 땐 더는 '한계' 가 될 수 없다. 기도의 대상이 이미 무한하시며, 삼라만상의 모든 질서를 창조하신 창조주 하나님에게 집중된 상태라면 이미 유한성의 한계를 넉넉히 벗어나 버렸기 때문이다. 그렇다면, 이때 예수가 가르치는 '한계' 는 어떤 한계인가. 그 한계는 바로 창조주의 생명과 호흡을 유한의 존재인 우리가 체험할 수 있는 유일한 영역을 가리킨다. 그 영역은 이미 하나님의 말씀의 육화肉化를 통해 나타났다. 바로 인간이 되어 오신 하나님의 아들이 그 증거다. 그러므로 예수는 이제 우리가 창조주 하나님의 생명을 체험하고 그분의 깊은 차원 안에 들어설 수 있는 유일한 기도의 문인 것과 동시에 기도의 내용에 대한 한계도 되는 것이다. 지금 그 유일한 기도의 문인 예수께서 이렇게 기도하라고 말씀하듯이 말이다. 그와 함께 예수는 같은 구절에서 이렇게 말함으로 기도의 포문을 여셨다.

하늘에 계신 우리 아버지여 _마6:9

이 구문을 헬라어로 직역해 보면 다음과 같다.

Πάτηρ ἡμῶν ὁ ἐν τοῖς οὐρανοῖς 파테르 헤몬 호 엔 토이스 우라노이스

그 하늘들 안에 계신 우리의 아버지여 _원문 직역

한글 개역성경에서 찾아볼 수 없었던 차이점은 '하늘' 이란 단어 문법의 수數에 있다. 문법기호를 찾아보면 한글개역성경이나 영문성경에서 나타난 '하늘' 은 한글성경엔 '하늘에' 로 영문성경은 'in heaven', '천국 안에' 정도로 번역되었다. 하지만, 현존하는 텍스트 중 가장 공인된 역본으로 평가받는 스테펜 원본을 통해 본 '하늘' 의 뜻이 있는 헬라어 *οὐρανοῖς*우라노이스는 그 문법의 수가 복수로 쓰였음을 확인하게 된다. 또한 '하늘들' 의 뜻이 있는 명사 앞에 명사를 한정 짓는 '관사', *τοῖς*토이스가 자리 잡으며, 공간과 영역 개념을 상징하는 전치사 *ἐν*엔이 쓰여 이 구문은 '그 하늘들 안에' 로 번역된다.

히브리어나 헬라어에서 천상적이며, 신령한 개념을 부각시키는 단어에서 종종 장엄 복수형의 형태로 드러나는 경우가 있다. 대표적 예로 창세기에 등장하는 '하나님' 이란 단어 אֱלֹהִים엘로힘의 경우가 그렇다. אֱלֹהִים엘로힘 역시 단수가 아닌 복수형인데, 이때 그 단어는 '하나님들' 로 번역하기보다는 그 우주적 깊이를 헤아리기 어려운 신적 경외

감을 나타내는 단어로 승격시켜 '하나님' 으로 번역하는 용례로 쓰이기도 한다. 하지만, 히브리어나 헬라어에서 복수형으로 쓰인 모든 단어가 이렇듯 장엄 복수형으로 한결같이 사용되는 건 아니다. 또한, 장엄 복수형이 일반적으로 추상화된 단수형으로 쓰인다 하더라도 그 의미 안에 내재한 영적 의미의 견인을 받게 되는 경우가 있다. 본 구절에 나타나는 구문 '그 하늘들 안에' 같은 경우가 특히 그렇다.

'하늘' 이란 헬라어 원어 *οὐρανός* 우라노스는 신약성경에서만 268회 이상 사용되었다. 동사형과 유사어까지 합치면 그 사용빈도는 더욱 증가한다. 주로 '하늘' 로 번역되며, 때때로 글의 문맥에 맞춰 '공중' 으로도 번역된 이 단어 '하늘' 은 그런데 성서 텍스트의 조화 속에선 실제 보이는 세계에서 가리키는 '하늘' 이란 표면적 의미의 가리킴과는 거리가 먼 것을 확인하게 된다. 다시 말해 성서에서 사용된 '하늘' 이란 단어는 오히려 한결같이 물리적 '하늘' 이 아닌 하나님의 고유한 영역성과 신성을 상징하는 영적 의미로 사용됐다는 사실이다. 몇 가지 말씀을 살펴보자.

> 그리스도께서는 참 성소의 모형에 불과한 사람의 손으로 만든 지상의 성소에 들어가신 것이 아니라 우리를 위해 하나님 앞에 나타나시려고 하늘에 있는 성소에 들어가셨습니다. _히9:24 (현대인의 성경)

> 썩지 않고 더럽혀지지 않고 시들지 않는 하늘에 간직한 축복을 여러분이 받도록 하셨습니다. _벧전1:4 (현대인의 성경)

성서 속에 사용된 '하늘' 이란 단어의 무수한 용례를 찬찬히 살펴보면 위에 본 두 구절의 범주에서 크게 벗어나지 않음을 확인할 수 있다.

그리스도가 참 하늘에 들어가셨다는 것, 썩지 않는 기업이 하늘에 간직되어 있다는 이러한 표현을 통해 우리는 '하늘'의 개념이 일반적으로 보이는 공간으로서의 '하늘'이 아닌 영의 차원에서 이해될 수 있는 영의 영역임을 확인하게 된다. 심지어 더 나아가 이 하늘이란 단어는 우리 존재 안에 머무른 생명 그 자체로 쓰이기도 한다.

> 하나님의 나라가 언제 오겠느냐는 바리새파 사람들의 질문을 받고 예수님은 이렇게 대답하셨다. '하나님의 나라는 볼 수 있게 오는 것이 아니며 또 '여기 있다. 저기 있다.' 하고 말할 수도 없다. 왜냐하면 하나님의 나라는 너희 안에 있기 때문이다.' _눅17:21~22 (현대인의 성경)

참으로 의미심장한 말씀이 아닐 수 없다. 통상 누가복음에서 예수가 이 가르침을 남기시게 된 배경엔 그 앞 절 20절에 바리새인들의 질문이 존재한다. 그들 바리새인들은 '하나님의 나라'로 상징된 메시아 왕국의 도래, 천국의 임재에 대한 시기와 장소, 그 고유한 영광에 대해 질문했는데 그에 대한 답변으로 예수는 천국으로 이해되는 하나님의 나라가 바로 우리 인간의 내부 세계, 즉 마음 안에 이미 존재하고 있다고 답한 것이다.

우리에게 나타난 천국의 헬라어 어원은 *ἡ βασιλεία τῶν οὐρανῶν* 헤 바실레이아 톤 우라논으로 '하늘들의 나라'로 번역된다. 이 역시 직역하면 '그 하늘들이 소유하는 나라'로 읽을 수 있는데, 바로 이 '나라'가 우리 안에 있다는 것이다. 그래서 이 '하늘들'은 하나님의 생명의 호흡을 공유하고, 그 하나님의 충만한 말씀 안에서 발견된, 진리에 눈뜨기 시작한 존재들 자체의 존재 상태임과 동시에 존재가 지향해야 할 기도의 영역으로 조명되어야 마땅하다. 생명을 발견한 상태, 생명이신 말씀을 통해 생명의 숨이 끊어지지 않고 지속하여야 하는 상태, 그 존재 상태가 지속할 수 있는 곳이 바로 말씀의 존재화存在化를 이뤄내신 그리스도 예수에게 있는 것이며, 그의 영역성의 상징인 '골방', '은밀함 안'에 머무르는 존재 상태 역시 결국 '하늘들' 자체가 되는 것이다.

그러므로 지금 마태복음 6장 9절에 등장한 주기도문의 서문 '하늘들 안에'란 구문에 사용된 장엄 복수형 '그 하늘들'은 영역을 한정 짓는 관사와 함께 쓰여 하늘 차원에 눈 뜬 이른바 영적으로 깨어난 존재들을 가리킴을 우리는 조심스럽게 진단해 볼 수 있다. 이렇게 천상적 생명을 공유하게 된 존재들은 하지만 그들의 능력과 의지로 스스로 '하늘들'의 범주에 속하게 된 것이 결코 아니다. 이들이 참된 기도를 하려고 말씀의 육화, 생명의 자궁, 그 유일한 영적 터전 되는 예수 그리스도의 생명 안에 거하고자 하였고, 실제로 그 말씀을 통해 하나님에게 발견되었기 때문에 οὐρανοῖς 우라노이스 '하늘들'이 되는 것이다.

그와 함께 누가복음 17장 21절 말씀과 함께 묵상해 보면 이렇듯 생명 차원에 합류한 존재들인 '하늘들 안'에 거하게 되는 생명 전체는 바로 우리 그리스도인들의 마음 안에 거하는 하나님의 나라, 천국이다. 이른바 천국의 현재성이 지금 우리의 영적 심안에 의해 발견되고 그 영의 호흡이 지속하는 것인데, 이렇듯 존재인 하늘들 안에 내주하는 하나님의 나라는 오늘날 무엇으로 존재하는가. 바로 진리의 영이신 성령으로 존재하시는 것이다. 이 진리의 영인 성령이 우리로 하여금 생명의 궁극인 말씀을 깨닫게 하고 그 말씀에 의해 우리가 발견되도록 해주며, 궁극적으로 존재가 하나님의 말씀 안에 영원히 거하도록 하는 유일한 보혜사가 되는 것이다.

2천 년 전 산상수훈의 가르침, 그중에서도 주기도문을 통해 예수는 바로 이러한 사실을 가르치고자 하셨다. '그 하늘들 안에 계신 우리 아버지' 로 기도의 시작을 알리면서 말이다.

이제 답은 분명해진다. 우리가 생명을 발견하고 그 안에 거할 수 있는 유일한 길은 존재가 말씀 안으로 직접 돌입되는 것뿐이다. 이 돌입, 영적 잠김의 의식이 경이로운 성령세례의 전부다. 이렇게 우리 존재가 말씀 안에 잠기는 거룩한 영적 수장을 통해 우리 안에 내재한 땅, 타락의 차원이 육의 섭리를 따라 죽임을 당하고 우리 안에서 생명 차원으로서의 말씀만이 살아남게 되면 우리는 그때 말씀화된 존재, '하늘' 이라고 담대히 명명할 수 있는 생명화된 존재를 발견하게 된다. 그리고 그 생명화된 존재 터전인 '그 하늘들' 안에서 우리를 하늘, 생명으로 존재할 수 있게 해준 생명의 터전, 은혜의 자궁 되는 하나님을 발견하고 급기야 그분을 *Πάτηρ ἡμῶν*파테르 헤몬, 우리 아버지라고 부르기를 주저하지 않게 되는 것이다. 누구를 통해 말인가. 바로 이 타락하고 변질된 죄악과 죽음의 땅에 생명과 빛으로 오신 그리스도 예수를 통해 말이다.

기도는 이렇듯 우리 영적 터전인 마음 안에서 참 아버지인 하나님을 발견하는 그 놀라움에 대한 경외로부터 시작한다. 아버지의 이름을 부른다는 것, 그 심령천국이 우리 마음 안에서 그 역시 말씀의 영음靈音으로 고동친다는 사실을 발견하는 것. 이 외에 다른 기쁨이 하늘과 땅, 그 어디에 존재하는지 묻고 싶을 지경이다.

이 생명의 감격이 곧 기도의 시작이며, 동시에 기도의 끝이다. 이렇듯 기도 안에서, 기도라는 하나의 행위가 끊임없이 한결같이 추구하는 그 유일한 한계를 우리는 이미 주기도문의 시작에서부터 발견하게 된 것이다.

주기도문 - 이름이 거룩히 여김을 받으시오며

우리가 연상하는 거룩함에 대해 생각해 보자. 거룩함은 대부분 종교의 세계에서 이야기된다. 종교의 본질을 이루는 신성함은 그 근본을 거룩함에 위치시킨다. 이 경우 거룩함은 근본적으로 초월적이다. 초월의 의미는 인간의 관념과 생각, 최소한의 체계 안에 가두어지는 것을 거부한다. 그것은 존재의 영역 너머의 문제로 치부된다. 그 너머에서 수직으로 하강하여 존재의 영역 안으로 들어오는 것, 그 때문에 깊은 경외감을 품는 것, 그것이 바로 종교적 거룩함의 특성이다.

그런데 이러한 초월적 거룩함으로부터 비롯된 감흥엔 경외심만 수반되는 게 아니다. 경외심 안엔 다양한 의미가 산포되어 있다. 그중 한 가지로 공포를 꼽을 수 있다. 이때의 공포는 막연한 것에 대한 두려움이다.

거룩함의 종교적 특성이 위로부터 아래, 초월적 세계에서 비초월적, 다시 말해 세속도시로 내려오는 일방적 공여에 있어서 존재들이 품게 되는 경외심의 대부분은 공포와 두려움으로 채워진다. 인간이란 그런 존재이다.

그렇게 공포와 두려움으로 메워진 경외심으로 거룩함을 받아들이게 된 결과는 어떤 형태로 나타나는가. 종교의 영역은 이때 또 다른 해결책을 제시한다. 그것은 거룩함의 원초적 감흥에 대한 그 나름대로의 반응인데 바로 자신들의 수치를 가리는 일이다.

수치스러움은 거룩함의 초월적 빛을 체험했을 때 드러나는 인간 본연의 모습이다. 경외심은 공포와 두려움의 싹을 잉태하고 급작스럽게 거룩함을 체험한 존재의 내면엔 공포와 두려움이 급속도로 자라난다.

그렇게 성장한 공포와 두려움이 존재를 압도할 때, 존재가 취할 수 있는 실존에 대한 발견은 전혀 긍정적이지 못한다. 공포와 두려움 속에 있는 경외심의 발로는 바로 자신에 대한 한없는 무력감의 토로와 피가학적인 성향의 노출이다. 창세기 설화에 등장한 타락한 인류의 모습을 보기 바란다. 영적 죽음에 눈을 뜬 아담과 하와가 선과 악을 밝히 알게 되는 나무의 열매를 먹었을 때 그들이 가장 먼저 취한 행동에 주목해 볼 필요가 있다.

이에 그들의 눈이 밝아져 자기들이 벗은 줄을 알고 무화과나무 잎을 엮어 치마로 삼았더라 _창3:7

물론 거대하고 심오한 이 말씀이 단순히 한 가지 해석으로 획일화되지는 않을 것이다. 하지만, 그럼에도 주목할 수 있는 정황은 그들, 여자와 에덴동산의 경작자로 임명받은 생명의 호흡을 소유한 아담이 눈을 밝아지게 된 다음 가장 처음 직면했던 현상은 바로 자신들의 몸이 벗었다는 사실이었다.

이때의 눈의 밝아짐은 거룩함에 대한 노출이었을까. 아니면 본래부터 존재했던 거룩함과의 하나가 됨으로부터의 분리였을까. 후자의 경우가 타당할 것이다. 생명의 호흡을 받은 야훼 하나님이 조성하신 에덴동산 안에서의 존재는 거룩함을 의식하는 것조차 무의미한 하나님과의 온전한 연합됨의 안식을 구가했다. 그런데 이러한 안식은 창조와 피조물의 철저한 연합의 관계 속에서 지속한다. 초월과 비초월, 피안과 차안의 경계를 의식하지 않는 온전한 생명 안에서의 연합 말이다.

하나님이 인간을 창조하실 때 바로 이러한 상태의 지속과 추구를 염

원했던 건지도 모른다. 초월적 전능자인 자신의 영적 자궁 안에서 그 근본적인 거룩함을 의식하지도 못하고, 깨닫지도 못하지만 거룩함 자체였던 거룩함의 태胎 안에서 호흡하는 불멸성의 획득을 소망하셨던 건지도 모른다.

그러나 선악을 알게 하는 나무를 먹고 나서 그들은 달라졌다. 그들은 변명할 여지없이 이 거룩함의 태 안에 머물러 있기를 거부했다. 눈이 밝아졌다는 건 이제 더는 인간이란 존재가 창조주 하나님의 생명의 태 안에 있지 않다는 사실의 다른 표현이다. 눈이 밝아진 것은 초월적 세계로부터 걸어 나와 비초월적 세계에 자신이 원래 존재했음을 깨닫게 해주는 비극의 시작이며, 생명의 호흡이 하늘 위에 존재한다는 것에 대한 철저한 발견이다.

이것은 스스로 하나님이 되고자 했던 타락한 천사의 비극과 맥을 같이한다. 초월과 비초월, 창조와 피조의 경계가 없던 거룩함의 심연 속에선 이러한 비극은 존재하지 않았다. 그러나 피조의 존재가 창조자의 자리에 앉으려는 기이할 정도로 터무니없는 전복에의 욕망에 사로잡힐 때, 그때 이미 천사 루시엘은 타락한 천사 루시퍼, 미혹하는 자의 차원으로 전락顚落되고 만 것이다.

그렇게 눈이 밝아져 버린 존재의 '눈'에 가장 먼저 보인 것이 무엇인가. 바로 자신들의 벗었음이다. 그것은 두려움과 공포로 창조 세계의 거룩함을 인지하게 하는 원현상原現想과 같다. 하나님을 향한 경외심을 이제는 하나님의 충만한 생명 안에서 인지되는 것이 아니라 충만한 생명 밖으로 나와 인지되는 것 자체가 비극의 시작이었던 것이다.

밖으로 나온 존재가 갖게 되는 초월자에 대한 경외심은 냉혹한 두려움이다. 자신의 벗었음은 이제는 존재가 초월자의 생명 영역 안에 들어 있지 못함에 대한 끔찍한 발견이다. 이제 이 거룩함은 철저히 자신의 외부, 하늘, 수직적이고 일방적으로 직하直下하는 막연함, 두려움에 대한 강박으로 발전한다. 이것이 바로 선악을 알게 하는 나무를 먹은, 이른바 창조주의 금령을 불순종한 결과가 잉태해낸 최악의 비극이다.

그런데 이 비극은 단지 자신의 존재가 벗었음을 발견한 것에만 그치지 않는다. 두려움과 공포를 인지하게 된 그들의 초월자에 대한 경외심은 참혹할 정도로 타락의 재생산을 잉태한다.

그들이 몸을 벗었음을 알고 취한 행동은 바로 무화과나무 잎을 엮어 치마를 만든 것이다. 이 상징적 행위가 의미하는 바는 무엇인가. 그것은 곧 초월적 존재에로의 몰입, 혹은 귀로歸路에 대한 원초적 열망에 마음을 기울이는 게 아니라 더는 초월적 영역에 있을 수 없음에 대한 두려움을 극복하기 위해 비초월적 세계에서 초월적 전능 차원을 구현하고자 하는 숭배의 시작이다. 이 숭배는 땅의 차원에서 하늘의 차원인 생명을 이루려 하는 추악한 존재의 타락이 벌이는 가장 근본적인 징후다. 너무나 불행하게도 종교심, 보이지 않는 세계에 대한 막연함과 두려움, 불안으로 시작된 종교는 결국 그 근본 교리의 어느 한 토대에 바로 이러한 숭배의 욕망을 숨겨 놓는다. 교묘하고도 세련되게 말이다.

그러므로 종교에서 비롯된 경외감은 막연함과 공포, 두려움이란 해악을 언제나 숙명처럼 품고 있다. 그 상태에서 추구되는 존재의 행위는 언제나 무화과나무 잎으로 치마를 만들어 자신들의 벗었음을 감추려 하는 유혹에 흔들린다. 더는 창조도, 생명도 숨 쉬지 않는 분리된 피조 영역에서 창조의 생명을 만들어 내려 하는 이러한 숭배 행위를 하나님은 강력히 경고하신다. 그러한 행위는 우상 숭배라고 말이다.

거룩한 기적을 통해 출애굽의 대망을 이루어낸 이스라엘 백성이 광야에서 보여준 반응에 주목하라. 그들은 오히려 광야에서 애굽을 열망했다. 애굽의 철저하게 물들어진 그 숭배의 의식, 땅의 차원에서 생명의 호흡을 기대하려 하는 그 길든 욕망에 스스로 노예가 되어 있는 모습은 오늘날 수많은 종교가 교설하고 있는 두려움과 공포의 협박에 기인한 가르침과 무엇이 다른지 묻고 싶을 정도다.

하지만, 예수는 산상수훈의 백미를 이루는 주기도문을 통해 지금 이 거룩함의 원형을 인간 존재의 두려움과 공포의 영역에서 찾는 것에 대해 종지부를 찍으려 한다. 그러한 의지의 표현이 바로 주기도문이다.

오늘 저희가 묵상한 마태복음 6장 9절 '이름이 거룩히 여김을 받으소서' 란 구절을 깊이 묵상해 보면 그 답을 찾을 수 있다.

ἁγιασθήτω τό ὄνομά σου. 하기아스테토 토 오노마 수

당신의 그 이름이 거룩히 여김을 받으소서 _원문 직역

이 구절에 표현된 '당신' 은 기도하는 주체인 우리가 아버지를 부를 때 사용하는 호칭이다. 이미 6장 9절의 앞 구절에서 우리는 창조주 하나님을 믿음으로 거듭난 우리 존재들을 상징하는 '하늘들' 안에 거하시는 존재의 아버지로 표현한 바 있다. 지금 그 연장 선상에서 우리 기도의 주체는 아버지이신 하나님에게 집중된다.

기도의 주체에 대한 인식이 단순히 초월자이시며, 하늘 차원에 계신 하나님의 영역에만 머물러 있다면 우리의 기도는 여전히 종교의 두려움에서 벗어나지 않은 무화과나무 잎을 엮어 만드는 숭배의 차원에서 벗어나지 못했을 것이다. 그러나 지금 하나님의 말씀의 화육이신 예수는 자신의 입에서 나온 그 직접적인 가르침으로서 기도의 주체가

더는 막연한 보이지 않는 피막避幕에 사로잡힌 하나님이 아니라 우리의 아버지로서 영적 혈통의 피가 흐르고 있음을 밝히신 것이다.

아버지란 존재가 무엇인가. 그는 아들과 하나다. 그것은 존재의 무력함에 눈을 뜨기 전 창조의 생명 안에서 숨을 쉬던 첫 사람 아담의 존재 상태에 불과하다. 아버지와 하나일 수밖에 없었던 존재는 자신의 피조 차원에 대한 염려와 근심에 눈을 떠야 할 필요를 느끼지 않았다. 아담은 창조주 하나님을 아버지로 인식하는 영적 생명의 태 안에서 안식했던 것이다.

바로 이런 관계가 아버지와 아들의 관계다. 물론 아들은 아버지일 수 없다. 아들은 아버지로부터 파생된 혈통적 수직관계가 엄연히 존재한다. 하지만, 아버지와 아들 사이엔 혈통으로서의 하나 됨이 존재한다. 피가 흐르는 것이다. 이렇듯 아들은 아버지로 상징되는 생명의 태 안으로 몰입된다. 그러한 몰입이 곧 하나님을 아버지로 부를 수 있게 만든다. 하나님을 아버지라 부르는 주기도문에서의 기도의 주체로 말미암아 우리는 지금 묵상한 말씀처럼 아버지인 하나님의 이름을 담대히 우리 영혼의 입술을 통해 고백할 수 있게 된 것이다.

결정적으로 중요한 사실은 지금 우리에게 이 기도, 생명의 호흡을 다시 시작할 수 있도록 문을 여신 존재가 바로 그리스도 예수란 사실이다. 하나님 자신이 스스로 두려움과 공포로 얼룩진 존재의 벌거벗음의 인식 안에서 잉태된 무화과나무 잎을 거두어가시기 위해 그분 자신을 나타내셨으니 그분이 바로 인간 예수였다. 그 예수가 땅의 차원에 스스로 들어오셔서 하늘 차원에 이르기 위한 문을 열어놓으신 것. 바로 오늘을 사는 우리는 그분의 십자가 죽음과 다시 일어나심, 그리고 오순절 성령으로 다시 오심을 통해 이 생명의 신비를 발견하게 된 것이다.

이 발견은 땅의 차원에서 또 다른 숭배의 대상에 골몰하던 존재의 두려움과는 차원이 다르다. 이 발견은 하나님을 아버지라고 부를 수 있는 영적 혈통의 발견이며, 더 나아가 우리 존재가 창조적 심연의 자궁 안으로 다시 들어갈 수 있는 이른바 위로부터 거듭나는요3:3 참고 유일한 복귀의 장場이다.

이 문을 통해 우리는 지금 주기도문을 외치고 있다. 큰 소리로 소리 내거나 작은 소리로 웅얼거리거나 마음속에서 생각하는 등의 형식은 중요하지 않다. 이 기도, 그리스도이신 예수가 남기신 이 기도 안으로 들어가는 생명의 발견 자체가 우리로 하여금 하나님을 아버지로 부를 수 있게 하고 우리의 존재가 다시는 하나님을 두려움의 대상으로 발견하지 않게 만드는 그분의 이름을 부를 수 있는 지경으로까지 인도한다.

그리고 초월적 영역에서 생명의 호흡을 하신 하나님은 이제 우리의 존재가 그리스도 예수를 통해 나타나는 생명 기도를 통해 거룩히 여김을 받게 되는 것이다.

원어로 살펴본 동사 ἁγιασθήτω하기아스테토는 수동태 명령법의 문법 형태를 갖고 있다. 거룩함이 수동태로 쓰인 것은 이렇듯 그 거룩함을 더는 두려움과 불안의 토대에서 인식하지 않으려는 존재의 결단으로 말미암아 거룩함을 받게 됨을 뜻한다. 그리스도 예수를 통해 하나님을 이제는 타계에 계신 머나먼 초월자로 인식하지 않고 바로 내 안에서 역사 하시는 생명의 아버지로 고백하는 주기도문을 통해 우리는 하나님을 아버지라 부르게 되고 그분의 이름을 부름으로써 영적 에덴, 하늘 차원 안에서 안식하는 놀라움과 감격의 경외감을 회복하게 되는 것이다. 바로 이때 저 머나먼 곳에 계신 숭배의 막연함 속에 갇혀 있던 하나님은 그 틀을 깨고 우리에게 성큼 다가오신다. 우상의 틀이 깨어진 바로 그 자리에 그분은 참된 거룩함으로 우리에게 영원한 생명의 숨을 허락하신다. 우리는 이 호흡을 감히 체험할 수 있고 안식할 수 있다. 반드시 그래야만 한다.

그렇도록 우리는 지금 하나님을 아버지로 부를 수 있는 주기도문을 허락하신 예수의 가르침에 귀를 기울여야만 한다. 그것이 곧 막연함과 공포에서 잉태된 경외심의 노예가 되어 살아가는 존재의 원초적 불안에서 벗어나는 유일한 길이기 때문이다.

주기도문 - 나라이 임하옵시며

마태복음 6장 9절을 묵상하며 '아버지, 당신의 이름이 거룩히 여김을 받게 해달라'는 기도를 통해 '거룩함'의 하늘 차원을 생각했다. 거룩함이 피조被造된 존재의 차원에서 만족하며, 존재의 내면에 자리 잡던 신성神聖의 왜곡된 형태인 공포와 두려움에서 벗어날 수 있는 유일한 길이 그리스도이신 예수의 말씀을 통해 가능케 된다는 사실이 6장 9절 하반부였던 것을 확인했던 것이다.

그러한 거룩함을 성취할 수 있게 된 궁극적인 신비는 존재의 하늘 차원으로의 합류다. 6장 9절 상반부에 나타난 '하늘들'의 존재화된 은유metaphor에 대해 묵상해 보았다. 하늘 차원에 합류된 존재들은 생명의 터전 되는 가장 첫 열매가 되는 것을 스스로 자처하신 그리스도 예수를 통해 비로소 우리 하나님을 그분 안에서 아버지라고 부를 수 있게 된 신비를 체득하였다. 그로 말미암아 존재는 아버지의 이름을 거룩함으로 부를 수 있게 되었다. 이 거룩함은 현재형과 미래형, 최종적 일회성과 연속적 현재형을 동시에 담지 하고서 진행된다.

첫째로 우리는 지금 우리 마음 안에 그분의 이름을 말씀의 신비로서 품고 있다. 그 말씀 안에 담겨 있는 생명으로 말미암아 비로소 두려움과 공포를 넘어서는 야훼 하나님의 이름이 내 안에 거룩함으로 각인된다. 이러한 거룩함은 우선 존재와 신성의 하나 됨을 향한 약속의 표징으로 기능을 한다. 현재, 이 거룩함이 현현하는 것이다. 그와 함께 각 개인의 측면에서 보면 존재가 최종적으로 육적 생명의 종말을 고하게 될 때 여호와 하나님의 이름을 거룩함으로 품은 신비로운 약속의 표징을 통해 마지막 날에도 의롭다 칭함을 받는 하늘 차원으로의 합류를 보증받게 될 것이다. 그것이 곧 심판의 부활이 아닌 생명의 부활로 나아가는 존재의 최종적 축복이다.

지금 묵상하게 될 '나라', βασιλεία바실레이아에 대해서도 이러한 현재성과 미래성의 연속성을 발견할 수 있다. 우선 6장 10절 상반부 말씀인 '나라이 임하옵시며' 구절을 원어를 살펴보겠다.

> ἐλθέτω ἡ βασιλεία σου. 엘데토 헤 바실레이아 수
>
> 당신의 그 나라가 임하옵소서 _원문 직역

우선 우리는 성경에서 빈번하면서도 중요하게 언급되고 있는 '나라' βασιλεία바실레이아의 의미에 대해 성찰해 볼 필요가 있다. 이 단어는 신약성서에서만 162회 언급되었으며, 표면적인 의미로 '나라, 왕국' 정도의 뜻으로 번역된다. 그런데 이 나라가 우선 땅의 차원에서 이해되는 나라로 제시될 수가 있다.

> 다시 마귀는 예수님을 데리고 아주 높은 산으로 올라가 세상의 모든 나라와 그 영광을 보여 주면서 _마4:8 (현대인의 성경)

> 그들은 믿음으로 여러 나라를 정복하였고 옳은 일을 하였으며 약속된 것을 받았고 사자들의 입을 막기도 했습니다. _히11:33 (현대인의 성경)

> 민족이 민족을, 나라가 나라를 대적하여 일어나겠고 곳곳에 기근과 지진이 있으리니 _마24:7

마태복음 4장 8절에서 마귀가 예수를 시험할 때 그를 지극히 높은

산으로 데리고 가 천하 만국과 그 영광을 보여주었다는 대목에 등장한 '만국'이란 단어가 '나라' *βασιλεία*바실레이아로 쓰였다. 이때의 나라는 그야말로 땅의 차원에서 구현되는 지상 왕국을 뜻한다. 동시에 이 지상 왕국은 당시 유대교인들의 종교적, 정치적 열망이었다. 그들은 자신들을 택함 받은 백성으로 생각했다. 그리하여 메시아가 도래하는 날 자신들의 설움을 일거에 씻고 바로 이 땅에 메시아 왕국이 실제로 세워질 것을 대망했다. 하지만, 예수는 땅의 나라, 지상 왕국의 메시아로 오시지 않았다. 예수는 이사야서 53장의 메시아의 모습을 그대로 재연했다. 그분은 그 모습 그대로 군림과 육적 통치의 터전으로 온 것이 아니라 하늘 차원, 모든 존재에게 하나님을 아버지로 부를 수 있는 유일한 생명의 길을 열어놓으셨던 것이다.

이렇듯 땅의 차원에서 구현되는 지상 왕국은 위에서 살펴본 마태복음 24장 7절 말씀과 같이 대적과 분쟁을 불가피하게 유발한다. 이는 어쩌면 당연한 결과인지도 모른다. 땅의 차원에 얽매여 버린 소위 타락한 존재는 그 영적 신비의 단절로 말미암아 영원한 생명과의 하나됨을 기대할 수 없게 되었다. 그 때문에 이 지상 왕국은 존재의 욕망과 타락된 본성의 질서에 의해 흥망성쇠의 영욕을 반복하는데, 그것은 결국 절대의 허무를 낳는다.

생명과 하나 됨을 체험한 존재는 이 허무에서 벗어나야 한다. 그러려면 믿음으로 상징되는 내 안에 좌정하시는 영적 존재로서의 그리스도의 영을 힘입어 내 안에 자라나는 타락한 욕망의 뿌리를 뽑아내야만 한다. 이러한 표현이 적절하게 제시된 성서의 기록이 바로 히브리서 11장 33절 말씀이다.

'믿음으로 나라들을 이기기도 하며'

이 말씀에 제시된 나라들, 지상 왕국은 실제적 땅의 차원의 권세를 뜻함과 동시에 믿음의 눈뜸을 통해 나타나는 존재의 내부 세계에서 벌어지는 영적 전쟁의 해악을 상징한다. 이 '나라들' 은 내가 거둬내야만 할 육신의 소욕, 하늘 차원을 대적하는 요소들이다.

이렇듯 땅의 차원에 얽매이고 땅의 차원에 뿌리를 내린 나라는 하늘 차원에서 구현될 수 있는 '나라' 와는 그 개념이 다름을 확인했다. 그렇다면, 이번엔 그와는 반대되는 개념으로서의 '나라' 의 의미가 담긴 성경 구절을 살펴보겠다.

> 이때부터 예수님은 '회개하라! 하늘 나라가 가까왔다!' 하고 전도하기 시작하셨다. _마4:17 (현대인의 성경)

> 마음이 가난한 사람들은 행복하다. 하늘 나라가 그들의 것이다.
> _마5:3 (현대인의 성경)

하늘 나라로 번역된 단어의 헬라어를 살펴보면 *ἡ βασιλεία τῶν οὐρανῶν*헤 바실레이아 톤 우라논, 그 하늘들의 나라로 직역된다. 이때 사용된 '나라' 는 '하늘들' 이란 장엄 복수형의 존재들이 소유하고 있는 '나라' 로 제시된다.

앞서 살펴본 마태복음 4장 17절과 5장 3절 말씀들을 통해 우리는 놀라운 사실을 발견하게 된다. 이때 사용되는 천국, 그 하늘들의 나라는 미래적 개념으로 사용되지 않고 현재, 지금 우리 마음 안에서 일어나는 이른바 심령 천국의 현재적 개념을 갖고 있다는 사실이다.

'그 하늘들의 나라' 에 사용된 장엄 복수형의 '하늘들' 을 우리는 그리스도 예수로 힘입어 의롭다 함을 입은 존재를 상징한다는 사실을 확인한 바 있다. 그러므로 '그 하늘들의 나라'는 하늘 차원, 생명 차원에 합류된 존재들의 마음 안에서 발견되는 '나라'인 것으로서 온전한 영적 신비를 담고 있다.

예수는 자신의 공생애를 시작하는 그 첫 길목에서 바로 이러한 천국이 가까웠다고 선포하셨다. 이때 '가까웠다'의 헬라어 동사 ἤγγικεν엥기켄의 시제는 현재완료형으로 쓰였다. 헬라어 문법의 현재완료형은 과거에 시작된 일이 현재까지 영향을 주고 지속한다는 사실을 가리킨다. 그렇다면, 이 '가까이 왔다'는 의미의 천국은 이미 예수의 선포됨으로 인해 당시 유대 땅에 와 있었다는 논리가 성립된다. 장차 온다는 개념이 아니라 이미 와서 존재의 지속을 허락하고 있다는 뜻이다. 그렇다면, 이 '천국이 이미 와 있다'는 건 어떤 의미인가. 이는 타락한 모든 존재가 땅의 차원의 굴레를 벗고 하늘 차원에 합류될 수 있는 생명의 길 되시는 말씀의 육화인 그리스도 예수가 이 땅에 현현하셨다는 사실을 뜻한다. 그분의 오심 자체가 그러므로 βασιλεία바실레이아, 생명 왕국이 된다는 것이다.

이러한 맥락에서 예수는 팔복 메시지를 통해 심령이 가난한 자가 천국을 소유하게 될 것이라고 밝힌다.

그러므로 마태복음 5장 3절에 사용된 천국 '그 하늘들의 나라' 역시 장차 우리 존재가 거하게 될 최종적 개념으로서 천국이 아닌 지금 우리가 생명 차원의 현현이신 그리스도 예수를 말씀으로 우리 마음 안에 담아내는 놀라운 생명 신비의 개념임을 확인하게 된다. 왜냐하면, 그 나라가 우리 마음 안에 거하고, 성서는 그 나라를 심령이 가난한 자가 소유하게 될 것으로 말하기 때문이다. 누가복음 17장 21절, '하나님의 나라는 너희 안'에 있다고 말이다.

이와 함께 우리는 '나라', '왕국'이 메시아, 그리스도로서 예수의 존재성을 가리킴과 동시에 영적 영역성, 미래적 최종 완성으로서의 의미도 있음을 확인하게 되었다.

> 내가 진실로 너희에게 이르노니 세리들과 창녀들이 너희보다 먼저 하나님의 나라에 들어가리라 _마21:31

> 형제들아 내가 이것을 말하노니 혈과 육은 하나님 나라를 이어 받을 수 없고 또한 썩는 것은 썩지 아니하는 것을 유업으로 받지 못하느니라
> _고전15:50

유업은 기업과 상속의 의미가 있다. 상속의 개념은 마태복음 산상수훈 메시지에서 온유한 자의 비유를 통해 예수께서 밝히신 바 있다. 온유한 자들이 땅을 기업으로 받게 될 거라고 기록하셨다. 우리는 이때 예수가 가리킨 '땅' 이 지금 세상에서 받게 될 물질의 개념을 언급하신 게 아님을 확인한 바 있다. 이때의 '땅' 은 온전한 영적 개념으로 '가나안' , 하늘 차원에 합류된 존재의 최종 완성을 뜻한다.

이러한 맥락에서 우리가 최종적으로 받아야 할 유업, 상속은 바로 고린도전서 15장 50절에 밝히 나타난 '하나님의 나라' 다.

이때 우리는 이 '나라' 가 생명 차원의 유일한 길인 말씀의 화육체 그리스도 예수임을 성찰했다. 그렇다면, 이 '나라' 를 유업으로 받는다는 건 이 '나라' 로 존재화된 그리스도이신 예수의 거대한 생명 차원의 신비 안에 영적 현현체로서 함께 거한다는 이른바 존재의 연합을 통해 가능케 된다.

> 내 안에 거하라 나도 너희 안에 거하리라 가지가 포도나무에 붙어 있지 아니하

면 스스로 열매를 맺을 수 없음 같이 너희도 내 안에 있지 아니하면 그러하리라
_요15:4

그리스도 예수를 포도나무에, 그 포도나무에 붙어 있는 가지를 우리로 비유한 다락방 강화 가르침을 통해 예수는 자신의 존재성의 다른 표현인 나라, *βασιλεία*바실레이아 안에 거하는 상태가 곧 생명으로 상징된 포도나무 진액을 공급받는 영적 생명의 지속임을 강조하신 바 있다.

바로 이것이 하나 됨의 신비를 지향한다. 이 하나 됨은 그리스도가 머리 되고 우리가 그의 몸을 이루는 최종적 완성으로서의 그리스도를 지향한다.

예수는 이 땅에서의 사역을 통해 아버지의 뜻을 이루셨다. 그로 말미암아 이제 모든 존재는 타락과 욕망, 땅의 차원을 넘어서서 하늘 차원으로 나아가는 길을 걸을 수 있게 되었다. 이제 남은 건 아버지의 뜻대로 이루어지는 한 몸의 실현이다. 그리스도 예수는 '이미' 성취된 길의 열림과 '아직' 성취되지 않은 길의 커다란 궤적 안에 내재하여 있다. 그렇지만, 이 길의 완성, 그리스도의 지체가 채워지는 최종 완성의 때가 오게 되면 그때가 바로 모든 존재의 마지막으로 새 하늘, 새 땅의 출현이 될 것이다.

이러한 묵상을 다시 주기도문으로 돌아와 확인해 보겠다. '나라이 임하옵시며' 의 간구가 어떤 의미를 가졌는지 말이다.

지금 묵상한 본문 *ἐλθέτω ἡ βασιλεία σου*엘데토 헤 바실레이아 수 '당신의 나라가 임하옵소서' 에서 우리가 주목해야 할 단어는 바로 동사 *ἐλθέτω*엘데토다. 헬라어 문법으로 비추어 볼 때 이 단어 *ἐλθέτω*엘데토는 과거형으로 쓰였으며, 또한 능동태 명령법의 문법 의미가 있다.

헬라어 시제에서 과거형이 가리키는 바는 1회적 동작의 의미가 강하다. 그런 점에서 현재완료형이나 과거완료형의 시제와는 다소 차이가 있다. 현재완료나 과거완료는 그 동사적 의미가 과거나 현재에 이루어져 계속해서 그 동작의 영향력이 계속된다는 뜻을 갖지만, 과거형은 온전히 그 사건의 1회적 동작에 국한된다.

또한, 이 단어가 과거형과 함께 명령법으로 쓰인 것에 주목해보라. '당신의 나라가 임하옵소서' 에서 과거 명령으로서 '임하옵소서' 를 사용한 건 이 '임함' 의 시점이 이미 이전에 이루어졌다는 개념이 아니라 희구법에 가까운 간청의 뜻을 담은 명령법과 함께 쓰여 1회적 동작에 대한 대망의 기도로 사용되었음을 볼 수 있다.

그런 맥락에서 봤을 때, 지금 주기도문에서 사용되는 '당신 나라의 임함' 은 최종적 사건의 도래로서 '나라' 를 상징하는 그리스도 예수의 완전한 몸의 완성, 아버지 뜻의 완성을 열망하는 간구의 표현임이 확인된다. '아버지의 나라', '하나님의 나라' 는 누가복음 17장 21절 말씀처럼 지금 우리 마음, καρδία카르디아 안에 내재한 생명의 호흡, 생명의 뿌리, 포도나무의 진액으로 존재한다. 이 생명의 불멸성을 긍정하고 그 안에 머물고자 하는, 그래서 열매로 상징되는 믿음의 영적 성장을 지속하는 것, 바로 그러한 열망이 '나라이 임하옵시며' 의 최종 완성의 때를 향한 강렬한 열망과 궤적을 함께 하는 것이다.

그러나 우리는 오늘을 살아가고 있다. 현재의 시간 속에서 미래를 소망하는 건 우리가 묵상하고 직접 참여하는 주기도문을 통해 미래의 거룩함을 오늘 내 마음 안에서 선취하는 신비로 비약된다.

당신의 나라, 곧 아버지 나라의 생명을 깨달은 존재는 오늘 여기서 체험하는 것이다. 물론 완전함은 아닐 것이다. 그러나 그분의 이름이 내 안에서 거룩해지는, 더는 그 초월적 신성이 두려움과 막연함이 아닌 내 안에 거하는 생명 진액인 말씀으로서 내재하였다는 확신만으로도 우리는 완전함인 그리스도의 몸을 느낄 수 있다. 순결한 영의 감각으로 말이다.

주기도문 - 뜻이 하늘에서 이룬 것 같이

하나님은 영원하고 무한하시다. 본래 창조의 영역에서 출발하신 그분의 속성을 이야기하자면 그 깊이와 폭을 헤아릴 수 없기 마련이다. 단지 전능자의 창조성에 주목할 뿐이다. 이를테면 하나님의 영원하심과 무한성이 우리와 무슨 관계가 있느냐는 질문이 그것이다. 이러한 질문은 관계성에 대한 추궁으로 발전한다. 즉, 하나님의 영원하심이 우리와 무슨 관계가 있겠느냐는 질문으로 말이다.

하나님의 영원하심은 그분이 우리에게 영원하심에 대한 의지를 펼쳐 놓으실 때 비로소 영원하신 분으로 인정될 수 있다. 그분의 무한하심 역시 마찬가지다. 하나님이 우리를 창조하시고, 그분에 의해 지음 받았다는 신뢰의 바탕 위에서 갖게 되는 그분의 영원성과 무한성은 그로 말미암아 우리로 하여금 하나님 하나의 의지, 지향점을 발견하도록 해준다. 다시 말해 우리가 하나님에게서 영원함을 인지했다는 건 그분의 뜻 안에 영원성이 내포되어 있다는 사실에 대한 반증이다.

'뜻'의 헬라어 언어는 *θέλημα*델레마다. 이 단어는 대략 다음과 같은 사전적 의미가 있다.

> *θέλημα*델레마: 기본동사, ~을 결정하다. ~을 할 생각이다. ~하고 싶다. ~원하다. ~뜻을 세우다, ~을 좋아하다.

무엇을 결정하고 무엇을 할 생각인 점에서 이 *θέλημα*델레마란 단어는 하나의 강한 의지와 행동의 표출을 뜻하기도 하며, 동시에 무엇을 원하고, 좋아 하다는 뜻에선 그 행위가 담는 근본적인 지향점이 순수하며, 자발적이라는 느낌이 들게 해준다.

θέλημα델레마란 단어가 피조된 '우리' 에게 사용된 경우와 지금 주기도문처럼 하늘에 계신 아버지, 창조주 하나님에게 사용되는 경우 모두 신약 성서에서 나타난 순수하고 자발적인 동기에서 비롯된 의지의 피력 정도로 이해된다면 우리는 한 가지 의문을 갖지 않을 수 없다. 성서가 가리키는 순수하고 자발적인 동기가 과연 무엇인지에 대해 말이다.

성서는 무엇을 말하고 있는가. 성서의 메시지의 핵심은 단순하다. 그것은 바로 이 땅에 오신 예수란 인물이 하나님의 아들, 메시아 그리스도란 사실의 기록이다.

공관복음서의 기록이 그렇고, 요한복음의 말씀의 육화론肉化論은 그야말로 점입가경이다. 또한, 바울 서신들을 보라. 온통 그 주제가 행위와 율법을 통한 구원으로부터의 해방, 곧 이신칭의에 매달려 있지 않은가. 이 믿음의 대상은 누구인가. 우리를 율법으로부터 해방하신 그리스도 예수가 아닌가.

그와 함께 바울 서신에 인용되는 숱한 구약의 기록들이 있다. 구약의 모든 기록은 메시아에 대한 기대로 가득하다. 그 메시아가 바울 서신들의 풍부한 구약 성경 인용을 통해 예수인 것으로 밝혀진다. 그러므로 성경 66권의 완결성의 핵심엔 그리스도 예수가 숨 쉬고 있다. 구원과 기쁨, 궁극적 평안을 제공한 그리스도 예수의 가르침과 교훈으로 채워진 말씀이 곧 성서다.

그러한 맥락에서 우리는 성서의 언어 안에 담겨 있는 전체적인 '뜻' θέλημα델레마의 흔적을 엿볼 수 있다. 성령의 감동을 받아 말씀을 집필한 기록자들 모두는 성령의 극렬한 감동의 근원에 하나님의 영광과 무한하심을 향한 경외의 θέλημα델레마를 갖고 있다. 하지만, 인간의 차원에서 풀어지는 이 *θέλημα*델레마의 근원적 동기의 발출은 자발적이지 않다. 우리는 이 무한하심과 영원함을 사모할 수는 있다. 그러나 그 동기를 제공하는 자발적 의지의 발출은 오직 우리 마음속에 좌정하신 그리스도의 영인 성령을 통해서만 가능하다. 그 순수함과 자발적 의지 역시 온전히 하나님의 전능하심으로부터 비롯되는 것이다. 하나님의 영이 우리 인간의 마음 안에 좌정하셔서 당신의 그 '뜻' 을 헤아릴 수 있게 풀어주신 역동적인 역사가 바로 인간의 뜻, *θέλημα*델레마와 우리가 이제는 아버지라 부를 수 있는 하나님의 뜻, *θέλημα*델레마와 일치하게 될 때, 우리는 비로소 성경이 말하는 *θέλημα*델레마의 궁극적 지향점에 눈을 뜨게 된다.

오늘 주기도문 강해의 중간 지점에 나타나는 아버지 하나님을 향한 기도에서 우리는 '당신의 뜻이 하늘 안에서 이룬 것 같이 땅에서도 이루어지소서' 는 간절한 기도의 염원을 발견하게 된다. 마태복음 6장 10절을 살펴보자.

> *γενηθήτω τό θέλημά σου, ώς ἐν οὐρανῷ καί ἐπί τῆς γῆς*
> 뜻이 하늘에서 이룬 것 같이 땅에서도 이루어지이다

위 구절을 직역해 보면 다음과 같습니다.

> '당신의 뜻이 이루어지소서. 하늘 안에서와 같이 땅 위에서도'

하늘에 대한 일반 언어적 관점과 헬라어 원어의 차이에 대해 묵상한 바 있다. 헬라어 원전에선 '하늘' 로 번역된 단어 *οὐρανῷ*우라노가 단수의 수數를 갖고 있다. 동시에 6장 9절에서 언급된 '하늘에 계신 우리

아버지여' 의 구절에서 사용된 '하늘' 은 *οὐρανοῖς*우라노이스 복수의 개념을 갖는다.

풀어서 말해 지금 6장 10절은 '하늘' 이며, 6장 7절은 '하늘들' 정도로 번역되는데, 한 단어가 이렇듯 단수형과 복수형의 의미로 사용된 이유에 대해 세심히 묵상해 볼 필요가 있다.

6장 7절에 사용된 장엄 복수형의 하늘들은 하나님의 성스러움과 거룩함의 속성에 동참하고, 하나 되고자 하는 그분의 지체, 그리스도인들의 존재성을 함께 지칭한다. 그 하늘들 안에 계신 하나님은 말씀의 화육체이신 그리스도 예수를 통해 그 하나님 안에 우리가 '하늘들' 로 존재하고 있음을 자각하며, 그때 탄성과도 같이 하나님을 아버지. *πατήρ*파테르라고 부르게 되는 것이다.

하지만, 지금 언급된 '하늘' 은 장엄 복수형의 그리스도인을 함께 포괄하진 않는다. 당신의 뜻이 하늘 안에서 이룬다는 개념에서 본 이 '하늘' 은 그분의 뜻, *θέλημα*델레마가 시작된 거룩하고 자발적인 동기의 근원적 시발점, 혹은 터전으로 기능 한다.

> 나는 너희에게 이르노니 도무지 맹세하지 말지니 하늘로도 하지 말라 이는 하나님의 보좌임이요 _마5:34

> 나는 하늘로서 내려온 산 떡이니 _요6:51

이 하늘의 터전은 하나님의 무한하심과 영원함을 끊임없이 토해내고 있다. 우리는 주기도문을 통해 이 하늘의 천상적 터전에서 그분의 뜻이 바로 오늘 우리를 향해 전달됨을 인지할 수 있다. 요한복음 6장 51절 가르침에서 하늘을 보라. 그 하늘에서 바로 메시아, 그리스도 예수가 나타났다. 그분이 스스로 자신을 하늘로서 내려온 산 떡이라고 말하지 않았는가. 이때의 떡이 무엇인가. 사람의 영혼을 살려내는 떡이다. 죽어 있던, 죽을 수밖에 없던 존재의 영적 죽음으로부터 유일하게 생명의 호흡을 부여한 존재가 바로 살아있는 떡, 그 자체이신 그리스도 예수이셨던 것이다.

이러한 맥락에서 우리는 하늘 안에서 이루어진 그분의 뜻이 무엇인가를 더욱 분명히 알게 된다.

이 뜻, *θέλημα*델레마는 온전히 영적이다. 사실상 이 '뜻' 안에 담겨 있는 의미 궁극은 지상에서의 육신적 만족과 채움에 대해 아무것도 말하지 않는다. 주기도문에서 우리가 간청해야 하는, 그리스도이신 예수가 직접 우리에게 가르쳐준 기도문 안에 담겨 있는 당신의 뜻은 육신과 세상의 만족이 아닌 죽어 있는 우리 영혼의 숨을 다시 쉬게 하는 그 거룩한 작정에 대한 동의와 애통함만이 담겨 있다.

하나님의 이러한 작정에 대해 기록된 다른 말씀 몇 구절 더 찾아보자.

> 아버지, 아버지께서 원하신다면 이 고난의 잔을 내게서 거두어 주십시오. 그러나 제 뜻대로 마시고 아버지의 뜻대로 하십시오.
> _눅22:42 (현대인의 성경)

> 사실 내 아버지의 뜻은 아들을 보고 믿는 사람마다 영원한 생명을 얻는 것이다. 그리고 나는 마지막 날에 그들을 다시 살릴 것이다.
> _요6:40 (현대인의 성경)

> 모든 일에 감사하십시오. 이것은 그리스도 예수님 안에서 여러분을 위한 하나님

의 뜻입니다. _살전5:18 (현대인의 성경)

먼저 우리는 십자가 고난의 때를 앞두고 드렸던 예수의 간절한 기도가 적혀 있는 누가복음 22장 42절에 나타난 '아버지의 뜻' 을 묵상해 볼 필요가 있다.

예수는 아버지의 뜻, θέλημα델레마를 무엇으로 이해했을까. 정답은 성서에 이미 드러나 있다. 아버지의 뜻은 이 땅에 보내신 자신의 아들이 인류의 모든 죄를 대속하는 것이었다. 이 대속의 정점에 십자가가 있음을 예수는 인지했으며, 그것을 예수는 자신에게 주어진 '잔' 으로 인식했다. 예수는 이 잔으로부터 자신이 피할 수 없음을 긍정하는 기도 앞에서 다시 한 번 하나님의 뜻을 발견했던 것이다.

이 하나님의 뜻, θέλημα델레마는 죽을 수밖에 없는 인류를 향해 당신의 아들이 인류를 대신해 십자가를 지는 행위에 모두 농축되어 있다. 그것이 곧 전능자의 사랑의 발로였던 것이다. 이 사랑의 섭리가 바로 하늘의 터전에서 세우고자 했던 새 하늘을 향한 열망, 인류를 구원하시고자 하는 거룩한 로드 맵road map이었다.

그리고 오늘 이 땅을 살아가는 우리에게 하나님은 당신의 이 거룩한 뜻이 우리 영혼의 심장을 울리길 바라고 계시는데, 그 또한 하나님의 뜻이다.

마태복음 6장 10절에 등장한 '이 땅위에서' ἐπί τῆς γῆς에피 테스 게스란 구절에 나타난 땅, γῆς게스의 의미 역시 표면적 의미로서의 '땅' 만을 가리키고 있지 않음을 알 수 있다.

이 땅은 바로 오늘 우리가 살아가는 터전임과 동시에 흙으로 지음을 입은 우리 존재를 의미한다.

하지만, 땅의 백성은 하늘의 차원을 깨달을 수 없다. 우리는 땅에 있고, 하나님은 하늘에 계신 그 무한한 절대 분리의 심연의 간극을 땅의 의지로 이루어낼 수 없다. 하나님은 바로 이러한 절대 분리의 심연의 간극, 그 중심에 당신 뜻의 전부인 그리스도 예수를 보내셨다. 말씀의 역동성은 이 대목에서 절정을 이룬다. 말씀 전부가 집약된 존재성의 발출이 바로 그리스도 예수이다.

그리스도 예수, 그분 자체가 바로 하늘 안에서 이루어진 하나님의 뜻, *θέλημα*델레마다. 이 *θέλημα*델레마의 신성함을 깨닫는 것이 바로 땅에 머물러 땅으로 돌아갈 수밖에 없는 땅의 백성이 하늘 차원에 합류되어 급기야 *οὐρανοῖς*우라노이스, '하늘들' 이 되어지는 신령한 복을 회복하는 상태에 대한 권면이 바로 요한복음 6장 40절 말씀의 주제였던 것이다.

'내 아버지의 뜻은 아들을 보고 믿는 자마다 영생을 얻는 이것이니 마지막 날에 내가 이를 다시 살리리라'

주목하라. 아버지 하나님의 뜻은 아들로 대표되는 하늘로부터 내려오신 예수 그리스도의 존재를 보고 그분에 대한 기록과 가르침이 농축된 말씀을 믿고 말씀 안으로 함몰되는 존재에게 영생을 허락하고자 함에 집중되어 있지 않은가. 이것이 바로 성서 언어에서 나타난 *θέλημα*델레마 의미 전부다. 마찬가지로 주기도문에서 우리가 간청해야 할 당신의 뜻, 아버지의 *θέλημα*델레마는 모든 인류가 그분의 *θέλημα*델레마의 화육체인 그리스도 예수의 말씀 안으로 들어가 그분과 하나 되는 삶을 살아가는 것이다. 그것이 곧 '내가 아버지 안에 너희가 내 안에' 요15:5 거하는 역동적인 하나 됨의 상태성인 것이다.

그러나 아직 이 역동성은 완료되지 않은 현재진행형의 역동성이다.

데살로니가전서 5장 18절 말씀을 생각해보라. '범사에 감사하라' 는 사도 바울의 가르침은 단순히 범사凡事의 감사만을 의미하지는 않는다. 바울은 범사에 감사하는 것이 그리스도 안에서 우리를 향하고 계신 하나님의 뜻이라고 밝히 말씀하셨다. 하나님의 θέλημα델레마는 이제 이 땅의 백성인 우리가 모두 영원의 차원에 눈을 떠서 그리스도 예수 안에서 안식하고 그 안에서 평안을 누리는 것이다. 그렇게 되려면 우리가 그리스도 예수의 마음을 깨닫고 그분의 영이신 성령님을 우리 마음 안에 주인으로 모시는 일이 필요하다. 두 마음을 버리고 온전히 성령님의 주권 영역 안으로 함몰되어야만 하는 것이다. 이것이 곧 '범사에 감사하라' 는 하나님의 θέλημα델레마다.

범사는 세상을 상징하며, 동시에 땅의 백성으로 살아가는 이 땅의 유한적 한계를 뜻한다. 이 범사에서 영혼의 감사를 찾을 수 있는 유일한 대상은 하나님이다. 하나님을 발견하고 그분을 만나는 것이 천상적 의미에서의 감사며 최상의 복이다.

그런데 우리 자신의 의지와 땅의 습성에 고착된 상태로는 결코 하나님을 만날 수 없으며 하나님의 θέλημα델레마를 추구할 수도 없다. 오직 말씀에 기록된 그대로 우리 존재가 그리스도 예수 안에 있을 때에만 참된 감사가 가능하다. 반대로 말해 만일 우리 존재가 아무리 입으로는 예수를 증거 한다 해도 하나님의 θέλημα델레마에 대한 정확한 인식 없는 주기도문의 무의미한 배설을 반복한다면 우리는 결코 범사에 감사할 수 없을지도 모른다.

우리는 땅의 백성이지만 땅의 차원에 머물러 있을 수 없다. 하늘의 차원, 하늘들이 되는 것이 곧 우리를 창조하신 하나님의 유일한 뜻이기 때문이다. 이 뜻을 향해 나아가려고 우리는 날마다 하늘로부터 내려온 산 떡, 그리스도 예수의 말씀과 하나가 되려고 기도해야 한다.

마태복음 6장 10절에 나타난 '이루어지소서'의 단어 γενηθήτω게네데토 역시 다른 주기도문의 어법과 마찬가지로 과거수동태 명령법의 문법 형태를 갖는다. 이것은 명령임과 동시에 강렬한 요청이다. 반드시 이뤄져야 하는 탄원과도 같은 외침이다. 무엇이 말인가. 바로 아버지의 뜻, 전능하신 창조주의 θέλημα델레마가 이 땅에 이루어지는 것을 뜻한다. 그분이 뜻이 이루어지지 않으면 안 된다. 또한, 우리는 그분의 거대하고도 순수한 θέλημα델레마의 신비적 영역에 합류하여야 한다. 하나님의 영역과 그분의 존재 신비 안에 하나 되지 않는 상태는 곧 영원한 지옥 불구덩이, 불 못이다. 생명과의 단절 자체가 지옥이란 말이다.

그러므로 오늘도 우리는 기도해야 한다. 마음속 깊은 곳에서 소리쳐야 한다. '당신의 뜻이 하늘에서와 같이 이 땅에서도 이루어지소서!' 라고 말이다.

주기도문 - 일용할 양식을 주옵소서

주기도문의 절정을 향해 치닫는 순간에 우리는 바로 위와 같은 기도의 호소를 발견하게 된다. 바로 '일용할 양식을 달라' 는 기도 말이다.

양식이 무엇인가. 그것은 '밥' 이다. 밥은 육신의 생명을 위해 반드시 필요한 육의 양식이다. 육신을 위해 때에 따라 양식이 공급되지 않는다면 존재는 생존하기 어렵다. 불사의 존재나, 특출한 성인이 아닌 다음에야 양식을 통한 영양분의 공급 없이 육신의 호흡을 연명한다는 것 자체가 무의미하기 때문이다.

하지만, 이 양식이 반드시 육신의 연명을 위한 양식만을 지향한다고는 보기 어렵다. 우선 양식에 대한 당시 주님의 생각과 우리의 생각이 근본적으로 다르기 때문이다. 예수는 양식에 대한 새로운 개념을 우리에게 제시하신 바 있다. 이 땅의 양식, 육신의 생명을 위한 양식이 아닌 하늘 양식, 영의 양식에 대해 그분은 다음과 같이 표현하셨다.

> 그때 예수님은 그들에게 이렇게 말씀하셨다. '내가 바로 생명의 빵이다. 내게 오는 사람은 굶주리지 않을 것이며 나를 믿는 사람은 절대로 목마르지 않을 것이다. _요6:35 (현대인의 성경)

> 예수님이 '내가 하늘에서 내려온 빵이다' 하고 말씀하셨기 때문에 유대인들이 예수님에 대하여 수군거리며 '이 사람은 요셉의 아들 예수가 아니냐? 그의 부모를 우리가 다 아는데 어떻게 하늘에서 내려왔다고 하는가?' 하였다.
> _요6:41~42 (현대인의 성경)

생명의 떡. 예수는 종종 자신이 무엇 때문에 이 땅에 오셔야 했는지에 대한 해명과 선포의 의미를 표현하고자 하실 때, ἐγω εἰμί에고 에이미란 표현을 아끼지 않으셨다. 즉, '나는 ~으로 존재한다'고 밝힌 것이다.

지금 요한복음 6장 35절에서 예수는 자신이 '생명의 떡'으로 존재한다고 말씀하셨다. 그러므로 그분은 지금 자신의 존재 자체가 '떡', '양식'이라는 사실을 밝힌 것이며 그 양식이 비단 땅의 차원에 머무른 육의 양식뿐만 아니라 총괄적이며, 영원함을 보증하는 생명의 양식이 된다고 강조하셨다.

하지만, 이 말씀은 당시의 제자들과 그분을 지켜보던 수많은 이스라엘 백성에겐 파격일 수밖에 없었다. 그래서 그들은 위에 제시된 말씀 요한복음 6장 42절과 같은 대답을 할 수밖에 없었던 것이다.

그들은 양식에 대한 개념조차 확립하지 못했다. 예수가 자기 자신이 생명의 떡으로 존재한다는 사실에 대해 눈 뜨지 못했던 것이다. 그와 함께 그들은 예수의 존재 근원에 대해서도 이해하지 못했다. 단지 그들은 예수를 이 땅의 혈통으로만 관계되는 요셉의 아들로 이해하고 있었던 것이다.

이는 어쩌면 당연한 반응인지도 모른다. 양식에 대한 예수의 드러냄 자체가 이미 그들의 틀에 박혀 있는 편견과 고정관념을 넘어선다는 대의大義 속에선 그들에게 이 양식의 참 의미가 드러난다는 것 자체가 모순인지도 모른다.

생명은 그 가치가 영적이며, 영의 호흡의 영원성을 지향한다는 사실에 대해 그들은 모르지 않았다. 율법이 여호와 하나님의 무한하심과 경외로움을 언제나 집중해서 조명하기 때문이다. 그러므로 지상의 메시아는 지상의 통치에만 머무를 수 없다. 이 땅에 오신 메시아 그리스도는 이 땅에 머무르지만, 이 땅을 아우르며 궁극적으로는 하늘 차원, 생명 차원을 향해 우리를 이끌어 올리신다. 그 선봉에 바로 그리스도 예수가 있다. 그분이 우리의 머리 되고 우리는 그분의 몸이 된다. 그것은 완전한 생명의 합일을 지향한다. 온전한 하나가 되는 상태, 생명의 숨이 결코 끊어질 수 없는 상태의 지속. 그 불멸의 호흡을 요한복음 기자는 다음과 같이 표현한 바 있다.

내 안에 거하라 나도 너희 안에 거하리라 _요15:4

이번엔 예수가 생명의 떡으로 존재함에 대한 시간성의 측면을 묵상해 볼 필요가 있다. 그분은 단지 자신이 육신을 입고 이 땅에 존재했을 때만 생명의 떡으로 존재했던 것이 결코 아니다. 그리스도이신 예수는 2천 년이 지난 오늘도 과거와 같은 능력과 권위로 우리에게 생명의 떡으로서 존재하신다. 그렇다면, 그분이 생명의 떡으로 오늘날 우리와 함께 존재한다는 근거는 어디에 있는가. 또한, 오늘날 우리에게 생명의 떡이신 예수는 어디에 계신 것인가.

생명을 주는 것은 하나님의 영이며 인간의 육체는 아무 쓸모가 없다. 내가 너희에게 한 말은 영적인 생명에 관한 것이다. _요6:63 (현대인의 성경)

'내가 너희에게 이른 말'로 번역된 '말'의 헬라어 원어 *τὰ ῥήματα*타흐레마타, 그 말씀들이 바로 오늘날 우리에게 생명의 떡으로 존재한다. 이 말씀들은 오순절 이후 성령으로 임하신 그분의 깊고 신비스런 은혜 차원 안에서 그 역시 영적으로 우리 마음속에서 풀어지는 하나의 이적으로 존재한다. 바로 우리 마음 안에 '하늘들의 나라', 천국으로서 그리스도이신 예수의 영이신 성령이 거하는 것이며, 그렇게 우리 마음 안에 좌정하신 성령은 자기 자신에 대한 깨달음의 전부인 성서 가르침을 우리 마음 안에서 풀어주시는 것이다. 바로 그 풀어냄, 말씀의 열림이 우리에게 생명으로의 개안開眼을 허락함과 동시에 생명으로의 참여, 영의 양식을 먹고 마시는 단 하나의 통로를 이루는 것이다.

그러므로 이런 맥락에서 주기도문을 살펴본다면 이때 예수가 가르친 이 기도에 등장하는 '양식' 은 무익하여져서 썩어 없어질 소멸의 상징인 땅의 양식이 아니라 하늘 양식, 참 생명의 양식을 상징하고 있음을 깨닫게 된다.

바로 지금 주님은 오늘 우리가 이 양식에 대해 기도하라고 요청하신다. 이 양식을 먹어야 하기 때문이다. 그렇다면, 이 양식을 먹는다는 의미는 무엇인가. 이는 바로 영이요 생명인 그분의 말씀, *τὰ ῥήματα* 타 흐레마타 안으로 함몰되는 것이다. 존재의 모든 문을 열고 이 말씀에 대해 마음의 문을 열 때, 그분의 영이신 성령께서 마음 안에 좌정하시는 것이요, 바로 그 상태가 내가 주님 안에 거하고 주님이 내 안에 거하는 극치의 신비가 되는 것이다.

그런데 이 양식에 대한 간청이 마태복음 6장 11절에선 어떤 시점에 대한 간구와 함께 이루어지고 있음을 발견하게 된다. 이제 6장 11절 말씀을 원어로 해석하고 묵상해 보자.

τόν ἄρτον ἡμῶν τόν ἐπιούσιον δός ἡμῖν σήμερον

톤 아르톤 헤몬 톤 에피우시온 도스 헤민 세메론

오늘 우리에게 우리의 그 일용할 양식을 주옵소서 _원문 직역

양식이란 단어엔 그 앞에 관사가 선행되어 '그 양식' 어떤 하나의

대상을 지칭함을 보게 된다. 이를 통해서도 우리는 이 양식이 단지 추상적인 물질 개념만을 의미하고 있음이 아님을 짐작하게 된다. '그 양식'으로 한정된 대상은 바로 그리스도이신 예수를 가리킨다. 그분의 말씀이 곧 생명의 떡으로 존재하는 그분의 몸이기 때문이다.

그런데 지금 예수가 가르쳐주신 기도에는 이 양식이 오늘 우리에게 일용할 양식이라고 말하고 있음을 보게 된다. 여기서 주목할 단어는 바로 '일용한'으로 번역된 헬라어 ἐπιούσιον에피우시온이다.

형용사 '에피우시온'의 사전을 의미를 살펴보면 다음과 같다.

ἐπιούσιον에피우시온: 내일을 위한 for the coming day, 생존을 위한 for subsistence

'내일을 위해 필요하다'는 의미로 쓰인 '일용한'으로 번역된 ἐπιούσιον에피우시온의 본질적 의미로 성찰될 수 있으며, 또한 이 단어와 같은 어원으로 쓰인 유사어 ἐπιοῦσα에피우사의 의미는 '다가오다', '이튿날', '그 다음 날The next day'의 의미가 있다.

전체적으로 이러한 의미를 조합해 묵상해 보면 '일용한'이란 뜻으로 번역된 단어 ἐπιούσιον에피우시온은 내일을 위해 오늘 필요한 어떤 것을 가리키고 있음을 보게 된다.

그렇다면, 주기도문에서 말하는 '내일'은 무엇인가. 바로 오늘 이후에 다가오게 될 물리적 시간으로서의 내일을 말하는 건가. 그렇게만 이 기도의 의미가 모두 해소되는 것은 아니라고 생각한다.

성서에서 말하는 '내일'은 완성을 상징한다고 보인다. 이 완성됨은 예수 공생애의 완성을 통해 시작된 그분 뜻의 최종적인 성취를 의미한다.

예수는 이 땅에 오셔서 고난받으시고 죽임을 당하시고 사흘 만에 무덤에서 다시 일어나셨다. 그분은 천국 복음을 가르치셨고 하늘 차원의 참 의미가 무엇인지 우리에게 분명함으로 각인시켜 주셨다. 그리고 하늘로 승천하셨고 오순절 날 거룩한 영 '성령'으로 다시 우리 마음 안에 오셨다. 남은 것은 이제 모든 지체, 전 인류가 예수의 그리스도, 메시아 되심을 믿음으로 고백하고 그분의 생명의 장field에 참여하여 그분이 머리 되고 우리가 몸이 되는 온전한 합일을 이뤄내는 최종적 완성을 향한 내일이 곧 성서에 기록된 '내일'이란 용어의 의미 궁극일 것이다.

그러므로 내일은 주님의 강림, *παρουσία*파루시아의 신비와 뜻을 같이한다. 비로소 한 몸이 이루어지는 최종적인 완성의 때, 바로 그때가 우리 영혼이 영원한 하늘 차원으로 완전히 함몰되어 들어가는 신비적 합일의 순간이며, 우리 영혼은 그 신비의 도래를 대망하며 오늘을 사는 것이다. 바로 생명의 떡인 그리스도 예수의 *τά ῥήματα*타 흐레마타, 말씀을 듣고 깨닫는 행위인 말씀의 먹고 마심, 영적 성찬을 통해 말이다.

그런데 주기도문은 지금 이 최종적 완성의 '내일을 위한' 양식을 바로 *σήμερον*세메론으로 번역된 '오늘' 우리 마음 안에 허락해 달라고 간청하고 있다.

그렇다. 이 생명의 양식, 영의 양식은 내일의 완성을 위해 바로 오늘로 상징되는 땅과 세상에 남아있는 우리에게 반드시 필요한 것이다. 내일로 상징되는 천상의 차원, 영원의 차원으로 온전히 나아가려면 바로 세상에 남아서 세상의 가치, 개념과 끊임없는 충돌과 번뇌를 거듭하지 않을 수 없는 이 땅에 살아있는 바로 오늘, 주님의 말씀을 먹고 마시지 않고 그렇게 내 마음을 지키지 않으면 우리에겐 영원한 생명으로의 도약인 '내일' 이 주어지지 않기 때문이다.

그야말로 끊임없는 생명 호흡이 필요하다. 이것은 마치 우리 육체가 하루라도 생명의 양식을 공급받지 않으면 기력이 쇠해지고 점차 모든 것이 소멸의 진창을 향해 곤두박질 치는 것과 같은 이치다. 우리 영혼은 영이요 생명이신 그리스도 예수의 말씀에 언제나 굶주려 있어야 한다. 이것이 바로 산상수훈에 기록된 복 있는 자의 자세이다.

심령이 가난한 자는 복이 있나니 천국이 그들의 것임이요 _마5:3

존재의 영혼은 끊임없이 하늘 차원인 생명을 갈망한다. 그러나 이 생명의 충족은 오직 말씀이신 그리스도 예수의 정체를 드러낸 성서의 참 의미를 깨닫고 그 깨달음 안으로 몰입되는 것 외엔 다른 길이 존재하지 않는다. 그렇기에 예수는 영의 가난함을 무엇보다 강조하셨던 것이다.

기억해야 한다. 이 땅의 양식, 이 땅의 가치는 제아무리 거대한 찬란함과 치명적인 미혹의 빛을 머금었다 하더라도 언젠가는 반드시 한 줌 재가 되어 소멸하고 말 부패하고 썩을 수밖에 없는 유한의 차원 안에 머물러 있음을 말이다.

그러므로 우리는 오늘 주기도문 말씀을 통해서 그분이 우리를 대신해 간청한 그 기도에 등장하는 '양식' 이 바로 내일을 위해 오늘 우리에게 주어져야 할 영혼의 양식, 생명의 양식인 그분의 말씀임을 기억해야 하겠다. 그리고 이러한 기념이 바로 우리 마음 안에 지금 오늘 이루어지는 천국, 하늘들의 나라가 도래하는 영적 감격을 선사해 줄 것이다.

주기도문 - 우리의 죄를 사하여 주옵시고

주기도문 가르침 중에 '죄'에 대해 언급한 대목이 등장한다. 바로 마태복음 6장 12절 말씀인데, 이 말씀에 등장하는 '죄'의 단어는 우리가 보편적으로 아는 '죄'의 의미와는 다소 차이가 있음을 발견하게 된다.

우리의 인식 속에 자리 잡은 죄의 헬라어는 *ἁμαρτία*하마르티아다. 이 단어는 주로 '불법', 하나님이 아닌 다른 것에 대한 숭배, 세상에 속해 있는 상태에 대한 인간 실존의 현주소를 지적할 때 사용하는 단어로 사용된다. 신약 성서에 언급된 죄의 단어 역시 대부분 *ἁμαρτία*하마르티아가 사용된다. 하지만 '죄'로 번역된 단어가 모두 한결같이 *ἁμαρτία*하마르티아로만 쓰인 것은 아니다. 한글 개역성경에서는 '죄'의 개념을 복수와 단수의 구분 없이, 또한 *ἁμαρτία*하마르티아와 다른 헬라어 단어의 구분 없이 총칭해 사용하지만, 헬라어 원전을 통해 본 '죄'는 또 다른 개념을 갖고 있음을 보게 된다. 바로 지금 우리가 묵상하게 될 마태복음 6장 12절 같은 경우가 그렇다.

> *καί ἄφες ἡμῖν τά ὀφειλήματα ἡμῶν, ὡς καί ἡμεῖς ἀφίεμεν τοῖς ὀφειλέταις ἡμῶν.* 카이 아페스 헤민 타 오페일레마타 헤몬, 호스 카이 헤메이스 압히에멘 토이스 오페일레타이스 헤몬
>
> 우리가 우리에게 죄 지은자를 사하여 준 것 같이 우리 죄를 사하여 주옵시고
> _원문 직역

본 구절에 사용되는 죄는 *ἁμαρτία*하마르티아가 아니라 *ὀφειλήματα*오

페일레마타다. 이 단어가 어떤 의미가 있는지 살펴보겠다. 사전적 의미는 다음과 같다.

ὀφειλήματα오페일레마타: 빚, 의무, 채무, 마땅히 치러야 할 것, 과실, 허물, 죄

이 단어 역시 포괄적이며 다양한 의미가 있다. 그럼에도, 이 단어에 두드러진 의미 경향을 본다면 의무나 빚의 의미에 치우쳐 있다.

한글 개역 성경과 헬라어 원전을 비교해 보면 이 단어가 성서의 다른 구절에선 빚이나 의무로 사용되는 경우가 빈번하다. 하지만, 지금처럼 주기도문에선 '죄' 로 번역되기도 한다. 그렇다면, 이 단어가 어째서 '죄' 의 개념을 갖고 번역되거나 그렇게 사용되는 것일까. 그 사실에 대해 묵상하면서 본 6장 13절의 의미를 함께 고찰해 볼 필요가 있겠다.

먼저 성서가 가리키는 의무는 무엇인가. 이를 살펴보려면 먼저 이 신약성서가 쓰이게 된 당시의 사회, 문화적 관습에 대해 고찰해 볼 필요가 있다.

과거 유대인들은 '죄' 의 개념에 대해 또 하나의 다른 견해를 갖고 있었다. 그 다른 견해는 바로 일하지 않는 것, 마땅히 해야 할 것을 하지 않는 것의 상태 또한 죄의 범주에 속한다고 보았던 것이다. 실제로 유대인 랍비들의 교훈서 탈무드를 살펴보면 이스라엘 사람들은 마땅히 자신에게 주어진 의무와 책임을 다하지 않고 회피하는 것 자체를 죄를 범하는 것으로 인식했던 것을 확인하게 된다.

이런 맥락에서 봤을 때 당시 유대인들의 관습에서 사용된 이 '죄' 는 의무를 다하지 않는 것이기에 자연히 빚을 진 것으로 생각하게 된 것이며, 그러한 관점에서 헬라어 ὀφειλήματα오페일레마타는 죄를 범하는

상태이되 이 죄의 개념은 의무와 빚을 갚지 않은 상태로 볼 수 있다.

그렇다면, 성서에서 하나님의 말씀이 가리키는 그리스도인에게 주어진 의무, 혹은 빚은 무엇을 의미하는가. 로마서에 기록된 짧고 함축적인 기록에서 그 의미를 짐작할 수 있다.

> 서로 사랑의 빚을 지는 것 외에는 아무에게도 빚을 지지 마십시오. 남을 사랑하는 사람은 율법을 다 지킨 것입니다. _롬13:8 (현대인의 성경)

위 말씀의 헬라어 원전을 살펴보면 다음과 같다.

Μηδενί μηδέν ὀφείλετε, εἰ μή τό ἀγαπᾶν ἀλλήλους ὁ γάρ ἀγαπῶν τόν ἕτερον, νόμον πελήρωκεν.

메데니 메덴 오페일레테, 에이 메 토 아가판 알렐루스, 호 가르 아가폰 톤 헤테론, 노몬 페플레로켄

위 구절에서 본 '빚'의 헬라어 원어는 명사 *ὀφειλήματα*오페일레마타에서 파생된 동사 명령형 *ὀφείλετε*오페일레테다. 이 단어가 바로 마태복음 6장 12절에서는 '죄'로 사용되었다.

사도 바울은 로마에 사는 그리스도인, 그리고 오늘을 사는 우리에게 바로 이 '사랑의 빚' 외에는 아무 빚도 지지 말라고 권면 하셨다. 이를 달리 말하면 다른 빚으로 상징되는 율법 행위나 자기 의를 통한 의로움의 성취 욕망의 허물을 벗어버리되 아직 우리에겐 이 '사랑의 빚'을 탕감 받아야 할, 사랑의 빚을 짊어져야 할 의무가 남아 있음을 시사하고 있다. 이 빚은 다름 아닌 사랑의 빚이다.

사랑의 빚은 본 구절의 하반부 '남을 사랑하는 자는 율법을 다 이루었느니라'에 함축되어 있다. 남을 사랑한다는 것, 그것은 곧 예수의

단 하나뿐인 지상 명령이기도 했다.

> 예수께서 이르시되 네 마음을 다하고 목숨을 다하고 뜻을 다하여 주 너의 하나님을 사랑하라 하셨으니 이것이 크고 첫째 되는 계명이요 둘째도 그와 같으니 네 이웃을 네 자신 같이 사랑하라 하셨으니 이 두 계명이 온 율법과 선지자의 강령이니라 _마22:37~40

본 말씀이 기록되게 된 정황엔 예수의 자격을 논하려고 던진 율법사의 악의적인 질문에 대한 예수 자신의 답변이란 상황이 전제된다. 율법사는 율법 행위의 경중을 따지려고 예수에게 율법 중 어느 계명이 가장 큰 것이냐고 물었다. 율법사의 이러한 질문은 율법의 전체를 보지 못하고, 무엇보다 그리스도 예수가 율법과 선지자 강령의 성취 정점에 계시며, 그분 자신이 율법이 지향하는 메시아 그리스도이었음을 간과한 결과다. 이러한 율법사의 악의적 질문에 대해 지금 예수는 '사랑하라' 는 메시지가 율법의 모든 계명의 성취였다고 말씀하셨다.

먼저는 '주 너의 하나님을 사랑하라' 고 하셨다. 이때 성서가 말하는 '사랑' 은 어떤 의미인가. 단순한 인간적 감정의 교류인가. 그렇지 않을 것이다. 성서에선 '사랑' 을 하나님의 고유한 속성, 더 나아가 하나님 자신으로 묘사하는 것을 절대로 망설이지 않았다. 그렇다. 하나님은 곧 사랑이다. 사랑은 하나님의 다른 이름이다. 그런 맥락에서 봤을 때, 이 사랑을 한다는 것, 하나님을 사랑한다는 것은 결국 사랑이신 하나님의 그 놀라운 무한적 신비를 깨닫는 것을 의미한다. 그렇다면, 이 깨달음은 어디에서부터 가능한가. 그 뿌리는 바로 성서 말씀에 있다. 하나님의 사랑, 하나님의 속성, 하나님의 신비를 체험할 수 있는 유일한 통로는 바로 말씀이다. 때문에 '주 너의 하나님을 사랑하라' 는 것은 우리 마음에 모든 세속적 관심과 육적 자아의 집착을 버리고 그렇게 비운 영의 마음 안에 하나님의 육화요, 그분의 현전체現前體인 말씀을 묵상하고 그 안에 거하라는 의미로 볼 수 있다.

두 번째로 예수는 단지 자신의 마음 안에만 이 말씀의 깨달음을 보존하라는 차원에서 더 나아가 내 이웃에게 사랑인 하나님을 깨닫게 해 준 복음을 증거 하라는 계명을 남기셨다. 바로 그 복음증거가 '내 이웃을 내 몸과 같이 사랑' 하는 지극한 사랑의 실천행위가 되는 것이다. 바로 예수는 이 두 계명, 하나님을 사랑하고 내 이웃을 사랑하는 행위를 모든 율법의 성취 극점으로 규정하셨다.

그렇다면, 앞서 묵상한 로마서 13장 8절에 언급된 '사랑의 빚' 은 우리에게 어떤 의미가 있는가. 이 빚은 두 가지 측면에서 그리스도인들에게 분명한 영적 행함을 요구한다. 첫 번째는 바로 지금 하나님을 깨닫는 소위 말씀 묵상에 천착하는 일이다. 우리는 주 너의 하나님을 사랑하지 않고선, 그분의 뜻과 거룩함을 헤아리지 않고선 성서가 말하는 전우주적 '사랑' 의 깊이를 도저히 헤아릴 수 없다. 이는 곧 '의인은 없나니 하나도 없다' 는 바울의 통렬한 고백과 맥을 같이한다. 사랑이신 하나님을 깨닫고 그분의 영적 실체를 우리 마음 안에 담지 못한다면 우리는 사랑의 빚을 갚을 능력조차 없게 되는 것이다.

두 번째로 나타난 사랑의 빚은 이러한 깨달음으로서의 하나님, 그 사랑 자체인 존재를 내 이웃에게 증거 하는 일이다. 그렇다면, 여기서 말하는 내 이웃은 어떤 영적 실존을 갖고 있는가. 선한 사마리아인 비유에서 내 이웃의 실존 상태를 확인할 수 있다.

그러자 예수님은 이렇게 대답하셨다. '어떤 사람이 예루살렘에서 여리고로 내려가다가 강도를 만났다. 강도들은 그 사람의 옷을 벗기고 때려서 반쯤 죽은 것을

버려두고 가 버렸다. _눅10:30 (현대인의 성경)

성경에서 내 이웃의 실존 상태에 대해 이처럼 분명하게 제시하는 비유는 없다고 생각된다. 여기서 강도 만난 자의 상태는 어떠한가. 반쯤 죽은 상태라고 했는데, 이는 곧 존재의 영혼이 존재의 의지로 말미암아 주님의 빛과 생명으로 나아갈 수 없는 상태에 대한 통렬한 실존 고백이다. 이것이 곧 사랑이신 하나님을 알지 못하고 그분의 거룩한 영적 속성에 참여하지 못하는 존재가 겪게 되는 참담한 영적 실존이다. 지금 주님께서는 이 상태에 처한 내 이웃을 자신의 몸과 같이 사랑하라고 말씀하셨으며, 그것이 바로 단 하나의 계명으로 소급된다.

계명은 무엇인가. 그것은 지키는 것이다. 지키고 보존하며 깨달아가는 것이다. 이 계명을 지킴으로서 우리는 죄와 사망에서 벗어나게 된다. 바로 이 계명이 바울이 말한 사랑의 빛이다. 이 빛을 탕감해주는 것, 그것이 곧 죄와 허물로 죽어 있는 내 이웃을 구원의 거룩한 장field, 출애굽 이후의 광야로 이끌어냄을 뜻하는 것이다.

지금 이 비유를 살펴보라. 과연 누가 이 강도 만난 자, 거반居半 죽게 된 자의 참된 이웃이 되었는가. 36절을 묵상해 보자.

그러니 네 생각에는 이 세 사람 중에 누가 강도 만난 사람의 이웃이 되겠느냐? _눅10:36 (현대인의 성경)

강도 만난 우리의 이웃을 한 사람 제사장과 또 다른 사람 레위인은 모두 그대로 지나쳤다. 그리고 이방인으로 상징되는 사마리아인이 그 강도 만난 자의 이웃이 되었다고 예수는 말하고 있다.

이 비유가 상징하는 바는 무엇인가. 제사장과 레위인은 종교인이다.

그들의 종교는 바로 유대교로서 야훼 하나님을 섬기는 종교였다. 그런데 그들의 마음엔 자기 의의 행함과 자기 노력의 결과에 대한 집착이 자리 잡고 있었다. 그들은 두려움과 경외심에 대한 바른 이해가 선행되지 않았다. 야훼 하나님에 대한 참된 두려움은 그분의 사랑의 실체를 깨닫고 그 무한함에 감격하는 데 있다. 그 깨달음의 참여는 말씀 안으로의 몰입에 있다. 이 말씀이 곧 하나님의 현전체現前體이신 육화된 말씀, 예수 그리스도였다. 그러나 당시의 종교인들은 이러한 육화된 말씀에로의 몰입을 두려움, 불경스러움이란 이름으로 배척했다. 그들은 주님의 이름을 높인다는 미명아래 사랑이신 하나님을 그분의 참된 방법과 가르침대로 사랑하지 않았다. 그러한 지고한 사랑이 결여된 상태로 그들은 자기 의의 교도소에 갇힌 채로 종교 생활을 영위했기에 불행하게도 강도 만난 자의 이웃이 될 수 없었다. 왜냐하면, 그들에겐 처음부터 사랑이신 하나님의 복음이 마음 안에 좌정하지 않았기 때문이다.

이방인으로 상징되는 사마리아인은 그리스도인의 실존을 상징한다. 우리가 '이방' 일 수밖에 없는 것은 본질적으로 우리가 우리 행위, 우리 자각과 인식을 통해 구원에 이를 수 없다는 근본적 한계를 가리킨다. 이 한계를 인정하는 것 자체가 이미 우리는 하나님을 사랑하는 반열에 오르는 것이다. 이 영적 이방의 실존을 인정하고 말씀 그 자체인 하나님의 신비에 몰입되고자 할 때, 우리는 비로소 생명 차원에 합류되는 것이다. 존재의 의지와 행위가 아니라 그분을 믿음으로 말미암아 가능케 되는 것이다.

이러한 생명의 전적 타자성他者性을 긍정하고 찬양하는 존재가 비로소 사랑의 빚을 갚을 수 있게 되는데, 그것이 바로 지금 묵상한 우리에게 죄지은 자의 죄를 사하여 주는 행위가 되는 것이다.

다시 돌아와 마태복음 6장 12절 하반부 구절을 직역해 보면 다음과 같다.

ὡς καί ἡμεῖς ἀφίεμεν τοῖς ὀφειλέταις ἡμῶν

호스 카이 헤메이스 압히에멘 토이스 오페일레타이스 헤몬

우리의 그 빚진 사람들에게 우리도 탕감해주는 것 같이 _원문 직역

'탕감한다'는 동사 *ἀφιέμεν*압히에멘의 원어적 의미는 '용서하다', '사하다'는 의미와 함께 '허락하다', '보내버리다', '가라고 명하다'의 의미도 함께 갖는다. 우리에게 빚진 사람들은 곧 강도 만나 자와 같이 '사랑의 빚'을 갚기 원하나 그 갈망이 있음에도 영적 갈망을 채울 수 있는 근본 통로인 사랑이신 하나님에 대한 깨달음이 없는 이웃의 상태를 뜻한다. 이들에게 지금 우리의 기도가 시작되고 있다. 이 말씀은 곧 내 이웃의 빚, 사랑이신 하나님의 복음을 깨닫지 못하는 상태에서 벗어나게 해 달라는 간청임과 동시에 오늘을 사는 그리스도인으로서의 자신 역시 그 깊이를 헤아릴 수 없는 하나님의 말씀 안에서 항상 깨달음을 갖게 해달라는 이중 간청의 의미가 담겨 있는 것이다.

내 이웃을 사랑하려면 우선 하나님을 사랑해야 한다. 하나님을 사랑한다는 말씀 안으로의 참여는 단순히 일회적인 믿음의 고백 따위로 해소되는 것이 결코 아니다. 날마다 그리스도의 장성한 분량까지 자라기 위한 필연적 영적 성장을 위해 끊임없이 주님을 사랑하는 행위, 말씀 안으로의 참여가 요구된다. 그리고 이 요청은 곧 행함을 가진 믿음을 잉태한다. 비로소 내 마음 안에 그리스도의 복음이 충만히 채워질 때, 그 차고 넘치는 것으로 내 이웃에게 그들의 빚, 깨닫지 못함, 하나님의 빛에 나아가지 못함의 상태를 벗어나게 해주는 것이다.

이 역동적 실존이 곧 주기도문 마태복음 6장 12절의 간청의 핵심이다. 12절의 전반부, 우리 죄를 사하여 달라는 기도는 그러므로 주 너희 하나님을 사랑하고 내 이웃을 내 몸과 같이 사랑하라는 두 계명의 역동적 실천을 우리 육신의 호흡이 끝나는 날까지 날마다 새로움으로 체험할 수 있게 해달라는 온전한 하늘 차원에서의 간구다. 그리스도 예수는 당시에도, 그리고 오늘을 사는 우리에게도 이러한 기도를 지속하길 원하신다. 참사랑을 깨닫고 그 깨달은 사랑을 내 이웃, 내 형제에게 값없이 증거 하고 나눠주는 상태. 그 거룩한 κοινωνία코이노이아가 오늘의 교회가 감당해야 할 단 하나의 미덕임을 강조하셨던 것이다.

주기도문 - 유혹 안으로

마태복음 6장 13절에서 '우리를 시험에 들지 하지 마옵시고 다만 악에서 구하옵소서' 란 기도문이 등장한다. 여기서 '시험' 이란 단어와 '시험에' 로 사용된 접속사절에 대해 깊이 생각해 볼 필요가 있다. 또한, 주기도문에서 말하는 시험, 더 나아가 성서가 말하는 시험에 대해 가진 다소의 혼란스러움에 대해서도 진단해 볼 필요가 있다.

우선 6장 13절 말씀의 전반부를 원어로 살펴보면 다음과 같다.

καί μή εἰσενέγκης ἡμᾶς εἰς πειρασμόν

카이 메 에이세넹케스 헤마스 에이스 페이라스몬

우리를 그 유혹 속으로 들어가지 않게 하옵소서 _원문 직역

'우리를 유혹 속으로' 라고 번역되는 것은 원전 의미에 입각한 번역으로 볼 수 있다. 여기서 우리가 주목할 만한 부분은 '유혹' 으로 번역된 *πειρασμόν*페이라스몬이란 단어의 원전 의미와 '유혹 속으로' 로 번역된 접속사구 *εἰς πειρασμόν*에이스 페이라스몬에 대한 공간성이다.

우선 *πειρασμόν*페이라스몬의 사전적 의미에 대해 살펴보겠다.

*πειρασμόν*페이라스몬: 실험, 증명, 시험, 시련, 유혹

이렇듯 *πειρασμόν*페이라스몬은 이와 같은 의미로 사용되며, 한글 개역성경에는 주로 '시험' 이란 단어로 번역되어 있다. 시험과 시련, 유혹의 의미가 있는 단어를 통해 지금 예수는 우리가 반드시 행해야 할

기도로서 '유혹 속으로' 들어가지 않게 해달라고 표현했다. 그렇다면, 이 유혹은 과연 어떤 범주에서 나타날 수 있는 유혹인가. 우선 이 유혹의 당사자가 되셨던 예수와 그에게 유혹의 간사함을 속삭이던 마귀와의 대치 상황을 통해 이 의미를 추론해 볼 수 있다.

그 때에 예수께서 성령에게 이끌리어 마귀에게 시험을 받으러 광야로 가사 _마4:1

예수가 마귀에게 시험, 유혹을 당하러 광야로 갔다가 기록되었을 때는 마귀에 의해 강제적으로 유혹을 받은 것이 아니었다. 이때 예수가 받은 유혹은 성령에 의해 자발적으로 진행되었다.

그렇다면, 오늘날 예수가 마귀에게 시험받았던 그 광야는 어떤 의미가 있는가. 사도행전을 살펴보겠다.

시내산에서 자기에게 말한 천사와 그리고 우리 조상들과 함께 광야 교회에 있으면서 하나님의 살아 있는 말씀을 받아 우리에게 전해 준 사람이 바로 이 모세입니다. _행7:38 (현대인의 성경)

사도행전 기록자는 말씀을 통해 과거 구약 시대 출애굽한 백성이 머물렀던 장소인 광야를 교회와 동일시하는 경향을 숨기지 않았다.

그렇다면, 출애굽의 역사 자체가 신약시대의 맥락에서 갖는 의미는 무엇인가. 구약에서의 출애굽 사건은 바로 예수가 우리가 해결할 수 없는 존재의 죄악된 굴레로부터 해방 시킨 사건이다. 그 사건의 핵심에 십자가와 부활이 자리 잡고 있다. 출애굽의 비전은 이로써 말씀의 육화인 예수에 의해 우리 의지와 노력과는 상관없이 일방적으로 주어진 은혜다. 그러나 구약성서에 입각해 볼 때 이 출애굽 이후 약속의 땅 가나안으로 들어가는 것은 전적으로 이스라엘 백성의 몫이었다. 은혜로 받은 출애굽의 감격을 마음에 품고 하늘로부터 내려오는 만나, 곧 하나님 말씀만으로 채움 받아 그 충만함을 지속시켜 가나안 땅까지 이르게 된다는 이 거룩한 도정을 신학적 용어로 표현하자면 성화聖化의 의미로 볼 수 있을 것이다.

필자는 역사적 예수가 실제로 하나님의 영, 성령에 이끌려 광야에서 마귀에게 시험을 받으셨다는 사실을 지지한다. 예수는 실제로 40일을 금식하셨으며, 그 굶주림 속에서 인간 존재의 유약함과 욕망의 치부를 가장 정확히 꿰뚫는 뱀의 눈을 가진 마귀의 유혹을 받았다. 그렇지만, 광야 유혹 사건은 단순히 역사적 기록으로만 만족하는 것이 아니라 오늘을 사는 우리에게 분명한 영적 메시지를 담고 있다고 생각한다. 이 영적 메시지는 바로 오늘의 광야는 곧 오늘의 교회이며, 이 교회의 머리 되는 그리스도이신 예수가 이 유혹을 물리치셨다는 사실에 대한 믿음의 강화다.

40일을 금식한 예수에게 다가온 마귀의 속삭임, 그 유혹의 전형은 너무나 치밀했다. 마귀는 다음과 같은 세 가지 주제로 예수를 유혹했다.

첫째, 마귀는 '이 돌들이 떡덩이가 되게 하라' 고 유혹했다. 둘째, 마귀는 예수를 성전 꼭대기에 세우고 '하나님의 아들이어든 뛰어내리라' 고 유혹했으며, 마지막으로 마귀는 예수에게 자신에게 엎드려 경배하며 천하만국과 영광을 모두 주겠다고 유혹했다.

이 유혹의 정체를 한 번 살펴보라. 이는 철저히 땅의 차원에 매여 있다. 마귀는 이른바 영의 차원, 하늘의 차원을 향한 갈구를 원하지 않았다. 그가 죽음과 사망의 다른 이름을 짊어진 것처럼, 그 속성 그대로의 악취를 뿜어낸 것이다. 그런데 오늘의 세상에선 이 악취가 결코 악취로 다가오지 않는다. 육의 안목, 땅의 안목을 가진 인간이라면 이 유혹은 너무나 달콤하기 이를 데 없는 매혹의 향료로 둔갑해 버린다.

첫째 유혹에서 드러난 마귀의 속삭임을 들어보자. 하늘 차원에 합류하여 하나님의 신성을 체험하고 그 거룩함을 담아 가나안까지 이르길 원함이 광야 교회에 있는 그리스도인의 단 하나의 목표다. 광야 교회에서 필요한 것은 그러므로 만나로 상징되는 하나님의 말씀뿐이다. 이 말씀이 곧 그리스도 예수의 몸이요 피다. 이러한 맥락에서 영적 성찬의 의미가 출현된 것이다.

그런데 지금 마귀는 그리스도 예수의 몸인 하나님의 말씀을 먹고 마심, 땅의 차원으로의 배설로 이용할 것을 종용하고 있다. 신성의 말씀이 땅의 차원에 배설되는 차원은 언뜻 보기엔 광야 교회에 머무른 우리가 마땅히 경계할 것처럼 보이지만 실상은 그렇지 않다.

오늘의 교회 앞에 당면한 유혹을 보기 바란다. 하나님의 말씀이 세속에서의 승리와 성취의 도구로 활용되고 있지 않은가. 교회 일에 충성함과 헌금과 기도를 열심히 하는 것, 예배에 열심히 참석하는 것이 곧바로 세속에서의 승리와 물질적 축복의 보장, 심리적 안정의 회복으로 가르치는 것을 서슴지 않는 설교 행위들이 교회의 강단에서 비일비재하게 출몰하고 있지 않은가.

하나님의 말씀은 말씀 그 자체로의 신성에 의해 선포돼야 한다. 설교자는 강단에서 오직 우리에게 그리스도가 되신 예수를 선포해야만 하는 것이다. 마태복음 6장 7절 기록과 같이 세속에서의 성공, 성취, 삶의 승리 등의 개념은 온전히 이방적이며, 그것들은 이미 하나님께서 우리가 구하기 전에 있어야 할 것을 알고 계신다고 선포하신 바 있다.

그럼에도, 우리는 이 유혹 앞에 흔들린다. 하나님 입에서 나오는 모든 말씀으로 살아야 할 존재에게 그 말씀을 떡의 차원, 땅의 차원으로 끌어내려 먹고 마시려는 이 행위가 과연 성령 훼방이 아니라면 무엇인지 조심스럽게 묻고 싶을 심정이다.

그리고 두 번째 유혹이 광야 교회 앞에 맞닥뜨리고 있다. 두 번째 유혹은 성전 꼭대기로 상징된 영혼의 참된 목표, 지향점에 대한 훼손과 거부의 메시지를 담고 있다. 이를 묵상하기 위해 우선 마태복음 4장 5절 말씀을 원어로 직역해 보면 다음과 같다.

Τότε παραλαμβάνει αὐτόν ὁ διάβολος εἰς τήν ἁγίαν πόλιν, καί ἵστησιν αὐτόν ἐπί τό πτερύγιον τοῦ ἱεροῦ. 토테 파라람바네이 아우톤 호 디아볼로스 에이스 텐 하기안 폴린 카이 이스테신 아우톤 에피 토 프테뤼기온 투 히에루

그때 마귀가 그를 거룩한 도시 안으로 데리고 가서 그를 그 성전의 꼭대기 위로 세우고

'거룩한 도시'는 신약의 의미로 보면 새 예루살렘을 뜻한다. 새 예루살렘의 상징은 장차 완성되게 될 하나님의 나라, 그리스도의 몸을 상징한다고 볼 수 있다. 하지만, 시기적으로 이 거룩한 도시가 완전한 완성이었다고 보긴 어렵다. 이는 하나의 상징으로 봐야 할 것이다. 만약 거룩한 도시가 완성되었었다면 그 도시 안으로 마귀가 유혹의 밀어密語를 풀어낼 순 없었을 것이기 때문이다.

마귀는 장차 거룩한 도시가 될 곳, 머리 되시는 그리스도 예수와 그분의 몸이 될 지체로서의 그리스도인의 터전인 교회, 광야 안으로 예수를 데리고 왔다. 그리고 그 성전의 꼭대기로 예수를 세우고서 다음과 같이 말했다. '네가 만일 하나님의 아들이어든 뛰어내려라'

이 유혹엔 중층의 메시지가 담겨 있다. 하지만, 그 중 가장 핵심을 이루는 유혹의 중심엔 다음과 같은 의미가 담겨 있다. 꼭대기로 상징된 단어 πτερύγιον프테뤼기온의 의미가 '첨단' 과 '끝' 의 뜻이 있는 것으로 미루어 볼 때, 처음이자 끝인 그리스도의 온전한 사역의 마지막, 그 지향점을 상징한다. 이 지향점의 성단에서 마귀는 예수에게 뛰어내리라는 유혹의 밀어를 속삭인다. 동시에 간교하게도 '기록하였으되' 란 말을 통해 자신도 성서 텍스트를 인용하고 있다는 사실을 은근히 과시한다.

이 간사한 유혹이 담는 핵심은 시작과 끝의 영원한 거룩함을 예수가 스스로 깨뜨리고 하늘이 아닌 땅으로 상징되는 세상으로의 자발적인 추락을 종용한다는 사실이다. 이는 첫 번째 유혹과 그 맥을 같이한다. 하나님의 말씀을 세속의 먹고 마심, 세속의 안목과 욕망의 도구로 격하시키는 그 훼손됨의 연장 선상에서 그리스도 예수의 완성, 이른바 '끝', τέλος텔로스의 사역을 철저히 훼손하고자 하는 두 번째 유혹 역시 오늘의 교회가 너무나 빈번하게 도전받는 유혹임을 부정할 순 없을 것이다.

오늘의 교회 역시 이 숭고한 '끝' 의 사역을 세상으로의 추락을 통해 스스로 더럽히는 실정이다. 마귀는 표적과 이적을 통한 종교행위의 지속을 그리스도인에게 요구한다. 이는 마치 출애굽 이후 광야에 거주한 이스라엘 백성이 하늘의 만나만으로 만족하지 못하고 금송아지와 각종 다른 우상을 통해 자신들의 근원적 불안으로부터 파생된 공포의 종교성을 충족시키려 했던 것과 다르지 않다.

우상의 뿌리는 표적과 밀접히 관계되어 있다. 그러나 성서에 등장하는 표적의 궁극은 오직 요나의 표적, 그리스도 예수의 십자가 보혈과 부활뿐이다. 이 초점에서 어긋나는 모든 의미는 땅의 차원의 진창 속에서 허우적거릴 수밖에 없다. 마귀는 지금 두 번째 유혹을 통해 거룩한 하나님의 말씀을 땅의 차원, 금송아지와 각종 우상이 난무하는 표적행위에 의존한 종교로의 자발적인 추락으로 훼손할 것을 오늘의 그리스도인에게 속삭이는 것이다.

그와 함께 마지막 세 번째 유혹이 등장한다. 마귀는 예수에게 천하 만국과 그 영광을 보여주었다. 자신에게 엎드리고 경배하면 이 모든 것을 예수에게 주겠다고 약속했다. 그러나 엄밀히 말해 이 보이는 세계마저도 마귀의 소유는 될 수 없다. 창조주 하나님의 창조 섭리 안에서 이 모든 것은 지어진 것이다.

그런데 마귀는 태연하게 '천하 만국과 영광'이 자신의 것이라고 주장한다. 이 자신감은 도대체 어디서 연루한 것인가. 이는 고도의 유혹이다. 우리가 하나님의 말씀을 말씀 그대로 받아들이지 못하고, 땅의 차원에서 벗어나 하늘 차원에 이르는 성스러운 여정만으로 만족하지 못하고 세상을 바라보는 지향점의 혼돈을 겪게 될 때, 우리 눈에 드러나는 보이는 세계의 아름다움은 우리 마음속에 자리 잡은 원죄의 욕망에 의해 타락될 수밖에 없다.

하나님의 생명이 온전히 자리 잡지 못하는 우리 마음은 그 자체로 이미 타락이다. 이 타락의 눈으로 세상을 봤을 때 느껴지는 욕망과 탐욕의 시선 안에 담긴 세계는 온전히 마귀의 것이다.

마귀는 하나님의 창조 섭리를 거역하고 세상을 자신의 소유로 천명한 욕망과 땅의 존재다. 이 영적 욕망의 노예가 될 때, 우리의 안목은 너무나 자연스럽게 천하 만국과 그 영광이 마귀의 소유라고 믿게 된다. 하지만, 우상이 우리에게 실상 아무것도 아니듯, 이 천하 만국의 영광 역시 원죄적 욕망과 하나님 차원으로의 온전한 합류가 이뤄지고 난 후 보게 되면 아무것도 아닌 신기루에 불과하다. 세속의 욕망이 잉태해 낸 아름다움은 그야말로 찰나의 모래성에 불과하다. 그렇다. 이는 물리적 시간의 틀 속에서 언젠가는 몰아치는 파도에 의해 허망하게 허물어지게 될 모래성에 불과한 것이다.

이렇듯 우리는 유혹의 세 가지 측면에 대해 묵상해 보았다. 그렇다면, 지금 주기도문에서 예수가 가르친 이 '유혹 속으로' 들어간다는 의미는 무엇인가. 이 세 가지 유혹은 우리의 존재와 소속을 구분 짖는다.

오늘의 교회, 존재의 영적 마음 안에서 유혹에로의 기울어짐과 유혹을 이기지 못하는 상태에 놓이게 되면 우리는 더는 하나님의 소속이 아니라 땅의 소속, 마귀의 소속이 되어버리기 때문이다. 은혜로 말씀을 받아 육체로 마치게 되는 불행한 결과를 가져오게 되는 것이다.

그러므로 지금 우리는 기도해야만 한다. 우리 안에, 하늘들 안에 계신 우리 아버지께 말이다. 무엇이라고 말인가. 유혹으로 들어가지 않게 해달라고 기도해야 한다. 어떻게 하면 유혹으로 들어가지 않는가. 그 해답은 바로 그리스도 예수의 전부라고 할 수 있는 말씀 안에 담겨있다. 이 말씀 안에 철저함으로 우리가 들어서게 되면 우리는 유혹에 들어가지 않게 되고 우리의 영적 소속이 땅이 아니라 하늘에 속하게 된다. 이것이 바로 주기도문의 정수다. 하늘의 차원을 땅의 차원으로 끌어내리려는 모든 사악한 시도, 그 '악함' 으로부터 우리를 구원해주시길 간청하는 우리 영혼의 기도인 마태복음 6장 13절 하반부에 쓰인 그 기록처럼 말이다.

ἀλλά ῥῦσαι ἡμᾶς ἀπο τοῦ πονηροῦ

알라 흐루사이 헤마스 아포 투 포네루

다만 그 사악함으로부터 우리를 건져주옵소서 _원문 직역

오늘의 그리스도인은 안팎의 유혹에 노출되어 있다. 세상은 갈수록 피폐해지고 경쟁과 착취, 더욱 뻔뻔해진 욕망에 뒤엉킨 돈과 이데올로기의 노예가 되어버렸다.

교회는 이러한 세속적 가치와의 야합의 유혹에 너무나 취약해져 버렸다. 하나님의 말씀이, 온전히 하늘을 향하고자 하는 그 거룩한 열정이 땅과 세속의 차원에 의해 도구화되어버린 이 창궐한 유혹 앞에 우리는 오직 주기도문의 가르침을 붙잡고 이 가르침을 통해 기도하고, 이 가르침의 거룩한 한계boundary에 스스로 묶여 그리스도의 생명과 연합하는 존재로 살아가야만 할 것이다. 이러한 삶은 그리스도인의 절대적 의무다. 이 삶을 살아내지 않으면 우리 영혼은 다시 죄악의 진창, 그 썩은 오물통 속으로 추락해버리고 말 것이기 때문이다.

Chapter 4

땅의 예수, 하늘의 예수

금식할 때에

보물을 하늘에 쌓아두라. (땅의 예수, 하늘의 예수)

두 주인

목숨을 위하여, 몸을 위하여

그의 나라와 그의 의

비판하지 말라

티와 들보

개와 돼지

구하라, 찾으라, 두드리라

좁은 문

좋은 나무, 못된 나무

아버지의 뜻

금식할 때에

너희는 금식할 때 위선자들처럼 슬픈 표정을 짓지 말아라. 그들은 금식하는 것을 다른 사람에게 보이려고 일부러 슬픈 표정을 짓는다. 내가 분명히 말해 두지만 그들은 받을 상을 이미 다 받았다.
그러나 너는 금식할 때 얼굴을 씻고 머리에 기름을 발라라.
금식하는 것을 사람들에게 보이지 말고 보이지 않는데 계시는 너의 아버지에게만 보여라. 그러면 은밀히 보시는 네 아버지께서 갚아 주실 것이다.
_마6:16~18 (현대인의 성경)

기도의 가르침에 대해 말씀하시던 예수가 이제 주제를 유대인 종교인들의 주요 의식 중 하나로 볼 수 있는 금식에 대해 언급하고 있다. 예수는 여기서 금식에 대해 모든 사람이 아는 것으로 간주하고서 행위로서의 금식을 대할 때의 태도를 말하는 것처럼 보인다. 하지만, 텍스트를 자세히 성찰해 보면 기도와 마찬가지로 단지 태도에 대해 말하는 것이 아님을 엿볼 수 있다. 어쩌면 예수는 기도와 같이 중대한 영역을 차지하는 종교행위의 재구성을 말하려 했는지도 모른다. 어째서 그런가. 무슨 근거로?

우선 예수가 가르쳐주신 기도의 본질에 대해 묵상해 본 적이 있다. 과연 주기도문의 본질을 묵상했을 때, 우리는 어떤 메시지를 갖게 되었던가. 그건 두말할 것도 없이 우리가 추구해 왔던 기도라는 행위 바탕 위에서 어떤 기도를 해야 바람직할 것인지에 대해 묵상했다기보다는 오히려 기도 행위 자체의 재구성을 요청했던 것임을 볼 수 있었다. 주님이 가르쳐주셨던 기도의 본질엔 땅 차원의 거부와 하늘 차원을 향한 몰입에 그 범주가 온전히 국한되어 있음을 볼 수 있었다. 예수가 말하는 기도엔 두 손을 붙잡거나 어느 정도 방언으로 기도해야 하며, 기도 시간은 어느 정도로 정해야 하며, 어떤 내용으로 기도해야 하는지에 대한 이야기를 하고 있지 않다. 그러한 가르침의 핵심엔 기도 행위와 모습, 절차, 시간, 방식 등을 결정하는 건 자신의 가르침의 몫이 아니라는 의지의 천명이다. 예수는 그러한 요소들을 가르쳐준 것이 아니라 기도 콘텐츠의 핵심을 말씀하셨다. 그 기도는 이방인들의 중언부언과는 확실한 차이를 갖는 하늘에 계신 아버지와의 영적인 교통이다. 그러한 영적 교통이 어떻게 가능해졌는지에 대한 성찰과 깨달음이 기도의 본질이다.

어떻게 유한 존재인 우리가 무한적 일자인 하나님의 생명에 참여할 수 있었는가? 우리의 영민한 의지와 노력. 끊임없이 진보, 발전한다고 믿는 막대한 번영의 신념으로. 그것과는 아무 상관이 없음을 예수와 성서는 역사의 기록을 통해 통렬히 고발하고 있지 않던가. 그렇다면, 무엇이 우리로 하여금 무한의 생명을 감지할 수 있도록 했는가. 그것은 바로 말씀의 육화, 그리스도가 되신 예수를 통해 가능해진 것이다.

그래서 예수가 가르쳐주신 기도의 본질은 그리스도가 된 자기 자신에 대한 기록인 성서에로의 몰입, 그것이 핵심이다. 무한적 일자의 온전한 생명 펼침 안에 거할 수 있는 유일한 토대이신 그리스도 예수의 가르침, 그리고 그 뜻을 총체적으로 구현한 유일무이한 텍스트인 성서를 우리 마음 안에 받아들이는 것. 그리고 그 마음 안에 담아둔 그리스도 예수에 대한 기록인 성서 텍스트를 성령이 풀어주시는 거대한 감격에 우리의 물리적 시공을 헌납하는 것. 그것이 바로 기도의 유일한 콘텐츠이다. 그 이후 요소들은 유한 존재의 자율성 소관이다. 어떻게, 어떤 공간, 어떤 방법으로 기도해야 할지를 예수는 어떤 규범화된 틀을 가르치셨던 것이 아니란 말이다.

금식에 대해 말씀하시는 6장 16절, 18절 가르침에서도 기도의 본질과 같은 범주의 가르침으로서 금식에 대한 재구성을 가하고 있다. 요컨대 금식의 본질을 갈파하고 그 의미를 모인 제자들에게 명확히 주지시키려 하는 것으로 볼 수 있다.

먼저 위선 하는 자들로 일컬어진 이들에 대해 예수가 어떤 경계의 메시지를 남기셨는지 살펴보자. 16절 전반부를 원어로 묵상해 보면 다음과 같다.

ὅταν δέ νηστεύητε, μή γίνεσθε ὥσπερ οἱ ὑποκριταί σκυθρωποί. 호탄 데 네스튜에테, 메 기네스데 호스테르 호이 휘포크리타이 스퀴드로포이

너희는 금식할 때에, 위선자들과 같이 슬픈 표정들이 되지 말아라 _원문 직역

'금식' 할 때라고 언급하실 때, 우리는 너무나 간단하게 양식을 먹지 않는 행위를 떠오르기가 쉽다. 그러한 전제하에 금식할 때 위선자들이 잘못한 부분이 16절 하반부에 나온 것처럼 사람들에게 보이려고 얼굴을 일부러 흉하게 연출한다고 지적하는 것으로 인식되어 있다. 그와 함께 17절처럼 머리에 기름을 바르는 등 종교 행위에 몰입하지 않는 것처럼 보여 사람들에게서 자신의 행위가 과시 되려는 것을 중단하라는 교훈으로만 인식되는 것이다.

하지만, 냉정히 따져 묻자. 이 '금식' 할 때에 굳이 위선 하는 자들이 아니라 하더라도 양식을 먹지 않는 '금식' 을 몇 날 며칠 시행하는 정도에 따라 육체는 어떤 형태로든 반응하게끔 되어 있다. 머리에 제아무리 많은 기름을 바른다 해도 갈수록 피폐해지는 그 모습을 어떻게 사람들에게 눈치 채지 않도록 위장할 수 있단 말인가. 이러한 가정이

얼핏 위악처럼 보일 수도 있지만, 문제는 지금 예수가 말하는 '금식'을 너무나 간단하게 양식을 굶는 것이라는 종교 행위와 동일시함에 대한 전제에서부터 도출된 그리스도 예수 가르침에 나타나는 단순한 해석, 혹은 종교적 추상성으로 뭉뚱그리는 것을 지적하고자 함이다. 그저 이 가르침을 '금식' 행위를 사람들에게 보이려고 하지 말고 하나님께만 집중하도록 하라는 일종의 숭배 대상에 대한 주위를 환기시키는 미덕 정도로만 받아들이는 데 문제가 있다는 것이다. 그 기준은 너무나 모호하고 중요한 건 여기서 말하는 예수의 '금식'에 대한 언급 자체가 가진 무게에 대한 간과성이다. 예수는 지금 '금식'의 본질에 대해 말하고 있다. 금식행위가 단순히 땅의 양식을 먹지 않는 것에 만족하고 그것으로 금식을 했다고 말하는 결과론에서부터 이미 그렇게 생각하는 존재들은 직, 간접적으로 하늘과 관련 맺지 않은 '금식', 유한 존재와의 교류와 교감을 통해 하늘을 추구하려 하는 이방인의 욕망과 아무것도 다르지 않음을 통렬히 지적하고자 함이었다. 이러한 지적의 핵심에 바로 16절 상반부 구절엔 나타난 '슬픈'이란 의미가 있는 형용사 σκυθρωποί스퀴드로포이가 자리하고 있다.

형용사 σκυθρωποί스퀴드로포이가 성서 다른 곳에 사용된 용례를 살펴보면 예수가 이 단어를 사용한 의도에 대해 짐작해 볼 수 있을 것이다.

> 바로 그 날 두 제자가 예루살렘에서 11킬로미터쯤 떨어진 엠마오라는 마을로 내려가면서 최근에 일어난 모든 일에 대하여 서로 이야기하고 있었다.
> 그들이 서로 이야기하며 토론하고 있을 때 예수님이 가까이 가셔서 그들과 동행하셨다. 그러나 그들은 예수님을 보고도 알아보지 못했다. 예수님이 그들에게 '너희가 길을 가면서 무슨 이야기를 하고 있느냐?' 하고 물으시자 그들은 슬픈 표정을 지으며 멈춰 섰다. _눅24:13~17 (현대인의 성경)

부활의 감격이 실체가 되어 나타났으나 엠마오로 향하던 두 제자는 바로 옆에 선 예수의 존재를 알아보지 못했다. 예수가 그에게 말을 걸었음에도 여전히 그들은 그가 그리스도이시며 사흘 만에 다시 살아날 거란 예언을 거듭 밝히셨던 예수임을 전혀 알아보지 못했다고 성서는 기록하고 있다. 이때 그들이 슬픈 표정을 지었다. 이때 지은 슬픈 표정의 표면엔 물론 자신들이 섬기던 스승의 죽음을 안타까워하는 기색의 표현일 수 있다. 그러나 형용사 *σκυθρωποί*스퀴드로포이의 원의미를 살펴보면 '어두운', '음침한' 이란 의미가 있는 명사 *σκυθρός*스퀴드로스에서 유래한 단어임을 볼 수 있다. 음침함, 어둠이 상징하는 바는 생명을 인지하지 못하는 상태, 깨닫지 못하는 상태를 가리킴이다. 엠마오를 향하는 두 제자의 슬픈 표정엔 여전히 다시 살아난 그리스도이신 예수의 약속의 성취에 대해 전혀 깨닫지 못하는 어둠의 결박된 복합적 상태의 표출을 표현한 의미라는 것이다.

이러한 용례로 살펴봤을 때, 예수가 위선 하는 자들의 금식할 때의 표정을 어둠에 사로잡힌 *σκυθρός*스퀴드로스로 묘사한 표현의 이면엔 그들이 '금식' 의 본질에 대해 전혀 알지 못하거나 알려고도 하지 않은 상태에서 오직 율법과 절기에 나타난 그대로의 행위로서 육신의 양식을 먹지 않는 '금식' 행위 자체가 예수가 생각하는 본질의 '금식' 이라고 믿어버리는 맹목적인 깨달음 부재의 상태를 지적하고자 함을 헤아릴 수 있다. 깨달음이 부재된 상태에서 행해지는 '금식' 행위의 결과, 그 기대는 언제나 하늘이 아닌 땅에서 찾을 수밖에 없는 존재론적 한계를 몰고 오게 된다.

땅에서의 깨달음은 반드시 땅에서 그 대가를 찾을 수밖에 없게 되어 있다. 그것이 자기 '의' 의 인과론因果論에 얽매여 있는, 선악과 패러다임의 노예가 된 원죄적 실존인 인간의 숙명이다. 예수는 이 끔찍한 무지의 고리를 통렬히 갈파하고서 위선 하는 자들의 '금식'이 본질이 아님을, 그 행위 자체가 본질이 될 수 없음을, 그렇기에 그들이 깨닫지 못하는 슬픈 표정으로 일관할 수밖에 없으며, 자신들이 행한 행위의 대가를 땅에서 찾을 수밖에 없음을 지적했던 것이다.

그렇다면, 예수가 말하는 금식의 본질은 무엇인가? 우리는 예수가 생각하신 금식의 참 의미를 가장 적절히 나타낸 성서 한 구절을 통해 그 해답을 추론할 수 있다.

> 이렇게 말한다. '우리는 금식하였는데 어째서 주는 보지 않으십니까? 우리는 우리 자신을 낮추었는데 어째서 주는 알아주지 않으십니까?' 그러나 사실 너희는 금식을 하면서도 너희가 하고 싶은 대로 하며 너희 일꾼들에게 고된 일을 시키고 있다. 너희가 계속 다투고 싸우며 서로 주먹질하면서 하는 금식이 무슨 소용이 있느냐. 너희가 이런 금식을 한다고 해서 내가 너희 기도를 들어 주리라고 생각하느냐. 너희는 금식할 때 자신을 괴롭히고 머리를 갈대처럼 숙이며 굵은 삼베와 재를 깔고 눕는다. 이것을 금식이라 수 있겠느냐. 너희는 이런 금식을 내가 기뻐할 것이라고 생각하느냐 내가 기뻐하는 금식은 압박의 사슬을 풀어 주고 모든 멍에를 꺾어 버리며 억압당하는 자를 자유롭게 하는 것이다.
> _사58:3~6 (현대인의 성경)

주님의 가르침을 대변한 이사야는 다음과 같이 현상의 행위를 본질과 동일시해버린 이들의 한계와 위선을 지적하고 있다. 금식을 하면서도 그들이 일꾼들에게 고된 일을 시키고, 서로 다투며, 주먹질하는 태도를 단순히 감정을 억제하지 못하고 부도덕한 행동을 자행한다는 측면에서만 이해하는 건 곤란하다. 이러한 행위를 저지르는 이면엔 그들이 생각하는 금식이란 행위의 본질에 대한 무지에서 기인하고 있음을 말하는 것이다.

본질을 망각해버린 껍데기만 남아버린 행위는 실상 아무런 효력도 발휘하지 못한다. 주님은 자신이 기뻐하는 금식에 대해 말씀하고 있다. 기뻐한다는 뜻으로 사용된 히브리어 בחר바하르는 '선택하다', '입증', '증명하다' 등의 뜻이다. 그러므로 이때 주님이 말한 '기쁨'이란 감정적 기쁨을 뜻함이 아니라 자신과 교통할 수 있음이 입증되는 선택된 기쁨으로서의 금식을 말하는 것이다. 그러므로 58장 6절에서 밝힌 주님이 기뻐하는 금식이란 참으로 주님과 함께 교감을 이루는 선택된 본질을 채우는 행위로서의 금식을 뜻함이다. '압박의 사슬을 풀고, 모든 멍에를 꺾고 억압당하는 자를 자유롭게 하는 것' 이것이 바로 주님이 선택한 금식이다.

여기에 밥을 먹지 않는 행위로서의 금식이 과연 주님이 선택한 금식의 필요조건이라고 생각하는가. 육신의 양식을 먹지 않는 행위는 금식의 본질을 다시금 우리 내면에 환기시키는데 도움을 주는 충분조건이지 필요조건은 결코 아니다. 주님이 선택한 금식은 이웃의 압박과 멍에와 고통으로부터 자유롭게 해주는 바로 그 행위를 가리키고 있다. 그렇다면, 우리는 이 금식을 어떻게 행할 수 있는가. 이웃의 압박, 멍에, 고통을 해방 시켜주는 행위가 눈에 보이는 현상계의 부조리로부터 그들을 자유롭게 해주는 것만을 의미하는 걸까. 그 또한 충분조건이지 필요조건은 아니다. 궁극적인 금식의 필요조건은 압박과 멍에, 고통의 근원을 분쇄하는 원죄적 실존의 한계, 창조주의 생명을 맛보지 못하는 질식된 영적 고통의 근원으로부터 길을 열어놓으신 그리스도이신 예수의 가르침을 나누는 것이다. 그 깨달음의 나눔이 이웃의 압박, 멍에, 고통의 근원으로부터 그들을 해방하는 길이며, 그것이 바로 하늘에 계신 나의 아버지가 선택한 단 하나의 금식이다.

이 금식을 하려고 예수는 비유적인 표현으로 '머리에 기름을 바르라' 고 명령하고 있다. 이 표현은 이제 단지 얼굴의 흉함을 가리기 위한 할리우드 액션으로 외모를 치장하라는 표면적 의미가 아님을 간파할 수 있다. 머리에 기름을 바른다는 비유에서 우리의 '머리' 는 곧 우리의 소유가 아니라 생명의 근원 되시는 그리스도 예수를 상징하고 있다.

> 오히려 우리는 사랑으로 진리를 말하며 모든 일에 머리 되신 그리스도를 닮아가야 합니다. _엡4:15 (현대인의 성경)

> 예수님이 베다니에 있는 문둥병자 시몬의 집에서 식사하실 때였다. 한 여자가 아주 값진 나아드 향유 한 병을 가지고 와서 깨뜨려 예수님의 머리에 부었다. _막14:3 (현대인의 성경)

우리의 머리는 우리의 것이 아니다. 이 머리는 교회인 우리를 생명으로 이끌어 올리는 유일한 길이요 진리요 생명인 그리스도 예수이다. 우리 생각과 의지, 모든 유한적 한계를 초월하고자 하는 의지의 궁극에 머리이신 그리스도 예수가 존재하며 우리는 그의 몸, 지체로서 존재하는 것이다.

금식할 때 우리의 머리에 기름을 붓는다는 것 또한 이러한 맥락에서 이제 우리의 머리가 되신 그리스도 예수의 가르침, 그 생명의 열림, 텍스트의 강렬한 영적 생명력을 채워 넣는 신앙행위로 볼 수 있다. 예수의 생명과 그 가르침에 몰입되는 것. 텍스트가 펼쳐놓은 무한한 생명의 지평에 그대로 빠져드는 것. 그 안에 거하는 것. 그것이 바로 금식이다. 이 금식이 나 자신의 억압, 멍에, 고통의 근원을 철저히 분쇄해낸다. 무한하신 하나님, 우리 주님의 생명의 빛이 불안의 실존에 사로잡혀 있던 우리를 항구적 안식의 지평으로 옮겨놓는 것이다. 이 금식이 우리로 하여금 아직도 억압, 멍에에 사로잡힌 내 이웃을 해방 시킬 수 있는 말씀의 강력한 증거, 생명 선포자로 세워질 수 있게 하는 것이다. 나의 머리이신 그리스도의 말씀 채워짐으로 인해 말이다.

우리는 지금 어떤 금식을 하고 있는가. 여전히 어둠에 사로잡혀 깨닫지 못하는 슬픈 표정의 노예가 되어 있는가. 아님 이 세계의 근본적 악의 구조인 억압, 멍에, 고통의 근원을 박멸하는 생명의 빛을 갈구하는 금식에 눈을 뜨고 있는가. 과연 우리의 영혼은 지금 어느 지점에 두 발을 딛고 서 있는가. 서 있기는 한 것인가.

보물을 하늘에 쌓아두라. (땅의 예수, 하늘의 예수)

> 너희는 보물을 땅에 쌓아두지 말아라. 땅에서는 좀먹고 녹슬어 못 쓰게 되고 도둑이 뚫고 들어와 훔쳐 가기도 한다.
> 너희는 보물을 하늘에 쌓아 두어라. 그 곳은 좀먹거나 녹스는 일이 없으며 도둑이 들어와 훔쳐 가지도 못한다. 네 보물이 있는 곳에 네 마음도 있다.
> _마6:19~21 (현대인의 성경)

산상수훈의 가르침에서 우리는 '땅'을 세상을 상징한다고 보고 있다. 여기엔 누구도 쉽게 이론의 여지를 제시하지 않는다. 보물의 가치가 땅에 있으면 썩고 부패하며, 어느 순간 도적이 들어와 훔쳐갈 수도 있으니 이제 이 보물을 하늘에 쌓아 두어 빈자貧者의 삶을 실천하자는 것이 가르침의 결론으로 제시된다. 혹은 땅에서 무엇을 찾으려는 노력은 욕망의 산물이기 때문에 인간은 헛된 욕망을 버리고 깊고 맑은 종교심에 귀의해서 생명의 길을 모색해야 한다고 주장하기도 한다. 참으로 깊은 울림을 주는 가르침으로 보인다. 하지만, 땅을 '세상'으로 규정짓는 그러한 논리는 간단해 보이면서도 사실은 간단한 문제가 아니다. 문제는 '세상'이란 상징을 너무나 피상적으로 이해한다는 것이다.

땅과 세상은 인간의 헛된 욕망이 일어나는 곳이라고 생각한다. 그렇지만, 하늘은 다르다. 그러면서 하늘을 담보하는 종교기관은 곧 하늘이기 때문에 우리 욕망의 보물을 땅에 쌓아두지 말고 하늘인 종교기관에 쌓아두면 거기엔 도적질도 없이 온전히 보존될 것이란 믿음을 갖게 된다. 여기서부터 괴이한 권력행사가 시작된다. 2천 년 전도 그

랬고 지금도 비슷하다. 종교기관이 과연 하늘을 담보하는 걸까. 종교기관, 그것도 교회는 하늘의 사제인 예수를 섬기고 그 희생의 상징인 십자가를 그럴싸한 슬로건으로 내 걸고 있다. 이때 교회는 하늘의 뜻을 펼치는 유일한 기관임을 과시한다. 그런데 교회가 그 이후 행사하는 일종의 하늘 논리는 다소 괴이한 방향으로 발전한다. 하늘 안에 보물을 쌓아두라는 강령이 마치 헌금과 헌신의 미덕과 동일시되는 가르침과 설교가 난무하며, 그 설교의 중심엔 언제나 하늘의 사제 예수가 있다고 힘주어 주장한다. 그 말을 듣는 신도들은 하늘의 사제가 교회를 보증하고 있기 때문에 우리가 가진 욕망의 보물을 하늘에 쌓아두어야겠다는 신념을 더욱 견고히 하게 된다. 그래서 세상을 상징하는 땅에서 개처럼 번 돈을 정승처럼 쓰겠다는 고결한 신념으로 승화시켜 눈에 보이는 교회의 흥왕을 위해 맹렬히 헌신 된다. 그렇게 교회는 권력기관이 되기 시작했다. 비단 교회뿐이겠는가. 이미 성불의 의지와는 아무 관계도 없는 기복의 가르침이 난무하는 사찰과 성당의 오욕으로 점철된 권력행사는 그 추악함에 치가 떨릴 정도이다.

여기서 우리는 극히 회의적인 질문을 던지지 않을 수 없다. 과연 하늘의 사제인 예수를 담당한다고 자임하는 교회가 이미 권력기관이 되어 있는데도 여전히 하늘의 역할을 대신한다고 장담할 수 있을까. 또한, 교회는 어째서 보물의 의미를 욕망의 헛됨이라고 주장하면서도 그 욕망의 찌꺼기를 권력기관으로서의 교회라는 물화物化된 영역에 쏟아 붓기를 강요하는 건가. 지나치게 과격한 언동이라고만 생각지는 말아 주기 바란다. 이것이 오늘날 교회임을 자처하는 기관에서 공공연히 행사되는 부정할 수 없는 하나의 현상이기 때문이다.

예수의 가르침은 과연 무엇이었을까. 예수는 지금 무슨 생각을 하고 보물을 말한 걸까. 성서에서 말하는 보물의 의미는 무엇일까. 우리는 먼저 지금 예수가 언급한 보물이 성서 전체의 흐름에서 어떤 의미를 가졌는지 살펴볼 필요가 있다.

> '하늘나라는 밭에 숨겨진 보물과 같다. 사람이 그것을 발견하면 다시 감추어 두고 기뻐하며 돌아가 가진 것을 다 팔아서 그 밭을 산다.
> _마13:44 (현대인의 성경)

> 그러나 질그릇 같은 우리 속에 이 보화를 가진 것은 그 엄청난 능력이 하나님에게서 나온 것이지 우리에게서 나온 것이 아니라는 것을 보여 주기 위한 것입니다. _고후4:7 (현대인의 성경)

마태복음 13장에서 '하늘나라'로 번역된 헬라어 *ἡ βασιλεία τῶν οὐρανῶν*헤 바실레이아 톤 우라논을 직역해 보면 '그 하늘들이 소유하고 있는 나라'로 이해할 수 있다. 그리고 이 '하늘나라'는 *ἐστιν*에스틴이란 3인칭 현재형 동사 'is'와 함께 쓰여 현재 존재하는 나라임을 분명히 밝히고 있다. '하늘들'의 의미론은 무한의 신비일 수도 있으며, 동시에 우리 존재가 하늘을 깨닫는 순간 열린 하늘에 동참하는 소위 천화失化된 존재를 상징하고 있다. 이 하늘의 영역에 참여한 이들이 소유하는 나라 *βασιλεία*바실레이아는 무엇인가. 아니 누구인가. 그는 곧 유한 존재가 무한의 하늘을 발견하고 그 하늘에 참여할 수 있도록 해준 하나님과 인간의 중보자 그리스도 예수이며, 그분의 그리스도 되심을 증언하는 성서 텍스트이다.

그러기에 현재 우리 마음속에 무한 생명의 문을 여신 '하늘나라'는 밭에 숨겨진 보물이라고 표현하고 있다. 그런데 이 마태복음 13장을 살펴보면 하늘나라인 보물, 생명을 발견한 존재가 취한 행동이 있다.

그것을 발견한 존재가 자신이 지금까지 쌓아올린 선악과 패러다임의 욕망, ἐπιθυμάς에피뒤마스가 움켜쥔 소유를 모두 팔아 그 밭을 샀다고 하였다. 그 밭을 소유한 궁극의 이유는 무엇인가. 밭으로 번역된 ἀγρός아그론, 그 땅이 탐나서인가. 아님 그 땅속에 숨겨 있는 '보물'에 매료되어서인가. 두말할 것도 없이 존재의 영혼을 압도한 건 보물, 하늘나라다. 그렇다면, 그 존재는 밭에 숨겨진 보물을 어떻게 했을까. 더 이상의 구체적인 설명은 하지 않지만, 정황으로 미루어 볼 때, 분명 보물을 발견한 존재는 자신의 소유를 다 팔아 밭을 산 후, 그 밭에 매달린 것이 아니라 밭을 헤집어 보물을 끄집어내어 자신의 마음, 곧 천화된 하늘에 그 보물을 간직하고자 했을 것이다. 그것을 설명해주는 것이 바로 다음 성서의 구절 고린도후서 4장 7절에 나온 '질그릇'이다. 우리의 유한적 한계를 사도 바울은 '질그릇'이란 언어로 표현하였다. 참으로 적절한 비유가 아닐 수 없다. 그 질그릇, 허약하고 위태로운 유한의 경계를 아슬아슬하게 걸어가는 질그릇 안에 우리의 보물, 하늘의 뜻이 담겨 있다. 그러므로 지금 우리가 이 생명의 보물을 담은 질그릇이 보물의 충만한 생명 광채로 말미암아 하늘, 하늘들이 되는 것이다. 유한의 실존에 사로잡힌 존재가 무한의 광채, 그 거대한 신비의 우물 속에 스스로 빠져들어 우주적 생명에 참여하는 강렬한 생명의 몰입이 우리의 보물을 하늘에 있게 만드는 것이다.

그런데 지금 산상수훈의 가르침에선 괴이한 현상에 대한 경계를 나타내는 가르침이 나타난다. 바로 하늘나라의 유일한 콘텐츠, 그리스도 예수에 대한 존재론의 기록인 보물을 땅에 쌓아두지 말라고 경고하신 대목이다. 이렇게 예수가 경계의 가르침을 남긴 걸 역으로 생각하면 땅에 보물들을 쌓아두는 이들이 나타날 수 있음을 뜻하는 것이기도 하다.

여기서 '땅'에 대한 의미가 새롭게 대두 된다. 예수가 말하는 '땅'은 단순히 하늘과 대치되는 '세상', '욕망'으로서의 '땅'만을 의미함이 아니다. 여기서 말하는 '땅'은 그러한 세속 욕망의 중심을 사로잡는 땅의 언어를 말함이다. 하나님의 아들 예수가 사용한 언어는 비록 우리 인간 언어의 외투를 입고는 있지만, 그의 가르침은 하늘의 언어다. 그 하늘의 언어를 요한복음기자는 λόγος로고스, '말씀'으로 표현한다. 그 말씀이 육신이 되어 오신 엄청난 사건의 기록이 성서 텍스트이다. 그래서 이 성서를 대하는 유한 존재의 관점 또한 유한의 눈으로 바라보는 관점의 철저한 해체를 통해 무한 영역, 하늘 언어와의 소통, 교감할 수 있어지는 것이다. 관점의 철저한 해체 의지를 돕는 상태성이 바로 하늘의 상태성이다. 이 하늘의 상태성을 회복하는 길이 바로 욕망으로 상징된 땅의 언어에 대한 집착, 선악과 패러다임에 함몰된 인간의 의지에 대한 철저한 단절을 상징한다. 자신의 소유를 다 팔아 가난한 자에게 나눠주라는(마태복음 참고) 예수의 부자 청년을 향한 요구 속에 담겨 있는 영적 의미가 바로 이것이다. 소유를 팔아 밭에 숨겨진 보물을 찾는 건 바로 땅의 언어에 연루된 유한 존재의 숙명의 고리를 끊어내는 영적 해체와 궁극적 영적 연합의 변증법을 비로소 가능케 한다. 밭을 거부하고 밭으로 상징되는 땅의 언어 속에서 하늘의 말, 말씀을 찾아내는 이러한 상태성의 전이가 바로 μεταμορφόω메타몰르포호, 형체의 변화이며, 곧 참된 회개의 본질이 되는 것이다.

그런데 여전히 땅에 묻어 두거나 쌓아 둔 보물이 존재한다면, 그리고 그 보물을 숭배하고 있다면 과연 그 보물이 말하는 의미는 어떤 차이를 보이겠는가. 가증스러운 위험성이 이 대목에서부터 본격화된다.

땅의 언어로 회칠 된, 그와 함께 텍스트의 본질 의미, 생명 차원의 참여로서의 텍스트를 잃어버리고 텍스트가 가리키는 '무엇을 하라',

'하지 말라' 는 이른바 'doing' 의 패러다임에 노예가 되어버린 관념으로서 땅 위에 쌓아올린 보물은 하지만 안타깝게도 예수의 말, 예수의 그리스도 되심을 증거 한 텍스트를 표면 그대로 보존하고 낭독하는 종교 행위에 광분 되어 있다. 더욱 한심스러운 건 그러한 종교 행위를 통해 그들은 지금 자신들이 하늘에 보물을 쌓아두고 있다고 믿는 것이다. 하늘의 예수를 자신들이 소유하고 있다고 믿고 있으며, 그러한 믿음이 거대한 슬로건, 종교 신념이 잉태한 권력의 힘으로 그 역시 땅의 언어로 선포하고 가르치고 있다. 그러한 끔찍한 악순환이 예수를 미치게 하고 있다.

구약의 놋뱀을 생각해보라. 불순종의 대가로 불뱀에 물려 다 죽게 된 이스라엘 백성에게 모세가 놋뱀을 들어 올렸다. 그러자 그 놋뱀을 본 자들은 뱀에 물렸어도 살게 되었다. 그 상징이 뜻하는 바는 하나님의 신적 불순종과 생명 참여에 대한 영적인 권고가 핵심일진데 어느 순간부터 상징의 의미를 보기보다 상징이 갖는, 상징의 물질에 대한 효능 그 자체에 매달리는 끔찍한 의미의 전치轉置가 일어났음을 잊지 않고 있다. 놋뱀 숭배에 대해 지적한 구약의 기록을 살펴보겠다.

> 히스기야는 그의 조상 다윗을 본받아 여호와께서 보시기에 옳은 일을 하였다. 그는 산당을 헐고 돌기둥의 우상을 깨뜨리며 아세라 여신상을 찍어 버리고 또 이스라엘 사람들이 그때까지도 모세가 만든 놋뱀을 향해 분향하므로 그것을 부숴 '느후스단' 이라고 불렀다. _왕하18:3~4 (현대인의 성경)

놋뱀 상징의 본질에 대한 몰입, 텍스트가 펼쳐놓은 생명 영역의 발견엔 관심조차 두지 않고 놋뱀이란 물질에 불과한 상징 자체를 숭배하는 이 행위는 곧 예수의 이름, 그분의 가르침인 성서를 소유하고는 있지만, 그 소유된 보물을 전혀 하늘 영역의 교감과는 무관한 방향으로 배설하는 땅의 언어에 고착화된 상태가 바로 땅 위에 보물을 쌓아두는 존재들의 악순환이다. 가장 큰 문제는 지금 자신들이 소유한 이 보물로서의 예수, 물질에 불과한 십자가, 예배당, 유물론에 얽매여버린 헌금, 기도, 방언, 교제, 예배로 말미암아 황폐해질 대로 황폐해버린 땅의 예수를 하늘의 예수로 생각하고 섬긴다는 사실이다.

하늘나라, 그 하늘들이 소유한 나라는 지금 우리 마음 안에 하늘 뜻으로, 하늘 언어의 텍스트로 펼쳐지는 무한한 광명의 빛이다. 이 빛 안에 머무르는 것, 이 빛을 참 빛으로 인지하는 것이 우리가 행하는 종교 행위의 궁극이요 전부다. 이것이 바로 행함의 극치이다. 이행함을 놔두고 땅의 언어, 자기 의의 욕망의 집착에 헌신 되는 지금 이 땅의 예수를 어떻게 해야 한단 말인가.

땅의 예수, 땅의 십자가, 땅의 교회, 땅의 헌금은 아무 의미도 없는 무의미한 배설 행위의 극치다. 밑 빠진 독에 물을 붓는 이 허탄한 짓거리를 바라보는 사태의 끔찍함엔 썩어들어가는 부패의 강렬한 속도가 보물을 담아둔 우리의 질그릇을 마음껏 유린하고 있다. 종내에 가선 우리가 소유한다고 믿던, 우리를 구원에 이르게 해줄 것으로 믿어 의심치 않던 유일한 보물, 그리스도 예수마저 도적놈이 함부로 구멍을 뚫어버리고 그렇게 뚫린 질그릇 속으로 성큼 들어와 약탈해버릴 것이 예수의 눈에 너무나 분명하게 비쳤던 것이다.

땅의 예수를 버려야 한다. 아무 효능도, 의미도 찾을 수 없는 녹뱀으로서의 십자가를 걷어 치워야 한다. 그 껍데기를 버리고, 땅속에 파묻혀 있던 생명의 텍스트, 우리를 무한의 신비로 이끌어 올릴 그리스도이신 예수란 보물을 끄집어내야만 한다. 우리의 모든 소유를 팔아 땅속에 감치어진 예수를 찾지 않았던가. 어찌하여 그 밭에 그대로 묻어

두고 있단 말인가. 껍데기를 파헤쳐 생명을 길어 올리는 생명의 나라, 하늘나라 일원으로서 지금 존재하는 그리스도인 되기를 간절히 열망한다.

두 주인

아무도 두 주인을 섬길 수 없다. 그렇게 되면 한편을 미워하고 다른 편을 사랑하든가 아니면 한편에게는 충성을 다하고 다른 편은 무시하게 될 것이다. 너희는 하나님과 재물을 함께 섬길 수 없다. _마6:24 (현대인의 성경)

주인의 의미는 상대적이다. 이는 아버지와 아들과의 관계와는 다소 차이가 있다. 주인은 상대적으로 '주인' 을 '주인' 이라고 생각하는 밀접한 관계의 상대자가 존재한다. 즉, 만약 아무런 관계도 없는 사람에게 '주인' 이라고 말할 순 없다.

그렇다면, 주인을 주인이라고 부르는 관계에 있는 사람은 누구인가. 바로 '종' 이다. 물론 시대 상황이나 상징적 의미로 주인을 받아들인다면 더욱더 세련되고 완화된 역할적 표현이 있을 수 있다. 그러나 본질은 변하지 않는다. 주인을 주인으로 부를 수 있는 존재는 '종' 이 유일한 것이다.

예수는 지금 산상수훈의 가르침에서 두 명의 주인에 대해 언급하고 있다. 두 주인의 본질은 명확히 상반되어 있다. 두 주인의 입장을 가리키는 헬라어 단어를 통해 그 상태를 확인해 보자.

ἤ γάρ τόν ἕνα μισήσει, καί τόν ἕτερον ἀγαπήσει.

에 가르 톤 헤나 미세세이, 카이 톤 헤테론 아가페세이

왜냐하면 만약 한편을 미워하게 된다면, 그는 그 다른 편을 사랑하게 될 것이다. _원문 직역

한편이 의미하는 바는 두 주인 중의 한 주인을 뜻한다. 그 한 주인을 미워하게 될 때 자연스럽게 다른 편으로 표현된 나머지 다른 한 주인을 사랑하게 된다고 예수는 가르치고 있다. 이때 '다름' 으로 쓰인 헬라어 명사 ἕτερον헤테론은 유사어로 쓰인 ἄλλος알로스와 의미의 차이를 갖고 있다. ἄλλος알로스가 본질은 동일 하나 형식이나 상태, 현상적인 부분의 차이를 가리킨다면 ἕτερος헤테로스본질부터가 다름을 강조한다. 즉, 뿌리가 완전히 다른 것이다.

그런데 예수는 지금 이 두 주인의 상징을 재물과 하나님으로 대조시키고 있다. 그렇다면, 인간 존재에게 '종' 의 역할을 준다면 존재의 실존은 언제나 이 두 주인의 범주에서 벗어나기 어렵다는 의미범주를 가리키고 있음을 볼 수 있다. 예수는 지금 인간 존재에게 주인을 섬겨야 하는 '종' 으로서의 역할이 숙명적으로 지워져 있음을 밝힌 것이며, 또한 그 주인은 우리가 선택할 여러 기회가 열려 있는 것이 아니라 오직 두 주인, '하나님' 과 '재물' 로 국한되었음을 강조하고 있다.

그러므로 사실상 존재에겐 다른 선택의 여지가 있을 수 없다. 인간 존재는 하나님을 섬기든지, 재물을 섬기든지 둘 중 하나의 소속된 '종' 이 될 수밖에 없다. 이러한 존재의 한계를 편협하다고 보는 발상은 그다지 유익하지 못하다. 이러한 관계에서 드러나는 다분히 이분법적인 구분은 그것을 이분법적으로 말할 수 없는 복잡성을 내포하기 때문이다. 그 복잡성은 주인의 본질이 엄연히 다름에도, 그 본질에 대해 모호성을 품기 시작하는 인간 존재의 불안정함에서 촉발된다.

예수는 우리의 '주' 로서 나타나셨다. 지금 예수는 산상수훈 가르침, 그리고 복음서 전체를 꿰뚫는 하나의 맥락을 통해 자신의 그리스도 됨을 갈파하셨다. 바로 그리스도가 되어 오신 하나님의 정체성을 설명한 텍스트가 성서이다. 이 텍스트 안에 그리스도가 되신 예수는 우리에게 다양한 역할의 이름을 갖고서 자신을 드러내셨다. 그분은 우리에게 아버지이기도 하며, 하늘에 계신 참 아버지에게 인도하는 중보자가 되기도 한다. 그분은 실존의 절망 속에 잠겨버린 존재의 숙명적 멍에를 단번에 무너뜨리는 구원자이기도 하며, 우리 영육의 질병을 치유해주시는 치유자가 되기도 한다. 그러한 의미 범주 속에서 여기 우리에게 또 하나의 거대한 의미의 울림을 가져오는 단어가 있으니 그것이 바로 '주' *κύριοις*퀴리오이스이다.

인간 관념 속에 뿌리박힌 주인과 종의 관계는 지배와 피지배, 군림과 굴종의 관계로 인식된다. 더 나아가 종은 주인의 소유물, 혹은 재산목록 중의 하나로 취급받는다. 근대화 이전 19세기만 해도 이러한 관념은 제도가 되어 전 세계 곳곳에서 시행되고 있었다. 어떤 지역에선 노예의 개념으로, 또 어떤 지역에선 계급의 개념으로 흥왕했던 것이다. 그리고 사실 그 제도가 근대화된 법령과 전 지구적 문명의 합의에 따라 수면 밑으로 가라앉긴 했지만, 여전히 종의 개념, 지배와 피지배, 식민지 주민과 피식민지 주민의 관점의 차이, 계급, 양극화된 사회, 그 모든 복잡다단한 문제들로 '종' 의 위치와 역할은 기승을 부리고 있다.

그런데 예수가 밝힌 '주' *κύριοις*퀴리오이스의 개념은 인간이 생각하던 수직적, 권력지배적인 개념과는 전혀 다른 개념으로 다가온다. 우리를 지배하고 자신의 소유물로 생각하는 개념 속의 종은 여전히 그 의미가 유효하다. 하지만, 여기에 나타난 주인으로서의 그리스도 예수는 인간이 인식하는 '주인' 의 관념을 해체 시켰다. 그것은 바로 권력과 지배의 욕망이다.

권력과 지배의 욕망은 오랜 시간 인간 내면을 사로잡아 온 거대한 뿌리다. 그 뿌리에서부터 계급이 시작되고 종과 주인의 관계는 지배와 피지배의 관계로 견고화된다. 그렇게 견고화된 토대 위에 사회가 성립되고 공동체가 만들어진다. 그러나 또 다른 주인, 하늘의 주인으로서의 예수는 그와는 다른 권력의 해체로 이 땅에 나타나셨다. 그런데 그가 무엇으로 주인의 권력, 그 기득권을 포기하셨는가. 단순히 제자들의 발을 씻기는 것으로? 세리와 창녀들과 어울린 것으로? 단지 그런 일들만으로 주님이 주인으로서의 기득권을 포기했다고 보는 것은 너무나 순진한 발상이 아닐까.

그리스도가 되신 예수가 이 땅에 나타나셨다는 사건 자체가 주님으로서의 모든 기득권을 버린 유일한 핵심이다. 말씀의 육화는 결국 권력의 관념에 사로잡혀 있던 인간 개념의 한계를 철저히 해체하고 이제 새로운 주인의 이미지를 제시한 것이다.

새로운 패러다임으로서의 주인, 하늘의 주인은 생명의 발출체다. 예수는 우리에게 생명과 하나가 되라고 요청하기 위해 이 땅에 나타나셨다. 그분은 하나님의 뜻을 온전히 전달하는 말씀의 현현이다. 그 말씀은 무한적 일자가 유한 존재의 한속으로 직접 들어와 인간의 언어로 자신의 뜻을 밝혀내셨다. 그 뜻, *θέλημα*델레마의 신비 안으로 몰입되는 그 순간 참 생명이 인지되고, 영의 감각이 되는 이적의 순간, 우리는 더는 땅의 주인을 섬길 수 없는 하늘 주인의 종, 하늘의 노예가 되는 것이다.

하늘의 종은 땅의 종이 갖는 지배/피지배, 계급/굴종의 패러다임과는 전혀 다른 차원에 몰입된다. 하늘의 주인은 자신의 하늘 됨을 거부하고 하늘의 뜻을 이 땅에 펼쳐 놓으셨다. 그 하늘 뜻 펼침의 극치에 예수의 십자가 형벌이 존재한다. 피와 권력, 욕망에 굶주리고, 그 욕망의 토대 위에 세워 올린 신념의 바벨탑을 허물려고 예수는 직접 우리의 원죄적 욕망을 대신해 십자가 피 흘림을 자임한 것이다.

그 피 흘림이 우리로 하여금 생명의 숨을 쉴 수 있도록 했다. 땅의 욕망을 버리고 하늘의 생명을 취할 수 있으며, 그 생명 안에 참여하여 급기야 하늘 주인과의 일체화를 이루게 하는 혁명적인 존재변화를 허락하신 것이다. 이 경이로운 하늘 뜻의 펼침 앞에 존재가 만약 무언가를 해야 한다는 의무가 남아 있다면, 그 단 하나는 하늘 뜻 중심에서 타오르는 찬란한 빛, 생명 영역에 참여하는 것뿐이다. 그것이 하늘의 주인을 섬기는 종의 섬김 행위의 극치다. 그것이 바로 하나님을 사랑하는 것이며, 아직도 이 하늘의 주인을 섬기지 못하고 땅의 주인, 욕망과 권력, 지배 이데올로기 아래 인간을 굴종의 노예로 전락시키는 존재에게 하늘 주인이 펼쳐놓은 생명의 뜻을 증거 하는 것이 곧 네 이웃을 내 몸과 같이 사랑하는(마태복음 참고) 것이다.

오늘의 교회는 바로 이 사명을 감당해야 한다. 하늘 주인이 말하고자 하는 하늘 뜻을 하늘의 관점으로 선포해야 한다. 여기서 드러난 하늘 뜻 펼침은 단순히 형이상학적인 공허한 신어神語의 성찬이 아니다. 부한적 일자의 현상계로의 돌입의 궁극을 잠식하는 예수의 가르침에 집요하리만치 철저하게 귀를 기울이고 영의 눈을 열어 하늘을 바라보는 주인의 소유물로서 무한 영역 속을 향해 거침없이 돌진할 수 있는 영적 욕망만큼은 결코 거둬내선 안 되는 것이다.

하지만, 과연 오늘의 우리는 온전히 하늘 주인을 섬기고 있는가. 그 하늘 뜻 펼침을 제대로 이해하고는 있는가.

하늘 주인의 종을 향한 역할 전부는 하늘 뜻에 자신의 소유된 존재, '종' 들이 하나가 되는 것이다. 그 역할이 곧 하늘 주인을 섬기는 '종'의 자세이다. 하늘 주인은 인간의 원죄적 욕망과는 다른 패러다임을 제시했고 그 새로운 패러다임의 기록이 바로 성서 텍스트이다. 성서의 궁극은 하늘, 무한적 일자를 향해 유일한 다리를 놓으신 말씀의 육화 예수 그리스도의 뜻을 인지하고 그 뜻의 생명 안에 거하는 것이다.

그런데 우리는 지금 재물로서의 땅의 주인과 하늘 주인이 어떻게 구분되는지에 대한 분명한 흐름을 지독히 모호하게 받아들이고 있다. 물론 자신은 모호하게 받아들이지 않았다고 주장할지도 모른다. 하지만, 하늘 주인이 펼쳐놓은 하늘 뜻, 보물의 상징을 하는 말씀의 신비를 여전히 땅의 관점, 지배 이데올로기에 결박된 눈으로 이해한다면 그 말씀은 결코 말씀이 아닌 땅속에 파묻혀버린 땅의 언어가 되고 마는 것이다. 과연 그러한 상태에서 펼쳐놓은 성서 텍스트를 인지한다는 것이 곧 하늘 주인을 섬기는 생명 영역의 참여라고 말할 수 있을까. 예수의 가르침을 들어보라.

οὐδείς δύναται δυσί κυρίοις δουλεύειν

우데이스 뒤나타이 뒤시 퀴리오이스 둘류에인

아무도 두 주인들에게 섬기는 것을 할 수 있는 능력이 없다 _원문 직역

예수는 분명히 밝힌다. 하늘 주인과 땅의 주인을 모두 섬길 수 있는 능력이 인간에겐 주어져 있지 않다는 사실을 말이다. 그렇다면, 만약 하늘 뜻이 있고 하늘 뜻을 펼친 예수의 가르침 속에서 우리 자신의 원죄적 욕망, 선악과 패러다임을 철저함으로 해체하지 않은 존재가 그럼에도 여전히 하늘 뜻을 펼친 성서를 받아들인다고 주장한다 해서 그가 과연 하늘 주인을 섬기는 생명의 '종' 이라고 말할 수 있을까.

불행하게도 그에 대한 대답은 'NO' 일 수밖에 없다. 그는 지금 땅의 주인을 섬기는 것이다. 그 종은 지금 하늘 뜻을 현상계 앞에, 자신의 실존 앞에 받아들인다는 분명한 신념을 밝혔음에도 여전히 생명 영역으로의 참여를 망설이며, 욕망과 지배로서의 종의 관념에 사로잡힌 재물 영역 속에서 한발자국도 벗어나지 못하는 번뇌의 종으로 존재하

고 있다. 이는 앞서 6장 20절에 언급한 가르침에서도 한결같이 등장하고 있다. 보물을 하늘에 쌓아두라는 주님의 말씀을 기억한다면 지금 우리가 인지한 이 하늘 뜻 속에 숨겨져 있는 보물의 신비 역시 온전히 하늘에서 풀어져야 할 것임을 인정해야만 할 것이다.

여기서 우리는 하늘의 주인과 반대되는 영역을 잠식한 본질의 뿌리가 다른 재물 *μαμμωνᾶ*맘모나의 의미를 단순화시켜선 곤란하다. 이 재물은 단순히 물질의 소유개념만을 의미하는 것이 아니다. 냉정히 말해 그러한 물욕을 떨쳐버린다 해서 하늘의 종이 될 수 있는 것이 결코 아니다. 물욕으로부터의 해방은 극기의 의지로도 얼마든지 가능한 일이다.

그렇다면, 지금 예수가 말하는 하늘의 뜻과 반대되는 개념으로서의 재물은 무엇을 뜻하는가. 그것은 바로 '땅' 으로 상징되는 인간 원죄적 실존의 한계, 그 뿌리를 지적하고 있음이다. 그 뿌리엔 인간이 자신의 의지로 선함을 추구해 스스로 하나님같이 될 수 있을 거로 생각하는 뿌리 깊은 원죄의 욕망을 품고 있다. 그 욕망으로부터 발출된 종과 주인의 관계는 언제나 정죄와 심판, 꾸짖음과 책망, 자학과 가책, 억압과 지배의 선동만이 난무할 뿐이다. 그 뿌리를 거부하고 해체하는 살려주는 자가 되려고 말씀이 육신이 되어 이 땅에 나타난 것이다. 원죄의 포악이 지배하는 고통의 영역에서도 무한, 생명의 숨을 쉴 수 있도록 하는 생명의 주인이 지금 우리 앞에 텍스트의 강렬함으로 존재하는 것이다.

'재물' 을 내 마음속에서 떨쳐 버려야 한다. 텍스트를 객관적으로 보지 않고 텍스트 자체가 되어 오신 예수의 몸, 그 생명 자체가 되고자 과감히 우리 존재의 모든 것을 투신投身할 수 있어야 한다. 그러한 영적 투신이 선행되는 순간, 우리 욕망의 눈은 가려질 것이요, 우리의 주인이신 그리스도 예수의 거룩함만이 존재를 감싸 안을 것이다. 그때 우리는 무한한 생명을 허락하시는 생명의 근원인 주님의 참된 노예, 주님의 소유가 되어, 주님과 하나가 되는 신비적 일체화의 감격 속에서 비로소 '재물' 의 해체, 원죄적 욕망의 허무를 성별聖別해낼 것이다. 그렇게 되고야 말 것이다.

목숨을 위하여, 몸을 위하여

> 그러므로 내가 너희에게 말한다. 너희 생명을 위해 무엇을 먹을까, 무엇을 마실까, 너희 몸을 위해 무엇을 입을까 걱정하지 말아라. 생명이 음식보다 더 중요하고 몸이 옷보다 더 중요하지 않느냐? _마6:25 (현대인의 성경)

25절은 24절에 대한 결과론적인 교훈을 밝히는 예수의 가르침이다. 예수는 24절에서 하나님과 재물과의 관계를 말씀하시면서 두 주인을 섬길 수 없음을 강조하셨다. 그러한 결론으로 도출된 것이 바로 25절이다.

25절 가르침은 32절까지 이어지며, 그 결론이 33절까지 연결된다. 25절의 생명을 위해, 그리고 몸을 위해 무엇을 먹을까, 마실까, 입을까를 걱정하지 말라는 가르침이 결국엔 33절에서 '그의 나라와 그의 의를 구하라'는 메시지를 도출해낸다.

우리는 이 가르침에 대해 극히 상식적인 이해를 하고 있다. 생명과 몸을 상징하는 건 일반의 삶을 가리킴으로 볼 수 있다. 이 삶을 유지, 존속하기 위한 간구를 예수는 같은 장 32절에서 이방인들이 구하는 것으로 격하시키면서 그의 나라와 그의 의를 먼저 추구해야 할 최선의 가치로 강조한다. 사실상 그렇게 이해하는 것이 본 가르침을 받아들이는 최선의 해석으로 알려졌다. 하지만, 이러한 일반적 해석은 앞서 주님이 가르쳐 주신 주기도문을 그 역시 일반적 관점으로 받아들일 때와 그 관점이 확연히 상반됨을 확인할 수 있다. 일반적 관점에서 본 주기도문의 메시지 중 한 구절을 살펴보면 그러한 모순은 더욱 확연해진다.

> 우리에게 날마다 필요한 양식을 주시고 _마6:11 (현대인의 성경)

우리에게 필요한 양식을 달라는 이 기도는 주님이 우리에게 가르쳐 주신 기도다. 그런데 이 기도를 땅의 양식으로 이해한다면 사실상 우리는 이 기도를 계속 추구해야만 할 것이다. 그런데 지금 25절에서 주님은 생명과 몸을 위해 무엇을 마실까, 입을까를 걱정하거나 돌아보지 말라고 이야기한다. 생명을 향한 존속의 추구에 대해 강한 거부감을 피력한 것이다. 이러한 거부감이 7장 가르침에선 다시 한 번 스스로 배반 되는 양상을 보인다.

> 구하라. 그러면 받을 것이다. 찾아라. 그러면 찾을 것이다. 문을 두드려라. 그러면 열릴 것이다. 누구든지 구하는 사람은 받을 것이며 찾는 사람은 찾을 것이요 두드리는 사람에게는 열릴 것이다. _마7:7~8 (현대인의 성경)

현대를 살아가는 그리스도인들에게 이 말씀이 어떻게 설교자들에 의해 적용되는지 우리는 너무나 잘 알고 있다. 무엇을 구하든지, 찾든지, 두드리든지 우리 주님께서는 그것을 허락하실 것이라는 강한 기도 응답에 대한 확신의 메시지로 이 가르침을 이해하고 있다. 그런데 냉정히 따져보자. 예수는 6장 25절을 정점으로 생명과 몸을 위한 추구의 기도, 혹은 인식을 떨쳐 버리라는 말을 하고 있다. 그런 상태에서 우리는 7장 7절, 8절의 기도를 전능한 판도라의 상자를 열어젖히는 만능의 열쇠로 받아들이고 날마다 삶에 적용하려 한다. 거기에 너무나 천연덕스럽게 주기도문을 끌어당긴다. '보시오. 주님께서도 우리에게 날마다 필요한 양식을 달라고 기도하라 하지 않았습니까' 하며 말이다. 이러한 논리의 백미는 7장 9절과 11절에서 절정을 이룬다.

> 너희 중에 자기 아들이 빵을 달라는데 돌을 주며 생선을 달라는데 뱀을 줄 사람이 있겠느냐? 악한 사람이라도 자기 자녀에게는 좋은 선물을 줄 줄 아는데 하물며 하늘에 계신 너희 아버지께서 구하는 사람에게 더 좋은 것을 주시지 않겠느냐 _마7:9~11 (현대인의 성경)

더 좋은 것에 대한 갈망, 그 갈망이 우리 육신의 정욕과 안목을 사로잡고서 놓아주지 않는다. 그렇게 땅의 차원에 결박된 시선과 욕망의 필터를 통해 우리는 갈망하는 것이다. 아버지는 우리에게 세상이 주는 것보다 더욱 화려하고 더욱 쓸 만한 것을 채워주실 거라는 믿음, 우리는 이 믿음을 가지려고 더욱 하나님께 충성할 필요가 있다고 믿는다. 오늘을 사는 그리스도인은 하나님께 충성하기 위한 대상, 혹은 방법을 끊임없이 모색한다. 거기에 종교가 그 추악한 아가리를 벌리고 있다. 산상수훈 가르침이 어느 경우엔 문자 그대로, 어느 경우엔 자신들의 구미에 맞는 알레고리한 해석으로 풀어내는 이들의 세 치 혀에 의해 놀아나고 있다. 그렇게 난도질 된 텍스트의 폐허를 놋뱀처럼 부둥켜안고 그 놋뱀으로부터 신비적인 치유의 효능이 일어나는 것처럼 물질에 불과한 놋뱀을 향해 무릎을 꿇고 새벽기도를 올리며, 십일조를 바치고 목청껏 소리 지르며 '주여, 주여' 를 부르짖는다. 두 손을 높이 들어 주님을 향한 내면의 강박을 그대로 토해낸다.

오늘의 우리는 결코 이러한 상태를 강박 혹은 자학이라고 말하지 않는다. '나는 지금 내게 주신 아버지의 은혜를 찬양하는 것뿐' 이라고 말한다. 타당하고도 진솔한 고백이다. 하지만, 그리스도인의 이 진솔한 고백을 추악한 놋뱀을 향한 우상숭배의 열정으로 타락시키는 근원적 동인은 무엇인가. 그것은 바로 텍스트의 훼손에서부터 시작된다.

예수의 가르침이 한결같이 말하는 땅의 예수와 하늘의 예수를 혼동

하면서부터 우리 영혼의 순수는 훼손되기 시작한다. 하늘의 예수, 이 땅에 그리스도가 되어 오신 말씀의 육화는 바로 우리 인간 존재로 하여금 그 심연의 순수함을 회복하기 위해 자신의 모든 것을 희생하셨다. 그 희생을 헛된 것으로 되돌리지 않기 위해서라도 오늘 우리는 놋뱀이 아닌, 놋뱀 자체를 들어 올린 주체, 하나님의 명령, 그분의 말씀, 바로 그 말씀의 항구적恒久的 존재성存在性에 매달려야 한다. 놋뱀 자체는 아무것도 아니다. 십자가 자체 역시 아무것도 아니다. 그것은 그저 역사 속에 존재하는 하나의 사물이요 상징일 뿐이다. 그 상징을 의미 있게 만드는 건 바로 그 상징을 관통하는 메시지다. 예수의 십자가 못 박힘은 그 행위 자체의 끔찍한 고통에 어떤 신비스러운 효능이 임하는 것이 결코 아니다. 그 행위를 통해 드러내고자 하는 무한적 일자의 메시지의 궁극, θέλημα델레마의 전부를 깨닫고 인지할 때, 유한의 존재가 무한의 생명 영역 안으로 함몰되는 전무후무한 이적이 잉태될 수 있다. 이 생명 이적의 궁극에 바로 텍스트가 있다. 성서 텍스트는 그 자체가 가리키는 궁극의 대상 속으로 우리 존재가 함몰되고 일체화되기를 갈망하고 있다. 텍스트가 가리키는 손가락이 텍스트의 내용content이라면, 내용 안에 담겨 있는 궁극의 존재, 그리스도가 되어 오신 예수라는 메시지 속에 담겨 있는 생명의 영역, 그 존재론이 바로 우리의 영적 몸이 되고, 영적인 피가 되어 그 생명 안에 거하게 하는 것이다. 이 신비적 일체감이 우리를 무한 생명으로 인도하는 것이다.

그런데 만약 텍스트가 그 자체로 우리로부터 객관적 거리를 두고 해석된다면 우리는 여전히 텍스트 바깥에 있는 것이다. 다시 말해 성서 텍스트 내부로 돌입 되는 상태의 지향을 성서 텍스트가 요구하는 궁극적 메시지이다. 그렇다면, 성서 텍스트 바깥에 머물러 있다는 의미는 무엇인가. 이것이 바로 예수가 산상수훈을 통해 전체적으로 말하고자 하는 핵심 메시지이며, 지금 묵상한 25절 가르침 역시 큰 뜻, 핵심 메시지에 대해 또 다른 완곡한 표현이다.

24절에서 인간 존재란 두 주인을 섬길 수 없는 실존적 한계를 안고 있음을 성찰했다. 두 주인은 하나님으로 불리는 무한의 영역과 재물로 상징되는 유한의 영역으로 구별된다. 그런데 이 무한과 유한의 차이를 텍스트를 받아들이는 존재의 관점에서 객관적으로 보면 사실상 하늘 주인을 섬길 수 있는 능력이 불가함만을 깨닫게 된다. 곧 불가지론 절망만을 갖는 것이다. 무한과 유한의 두 주인이 존재한다. 무한의 주인은 하나님이시다. 하지만, 우리는 유한의 존재다. 이 상태로만 본다면 우리는 무한의 주인을 섬길 가능성이 자리 잡을 수 있는 여지가 없게 된다.

바로 여기에 텍스트의 신비가 존재한다. 성서 텍스트는 지금 유한의 한계를 숙명처럼 끌어안은 인간에게 유한 한계 안으로 직접 들어온 신성의 돌입을 통해 인간의 원죄적 고통과의 일체화를 시도하셨다. 바로 그리스도가 되어 오신 예수인데, 이 그리스도는 요한복음에서 밝힌 바와 같이 우리에게 *λόγος*로고스, '말씀'으로 존재 되는 것이다. 말씀이 곧 육신이 되었으며, 이 말씀이 곧 유한의 존재를 무한의 차원으로 끌어올린다. 그런데 어떻게 이 말씀이 유한 존재를 무한으로 끌어올릴 수 있게 되는가. 그것이 핵심인데, 존재론으로서의 말씀인 그리스도 예수가 자신의 공생애를, 그리고 그리스도를 오래전부터 예언한 구약의 모든 기록을 통해 존재론 말씀을 성취해낸 것이며, 바로 그 성취된 말씀이 오늘 우리에게 성령으로 존재하여 우리 내면 안에 착상되는 이른바 텍스트의 철저적徹底的 내면화內面化가 가능케 된 것이다. 그것이 바로 예수가 승천하시기 직전의 제자들, 오늘을 사는 우리에게 말씀하신 성령 임재의 목적이다. 성령의 임재는 성서 텍스트가 우리에게 단지 타자화他者化된 역사적 이야기, 혹은 윤리, 도덕적 감화의 차원이 아니라 실제의 몸, 영원한 생명으로 상징되는 무한의 심연 상태와 함께 어울리는 영원한 존재 기반을 조성하는 생명의 몸, 목숨 자체가 되어준다는 것이다. 이러한 새로운 몸을 덧입는 것이 바로 거듭남이며, 나 자신의 허물과 죄로 끝장난 죽음으로부터의 해방이며, 성령의 충만함을 힘입는 궁극의 황홀이다.

이러한 맥락에서 예수는 지금 25절 가르침을 통해 우리 유한 존재의 목숨과 몸의 상태를 자신의 성취체가 될 텍스트에 대한 객관적 거리감으로 전제한 것이 아니라 자신의 성취체成就體 안에 담길 한 몸으로서의 목숨과 몸을 전제하고 있음을 겸허히 인정해야만 할 것이다. 바로 25절 가르침을 통해 우리는 어쩌면 24절의 경고성 메시지인 두 주인 중 유한의 한계를 상징하는 재물이 아닌 무한의 생명인 하나님을 주인으로 섬길 수 있게 되는지도 모른다. 여기엔 세심한 구분이 요구된다. 재물을 섬기는 재물의 종은 유한의 종이요, 유한의 노예다. 하지만, 예수가 가리킨 이때의 유한의 노예는 단지 종교인이 되기 전의 상태, 혹은 육신의 정욕에 사로잡힌 자가 취할 수 있는 본능의 측면만을 말하고 있음이 아니다. 적어도 필요조건은 아니다. 재물의 종이 된 상태의 필요조건은 바로 텍스트를 대하는 존재의 존재론적 상태에 현주소에 의해 좌우된다. 성서 텍스트를 하나님 말씀으로 믿는다는 것은 그저 그 텍스트가 성서, 혹은 경經으로서의 권위를 갖는 하나님의 절대 무오한 말씀이란 전통을 강화하고 다짐하는 것으로 끝나는 게 결코 아니다. 그것은 끔찍한 기만이다. 가톨릭의 모순을 우리는 분명히 기억해야만 한다. 텍스트와 규범을 따로 떼어놓고 텍스트는 사제들의 몫이고 사제들이 제멋대로 해석한 텍스트 바깥으로 도출되어 나온 규범의 준수를 통해 신자들도 구원받고 자신들도 구원받고 가톨릭이란 전통의 바운더리boundary에 속해 있는 구성원 전체가 구원받을 수 있을 거란 그러한 가르침이 바로 재물의 노예가 된 존재의 현주소이다.

예수가 말하는 규범, 율법의 가치가 무엇이던가. 예수는 산상수훈을 통해 극단적으로 율법 가치를 몰아붙였다. 율법의 일점일획이라도 모두 성취된다고 단언했고 그러한 성취의 궁극에 자신을 내어 놓았다. 말씀이 되어 온 무한의 메신저, 하나님의 유일한 뜻을 펼쳐놓은 하늘 뜻 펼침의 유일무이한 사자使者, 그가 곧 규범 자체이며, 그가 곧 생명이다. 그 생명이 지금 성서 텍스트 안에 고스란히 존재의 신비로 녹아들어 있다. 이 텍스트 내부에 숨 쉬는 존재의 케리그마가 오늘 우리의 영혼 안에서, 우리 목숨과 몸을 향해 일방적이고 피할 수 없는 극한 초월성을 담보하면서도 우리의 비루한 유한의 삶 중심으로 관통해 들어오는 신비의 메시지 그 자체에 주목하는 것. 성서 텍스트가 펼쳐놓는 생명의 심연 안에 잠기는 이른바 성령세례의 존재론으로 우리 존재가치가 변혁되는 놀라움의 영역 변환이 곧 규범으로서의 νόμος노모스의 성취이며, 우리가 행하는 신앙 행위의 극치다. 말씀의 빛을 내 안에 생명으로 일깨워내는 것. 그것이 바로 행함이요, 그 행함이 없는 상태가 끔찍한 죽음이요, 재물의 노예요, 이방인들의 구함에 얽매인 고통이요, 바벨의 헛된 욕망이다.

생명을 위해, 몸을 위해 무엇을 먹고, 마시고 입는다는 이 행위는 하지만 지금 텍스트 심연으로의 몰입과는 전혀 상관없이 텍스트를 우상의 자리에 올려세우고 우상을 숭배하는 행위를 통해 구원, 생명 영역에 참여하고자 하는 헛된 시도에 불과하기에 지금 예수는 제발 목숨과 몸을 위해 차라리 아무것도 하지 말 것을 간절히 요청하는 것이다. 이 말이 무슨 뜻인가. 예수는 다음과 같이 텍스트 내, 외부 존재론적 상태의 엄혹한 구분을 시도하고 있다.

> 목숨이 음식보다 중하지 아니하며 몸이 의복보다 중하지 아니하냐 _마6:25b

이 '중함'에 대한 예수의 언급은 단순히 가치의 경중을 넉넉히 넘어서고 있다. 예수가 말하고자 하는 '중함'이란 앞 구절에 언급된 무엇을 하는 것. 곧 doing의 종교성이 결코 존재상태의 근원적인 변화인 being의 상태성을 대신할 수 없음을 강조함이다. 예수가 말하고자 하는 핵심은 바로 그 메시지 자체가 되어서 이 땅에 나타난 자기 자신에 대한 생명의 기록인 텍스트를 우리 마음 안에 풀어내는 그분 자신의 영인 성령의 견인을 간절히 갈망하는 것, 그렇게 우리 마음 안에서 풀어지는 성서 텍스트를 통해 발출되는 생명의 생수를 받아 마시는 새로운 존재론의 눈뜸, 그 신비의 인지됨을 존속하는 것. 바로 그것이 생명터전으로서의 몸 안에 있는 존재의 회복이며, 거듭남의 신비라는 것이다.

산상수훈이 말하는 예수의 가르침은 냉혹하리만치 철저히 본질을 꿰뚫고 있으며, 본질과의 상관성에만 주목하고 있다. 적어도 이 가르침의 사자후를 토해내는 예수의 말씀만 놓고 보자면 그렇다는 것이다. 예수는 이 가르침의 적용을 극단까지 밀어붙여 마태복음 메시지에서 다음과 같은 혁명적인 선포를 남기고 있다.

> 자기 십자가를 지고 나를 따르지 않는 사람 역시 내 제자로서 적합하지 않다. 자기 생명을 아끼는 사람은 잃을 것이며 나를 위해 자기 생명을 버리는 사람은 얻을 것이다. _마10:38~39 (현대인의 성경)

이 선포는 그야말로 혁명적이다. 예수는 제자들에게 제자도에 대해 말하면서 자기 생명, 목숨을 버리라고 요구한다. 이것이 사실상 목숨을 위해 무엇을 먹을까. 마실까에 대한 행위구원의 집착 모든 끈을 해체해야만 참 생명의 영역을 발견할 수 있음에 대한 극단화된 복음이다. 생명을 버리는 것. 이것은 바로 선악과 패러다임을 통해 수치의 종교를 일으켜낸 원죄적 실존으로부터 우리를 돌려세우는 거의 유일한 혁명적 전이의 단초다. 존재의 패러다임 쉬프트Paradigm Shift는 바로 자기 생명과 관계된 자기 의지를 통해 이 텍스트를 객관화시켜 텍스트를 규범으로 인식하고 끝없는 평행선을 그리면서 자신은 텍스트에 기록된 모든 것을 지켰다고 우기며 내가 '주여, 주여'를 외쳤으니 주님도 나를 구원해 주셔야 하는 게 당연하지 않으냐는 그 가증스러운 땅의 논리, 맘몬의 논리, 인과율의 논리, 짐승의 욕망에 사로잡혀 버린 보응의 논리에 사육된 영적 이방인의 숙명을 과감히 떨쳐버리는 그 방법 외엔 구원의 다른 길이란 존재하지 않는다.

사실상 오늘의 이 예수의 가르침 '생명과 몸을 위해 무엇을 해야 할지'를 고민하지 말아야 하는 결단을 촉구하는 메시지는 간단하고 순박한 모종의 결단 따위로는 절대 해결되지 않는다. 오히려 그 기본 발상부터 전환해야만 한다. 지금 이 가르침의 핵심은 우리 스스로 저속한 가치를 극복하여 고매한 영성을 회복할 수 있다는 신념의 철저한 붕괴를 촉구하는 것으로 이해해야만 한다. 그렇지 않다면 우리는 여전히 이 가르침을 규범의 영역, 재물의 영역에서 반복하는 것이다. 그것은 결코 그의 나라와 의를 추구하는 것이 아니다.(33절 참고) 점점 더 그의 나라와 의로부터 멀어질 뿐이다. 언제까지 이 고통스러운 시지프스의 고행을 반복해야만 하는가. 도대체 언제까지.

그의 나라와 그의 의

너희는 먼저 그의 나라와 그의 의를 구하라 그리하면 이 모든 것을 너희에게 더 하시리라 _마6:33

우리는 마태복음 6장 25절에서 목숨을 위하여 입을 것과 마실 것을 염려하지 말라는 주님의 가르침을 묵상했다. 25절에서 시작된 소위 '염려하지 말라' 는 메시지는 들에 핀 백합화, 솔로몬의 모든 영광, 내일 아궁이에 던져지게 될 들풀에 대한 비유들과 함께 사용되어 33절에서 결론을 내리는 가르침으로 볼 수 있다. 그래서 이러한 가르침의 양적 비중으로만 살펴보더라도 예수가 이번 가르침에 할애한 중요성은 상당하다고 볼 수 있다.

그런데 앞선 글에서도 지적한 적 있지만, 목숨을 위하여 무엇을 먹는 일에 신경을 쓴다는 가르침을 너무나 단순하게 물질에 대한 집착은 종교 생활에 어울리지 않는다는 건덕적健德的 교훈으로 받아들여 온 경향이 다분했다. 그러한 흐름은 사실 24절에서부터 시작되었다고 볼 수 있다. 하나님과 재물, 두 주인을 동시에 섬길 수 없다는 가르침에서 재물, μαμμωνᾶς맘모나의 가치는 일반적으로 눈에 보이는 물질, 세속의 가치, 타락한 도덕적 흐름 정도로만 이해해 왔던 것이 대부분의 견해일진데 우리가 그러한 이원론적 분별의 잣대를 가지고 두 주인 가르침을 이해하게 되면, 자연스럽게 목숨을 위한 염려의 가르침에서도 '무엇을 먹을까, 무엇을 입을까' 에 대한 가르침 역시 세상 삶에서의 염려, 근심의 무가치함을 강조하는 가르침으로 이해하게 될 결과를 낳게 됨을 간과할 수 없다.

물론 6장 25절에서 33절로 연결되는 삶의 염려와 근심을 떨쳐버리라는 메시지에 그러한 삶에 대한 걱정, 염려의 탈피를 주장하는 메시지가 아예 빠져 있는 건 아니다. 하지만, 문제는 이 가르침이 담는 예수의 마음속에서 발출되고 있는 메시지의 핵심이 그러한 전자前者의 이해에서만 해소될 때 주님의 마음과 우리 마음과의 심각한 괴리가 발생할지도 모른다는 우려가 도출된다.

괜한 트집이라고 생각할지 모르지만, 이것은 제법 심각한 문제가 아닐 수 없다. 적어도 우리가 그리스도가 되신 예수의 가르침을 정확히 인지하고 그 가르침대로의 삶을 꾸려나가길 원하는 그리스도인이라면 그것이 심각한 문제로 다가올 가능성이 다분하다는 것을 지적하고자 함이다. 어째서 그런가. 이제부터 한 번 짚어보기로 하자.

우선 그의 나라와 그의 의에 대한 개념에 대한 이해가 필요하다. 먼저 그의 나라로 표현된 헬라어 βασιλεία바실레이아 의미의 시간적 쓰임새에 대해 살펴보자.

> 그래서 예수님은 니고데모에게 '내가 분명히 너에게 말하지만 누구든지 다시 나지 않으면 하나님의 나라를 볼 수 없다.' 하고 대답하셨다.
> _요3:3 (현대인의 성경)

> 하나님은 우리를 어두움의 권세에서 구출하여 자기가 사랑하는 아들의 나라로 옮겨 주셨습니다. _골1:13 (현대인의 성경)

> 형제 여러분, 내가 여러분에게 말하지만 살과 피는 하나님의 나라를 물려받을 수 없으며 또 썩을 것은 썩지 않을 것을 물려받을 수 없습니다.
> _고전15:50 (현대인의 성경)

세 가지 성서 구절 모두 나라, βασιλεία바실레이아가 등장하지만, 우리는 이 '나라'의 개념이 하나의 본질을 갖지만 모두 그 쓰임새와 역할이 다르게 쓰이고 있으며, 동시에 서로 유기적으로 연합되어 하나의 총체성을 구현하려는 의지를 엿볼 수 있다. 그리고 바로 이러한 유기적 총체성을 향한 의지의 추구가 앞서 묵상한 산상수훈에서 가르침인 '그의 나라'의 추구와 연결됨을 짐작해 볼 수 있다.

먼저 예수와 니고데모와의 대화에서 예수는 니고데모에게 '사람이 거듭나지 않으면 하나님의 나라를 볼 수 없다'고 못 박으셨다. 거듭남의 신비는 고린도전서 15장, 이른바 부활 장으로 알려진 바울의 상세한 영적 생명의 갈파를 통해 인지될 수 있는 성질의 것이다. 생명을 살려내는 부활의 존재론으로서의 그리스도가 되신 예수를 우리의 주, 그리스도로 받아들이는 그 인지의 혁신으로 말미암아 썩을 것으로 상징되는 현상계의 뿌리에 연루된 우리의 영적 자아를 참 생명, 현상계를 현상계답게 지탱하는 토대로서의 이면계裏面界, 본질의 무한 영역으로부터 다시금 일깨워내는 것, 그것이 바로 생명으로서의 새 생명의 탄생, 거듭남인 것이다.

그런데 이러한 거듭남의 생명을 일깨우려고 우리가 창조적 인지력을 동원해, 이른바 우리 의지와 뜻 그 거듭남을 출현해 낼 수 있는 것일까. 그러한 발상은 니고데모가 예수에게 던진 우매한 질문, '사람이 모태 속으로 들어갔다가 다시 날 수 있습니까?'라는 질문의 차원과 거의 다르지 않은 발상이요, 헛된 욕망이다. 거듭남의 출현을 가능케 한 것은 전적으로 하늘의 사건이다. 땅의 그 사건의 근원적 출처가 아니다. 하늘로 상징되는 무한의 창조주가 인류 구원이란 그분의 θέλημα델레마, 뜻을 성취하기 위해 하늘에서부터 땅으로 자신의 뜻의 성취체인 λόγος로고스의 화육체인 예수를 이 땅에 보내신 것이다. 그러므로 그분은 그리스도가 될 수밖에 없으며 그 그리스도 예수가 곧 이중 개념으로서 또 다른 '나라'가 되는 것이다.

골로새서 가르침을 주목해 보자. 하나님이 우리를 어둠의 권세에서 구해내기 위해 사랑하는 아들의 나라로 우리 존재를 옮기셨다는 이 말씀이 시사하는 궁극의 목표는 바로 현재, 이 땅 위에 나라, *βασιλεία*바실레이아가 현존하고 있다는 사실의 일깨움이다. 이게 무슨 뜻인가. 먼저 우리가 '어둠의 권세'에 있다는 것은 유한적 한계를 잉태해 낸 원죄적 실존의 고통을 가리킴이다. 이 고통의 결계, 즉 상징으로서의 어둠에서 우리가 우리를 자력으로 구해낼 수 있는, 빛의 광명체 안으로 돌입 되게 할 수 있는 능력은 애초부터 존재하지 않는다. 하지만, 그럼에도 인간은 끊임없이 자신의 내부에 담겨 있는 어떤 모호하고 희미한 무한에 대한 찬란함을 동경하며, 그 욕망만으로 자신이 직접 빛과 일체가 되려 하는 제도와 시스템의 추구를 동반한다. 그것이 바로 인간을 지배하는 종교성의 궁극이며, 성서에 따른 가르침대로 밝혀보자면 선의 자력 완성을 욕망하는 선악과 패러다임의 극치이다.

하나님은 우리로 하여금 지독한 선악과 패러다임의 권세에서 우리를 구출해내기 위해 자신의 아들을 이 땅에 보내셨다. 아들을 로고스의 성취체로서 이 땅, 현상계에 그 실체를 드러낸 사건, 그 사건 자체를 사도 바울은 하나님의 사랑이라고 표현했다. 그 사랑의 궁극인 그리스도 예수는 이 땅에 말씀으로 잉태되어 말씀의 삶을 사셨고, 말씀의 모든 것을 이루어내셨다. 예수의 십자가 못 박힘과 부활, 승천과 오순절 성령 강림 사건까지. 이 모든 역동적인 삶의 동선이 오늘의 우리에게 케리그마, 곧 '나라'로 상징되는 권능을 담보한 텍스트가 되어 현존하는 것이다. 그것이 바로 아들의 나라가 가진 현재진행형이다.

그렇다면, 우리의 거듭남은 무엇을 통해 가능해지는가. 요한복음에서 예수는 '물과 성령' 으로 밝히셨는데, 바로 그 물과 성령을 통한 거듭남의 인지를 가능케 해주는 것이 말씀으로 태어나 말씀의 성취체 되신 그리스도 예수의 총아, 바로 텍스트인 성서 말씀 안으로의 몰입을 통한 구현을 가리키고 있음이다.

> 그러므로 믿음은 듣는데서 생기고 듣는 것은 그리스도의 말씀에서 비롯됩니다.
> _롬10:17 (현대인의 성경)

거듭남의 사건은 곧 들음의 사건인데, 들음의 본질은 그리스도의 말씀이라고 기록되어 있다. 그리스도의 말씀은 무엇인가. 바로 그리스도가 되어 오신 예수에 대한 기록, 그분이 남긴 가르침, (*λόγια*로기아, 어록) 그분이 공생애 기간에 제자, 군중에게 보이신 행태, 그분을 둘러싼 삶의 모든 정황, 역사적이며 동시에 탈역사적인 그리스도 예수의 메시지가 총체적으로 말씀을 가리키고 있으며, 우리는 성서로부터 다른 어떤 피상적 메시지를 듣는 것이 아니라 오직 케리그마, 그리스도가 되신 예수에 대한 선포와 의미가 역동적으로 역사 하는 신비의 메시지에 대한 깨달음을 담보하는 '들음' 을 통해 믿음을 회복하게 되는 것이다. 그러므로 이 믿음의 회복은 케리그마로서 오늘 우리 마음 안에 현존하는 아들의 나라를 가리킴이며, 이 아들 나라의 존재론은 눈에 보이는 현상적인 권력과 영토 개념으로 존재하는 것이 아니라 본질의 권능인 그리스도의 말씀을 통해 현존 되는 것이다.

그런데 중요한 것은 이 현존하는 아들의 나라가 지향하는 '나라' 에 대함이다. 아들의 나라 전부인 그리스도가 되신 예수가 요한복음 기록에서 니고데모에게 '거듭나지 못하면 하나님나라를 볼 수 없다' 고 못을 박듯 잘라 말씀하셨다. 이 거듭남의 신비는 어떻게 가능한가. 바로 아들의 나라로 상징되는 그리스도의 말씀, 그 생명 영역으로의 참여를 통해 가능함이다. 그러므로 현존하는 아들 나라에 참여하는 것이 곧 거듭남의 신비에 참여함이요, 이렇듯 하늘에서부터 돌입 되어 현존하는 아들 나라인 복음의 영적 신비와 연합된 존재가 궁극적으로 보게 되는 나라가 바로 '하나님나라' 이다.

이를 역으로 풀어 보면 지금 우리 마음 안에 아들의 나라인 복음이 본질의 신비로 현존 되지 않으면 이른바 내세來世에서의 하나님나라, 무한적 일자와의 총체적 연합도 불가함을 깨달게 된다. 고린도전서 15장 50절에서 바울은 하나님나라를 상속받을 수 있는 존재 상태와 상속받을 수 없는 존재 상태를 극명하게 구분하고 있다. '살과 피' 는 하나님나라를 유업으로 받을 수 없다고 밝힌다. 그런데 묘한 것은 예수는 요한복음을 통해 자신의 살과 피를 먹고 마시지 않으면 생명이 없다고 밝힌 바 있으셨다.(요한복음 참고) 물론 우리는 예수의 살과 피가 보혈을 의미한다는 사실을 말이다. 하지만, 이 '살과 피' 가 보혈을 뜻한다고 말할 때, 과연 이 보혈이 어떤 보혈을 가리키고 있음에 대한 정확한 인식이 선행되고 있는가. 이 보혈이 단지 십자가에서 흘린 현상의 개념으로서의 피의 성분을 말하고 있음인가. 아니면 그가 피를 흘림으로서 이루고자 했던 메시지의 성취인가. 우리는 너무나 단호히 후자 쪽의 보혈을 믿는다고 주장할 것이다. 하지만, 우리의 찬송과 예배, 설교에서 다양하고 숱하게 예수 보혈이 선포되고 있음에도 정작 지금 우리 마음 안에 이 '아들의 나라' 가 현존할 수 있도록 하는 본질로서의 보혈의 맥락이 봇물 터지듯 쏟아져 나오느냐고 묻는다면 솔직히 자신이 없어지는 건 무슨 일인가. 보혈의 능력엔 피상적으로 동의하지만, 살과 피를 먹는다는 성찬의 내재적 개념과 본질로의 몰입에 있어선 여전히 묵묵부답인 텍스트 부재의 현실은 심하게 말해 내부가

텅 비어 버린 깨끗이 비고 소제 된 껍데기뿐인 제도로서의 종교, 회칠한 무덤에 불과하진 않은지 모르는 일이다.

또 하나 우리가 추구해야 할 '의' δικαιοσύνη디카이오쉬네의 개념 또한 본질로서의 생명 영역으로의 참여라는 대전제를 간과해선 안 될 것이다. 이에 대해 언급한 텍스트를 살펴보자.

> 그래서 '아브라함이 하나님을 믿었으므로 하나님은 이 믿음 때문에 그를 의롭게 여기셨다.' 는 성경 말씀이 이루어졌고 그는 하나님의 친구로 불려졌습니다.
> _약2:23 (현대인의 성경)

> 이제는 율법 외에 하나님의 한 의가 나타났으니 율법과 선지자들에게 증거를 받은 것이라 _롬3:21

당시 유대교인들과 그들의 종교 터전 위에 군림하던 사두개인들과 대제사장들, 바리새인들이 줄기차게 부르짖는 건 바로 '의' 의 회복이었다. 그들은 '의' 의 덕목에 야훼 하나님의 정의로움을 슬로건으로 내세웠다. 하지만, 그들이 생각하던 '의' 의 한계는 '의' 의 차원을 '불의' 의 상대 개념으로 인지하고 있다는 데 심각한 문제가 있었다. 그것은 이미 율법을 대하는 뿌리 깊은 편견에서부터 시작된다. 그들이 율법을 대하는 마음의 궁극엔 물론 선언하기에는 하나님에 대한 충성의 맹세라고 주장하기는 해도 마음속엔 그들도 의식하지 못한 사이에 자신이 이 율법에 주어진 명령을 토씨 하나 빠뜨리지 않고 충실히 이행해 의로운 존재로 인정받아야 한다는 이른바 인과율의 강박에서 결코 벗어나지 못하는 인식을 하고 있음을 진단해 볼 수 있다. '살인하지 말라' 고 명령했으니, 사람을 죽여선 안 될 것이며, 안식일에 아무 일도 하지 말라고 했으니 아무 일도 않아야 하기 때문에 설령 안식일 날 사람이 죽어 넘어져도 가만히 지켜봐야만 했던 것이 그들의 율법 이해였던 것이다.

이러한 관념에서 도출된 '의'에 대한 생각 역시 '불의'로 상징되는 계명을 지키지 못하는 타락한 상태, 인간 존엄을 자기 자신의 의지로 계명을 지키는 것에서 찾으려 하고 그렇지 못한 상태를 결핍, 악으로 규정한 인식에서 파생된 '의'의 중심엔 결국 하나님의 생명은 빠져 있고, 결정적으로 자신이 쌓아 올린 바벨로서의 욕망만이 가득 채워져 있을 수밖에 없다. 이건 그 사람이 도덕적으로 선하든, 흠결 없는 삶을 살았는지의 여부와는 직접적 관계가 없다. 그들이 쌓아올린 '의'는 결국 악으로 상징되는 계명을 지켜낸 성과물로서의 제물이 되며, 그들은 그 제물을 하나님께 바치는 것으로 자신들의 의로움이 인정될 것으로 생각했던 것이다.

그러나 성서에 기록된 아브라함의 의를 살펴보면 이야기는 달라진다.

한 번 짚어 보자. 과연 아브라함의 인생이 대단히 칭송할 만한 노블레스 오블리주의 삶이었던가. 그가 과연 수평적 개념으로서의 계명에 대한 불순종의 개념인 '불의'의 철저한 극복을 통해 '의'를 회복했던 인물이던가. 윤리, 도덕적으로 전혀 흠결 없는 삶을 살아낸 그 시대의 진정한 의인이던가. 성서를 주의 깊게 살펴본 사람이라면 아브라함으로부터 그런 관점에서의 의인의 흔적은 단 한 줄도 발견되지 못함을 인정하지 않을 수 없을 것이다. 그는 어떤 면에선 치졸했으며, 우유부단하고 하나님의 명령에 대한 불순종도 서슴지 않았다.

그런데 도대체 무엇을 가지고 아브라함을 하나님이 '의'로 여기셨단 말인가. 야고보서 텍스트에서 언급된 아브라함의 의는 그의 삶 전체를 두고 평가되는 범주가 아니다. 바로 아브라함이 아들 이삭을 제단에 올려세웠다는 그 행위를 두고 그것을 의로 여기셨다는 내용이 '의'를 소유하게 된 주된 주제였다.

'아들 이삭을 제단을 바친다?' 과연 이 명령에서 우리는 어떤 윤리적, 혹은 수평적 개념으로서의 불의를 찾아볼 수 있을까. 오히려 수평적 관점에서 보면 이 명령은 무모하며 불합리하다. 가축도 아니며, 어린 양도 아닌 살아있는 아들을 잡으려고 제단에 올려세우라는 명령 자체가 불의로 인정되는 것이 마땅한 인식이다.

하나님의 명령이 가져오는 메시지의 궁극은 바로 초월성에 있다. 이 초월성은 의, δικαιοσύνη디카이노쉬네의 개념 정립을 초월적 차원의 구분으로 귀결되게 해 준다. 하나님의 계명은 그것을 지킨다는 차원의 문제, 혹은 '의'와 반대되는 수평적 차원으로서의 '불의'를 극복함으로써 얻게 되는 개념으로는 해소되지 않는 신비의 영역을 갖고 있다. 아브라함이 하나님의 그 이해 불가의 명령에 이른바 순종한 행위가 가져오는 메시지의 울림은 하나님의 초월성과 수직적 관계에서 파생된 무한과 유한의 엄혹한 경계를 뚫고 들어오는 무한적無限的 일자一者의 일방적 돌입사건. 바로 그 사건이 펼쳐놓은 초월적인 장field에 몰입하는 단 하나의 행함. 이른바 말씀으로서의 텍스트 몰입이 바로 아브라함 '의'의 참 의미이다.

이때의 '의'는 우리가 '불의'를 극복함으로써 얻게 되는 어떤 쟁취나 자기 의지의 소산물이 결코 아니다. 신약에서 이 아브라함의 의는 결정적인 '율법 외에 한 의' 율법의 전체적 의미, 본질 의미를 밝히고자 나타난 존재로서의 '의'인 예수 그리스도를 통해 더욱 명확히 나타난다. 후일 우리 존재 역시 아버지 나라, 무한적 일자와의 총체적 연합을 구현하게 될 때, 하나님이 우리를 의롭다고 여길 수 있는 유일한 근거 역시 아브라함의 '의'로 상징되는 생명의 말씀, 무한적 일자의 일방적 돌입의 유일한 흔적인 성서 텍스트에로의 몰입의 흔적, 그 흔적을 바로 참된 '의'로 받아들이겠다는 가르침이 바로 신, 구약 성서 전체에 걸쳐 관통되는 생명의 핵심 가르침이다.

산상수훈을 통해 예수는 바로 이러한 생명 차원으로의 몰입으로서의 그의 나라와 의의 추구를 이른바 존재가 구원을 위해 수행할 수 있는 거의 유일한 행함의 차원임을 밝힌다. '먼저'로 번역된 헬라어 πρῶτον프로톤은 서수序數의 문법으로 쓰여, 가장 으뜸 되는 추구를 촉구하는 의미로 사용되어 순서에 따라 '먼저'라는 개념보다 본질적으로 무엇이 우리의 행함에 으뜸이 되도록 해야 하는지에 대한 가르침을 주는 것으로 이해되어야 할 것이다.

그의 나라와 그의 의로 상징되는 하나님의 말씀, 그 말씀의 성취체인 그리스도 예수, 그분을 향해 집중된 텍스트 내부 본질 안으로 들어가는 것, 그것이 바로 그리스도인이 행할 수 있는 거의 유일한 영적 결단이요, 영적인 사건이요, 그것이 바로 아들 이삭을 제단에 올려세운 하나님의 비합리적이고 무모해 보이는 초월적 신비로의 몰입이 가져오는 무한영역으로서의 '의'의 회복이다.

그렇다면, 이제 33절의 후반부 구절을 묵상해 볼 차례다.

καί ταῦτα πάντα προστεθήσεται ὑμῖν

카이 타우타 판타 프로스테데세타이 휘민

그리고 이런 모든 것들이 너희에게 더하여짐을 받을 것이다 _원문 직역

그의 나라와 그의 의를 행함의 궁극으로 추구하면 '이 모든 것들'이 더하여짐을 받게 된다는 가르침인데, 이제 우리가 질문해 볼 차례다.

과연 '이 모든 것들' 이 이방 백성이 구한다고 말하는 물질, 먹을 것, 입을 것에 대한 것인가. 하나님은 우리가 예수를 잘 믿는다고 하기만 하면 이 모든 세상의 걱정과 근심, 염려를 쓸어 내버리겠다는 전능성을 과시하기 위한 메시지로만 이 가르침이 이해되어야 하는 건가. 괴롭지만, 본질을 밝혀보자면 그것은 부분으로만 'yes' 가 될 뿐이다.

정확히 말해 산상수훈에서의 예수 관심사는 물질의 먹고 마심에 그 전체가 할애될 만한 겨를이나 여유가 없다. 예수의 결정적 관심사는 선악 패러다임에 얽매여 있는 유한존재들의 원죄적 실존으로부터의 해방을 이뤄내는 무한 영역의 펼쳐놓음, 그 현존하는 말씀으로서의 '나라' 의 선포, 궁극적으로 그 나라와 그 의의 일방적인 생명 사건에 존재들이 완전히 포박되길 원하고 그래서 생명의 하나 되길 원하는 패러다임 쉬프트의 촉구가 관심사 전부였던 것이다. 그런 맥락에서 이해되는 '이 모든 것들은' 은 무엇일까. 우리는 그 해답을 찾으려고 '더하여짐을 받게 될 것이다' 라고 번역된 동사 *προστεθήσεται*프로스테데세타이의 어원과 그 상징하는 바를 묵상할 필요가 있다.

헬라어 동사 *προστεθήσεται*프로스테데세타이의 원형 *προστίθημι*프로스티데미는 '~을 향하여', '~에 가까이', '~ 곁에' 의 뜻을 갖는 전치사 *πρός*프로스와 '앉히다', '고정되다', '확인하다', '인정하다' 정도의 뜻을 갖는 동사 *τίθημι*티데미의 합성어로 쓰인 단어로 표면적으로 이 단어는 '가까이 놓다', '덧붙이다' 정도의 뜻으로 쓰이지만, 이 단어의 심층 의미를 묵상해보면 단순히 '덧붙인다' 는 개념 이상의 의미를 지니고 있다. 전치사 *πρός*프로스가 독립된 전치사가 아닌 합성어로 쓰일 때 통상 사용되는 의미는 '~ 에 알맞게' 또는 '~의 목적에 들어맞는' 등의 의미로 사용될 때가 빈번하다. 이러한 맥락에서 이 단어 *προστίθημι*프로스티데미를 풀어서 살펴보면 '확인되고 인정된 것의 목적에 알맞게 지향되다' 정도의 심층 의미로 쓰이고 있음을 볼 수 있다.

33절에서 예수가 가리키는 '이 모든 것들' 은 32절에서 언급된 이방인들로 번역된 헬라어 ἔθνη에드네들의 추구의 산물로 압축된다. 헬라어 ἔθνη에드네는 중성 복수로 쓰여 사람의 개념이라기보단 '이방의 것', '외부' 의 것으로 쓰이거나 '전통', '관습', '습관' 의 뜻이 있는 헬라어 ἔθος에도스가 ἔθνη에드네 어원의 유래어인 것으로 알려졌다. 그러므로 예수가 말한 '이방' 추구의 산물은 단순히 세속적인 불신자들의 세상을 향한 추구, 욕망만을 뜻하는 것이 아니라 유한 존재가 물리적 시공時空의 삶을 사는 동안 추구하게 될 모든 전통과 관습의 세워짐을 뜻하는 것이다. 범위를 좀 더 좁혀 보면 이 삶은 곧 종교적 삶의 원형이다.

편협한 해석일 수도 있으나 종교적 삶이란 불신자의 삶에서도 여지없이 묻어 있는 유한 존재의 원죄적 실존 내부에서 발출될 수밖에 없는 번뇌의 다른 표현이다. 인간은 누구나 이 종교심의 번뇌에서 벗어나지 못한다. 눈에 보이는 종교 생활을 영위하든 그렇지 않든 상관없이 말이다.

이 삶이 종교적 삶의 원형일진데 삶 자체가 불행히도 우리를 무한적 일자와의 연합, 즉 구원을 보장해주는 게 결코 아니다. 생각해 보라. 만약 전통과 관습으로서의 ἔθνη에드네의 추구가 우릴 구원해 준다면 예수란 이름으로 그리스도가 이 땅에 나타나야 할 그 어떤 이유도 없을 것이다. 당시 바리새인들의 가르침만으로도, 그러한 선악과 패러다임의 줄기찬 추구만으로도 그들은 구원을 성취하고도 남았을 것이다.

그러나 그것은 지옥의 또 다른 이름일 뿐이다! 끊임없이 욕망의 바벨탑을 쌓아올리는, 그러면서도 우리 욕망의 무거운 짐을 내려놓기를 갈망하는 번뇌의 패러다임에서 누가 우릴 구원해 줄 수 있단 말인가.

예수의 가르침은 바로 이 번뇌의 본질을 해체하기 위한 필사의 궁극, 말씀으로서 자신을 드러내고야 만 유일무이의 사건이다. 이 사건이야말로 우리의 전통과 관습, 편견과 실존의 해소 불가능한 번뇌의 사슬을 단번에 끊어내는 그야말로 천지개벽의 온전한 사건이 아닐 수 없다.

이제 33절의 예수의 가르침은 더욱 명확해진다. 예수가 말하는 이 모든 것들, ἔθνη에드네의 추구의 산물은 인간의 종교적 심성이요, 그를 통한 종교적 추구의 모든 것으로 볼 수 있다. 예배와 예식, 제의에 대한 상상력, 의무감, 도덕과 윤리의 추구, 그 모든 패러다임의 가치를 예수는 지금 거룩한 생명으로의 몰입을 통해 새롭고도 강력하게 거듭나게 할 수 있다는 기쁨의 소식을 선포하는 것이다. 이 환희, 거듭남으로서의 패러다임 쉬프트를 경험한 존재가 취할 수 있는 이 모든 것들의 더하여짐 속에는 과거 허물과 죄로 죽어 있을 수밖에 없었던(로마서 참고) 유한 존재가 무한적 일자와의 하나 됨을 경험한 체질의 변화를 수반한 종교 행위로서의 전통, 이 땅의 지옥도 같은 고통과 번뇌의 수렁과 정면으로 맞서 싸울 수 있는 영적 전쟁의 담대함. 유한의 땅에 발을 딛고 있으면서도 하늘을 바라볼 수 있고, 하늘 신비와 하나 될 수 있는 경이로운 영적 황홀경을 내 이웃과 내 가족에게 참된 기쁨의 소식으로 증거 할 수 있는 삶과 영원의 하나 됨이 비로소 가능해졌다는 예수의 참된 케리그마인 것이다.

> 그러므로 여러분은 먹든지 마시든지 무엇을 하든지 모든 것을 하나님의 영광을 위해 하십시오. _고전10:31 (현대인의 성경)

어떻게 먹고 마심으로 상징되는 ἔθνη에드네의 전통과 관습이 하나님의 영광을 향할 수 있게 되는가? 그 유일한 해답을 전해주는 가장 직접적인 텍스트가 바로 산상수훈이다.

여기서 예수는 그야말로 인간 존재의 근원적 변혁을 시도하는 텍스트의 혁명가이다. 이 혁명의 메시지를 오늘의 우리는 참혹할 정도로 땅의 차원, 실존의 차원에 파묻어버리고 말았다. 땅속 깊이 파묻어버린 이 보물의 가치에 대한 추구는 오간 데 없고 형해만 남아버린 껍데기 복음만을 확대 재생산하며 허망의 긍정, 추상적 감흥의 호소, 가학/자학의 영성에 대한 무례한 다그침, 신神을 잃어버린 신본주의 모습뿐인 윽박지름, 신의 이름을 빙자한 협박과 공갈이 오늘의 교회를 황사 먼지처럼 가득 메우고 있다. 모든 것을 더하신다고 말씀하신 이 고결한 존재론적 변화의 가르침을 단지 예수 이름만 목청껏 부르짖고 교회에 충성 봉사하면 먹고 마시는 것 따위는 다 해결되며, 심지어 가난한 자를 짓밟는 구조적 한계에 빠져버린 시스템 내에서 부자까지 될 수 있으니 믿고 축복받으라고 말하는 너무나 뻔뻔스러운 성서 해석으로 예수의 케리그마를 훼손하는 일을 이제는 그만 멈춰도 될 때가 아닌지 생각해 본다. 차라리 침묵하는 게 더 낫지 않을까. 우리의 훼손의 발언이, 무지와 번뇌의 토사물이 더는 쏟아져 나오지 않을 그때에 돌들이 소리 지르는 말씀의 기적이 가능해질 수도 있지 않을까 조심스럽게 희망해 본다.

비판하지 말라

비판을 받지 아니하려거든 비판하지 말라 너희가 비판하는 그 비판으로 너희가 비판을 받을 것이요 너희가 헤아리는 그 헤아림으로 너희가 헤아림을 받을 것이니라 _마7:1~2

7장 시작에서 예수는 비판에 대한 가르침과 이어지는 들보와 티에 대한 가르침으로 포문을 열고 있다. 6장의 '그의 나라와 그의 의' 추구의 촉구에 이어 연결되는 부분으로서 이제 7장을 통해 산상수훈은 그 가르침의 절정을 향해 오르고 있음을 볼 수 있다.

7장 3절에서 5절로 이어지는 자신의 들보를 보지 못한 채 형제의 티를 빼내는 것이 어리석다는 가르침과 지금 묵상하게 될 비판하지 말라는 가르침은 서로 비슷한 맥락으로 해석됨이 일반적 접근법으로 알려졌다. 그 견해에는 이견이 있을 수 없다. 비판하지 말라는 가르침 역시 특별한 이견이 있을 수 없다는 게 공통적 견해다. 타인을 판단하고 비판하는 행위는 결국 자신에게 득이 아닌 손해가 된다는 가르침. 그런데 이런 가르침은 굳이 예수가 말하지 않더라도 도덕, 윤리 교과서에 빠지지 않고 나오는 덕목이며, 수많은 성자, 공인들이 그런 종류의 가르침을 계속해 주장해 온 것을 볼 수 있다.

과연 예수는 타인을 비방하는 일을 금하라는 메시지로만 이 가르침을 허락하셨을까. 물론 그러한 질문에 대한 답은 마땅히 'yes' 일 수밖에 없다. 하지만, 거기에 덧붙여야 할 과제가 남아 있는데, 그 과제를 간과하는 게 과연 타당하냐는 질문에 대해선 단호히 'no' 라고 밝히고 싶은 것이 필자의 견해다. 왜냐하면, 타인을 비판하지 말라는 가르침은 일반론의 범주를 넘어선 본질의 해석이 남아있기 때문이다. 오히려 예수는 그 본질의 의미가 우리에게 깊은 영의 울림으로 나타나길 열망하고 있다.

7장 1절에 '비판' 이란 단어로 번역된 헬라어 *κρίνετε*크리네테의 어원을 살펴보면 다음과 같다.

*κρίνω*크리노: 나누다, ~의 사이를 구별하다, 심판하다, 평가하다, 판결하다

*κρίνετε*크리네테의 원형 *κρίνω*크리노는 주로 법적 용어로 사용된다. 부정적 맥락에서 쓰일 때에 유래한 단어는 *κρίσις*크리시스로서 '비난' 이란 의미가 있는데, 만약 예수가 앞서 밝힌 일반론 범주에서 타인 비판이 옳지 않다는 뜻을 특별히 강조하고자 했다면 아마도 비판이라고 번역된 단어를 *κρίνω*크리노가 아닌 *κρίσις*크리시스(비난, 모욕)로 사용했음이 더욱 적절했을 것이다. 한글번역으로 나타난 '비판' 이 가진 이미지는 제법 부정적이다. 그래서 당연히 우리는 '타인을 비난하는 행위' 라는 부정적 뉘앙스로 이 구절을 이해한다. 하지만, 헬라어 단어 선택으로 보았을 때 이 '타인을 비판하지 말라' 는 구절은 부정적인 뉘앙스와는 다소 거리가 멀다. 즉, 타인을 비난하는 행위 범주에는 어울리지 않는 것이다.

그렇다면, 이 구절이 가진 궁극의 의미는 무엇일까. '타인을 비판한다는 것' 을 용례에 맞게 적절히 직역해 보면 '타자' 로 대표되는 '너', '너희' 의 인칭이 생략되어 있음을 볼 수 있으며, 또한 '비판' 이란 단어가 가져오는 부정적 뉘앙스가 휘발된 '심판', '구별' 이란 단어로 번역되는 것이 합당할 수 있다. 그러한 맥락에서 7장 1절과 2절을 직역해 보면 다음과 같다.

μή κρίωετε, ἵνα μή κριθῆτε. ἐν ᾧ γάρ κρίματι κρίνετε, κριθήσεθε. καί ἐν ᾧ μετρεῖτε, ἀντιμετρηθήσεται ὑμῖν.

메 크리네테, 히나 메 크리데테. 엔 호 가르 크리마티 크리네테, 크리데세스데. 카이 엔 호 메트로 메트레이테, 안티메트레데세타이 휘민

구별하지 마라. 구별되어지지 않게 하기 위함이다. 왜냐하면 너희가 구별하는 그 구별 안에서 구별됨을 받을 것이요. 너희가 표준하는*μετρεῖτε*메트레이테 그 표준대로 다시 표준됨을 받아질 것이기 때문이다.

7장 1절에서 비판으로 사용된 단어 *κρίνω*크리노는 '구별됨' 이란 용어로 사용되었다. 동시에 2절에서 주목할 동사가 있는데, 그것이 바로 *μετρεῖτε*메트레이테다. 이 단어를 개역한글성서는 '헤아림' 으로 번역했는데, 그 뜻이 모호하기 이를 데 없다. 헬라어로 살펴본 어원은 바로 '표준, 한계, 분량' 의 뜻을 갖는다. 동사로 쓰인 이 의미를 직역하면 '표준을 짓다' , 또는 '한계를 짓다' 정도의 의미로 사용된다. 그리고 1절과 2절을 연결하는 대등접속사 *καί*카이가 사용되어 1절과 2절의 의미가 동등한 가치를 지니고 있음을 더욱 견고히 한다. 그렇다면 '구별하지 말라' 는 의미와 '표준, 한계를 짓지 말라' 는 가르침이 같은 가치로서 우리에게 영의 울림으로 다가와야 한단 말인데, 이것이 과연 무슨 의미인가.

구별하지 말라는 의미는 이중 의미가 있다. 먼저 이 구별됨은 나 자신에게 해당하는 분류와 정죄, 심판의 의식을 상징한다. 나 자신을 기준으로 '나' 를 성립한다고 믿고 있던 자아의 성벽은 하지만 인류가 당면한 원죄적 실존 한계의 늪에 가려져 의와 불의, 계명의 준수와 불이행, 성취와 좌절 등의 자기 의지의 종교에 헌신 되게 만드는 덧없는 고통을 반복하고 있다. 예수가 산상수훈을 통해 나타내려는 궁극의 가

르침은 이러한 자기 의지의 종교를 해체하기 위해 오셨음을 갈파하고자 함에 있다. 그런 맥락에서 우리는 자기 의지의 종교 해체를 이루기 위한 궁극의 방법으로서 '나'의 기준과 한계를 설정하고 그것을 극복하거나 또는 좌절되는 식의 종교의 카테고리로부터 해방될 것을 촉구하는 메시지로 이해할 수 있다.

구별됨의 본질은 우리 자신의 의지와 노력으로 이루어지지 않는다. 무한의 생명을 우리가 구별, 심판, 정죄하는 우리 안의 결핍 극복을 통해 주어질 수 있는 일종의 성불을 통한 열반이란 자력 의지가 허용되는 거라면 하나님의 아들이 이 땅에 모습을 드러낼 이유가 없었을 것이다. 예수의 출현은 그 자체로 존재의 자기 의지의 종교 해체와 원죄적 실존 한계의 붕괴를 혁명적으로 암시하는 케리그마인 것이다.

그러므로 구별됨의 본질은 온전히 무한적 일자로부터의 일방적 돌입을 통해 성취된다. 그 성취 궁극에 그리스도 예수가 있다. 그 예수가 우리에게 말하고 있다. 구별됨의 고통에서 벗어나라고 말이다.

이 자기 의지의 구별 됨은 또한 자기 자신의 영역에만 머무르지 않는다. 인간은 사회적 동물이다. 인간은 사회로부터 존재 의미를 부여받기까지 한다. 그런 맥락에서 자기 의지의 종교의 포로가 된 존재는 자기 자신의 결핍을 극복하려는 자기 성채 쌓아올림의 의식을 반드시 '내'가 아닌 '너', '너희들'로 대표되는 '타자他者'에게 인정받으려는 욕망을 수반한다. 종교심을 통한 내적 세계로의 몰입은 이 순간 허망하게 붕괴 된다. 참으로 원죄적 실존의 결정적 증거가 아닐 수 없다. 하늘로부터 돌입 되는 하늘의 생명은 나 자신을 나 스스로 구별하지도 않으며, 한계를 스스로 측량하지도 않는다. 나 자신의 구별됨이 내 의지로 발출되지 않았음을 자각한 존재는 그러므로 결코 '타자'에게 구별과 한계의 잣대, 이른바 심판의 잣대를 들이밀지 않는다. 그러한 잣대를 들이밀 수 있는 존재는 여전히 자신이 구별됨의 주체가 되었다고 생각하는 존재들에게서나 나오는 추태다. 예수는 이 반복되는 추태를 더 용납할 수 없었던 것이다.

구별됨과 맥을 같이하는 표준, 한계, 분량의 의미로 쓰인 동사 *μετρεῖτε*메트레이테 역시 자신을 구별됨과 한계의 주체로 놓지 말라는 예수의 가르침과 맥을 같이한다. 이는 좀 더 나아가 율법의 높고 낮음, 율법 준수의 수준에 따라 신앙 수준과 열심의 정도를 결정하는 율법의 심판관이 되기를 원하는 욕망을 그대로 드러내는 대목이기도 하다.

생명의 종교에 대해 스스로 표준과 한계를 설정한 존재는 그 표준을 도그마 삼아 그 표준에서 어긋나 보이는 혐의만 묻어나면 무조건 그 상대를 심판하고 정죄한다. 가히 상상할 수 없는 정신적, 언어적 폭력이 가해지는데, 여기에 심각한 것은 그들이 자신들의 욕망이 쌓아올린 자기 의지 종교에 의존해 세워놓은 도그마가 곧 하늘의 가르침이라고 신앙한다는 데 있다.

2천 년 전 당시를 살펴보자. 바리새인들과 서기관들, 유대교 종교 지도자들은 그 도저한 종교적 집착과 열의에도 예수로부터 '독사의 자식들아'라는 상스러운 욕을 들어가며 천하의 패역도로 낙인찍히게 되었다. 어째서 그런가. 그들이 도대체 무엇을 얼마나 잘못했기에 그런 책망을 듣게 되었는가. 상대적으로 그들과 세속 범인들을 비교했을 때, 윤리 도덕적으로 얼마나 쓰레기 같은 삶을 꾸려가는 인종들이 가득했었는가. 그러나 예수는 그들을 정죄하지 않고 도리어 노블레스 오블리주의 삶을 실천한다고 자부하던 바리새인들을 향해 독설을 퍼부었던 것이다.

그 이유가 무엇이었을까. 그들이 바로 인간 존재에게 가장 필요한 생명의 참여, 그 문을 가로막고 자기 의지의 종교의 첨단을 세워 올려 그 드높은 표준을 하나의 규범으로 설정하여 그 규범으로부터 이탈된 이들을 신의 이름으로 정죄한다는 명분 때문에 너무나 의로운 순교자가 되는 것 마냥 자신의 존재를 고결하게 인지하려는 그 끔찍한 기만, 그것을 예수는 견딜 수 없었던 것이다. 치가 떨리도록, 이가 갈리도록 예수는 그 전무후무한 마귀의 기만과 술책, 가증스러운 선악과 패러다임의 그물을 찢어내기 위해 할 수만 있다면 무슨 일이든 해내려는 광분에 가까운 열의로 홀로 투쟁하였던 것이다. 그 그물은 끝내 찢어졌다. 성소 휘장이 위에서부터 아래로 찢어지듯 그 견고한 철옹성, 자기 의지는 종교는 붕괴 되고 만 것이다. 바로 십자가 도상 위에서.

우리는 지금 거듭남을 이야기하고 있다. 거듭남의 본질은 자기 의지의 종교를 버리고 생명 영역으로의 돌입을 가능케 하는 유일한 문을 발견하는 것이다. 그 발견의 과정이 사실상 그리스도인 행함의 전부가 되어야 한다. 발견된 이 생명의 실체를 나 자신에게 인지시키고, 그렇게 인지된 깨달음을 이웃에게 나누어주는 생명의 전파가 바로 예수가 갈망하는 생명의 울림일진데 지금도 여전히 우리 자신의 의지와 안목의 늪에 사로잡혀 '나'와 '타자'를 구별하거나 스스로 한계의 망을 씌워 한계의 도그마로부터 의와 불의, 구원과 타락, 생명과 사망을 논한다면 과연 그러한 구분이 생명의 발견과 어떤 상관이 있을 수 있겠는가.

예수는 지금 7장 1~2절 말씀을 통해 바로 그러한 자기 기준, 자기 표준의 도그마를 버릴 것을 촉구하고 있다. 그것만이 거듭남의 생명, 그 무한의 신비를 온전히 발견하고 생명의 영역 안에 참여할 수 있는 거의 유일한 행함이 되기 때문이다.

티와 들보

왜 너는 형제의 눈 속에 있는 티는 보면서 네 눈 속에 있는 들보는 보지 못하느냐? 네 눈 속에 들보가 있는데 어떻게 형제에게 '네 눈 속에 있는 티를 빼내 주겠다.' 하고 말할 수 있느냐? 위선자야, 먼저 네 눈 속의 들보를 빼내어라. 그러면 네가 밝히 보고 형제의 눈 속에 있는 티도 빼낼 수 있을 것이다.
_마7:3~5 (현대인의 성경)

예수의 티와 들보에 대한 가르침 중에 중요한 한 단어가 호명됨을 확인할 수 있다. 그건 바로 '위선자' 라는 호칭이다.

여기서 '위선자' 는 누구를 가리킴인가. 우리는 신약성서에서 등장하는 용어 중에 '위선자' 란 대목이 나오면 너무나 쉽게 이스라엘 종교 지도자들, 혹은 바리새인을 떠올리기 쉽다. 실제로도 예수는 그들을 향한 공분을 멈추지 않으셨고 그들의 욕망과 대치하셨다. 그 욕망의 충돌 끝에 십자가 형벌이 기다리고 있던 것 또한 우리는 모르지 않는다. 그래서일까. 어느 순간부터 우리는 이 '위선자' 라고 밝힌 예수란 호칭에 대해 둔감한 모습을 보인다. 이를테면 이런 것이다. 성서 말씀에서 등장하는 '위선자' 란 호칭은 그 텍스트를 읽는 자신과는 무관한 2천 년 전 당시 예수를 십자가에 못 박는 데 앞장선 종교 지도자, 바리새인들 정도로 치부하는 경향 말이다. 그와 함께 우리 자신을 너무나 간단하게 이 '위선자' 대열에서 예외로 만드는 모습을 보인다. 우리는 위선자의 개념을 알고 있으니 위선자가 아니란 것이다. 우리는 예수를 우리의 구주, 아멘으로 받아들이고 있으니 더는 위선자가 될 수 없으며, 그들의 종교는 지금에 와선 단지 형식에만 얽매여 있는 유대교에 불과할 뿐이란 생각으로 오늘날 교회는 이 모든 '위선', ὑποκρι τα휘포크리타의 범주에서 자유로운 것으로 생각한다. 더는 교회 안엔 위선이 있을 수 없으며, 오직 예수의 사랑만이 가득할 뿐이니 교회에 대한 충성 봉사만이 사특한 위선과 종교 지도자들의 허위에서 벗어나는 유일한 길이라고 설교하는 이러한 작태에 대해 우리는 과연 이 주장을 액면 그대로 수용할 수 있을까. 매우 불행하게도 그에 대한 답은 'NO' 일 수밖에 없다.

예수가 7장 5절에서 지목한 '위선자' 의 범주에 바리새인이나 종교 지도자들은 포함되어 있지 않다. 어째서 그런가. 상황으로만 보면 그렇다. 지금 예수가 가르치는 곳은 산상수훈의 장소, 바로 산이다. 그곳에 올라 예수의 가르침을 듣는 존재는 누구인가. 그들이 바리새인들인가. 그렇지 않다. 제자들이다. 제자들이 예수의 가장 가까운 곳에 앉아 그분의 가르침을 전해 듣는 것이다.

추상적으로 뭉뚱그리면 이 '위선자' 라는 호명이 제자들 자신이 아니라 저 지상의 세계, 종교적 기득권과 눈에 보이는 현상에만 눈이 먼 종교 지도자들로 치부해버릴 수 있겠지만, 예수는 지금 직접 자신의 가르침을 듣는 제자들에게 '너희들도 깨닫지 못하면 위선자일 수밖에 없을 것이다' 라는 경고를 보내고 있다. 물론 제자들, 오늘의 그리스도인들 역시 이러한 가르침과 나와는 별개라고 생각하고 싶을 것이다. 우리는 예수의 가르침을 충실히 듣고 따르는 존재들이지 예수에게 우리가 '위선자' 란 책망을 들을 만한 존재는 아니라는 전제를 마음속 깊이 단정해 놓는 것이다. 하지만, 냉정히 지적하자면 그것 역시 자기 의지의 산물에 불과하다. 그 신념은 좀 더 심하게 말해 예수 생명의 인지, 그 깨달음과는 아무 상관없는 우상 숭배에 불과하다. 예수는 바로 이러한 우상 숭배를 자행하는 존재들을 통틀어 '위선자' 의 범주에 밀어 넣은 것이다. 위선자는 단순히 종교 지도자들만을 뜻함이 아니다. 오늘의 우리 역시 지금 이 가르침의 본질을 꿰뚫고 본질이 펼쳐놓은 생명의 신비 안으로 몰입되지 않으면, 그래서 무한의 생명과 내가 하나가 되지 않으면 위선자일 수밖에 없다. 그러므로 이 위선은 악의적 의미를 넘어서서 깨닫지 못하는 자기 관념의 늪에서 허우적거리는 무지의 지속을 상징한다.

그렇다면, 예수는 지금 어떤 존재들을 '위선자' 라고 부르는가. 3절과 4절에 그 가르침의 핵심이 담겨 있다.

> 왜 너는 형제의 눈 속에 있는 티는 보면서 네 눈 속에 있는 들보는 보지 못하느냐? 네 눈 속에 들보가 있는데 어떻게 형제에게 '네 눈 속에 있는 티를 빼내 주겠다.' 하고 말할 수 있느냐? _마7:3~4 (현대인의 성경)

눈은 깨달음의 창을 상징한다. 이 창이 맑고 투명하지 않으면 우리는 온전한 생명을 발견하기 어렵다. 눈은 또한 발견됨의 도구로 사용된다. 눈을 통하지 않고서 생명을 발견하는 길은 요원하다. 눈은 그만큼 무한의 신비를 발견할 수 있는 생명의 발견, 그 도구이다. 여기서 뜻하는 눈은 비단 신체 기관으로서의 눈만을 의미하지 않는다. 심안心眼이라고 표현되는 마음의 눈을 가리킴이다. 이 마음의 눈에서부터 오독誤讀이 시작되면 마음 안에 담기게 될 생명의 메시지, 온전한 생명의 차원을 펼쳐놓지 못한다. 내 마음 안에서 오독과 왜곡의 반복됨으로 인해 생명의 가치는 다시금 본래 타락된 욕망으로 가득한 마음과 뒤섞여 버려 온갖 혼탁한 고통의 장場으로 퇴화하고 마는 것이다.

지금 형제의 눈에 티가 있다고 예수는 말씀하셨다. 지금 우리의 형제는 누구인가. 우리 마음속에 아직 생명의 진리를 깨닫지 못한 내 자아의 다른 이름일 수도 있으며, 또한 진리를 맛보지 못한 '타자他者' 들을 가리킴이다. 그런데 지금 이 형제의 눈에 티가 들어 있다고 지적하였다. '티' 로 번역된 헬라어 명사 *κάρφος*카르포스는 '티' 라는 의미보다는 '마르고 시든 것' 에서 유래한 '작은 것, 조각, 그루터기' 등의 뜻을 갖는다. 마르고 시듦의 표현이 가져오는 상징적 의미는 영적 심안의 열림의 결핍, 그 철저한 부재 상태를 지적하고 있음이다. 마름의 상태를 가장 적절히 묘사하는 텍스트를 묵상해 보겠다.

> 내가 여호와의 손길을 느끼는 순간 그의 성령이 나를 데리고 가서 한 골짜기 가운데 두었다. 그곳은 뼈로 가득 차 있었다.그가 나를 데리고 그 뼈 주위를 사방 돌아다닐 때 보니 그 골짜기 바닥에 대단히 많은 뼈가 있었으며 그 뼈들은 아주 말라 있었다. 그가 나에게 '사람의 아들아, 이 뼈들이 살 수 있겠느냐?' 하고 물으셨다. 그래서 나는 '주 여호와여, 주께서만 아십니다.' 하고 대답하였다. 그때 그는 이 뼈들에게 이렇게 예언하라고 나에게 말씀하셨다. '너희 마른 뼈들아, 여호와의 말씀을 들어라. 주 여호와께서 너희 뼈들에게 이렇게 말씀하셨다. '내가 생기를 너희에게 불어넣겠다. 너희가 살아날 것이다. 내가 너희에게 힘줄을 붙이고 살을 입히며 가죽으로 덮고 너희 속에 생기를 불어넣을 것이니 너희가 살 것이다. 그러면 너희가 나를 여호와인 줄 알 것이다.' _겔37:1~6 (현대인의 성경)

마른 뼈가 주님의 말씀을 통해 생기를 얻어 새로운 생명을 얻게 된다는 감격스런 예언 메시지에서 살필 수 있는 것처럼 마른 뼈의 '마름' 의 의미는 영적 죽음을 상징한다. 이 죽음의 상태가 새로운 생명으로 전이되는 유일한 길은 바로 '주 여호와의 말씀을 듣는 것' 을 통해 가능해진다. 그러므로 산상수훈에서 예수가 지적한 형제의 상태는 마음의 눈, 영의 눈 안에 '티' 로 번역된 '마름', 영적 죽음의 그늘이 드리워져 있음이며, 이는 곧 말씀을 상징하는 하늘로부터 내려오는 생명 메시지에 대한 깨달음 부재 상태임을 알 수 있다.

이 눈 속에 담겨 있는 '마름' 은 일종의 드러난 상태, 원인에 의한 결과로 볼 수 있다. 즉, 깨닫지 못했기 때문에 '마름' 으로 표현된 '티' 가 형제의 마음의 눈 속에 담겨 있어 영적 죽음, 철저한 생명에의 무지를 직, 간접적으로 강요하는 것이다. 그렇다면, 그 형제의 영혼을 '마름' 의 결박에 묶어두게 한 궁극의 원인이 무엇인가. 그것이 바로 '들보' 로 번역된 헬라어 *δοκόν*도콘이다.

헬라어 명사 *δοκόν*도콘은 한글 번역처럼 '들보' 라는 단어만으론 그 심층 의미를 파악하기에 무리가 있다. *δοκόν*도콘의 의미는 '떠받치다', '들다', 'holding up' 이란 동사 *δέχομαι*데코마이에서 유래한 단어로 '대들보', '건물의 기둥' 등의 명사로 사용된다. 그러므로 그 의미본질은 우리 존재를 떠받치는, 존재의 기반을 지배하는 지배세력으로 볼 수 있다.

이 지배세력의 유일하고도 가장 강력한 경향은 바로 자기 의지에로의 집착, 선악과 패러다임이다. 아담과 하와의 선악과 사건으로 회자되는 인류의 타락적 실존은 유한 존재가 스스로 무한 존재의 성좌를 차지할 수 있다고 믿는 욕망의 개안開眼으로 압축된다. 그 욕망의 거대함이 이미 영계에서부터 타락한 천사 루시퍼로 말미암아 개진되었으며, 루시퍼의 정체성이라 할 수 있는 뱀의 끔찍한 지혜, 욕망의 떠받침을 받은 지혜로 말미암아 더욱 견고해졌다. 이것이 바로 존재의 의식을 바닥에서부터 지배하는 본질적인 지배 이데올로기다. 우리는 이 존재의 터전 위에 종교와 문명을 세우고, 우리만의 평화를 세우기를 갈망한다. 수평의 평화, 수평적 연대 말이다. 하지만, 그 자리에 초월적 신비로서의 무한은 자리 잡을 곳이 없다. 이러한 참혹한 비극의 중심에 예수가, 말씀의 육화가 현현한 것이다. 가증스러운 지배 이데올로기의 해체를 위해, 관념을 떠받치는 근원적 자기 의지의 성단, 그 바벨탑을 완전히 무너뜨리려고 예수가 지금 우리에게 산상수훈이란 혁명의 말씀을 손에 쥐고 나타난 것이다. 그것이 바로 하나님 아들의 본질이다.

7장 3절 후반부에 나타난 예수의 통렬한 지적 *δοκόν οὐ κατανοεῖς* 도콘 우 카타노에이스 '너를 떠받치고 있는 그 지배세력을 어째서 깨닫지 못하느냐' 는 책망에 우리는 전력을 다해 귀를 기울일 필요가 있다. '들보' 를 깨닫지 못하느냐는 말의 의미는 무엇인가. 이는 바로 제자들로 시작해 오늘의 그리스도인들에게 예수가 주는 궁극의 메시지이기도 하다. 우리 마음의 눈이 생명의 신비에 열리지 못하도록 하는 궁극의 원인인 지배세력, 우리를 떠받치는 관념의 실체를 인지하는 건 바로 우리가 우리의 의지로서 이 땅에서 구원의 열망, 생명의 추구, 빛의 열림, 무한의 개안을 기대하고자 했으며, 그러한 기대가 잉태해낸 모든 일체의 종교 행위가 허무임을 인정하는 것이 존재를 결박하는 '들보', 관념의 지배세력을 해체 시킬 수 있는 유일한 깨달음이다. 이 깨달음이 어떻게 가능한가. 이 깨달음 역시 모든 것을 허무의 몫으로 돌려버리는 불가지론자들만의 특별한 깨우침인가. 그렇지 않다. 말씀이 몸이 되어 오신 그리스도 예수의 가르침이 있기 때문에 가능하다. 지금까지 존재의 모든 것을 지배해 오던 지배세력의 가증스러운 견고함을 해체할 수 있는 유일한 길은, 길이요, 진리요, 생명으로 이 땅에 오신 하늘의 사제, 그리스도 예수를 통해서만 가능한 것이다.(요한복음 참고)

해체 이후의 허무를 감당할 수 있는 안식과 생명은 오직 예수의 가르침, 그 텍스트 속에서 분출되어 나오는 생수의 강을 마실 수 있을 때만 가능하다. 새로운 생명, 새로운 깨달음, 그 놀라운 신적 경이로움 없이 어떻게 우리의 δοκόν도콘을 깨달을 수 있단 말인가. 백번 양보해 설령 그 깨달음을 가졌다 한들 깨달음이 가져오는 존재의 극한 허무, 원죄적 실존의 굴레에서 어떻게 벗어날 수 있단 말인가. 무한적 일자의 유일한 생의 호흡인 그리스도 예수의 말씀 없이 어떻게 이 허무를 벗어날 수 있다고 자신하는지 오늘의 종교가 주장하는 저 뻔뻔스러운 도그마의 옹호가 그저 신기할 따름이다.

먼저 내 자아의 주인이라고 부르짖던 관념의 성채를 해체해야만 한다. 그 해체를 가능케 하는 주체를 온전히 하늘에 못 박는 우리의 믿음이 간절히 요구되는 시점이다. 우리가 행할 수 있는 신앙행위의 궁극은 바로 이것이다. 우리 관념을 지배하는 세력의 해방자가 바로 그리스도 예수라는 사실을 인정하는 것. 그리고 그분이 지금 우리에게 펼쳐놓으신 그리스도에 대한 예표의 모든 것인 성서와 존재가 하나를 이루는 것. 텍스트 안으로의 몰입, 생명 영역 안으로의 더욱 깊은 침잠, 그 하나의 행위가 무한적 일자인 하나님의 눈에 볼 때, 우리의 '의'가 되는 것이다. 그 의로움 외에 다른 그 무엇이 우리를 하나님 앞에 의롭다고 말할 수 있는가. 다른 어떤 관념의 유희, 자기 극기의 자학이 이 초월적 의로움을 대신할 수 있겠는가.

이제 '위선자'의 실체는 명백해졌다. 여전히 내 마음의 눈을 사로잡은 관념의 성채를 해체하지 못하고 욕망의 성채는 성채 그대로 보존해 두고 그 자리에 성서, 하나님, 예수, 도그마, 종교 행위를 갖다 붙이고, 그러한 행위들로 말미암아 구원받을 수 있고, 이 땅에서도 큰소리치며 잘 살 수 있을 거라고 가리키며 뻔뻔스럽게 믿지 않는 자들을 마음껏 정죄하고 사랑이란 이름으로 계도의 대상 삼아 자신도 깨닫지 못한 신비의 말씀을 증거 한다는 핑계로 형제들에게 더 무거운 짐을 지우는 추악한 불법을 범하는 자. 그러면서도 자신은 주님의 일을 한다는 자부심에 도취하여 열광하는 자들. 바로 그들이 위선자이다.

이 위선자들이 당시의 종교 지도자들에게만 해당하는 일이라고 생각하는가. 그들만이 천하에 몹쓸 놈이고 우리는 이 '들보'를 해체한 선각자들이라고 착각하고 있지는 않은가. 심하게 말해 오늘의 교회는 2천 년 전 종교 지도자들이 쌓아올리는 이중 성채, 자기 의지의 관념의 들보와 주님의 이름을 같이 섬기려 하는 두 주인을 섬기는 최악의 우상 숭배를 반복하는 작태를 멈추지 않고 있다. 오히려 더욱 흥왕하며, 번성하기를 원하고 있다. 이 두 주인 숭배의 카테고리에서 한 번 부흥되는 재미를 보았으니 결코 두 주인 숭배의 시스템에서 벗어나지 않으려 몸부림치는 것이 안타깝지만, 오늘의 교회가 안은 가장 근본적인 문제가 아닌지 진지하게 자문해 보아야 한다. 만약 지금 우리의 마음의 들보가 해체되지 않았다면, 그리하여 여전히 내 눈이 '마름'의 영적 무지에 사로잡혀 있다면 지금이라도 이 해체의 집념을 여과 없이 풀어낸 예수의 산상수훈의 사자후에 결박되어야만 할 것이다.

설령 이로 말미암아 지금까지 쌓아올린 모든 종교성의 추구가 허망한 것이 되어버릴지라도 우리는 더욱 담대하게 이 해체의 집념만으로 들끓는 그리스도 예수의 가르침에 아예 우리의 존재 자체를 매몰시켜야만 한다. 비로소 그때 희망의 불꽃이 치솟을 것이다. 우리를 이제껏 떠받들어오던 모든 허위의 실체가 불에 풀어질 것이고 새로운 생명이 우리를 압도할 것이다. 그날을 제발 희망하자. 그날을 위해 기도하는 것 외에 다른 기도의 제목을 영혼의 제단 위에 올려놓지 말자. 아브라함이 아들 이삭을 올려놓은 것처럼 그 단 하나의 행함. 생명 영역의 참여에만 모든 신앙생활의 초점을 맞춰야만 할 것이다.

개와 돼지

너희는 거룩한 것을 개에게 주지 말고 진주를 돼지 앞에 던지지 말아라. 그것들이 발로 짓밟고 돌아서서 너희를 물어뜯을지도 모른다. _마7:6 (현대인의 성경)

거룩한 것과 진주에 대한 상징에 대해 이제 잊을 수 없는 한 가지 단서를 발견하게 된다. 그건 곧 유한 존재에게 무한의 생명이 돌입 되는 생명의 메시지를 뜻함이다. 이 메시지의 전달 방향 때문에 두 개 단어의 역할이 분류된다. 우선 '진주' 로 번역된 헬라어 μαργαρίτας마르가리타스는 남성 복수형태로 쓰였다. 헬라어의 특성 중에는 남성, 여성, 그리고 중성 명사 형태로 나누어지는 점이 있다. '거룩한 것' 의 헬라어 성性은 무엇일까. '거룩한 것' 으로 번역된 형용 대명사 ἅγιον하기온은 중성 단수형태로 쓰였다. '진주' 는 '진주들' 로 사용되어 진주로 상징되는 그리스도이신 예수에 대한 복음들을 가리키며, '거룩한 것' 은 그러한 케리그마로 인해 나타나는 무한 생명의 드러남을 온전히 발견하고 그것을 담아내는 하나의 영적 터전, 영적 기능을 담당한다고 볼 수 있다. 즉, 거룩한 것 안에 진주들을 담아내는 것이다.

이 사건들의 역동성은 온전히 하늘에서부터 이루어지는 영적 사건으로 볼 수 있다. '진주들' 이 어디에서부터 우리 마음을 혁명적으로 뒤흔들어놓은 것일까. 믿음은 들음에서부터 발출된다는(로마서 참고) 메시지를 기억하기 바란다. 존재는 들음으로 상징되는 그리스도 예수의 텍스트를 통해 우리의 유한적 실존의 정체를 확증하게 된다. 말씀의 육화肉化인 그리스도 예수의 현현顯顯이 존재를 거듭남의 차원으로 인도하는 궁극적인 실체는 고통스럽지만, 존재의 원죄적 실존으론 결코 무한의 생명에 도달할 수 없음에 대한 철저한 자각을 수반함이다. 그것이 복음이 가져오는 영적 충격의 전말이다.

> 그것은 이렇게 기록된 성경 말씀과 같습니다. '의로운 사람은 없으니 하나도 없으며 깨닫는 사람도 없고 하나님을 찾는 사람도 없다.
> 모두 진리에서 떠나 쓸모없게 되었고 선을 행하는 사람이 없으니 하나도 없다.'
> '그들의 목구멍은 열린 무덤 같으며 그들의 혀로는 남을 속인다.' '그들의 입술에는 독사의 독이 있고 그들의 입에는 저주와 독설이 가득하다.'
> '그들은 살해하는 것을 주저하지 않으니 그들이 가는 곳마다 파멸과 불행이 뒤따르고 그들은 참된 평안이 무엇인지 모른다.'
> '그들의 눈앞에는 하나님을 두려워함이 없다.' _롬3:10~18 (현대인의 성경)

우리의 원함은 무한 생명에 대해 모호하지만 강렬한 빛의 욕망을 갖고서 항상 의로운 자 되길 갈망하지만, 성서에 기록된 바와 같이 모든 진리에서 떠나 쓸모없어졌고 깨달음조차 가능하지 못한 고통스러운 영적 무지에 처해 버린 인간 실존을 사도 바울이 극렬한 어조로 폭로하고 있음을 볼 수 있다.

이 충격은 곧 영적 생명에 대한 철저 무지로 상징되는 '개'와 '돼지'로 의인화된 원죄적 실존에 대한 최초이자 최후의 균열을 가져온다. 인간 존재의 차원 안에서 추구되는 의로움의 개념을 철저히 분쇄하고 율법의 성취체이자 말씀 그 자체로 유한의 현상계 안에 돌입 된 말씀의 육화가 우리 존재를 '개'와 '돼지'의 무지에서 깨달음의 차원으로 이행시키는 혁명적 균열이 지금 예수가 제자들, 오늘을 살아가는 그리스도인들에게 말하고자 하는 핵심 메시지, 산상수훈의 전부였던 것이다.

이 성스러운 균열의 중심에 우리는 급기야 우리의 존재 기반마저 우리 의지의 터전을 해체하고 이 마음 안에 새로운 생명의 터전, 거룩한 것, *ἅγιον*하기온을 받아들이는 존재의 변혁을 기꺼이 수반하게 된다. 진주들과 거룩한 것은 이런 상태에서 미묘한 구분을 허락하게 된다. 진주들은 이 놀라운 패러다임 쉬프트를 가능케 하는 새로운 생명의 메시지, 존재의 균열을 수반하는 떨림이다. 그런데 존재의 균열을 이루어내는 진주들, 복음의 메시지를 담아내려면 균열을 경험한 옛것으로는 가능하지가 않다. 새로운 터전, 우리의 낡은 의식의 껍데기를 벗어 던진 새로운 터전으로서의 '거룩한 것' 이 필요한 것이다.

이러므로 해서 우리의 존재는 완전한 거듭남의 신비에 참여하게 된다. 여기에 우리가 수행할 수 있는 행함의 근거는 유일하다. 그리스도이신 예수가 펼쳐놓은 생명의 집념, 그 해체의 극렬한 열망에 자신의 존재를 지배하던 모든 터전을 내어놓는 것이다. 자신이 갖고 있던 욕망의 종교성을 해체와 균열의 제단 위에 올려놓는 것. 그것이 바로 하나님이 의로움으로 간주하였던 아들 이삭을 제단에 올린 아브라함의 행함인 것이다.

그런데 예수는 지금 산상수훈 7장 6절이 가르침을 통해 '거룩한 것' 으로서의 존재의 새로운 터전을 개에게 증여하지 말고, 우리가 그 거룩한 터전에 담아내야 할 우리의 소유로 된 우리의 진주들을 돼지들에게 내던지지 말라는 경고의 메시지를 들려주고 있다. 이것은 도대체 무슨 경고의 의미가 담겨 있는가. 의미심장한 뜻이 아닐 수 없다.

일단 이 의미는 먼저 당시 율법을 선악과 패러다임에서 해소, 적용하려 했던 소위 야훼의 율법을 관장하는 종교 지도자들의 그릇된 행태를 답습하지 말라는 경고의 메시지로 읽힐 수 있다. 당시의 종교 지도자들에게 율법은 그것을 지킴으로서 의로움을 인정받을 수 있는 규범의 성질이 다분했으며, 더 나아가 야훼의 율법은 그들의 권력과 권위, 그들의 종교제도를 유지 시켜 주는 강력한 헤게모니로서 사용되었다. 그러한 상태를 예수는 율법의 참된 가르침, 무한적 일자의 철저한 사랑을 유린하고 자신들의 원죄적 욕망이 쌓아올린 종교의 바벨탑위에 쌓아놓은 고통의 반복으로 규정하고 개탄하신 것이다. 그러한 그들의 행위에서 무한적 일자의 생명의 메시지는 거룩한 것에 담겨있을 수도 없으며, 또한 그 메시지 생명의 충만한 역동성 또한 찾아볼 수가 없는 것이 현실이 되었다. 당시의 예루살렘을 지켜보라. 장사하는 자들, 물물 교환하는 자들, 유월절을 한갓 돈벌이의 수단으로 전락시키고 유월절 절기의 참된 의미는 철저히 망각한 채 유월절이란 종교 절기를 지키는 것으로 자신들의 의무를 다했다고, 그래서 자신들은 야훼의 진노로부터 예외 되었다고 자위하는 권력과 지배, 사드, 마조히즘적 인식 굴레에서 한 발자국도 벗어나지 못하는 헛됨의 성지로 진락해버리고 말았지 않는가. 그 눈에 보이는 성전은 결국 메시아의 예언대로 그들이 그토록 저주하던 이방의 '개' 와 '돼지' 들에 의해 무참히 짓밟혀지고 말았다. 예수의 가르침 그대로 말이다.

하지만, 이 예수의 가르침은 여기에서만 머무는 것이 아니다. 지금 예수는 이 경고의 메시지를 당시 종교 지도자들에게 향하는 말이 아니다. 즉 이 메시지 수신자는 앞으로 예수의 생명 운동에 주역이 될 제자들에게 하는 말이다. 제자들에게 이 경고의 메시지를 강하게 들려주는 이유는 무엇인가. 그것은 그들이 앞으로 이러한 어처구니없는 현상에 매몰 될지도 모른다는 우려를 강하게 환기시켜주고자 함이 아닌가. 그렇지 않으면 어째서 제자들에게 이러한 가르침을 허락하셨을까. 메시지의 수신자는 제자들, 오늘을 사는 그리스도인들이다. 그렇다면, 오늘을 사는 그리스도인에게 주어진 거룩한 균열로서의 말씀인

'진주들' 과 그것을 담아내는 '거룩한 것' 을 개들에게 증여하고 돼지에게 내던지는 행동은 무엇을 의미하는가.

이는 단순히 거룩한 생명의 말씀을 깨우쳤음에도 여전히 세상 환락과 가치에 빠져 살아가는 도덕적 타락에 대한 경종을 울리고자 하는 일반적 해석의 범주를 넘어선다. 그러한 해석은 너무나 지나치게 예수의 가르침을 추상적으로 뭉뚱그리는 행위에 지나지 않는다. 예수가 과연 우리가 세속적으로 타락하는 것이 두려워 이런 메시지를 던지신 것인가. 그러한 차원이 과연 생명과 비非생명 차원의 구별이 될 수 있는가. 진지하게 생각해 보라. 세속에서의 삶은 예수의 궁극적 관심사가 아니다. 예수의 궁극적 관심사는 이 땅에서의 도덕적 흠결 없음에 대한 추구에 전체가 매달린 것이 아니란 말이다. 그것은 지극히 상황적이요, 이 땅을 살아가는 그리스도인들이 세상을 상징하는 공동체에서 최선의 답을 구해 가장 합리적인 길을 모색하는 것으로 충분한 것이다.

그렇다면, 이 말씀은 결국 세속적 욕망에 시간을 할애하지 말고 종교적인 시간에 좀 더 투자하라는 순진한 요청만으론 해소될 수 없는 영역의 신비를 담고 있다. 종교 행위로 상징되는 예배와 기도를 하루에 한두 시간 더 늘리고 더 많은 시간과 물질을 투자한다 해서 그것이 바로 거룩한 것을 개에게 증여하는 일이 아니라고 말하는 것은 심하게 말해 생명에 대한 기만이요 사기다.

지금 예수가 지적하는 '거룩한 것' 을 개에게 던지는 행위는 바로 무한적 일자로부터 새롭게 조성된 새 부대의 터전을 새 부대 터전으로 인지하지 못하고 이방으로 상징되는 '개', 깨달음과는 전혀 관계없는 터전으로의 복귀를 선언하는 최악의 행위를 지적하고자 함이다. 어째서 최악이냐 하면 새 술을 새 부대에 담기 위한 이 새로운 거듭남의 의식은 영, πνεῦμα프뉴마를 온전히 담아내기 위한 터전으로서의 몸, σῶμα 소마를 다시금 썩어 없어질 원죄적 실존의 부정성을 담보한 육신, σάρξ 샤르크의 차원으로 격하시키는 훼손의 극단을 탐욕 하는 행위이기 때문이다. πνεῦμα프뉴마의 생명, 무한의 생명을 담아내어야 할 성스러운 그릇, 무한의 터전을 유한의 가치로 스스로 격하시키는 이러한 행위의 시작은 바로 진주들을 돼지에게 던지는 일로부터 그 원인을 찾을 수 있다.

진주들로 상징되는 생명의 말씀을 일반의 차원에서 먹고 마시는 땅의 메시지로 이해하고 배설해내는 그러한 상징의 전이를 계속 반복하게 되면 결국 진주의 가치는 돼지의 입속에서 오직 먹고 마시는 육의 섭취와 배설의 의미론에만 국한된 채 해소될 것이며, 그러한 결과는 결국 최초 거듭남의 강렬한 생명의 발견과는 전혀 관계없는 무한 생명의 유한 차원으로의 격하, 왜곡을 일으켜 이른바 이중 균열을 통한 터전의 회귀, 가까스로 탈주하였던 출애굽의 백성이 다시 애굽으로 돌아가는 정신의 훼손을 뜻함이다.

무한의 메시지가 땅에 배설되는 이러한 차원이 매우 불행하게도 종교의 세계 내에서 이루어진다는 데 문제의 심각성이 있다. 온전히 하늘을 향하기 원하는 메시지가 우리의 존재 터전의 근본적인 균열을 인정하지 않고 이전의 유한성에 길든 관념과 습관, 인지의 한계 터전 내에서 이 하늘 메시지의 땅의 차원으로 끌어내리는 오류를 범할 때, 우리는 바로 진주들을 돼지에게 던지는 행함을 범하는 것이다. 생명의 돌입, 그 생명의 돌입이 갖는 근본적인 혁명의 메시지를 다시금 인간의 윤리, 도덕 차원으로 환원시켜 유한을 향해, 유한을 위해, 유한에 의해 해소되는 이 무의미한 악순환, 욕망의 종교성을 생산해내는데 헌납된다는 것이 가증스러운 훼손이 아니면 또 뭐란 말인가. 하늘로부터 주어진 생명의 메시지가 어째서 땅 밑 깊은 곳에 매몰 되어야 한단 말인가. 그러고도 여전히 우리는 우리의 존재가 거듭남의 생명에 참여한다고 자위하려 한다. 그러한 자위는 철저한 기만이다. 이 기만을 인식하지도 못하고, 존재의 내부에서 거룩함으로 돌파된 생명의 균열을 다시금 영적 무지의 관념으로 의해 생산된 개와 돼지, 땅의 말로 봉합하여 바벨탑을 세우려 하는 이 이중 기만의 작태 앞에 복음은 더는 숨을 쉴 곳을 잃어버린다. 이러한 고통의 재생을 가장 직접적인 두려움으로 경고한 성서 텍스트를 살펴보면 다음과 같다.

일단 하나님의 계시의 빛을 받고 하늘의 선물을 맛보고 성령을 체험하며 하나님의 좋은 말씀과 내세의 능력을 맛본 사람이 타락하게 되면 두 번 다시 회개할 길이 없습니다. 이것은 하나님의 아들을 다시 십자가에 못박아 공공연하게 수치를 당하게 하는 행위가 되기 때문입니다. _히6:4~6 (현대인의 성경)

무엇이 타락인가. 예수가 그리스도임을 부정함이 타락이라고 주장하며, 그것만이 타락의 유일한 조건이라고 생각하는 건가. 끔찍한 착각이다. 타락은 예수의 가르침을 생명의 영역에서 발견하여 생명의 영역으로 이끌어 올리는 존재의 균열과 생명의 패러다임으로의 몰입을 이뤄내지 못하고 다시 이전의 원죄적 실존 토대가 똬리를 틀고 앉은 선악과 패러다임의 토대 속으로 성서 텍스트를 끼워 맞추고 땅의 논리, 땅의 종교로의 몰입을 위해 성서 텍스트를 왜곡시키는 끔찍한 생명에 대한 무지 그 자체가 이미 타락이 아니면 그 무엇이란 말인가. 이런 존재가 과연 참된 회개를 성취할 수 있는가. 회개의 본질인 *μεταμορφόω*메타몰르포호, 거룩한 부활체로의 영적 변이를 이뤄낼 수 있는가. 진주가 돼지들에게 던져지는 데, 생명이 땅의 악취 속에 파묻혀 질식되는데 무슨 회개가 있으며, 무슨 돌이킴이 있단 말인가. 이 끔찍한 수치를 어떻게 모면할 수 있단 말인가. 과거 아담과 하와처럼 또다시 존재의 하체를 무화과나무 잎으로 가리는데 모든 종교적 열정을 쏟아 붓는 서글픈 숙명론으로 돌아가야 한단 말인가.

개와 돼지를 잊지 말아야 한다. 이것은 무한으로의 돌입을 저해하는 원죄적 실존의 뿌리이다. 이 뿌리는 곧 썩을 것이요, 이 뿌리를 거부하는 유일한 영적 무기는 바로 존재를 최초이자 최후의 빛으로 변화시키는 말씀의 육화, 성서 텍스트 그 자체다. 그 말씀의 극렬함에 우리를 노출 시키자. 그때만이 우리의 참된 변화, 참된 회개의 열매가 맺어질 것이기 때문이다.

하나님의 말씀은 살아 있고 활력이 있어 좌우에 날선 어떤 검보다도 예리하여 혼과 영과 및 관절과 골수를 찔러 쪼개기까지 하며 또 마음의 생각과 뜻을 판단하나니 _히4:12

구하라, 찾으라, 두드리라

구하라. 그러면 받을 것이다. 찾아라. 그러면 찾을 것이다. 문을 두드려라. 그러면 열릴 것이다. _마7:7 (현대인의 성경)

산상수훈의 종반을 향해 예수의 가르침이 치닫고 있다. 예수는 7장을 시작하면서부터 비판과 들보에 대한 깨달음을 촉구하시면서 우리 속 사람의 거듭남을 열망하셨다. 겉 사람, 원죄적 실존의 파멸을 숙명처럼 품는 존재에게 말씀, νόμος노모스의 성취체로서 자신이 오셨음을 강력하고도 담백한 어조로 풀어내신 예수는 겉을 상징하는 형식과 규범의 준행을 통해 의를 획득하려 하는 일체의 종교적 시도에 제동을 걸고 복음의 새로운 패러다임을 제시하셨던 것이다.

같은 복음 6장 33절에서 주님은 '너희는 먼저 그의 나라와 그의 의를 구하라' 고 말씀하신다. '먼저' 라고 사용된 헬라어 πρῶτον프로톤은 '으뜸으로', '궁극적으로' 라는 뜻을 갖는다. 또한, 이 단어는 시간적으로 '먼저' 라는 의미보단 궁극적 추구의 본질을 강조하는데 그 무게 중심이 있다.

그의 나라와 그의 의는 무엇인가. 그 의는 우리가 이제껏 지켜오던 율법을 규범으로 인식하는 관념 속에서 파생된 수평적 개념의 '불의'의 반대로서의 '의' 를 뜻함인가. 그렇지 않다. 그 의는 바로 아브라함의 의로서 수평적 개념을 넘어서는 수직적 개념, 즉 하나님과 인간, 무한과 유한과의 거룩하고도 일방적인 관계 맺음을 뜻함이다.

하나님은 아브라함의 윤리와 도덕, 다시 말해 선한 삶의 실천에 큰 관심이 있지 않으셨다. 그의 윤리적 삶이 곧 그의 의가 된 게 아니란 것이다. 그렇다면, 무엇이 아브라함으로 하여금 '의인' 의 칭호를 얻도록 했는가. 아들 이삭을 제단에 바치는 사건이 바로 그것이다. 아브라함이 이삭을 제단에 바친 행위를 하나님은 의로 보신 것인데, 그렇다면 그 의로움에 반대되는 개념으로서의 불의는 무엇일까. 하나님의 명령에 대한 불순종이었을진대, 그 불순종의 개념엔 인간 관념에 자리 잡는 수평적 개념, 관계적 개념으로서의 불의의 인식은 서 있을 곳을 찾지 못하고 있다. 즉, 지금 하나님이 명령한 명령 자체는 유한의 차원에서는 분명 부당하고 비합리적인 행위의 극치다. 사람을, 그것도 아브라함의 아들을 가축을 대신해 제단 위에 산 채로 살해하라고 명령하는 자체도 잔인하며, 살인하지 말라는 향후 계명의 정신과도 위배 된다. 그런데 성서는 그러한 아브라함의 행위를 '의' 로 여긴 것이다. 무한적 일자의 유한적 존재를 향한 일방적, 비합리적 명령에 대한 순종 행위를 '의' 로 여기신 것. 예수는 지금 6장 33절 말씀을 통해 그러한 '의' 를 추구하라고 가르치는 것이다.

아브라함의 의가 상징하는 바는 인간 관념 속에 머물러 있는 차원으로서의 의, 불의의 수평적 개념의 철저한 포기와 무한히 펼쳐놓은 생명의 텍스트로의 직접적 돌입을 뜻한다고 볼 수 있다. '그의 나라' 와 '그의 의' 를 추구함은 곧 무한적 일자가 자신의 뜻을 궁극적으로 풀어낸 자신의 나라와 의의 궁극인 그리스도 예수를 통해 나타난 복음의 실체와 하나 됨을 뜻하는 것이다.

> 여러분은 하나님 때문에 그리스도 예수님 안에 있게 되었는데 예수님은 하나님께로부터 와서 우리의 지혜가 되셨고 또 우리를 의롭게 하고 거룩하게 하며 우리 죄값을 지불하여 우리를 구원해 주신 분이십니다. _고전1:31(현대인의 성경)

> 하나님은 우리를 어두움의 권세에서 구출하여 자기가 사랑하는 아들의 나라로 옮겨 주셨습니다. _골1:13 (현대인의 성경)

아들 이삭의 출현, 사라의 뱃속에서 이삭을 잉태할 수 있도록 생명의 씨를 제공한 구약 이야기는 말씀으로 상징되는 무한적 일자의 유한 차원으로의 돌입을 뜻한다. 여기서 이삭의 출현은 말씀의 씨를 상징하며, 그 씨는 땅, 유한의 차원이 아닌 무한에서 유한으로의 돌입, 곧 말씀이신 예수의 출현으로 말미암아 구체화 되고 완성된다. 예수란 존재는 비록 유한의 차원에 머무르는 철저한 유한의 존재이지만 그 존재의 내부에 생명의 씨를 허락한 존재가 하나님의 뜻, 말씀이란 사실에 주목할 때, 우리는 그 예수가 곧 하나님이 인간을 향해 이루시고자 하는 구원사의 핵심인 기름부음 받은 자, 그리스도임을 깨달게 되는 것이다.

> 이 기쁜 소식은 하나님께서 예언자들을 통해 성경에서 미리 약속하신 그의 아들에 관한 것입니다. 그분으로 말하면 육신으로는 다윗의 후손으로 태어나시고 거룩한 영으로는 죽은 사람들 가운데서 부활하여 능력으로 하나님의 아들임이 인정되신 우리 주 예수 그리스도이십니다. _롬1:2~4 (현대인의 성경)

기쁜 소식인 복음은 곧 성서에서 지속적으로 상징된 그리스도에 대함인데, 그 그리스도가 곧 이천 년 전 예수라는 한 유한의 터전 안에서 탄생하였음을 인지하는 것이다. 그 강렬한 깨달음이 바로 우리에게 구원을 허락한다. 그것이 바로 그의 나라와 그의 의를 추구함에 대한 본질이다. 이것은 어떤 깨달음인가. 무엇을 우리가 깨달았을 때, 그의 나라와 그의 의를 추구했다고 할 수 있는가. 그 깨달음은 곧 이 땅에 오셔서 하나님의 뜻을 성취하기 위한 삶을 살아내신 하나님 뜻의 충실한 구현자 예수가 어떻게 그리스도가 되었는지에 대한 기록인 텍스트의 실체성을 인지하는 깨달음을 뜻한다. 이 텍스트는 물론 성서를 의미함이다. 하지만, 성서가 곧 생명의 텍스트, 그리스도 예수의 몸으로 우리 내부 세계를 잠식하려면 그것을 단순히 우리가 성서라고 인식하는 피상적 차원에만 머무르라고 요구하지 않는다. 성서를 통한 가장 극렬한 깨달음은 인간의 몸을 입고 오신 예수 성육신의 전율과 그분의 십자가 피 흘림, 죽은 사람들 가운데서 다시 살아난 부활의 감격을 통해 존재의 원죄적 실존 터전에 똬리를 틀고 자리 잡은 뱀의 패러다임, 선악과 패러다임의 형체 자체를 말씀의 불못에 내던지는 일이다.

> 나는 너희를 회개시키려고 물로 세례를 준다. 그러나 내 뒤에 오시는 분은 나보다 능력이 많은 분이시다. 나는 그분의 신발을 들고 다닐 자격도 없다. 그분은 너희에게 성령과 불로 세례를 주실 것이며 _마3:11 (현대인의 성경)

불은 소멸을 뜻함이다. 또한, 세례로 번역된 헬라어 원형 *βαπτίζω*밥티조의 의미는 대체적으로 '잠기다', '함몰되다'는 뜻을 갖는다. 세례 요한의 예언대로 그리스도 예수의 출현, 그리고 그분이 하나님 뜻의 성취체로서의 삶을 살아내신 무한적 일자의 뜻인 *λόγος*로고스, 텍스트의 화신이 된 사건을 받아들이는 존재에게 일어나는 영향력은 위 성서 구절처럼 소멸을 상징하는 불 속으로의 잠겨 듦과 재생, 부활의 능력으로 상징되는 거룩한 영 안으로의 잠겨 듦으로 나타나며, 불과 성령으로 번역된 헬라어 구문 *ἐν πνεύματι ἁγίω καί πῦρί*엔 프뉴마티 하기오 카이 퓌르에 사용된 접속사 *καί*카이가 두 단어의 동등한 가치를 인정하는 대등 접속사로 사용된 점을 미루어 이 두 잠겨 듦의 세례는 같은 흐름, 다시 말해 동시성을 갖고 전개됨을 확인하게 되는 것이다.

아브라함이 이삭을 제단 위에 올려놓았을 때의 행위가 뜻하는 바는 무엇인가. 그것은 곧 아브라함의 깨달음의 차원이 더는 땅에 머물러 있지 않음을 입증하는 하나의 영적 사건이다. 아브라함의 깨달음 속에 인지된 아들 이삭은 비록 아내 사라의 몸을 통해 물리적 출생이란 과정 속에 산출된 유한의 존재임을 긍정하지만, 동시에 이삭의 출현을 가능케 한 약속으로 상징되는 무한적 일자의 초월적 신비 또한 인정하지 않을 수 없었던 것이다. 그러한 인지 속에서 아브라함은 하나님이 자신에게 말씀하신 단 하나의 말씀에 대한 깨달음 또한 함께 깨닫지 않을 수 없었다.

> 하나님이 이르시되 아니라 네 아내 사라가 네게 아들을 낳으리니 너는 그 이름을 이삭이라 하라 내가 그와 내 언약을 세우리니 그의 후손에게 영원한 언약이 되리라 _창17:19

언약의 돌입은 무한적 일자의 유한적 세계를 향한 일방적 돌입, 초월적 관입이다. 이 초월성을 긍정한 것이 바로 아브라함이 아들 이삭을 제단 위에 올려놓은 사건이다. 아브라함의 인지 틀에 혁명적인 변화가 왔음을 발견하게 되는 대목이 바로 이 지점이다. 과연 이 대목에서 아브라함이 하나님에 대한 신앙의 광신으로 말미암아 그분이 무슨 명령을 하든 명령에 순종하는 인물로 생각했다면 그것은 아브라함의 의를 다시금 땅의 차원에 배설하는 해석에 머무르고 말 위험성이 다분하다. 아브라함이 이삭을 제단에 올려놓은 행위 궁극은 이삭이란 존재가 유한의 존재가 아닌 무한적 일자의 생명의 뜻에 따라 출현된 부활의 존재임을 철저히 인지한 결과로 볼 수 있다. 그로 말미암아 아브라함은 설령 이삭이 희생 제물로 올려 세워진다 하더라도 하나님이 자신에게 말씀하셨던 언약, 후손에게 대대로 생명의 씨가 전이될 것이란 언약을 기억했기에 제단 위에서 초월자가 펼쳐보이는 모든 현상 역시 언약이란 큰 틀에서 전개될 것을 긍정했기에 기꺼이 아들 이삭을 제단 위에 올려놓을 수 있었던 것이다.

바로 이 대목에서 우리는 아브라함의 '의' 관념에 대해 미묘하지만 심대한 차이를 발견하게 된다. 아브라함이 이삭을 제단 위에 올려세울 수 있었던 궁극의 동기는 하나님에 대한 맹목적 신앙 열정에 매달린 것이 아니라 이삭이란 존재 자체, 그 생명의 씨가 땅의 뿌리를 둔 것이 아니라 하늘에 뿌리내리고 있음을 발견했다는 데 있다. 그 발견은 하나님의 약속, 로고스를 기억하고 긍정함에 그 원천이 숨 쉬고 있다. 만약 그 로고스를 철저함으로 인지하지 않았다면 아브라함은 한사코 땅의 차원에 얽매여 아들 이삭을 제단 위에 올려놓는 일 따윈 절대로 하지 않으려 했을 것이며, 백번 양보해 광적 신앙 열정으로 아들을 피에 굶주린 신의 제단 위에 올려세운다 해도 그러한 자기 신념의 산물인 믿음을 하나님은 결코 '의'로 여기지 않았을 것이 자명한 것이다.

이삭의 생명 뿌리를 철저히 하늘이라고 인지할 수 있었던 그 상태의 구현은 어떻게 가능했는가. 그것은 결국 신약의 개념으로 볼 때, 불과 성령의 세례를 통해 가능케 된 것이다. 소멸을 상징하는 불의 세례로서 존재는 원죄적 실존의 한계, 욕망의 체질을 태워낼 수 있으며, 그러한 세례는 동시에 무한적 일자가 펼쳐놓은 생명의 궁극, λόγος로고스의 신비 안으로의 몰입을 일으킨다. 이러한 상태의 돌입이 곧 사도 바울의 고백이며, 소위 말하는 신앙생활 전체임을 우리는 분명히 인지할 수 있어야 하겠다.

> 우리는 그분의 죽으심과 연합하는 세례를 받음으로써 그분과 함께 묻힌 것입니다. 이것은 그리스도께서 죽은 사람 가운데서 아버지의 영광으로 살아나신 것처럼 우리도 새로운 생명 가운데서 살도록 하기 위한 것입니다.
> _롬6:4 (현대인의 성경)

지금 예수는 우리에게 생명의 세례, 말씀의 성취체인 자기 자신에 대한 기록인 성서 텍스트 안으로의 몰입을 강하게 촉구하고 있다. 그 말씀이 바로 '구하고, 찾고, 두드리라'는 강렬한 메시지로 발전 되고 있다. 무엇을 구하란 말인가. 무엇을 찾고, 무엇을 두드리란 말이냐. 성서에 우리가 구하고 찾고 두드려야 할 대상에 대해 다음과 같이 밝히 말하고 있다.

> 너희가 내 이름으로 무엇이든지 아버지께 구하면 내가 다 이루어 주겠다. 이것은 아버지께서 아들을 통해 영광을 받으시도록 하기 위해서이다.
> _요14:13 (현대인의 성경)

아버지인 하나님이 아들인 그리스도 예수를 통해 얻게 되는 영광은 유한적 존재들의 생명의 깨어남, 그 본질에 집중되고 있음에 주목할 필요가 있다. 요한, 마태복음에서도 오직 이 추구의 관심사는 장차 영광의 생명 안에서 하나 될 존재들의 생명 차원으로의 눈뜸을 향한 목표에만 온전히 할애되고 있다. 바로 아브라함의 의와 같은 믿음, 유한의 원죄적 실존을 자각하고 생명의 씨가 땅이 아닌 하늘에서부터 발출되어 비로소 땅에 이루어진다는 차원에 대한 혁명적인 자각, 그 깨달음을 가능케 하는 동인動因으로서의 하나님의 뜻이 담긴 텍스트의 본질 의미를 알기 위한 구함에는 주님께서 자신의 영, 보혜사 성령을 우리 마음에 보내주셔서 속속들이, 하나도 남김없이 그 생명의 신비를 풀어주시겠다는 강력한 약속의 표현이다.

> 하나님께서는 성령님을 통해 그 비밀을 우리에게 알려 주셨습니다. 성령님은 모든 것을 살피시므로 하나님의 깊은 것까지도 알아내십니다.
> _고전2:10 (현대인의 성경)

그렇기에 지금 예수는 산상수훈을 통해 제발 '구하고, 찾고, 두드리라' 고 간청하는 것이다. 이것이 바로 우리가 행할 수 있는 행함의 궁극이요, 아브라함의 의를 실현할 수 있는 강력한 믿음의 토대를 구축하는 유일한 길이다. 그런데 오늘날 그리스도인은 이 구함을 무엇을 구함으로 인식하고 사용하고 있는가. 성서는 우리의 구함이 어떤 차원으로 곤두박질 치는지에 대해 이미 간파하고 있다.

> 너희는 욕심을 내어도 얻지 못하여 살인하며 시기하여도 능히 취하지 못하므로 다투고 싸우는도다 너희가 얻지 못함은 구하지 아니하기 때문이요 구하여도 받지 못함은 정욕으로 쓰려고 잘못 구하기 때문이라 _약4:2~3

욕심, 정욕으로 번역된 헬라어 *ἐπιθυμέω*에피뒤메오는 단순히 감정적인 쟁취욕 만을 뜻함이 아니라 본질 의미로서 선악과 패러다임에 얽매여 있는 상태를 뜻함이다. 이것은 곧 존재가 땅에 뿌리를 둔 원죄적 실존 속에서 그 고통스러운 결핍을 존재 자신의 의지로 극복함으로써 의로움, 선함, 하늘 생명을 취하려 하는 헛된 시도에 헌신 되는 비극을 가리킴이다.

과연 주님은 우리가 이러한 '구함'에 당신의 가르침을 이용하라고 했단 말인가. 이러한 '구함'이 가져오게 될 폐해의 상징이 바로 바벨탑이다. 우리는 이러한 말씀을 권력으로 이용해 욕망의 차원에 사로잡힌 채 이 말씀을 마음껏 소비하여 소기의 성과를 이루어내려 혈안이 되어 있다. 그렇게 노력한 결과로 얻어낸 성과들을 뻔뻔스럽게 하나님의 축복이라고 선전하고, 다른 이들에게도 이러한 선동의 효과를 증거 하고 싶어 안달이 나 있다. 강단, 집회 현장, 종교적인 어느 곳에서도 우리는 예수의 보혈을 욕망의 차원으로 배설하는 것을 전혀 부끄럽게 생각하지 않는 것이다.

과연 이 잘못 구함으로 성취된 헛된 욕망의 바벨탑을 우리는 참된 기도요, 참된 아브라함의 의를 소유했다고 말할 수 있을까. 근본적인 내면세계 패러다임의 전이, 원죄적 실존의 철저한 불 속에서의 소멸함, 그와 함께 발아發芽되는 거룩한 영 안에서의 생명의 깨달음, 그 신비가 수반되지 않은 구함과 찾음, 두드림이 어떤 끔찍한 결과를 가져오게 될지 한 번 상상이라도 해 보았는가. 고통스럽지만 철저하게 자문해 볼 문제가 아닐 수 없다.

좁은 문

> 좁은 문으로 들어가라 멸망으로 인도하는 문은 크고 그 길이 넓어 그리로 들어가는 자가 많고 생명으로 인도하는 문은 좁고 길이 협착하여 찾는 자가 적음이라 _마7:13~14

좁은 문에 대해 우리는 어떤 인식을 하고 있는가. 대부분의 인식은 이러할 것이다. 믿음에 이르는 길은 멀고도 험하다. 그리스도인의 삶은 무수한 핍박을 견디고 이겨내야만 얻을 수 있는 참되고 값진 하나님의 은혜요 선물이다. 혹은 예수 그리스도에 의한 진리는 많은 사람이 찾을 수 있는 게 아니다. 이것은 극히 깊은 깨달음을 이뤄낸 선각자들에 의해서만 찾아낼 수 있지, 범속한 인간들의 안목으로는 찾아내기 어려운 것이다.

그와 함께 마지막으로 대두 되는 문제, 넓은 문은 세상의 유혹과 가치를 상징한다. 세상의 유혹에 빠지기는 너무나 쉽다. 세상 자체가 넓고 광대하기 때문이다. 그러나 진리의 가치는 좁고 힘든 길이다. 세상의 유혹과 가치를 초인적인 극기의 힘으로 이겨내야 하기 때문이다. 대부분 이러한 견해나 해석이 좁은 문에 대한 주석, 혹은 설교를 통한 삶의 적용으로 보인다.

물론 타당한 이해라고 볼 수 있다. 예수의 길, 제자의 길은 누구나 쉽게 선택하는 길은 결코 아니다. 그런 측면에서 참 그리스도인이 된다는 것은 넓은 문이라고 볼 순 없을 것이다. 하지만, 곤란한 건 이러한 인식들에서 나타난 문제점, 취약점을 극복함으로써 좁은 문에 들어갈 수 있다고, 혹은 그것이 좁은 문 인식의 전부라고 간주해 버리는 데서 파생되는 문제점이다. 냉정히 말하면 위의 인식들은 실상 좁은 문의 본질 개념과는 거리가 멀다.

산상수훈에서 예수가 가르치는 좁은 문의 개념은 차원의 다름을 이야기하고 있다. 즉, 질적인 면이나 공간적인 측면에서 바라본 넓음과 좁음의 의미만을 본질로 단정하고 있지 않다는 이야기이다. 이 무슨 말인가. 우리는 산상수훈 가르침의 전체적 맥락을 통해 이 본질의 의미를 진단해볼 수 있다.

예수는 자신이 그리스도이심을 밝히려고 이 땅에 모습을 드러내셨다. 그분은 말씀, *ὁ λόγος*호 로고스의 화육체로 현존하신 것이다. 그 말씀 안에 담겨 있는 궁극의 본질인 하나님의 뜻, *θέλημα*델레마를 전하려고 자신이 그리스도임을 선포하는 바로 그 케리그마의 가르침이 일어나는 사건이 산상수훈이다. 예수는 그런 맥락에서 자신이 곧 율법의 성취체임을 밝히 나타내셨다.

> 내가 율법이나 선지자를 폐하러 온 줄로 생각하지 말라 폐하러 온 것이 아니요 완전하게 하려 함이라 진실로 너희에게 이르노니 천지가 없어지기 전에는 율법의 일점 일획도 결코 없어지지 아니하고 다 이루리라 _마5:17~18

일점일획의 성취, 그 궁극은 율법, *νόμος*노모스가 가리키는 성스러움의 대상, 본질의 목표가 바로 인간을 구원하시기 위한 그리스도의 도래임을 나타냄이며, 그리스도가 바로 자기 자신임을 밝힌 것으로 만족하고 있다. 그것이 바로 하나님 뜻의 성취다.

그 성취체의 감격과 성취체인 그리스도 예수의 생명 속으로 몰입되는 것, 다시 말해 성서 텍스트와 나 자신이 하나가 되는 것, 이른바 텍스트에로의 몰아가 바로 무한적 일자인 하나님을 만날 수 있는 궁극의 지평을 이룬다. 이러한 관계 정립을 가장 신비롭게 묘사한 성서 한 구절을 묵상해 보겠다.

> 곧 내가 그들 안에 있고 아버지께서 내 안에 계시어 그들로 온전함을 이루어 하나가 되게 하려 함은 아버지께서 나를 보내신 것과 또 나를 사랑하심 같이 그들도 사랑하신 것을 세상으로 알게 하려 함이로소이다 _요17:23

그리스도이신 예수의 영이 우리 마음 안에 좌정하셔서 마음, *καρδία* 카르디아 자체가 되신다. 우리 마음을 압도한 그리스도 예수의 영은 하나님의 뜻 자체로서 하나님 안에 거하신다. 이 완벽한 생명 안으로의 몰입, 생명의 지속, 놀라운 영적 감흥의 지속함이 바로 온전함이다. 온전함으로 번역된 헬라어 원형 *τέλος* 텔로스는 시작과 끝, 알파와 오메가를 상징하는 시간적 의미에서의 '끝' 으로 사용되기도 하며, 완성의 의미가 있다. 생명의 완성, 유한 존재의 무한에로의 몰입의 길은 바로 이 '온전함' 을 통해서만 가능케 된다. 이러한 우리 자신의 마음의 전이, 곧 유한의 틀에서 벗어나 무한의 심연 속으로 함몰되는 틀의 전환에 대해 예수는 팔복의 가르침을 통해서 다음과 같이 가르치고 있다.

> 마음이 깨끗한 사람들은 행복하다. 그들은 하나님을 볼 것이다.
> _마5:8 (현대인의 성경)

마음이 깨끗함이란 무슨 뜻인가. 이때의 깨끗함, *καθαροί* 카다로이는 윤리, 도덕적 정결함만을 뜻함이 아니라 *καρδία* 카르디아가 우리 자신의 유한적 틀에서 벗어난 예수 그리스도의 마음을 품게 된 바로 체질의 변화를 가리킴이다. 그러므로 이 깨끗함은 차원의 다름을 시사하고 있다. 이제는 내가 죽고 내 안에 그리스도가 살게 된다는 사도 바울의 강력한 신앙고백처럼 '마음으로 깨끗한 사람'의 존재는 더는 유한의 틀에 머물러 있지 아니하고 그 틀을 과감히 해체하고 새로운 틀, 그리스도 예수의 마음을 자신의 존재 중심에 좌정케 함으로서 자신의 존재가 곧 그리스도 예수가 펼쳐놓은 무한의 궁극, 그 심연의 열림임을 체험케 되는 것이다.

너희 안에 이 마음을 품으라 곧 그리스도 예수의 마음이니 _빌2:5

그리스도 예수의 마음을 품는 것이 바로 회개, μεταμορφόω메타몰르포호의 절정이다. 영적 형체로 새롭게 덧입게 되는 이 강렬한 생명의 전환은 결코 수평적 관계, 유한과 유한의 세계, 수평적 개념 속에서 펼쳐진 의와 불의, 선과 악, 충족과 결핍의 이원론적 토대 위에선 주지 않는다. 더는 그 선악과 패러다임의 틀이 존재의 영원을 가로막을 수 없게 되는 바로 그 지평의 열림 속에서 우리는 참 생명을 발견하는 것이며, 그것을 곧 예수는 팔복의 가르침을 통해 하나님을 보게 된다고 단언하신 것이다.

마음으로 깨끗해진 존재, 마음의 형체 자체를 완전히 μεταμορφόω메타몰르포호, 그리스도 예수의 마음으로 개념 차원을 전이시킨 참된 회개의 열매를 갖는 존재는 무한의 영역에 제한 없이 돌입 되어 그야말로 전무후무한 무한적 일자의 빛의 중심을 아무런 거리낌 없이 보게 된다. 그 찬란한 빛의 영광, 무한의 영광을 말이다.

그리고 이러한 차원의 변화, 유한의 외피에 덧씌워진 원죄적 실존의 해체를 통해 얻게 되는 생명의 신비를 지금 예수는 '좁은 문'이란 개념으로 구체화하고 있음이다.

'좁은' 으로 번역된 헬라어 형용사 *στενῆς*스테네스의 의미를 살펴보면 '폭이 좁은', '제한된' 이란 의미로 사용되며, 좀 더 세밀히 보면 '정밀한, 엄밀한' 의 뜻도 있다. 또한 *στενῆς*스테네스의 어원 *στενω*스테노의 의미는 '탄식', '신음' groan이란 뜻에서 유래된 것으로 알려졌다. 따라서 좀 더 확장해 이 단어를 의역해 본다면 '탄식하는 문' 정도가 될 수 있는데, 이 '탄식', '신음' 이 성서에서 뜻하는 바는 무엇인가.

> 그뿐 아니라 또한 우리 곧 성령의 처음 익은 열매를 받은 우리까지도 속으로 탄식하여 양자 될 것 곧 우리 몸의 속량을 기다리느니라 _롬8:23

'속으로' 로 번역된 *ἐν ἑαυτρῖς*엔 헤아우토이스 '우리 내면 안에서' 양자 될 것, *υἱοθεσίαν*휘오데시안 직역해 보면 '하나님의 소유된 아들', 곧 하나님과 함께 하나가 되는 무한영역으로의 참여자들이 되는 그 지평의 열림, 곧 '몸의 구속', *τήν ἀπολύτρωσιν τοῦ σώματος*텐 아폴뤼트로신 투 소마토스를 열망하는 상태, 그 상태의 개안開眼을 가능케 하는 것은 바로 영의 첫 열매로 번역된 *τήν ἀπαρχήν τοῦ πνεύματος*텐 아파르켄 투 프뉴마토스를 발견함에 달렸다고 사도 바울은 주장하고 있다.

'영의 첫 열매' 는 무엇인가. 우리 내부에 숨겨져 있던 무한의 생명을 감지할 토대로서의 영, *πνεῦμα*프뉴마는 허물과 죄로 상징되는 무한에 대한 무지로 말미암아 죽어 있었다. 이 영적 죽음의 상태에서 우리를 해방한 존재가 바로 이 땅에 오신 그리스도 예수다. 이 예수의 복음, 그 몸 자체로 이루어낸 텍스트의 화신化身을 발견한 존재는 곧 우리의 존재 기반이요, 존재의 시작과 끝을 압도하는 그리스도 예수의 열매, 첫 열매를 회복하게 된다. 우리의 영은 이 생명의 첫 열매로 말미암아 죽음의 결박을 끊고 생명의 개안을 마침내 이루어내는 것이며, 이 거듭남의 생명 상태를 발견한 존재는 그 존재의 시작, 생명의 시작에 머무르지 아니하고 우리 내면에서 발아된 생명의 능력을 통해 υἱοθεσίαν휘오데시안, 무한적 일자와의 하나 됨을 이루려고 존재의 원죄적 실존의 모든 틀, 패러다임, 모든 관념, 그 어둠의 상징들을 철저히 해체하는 탄식의 과정을 통해 새로운 생명의 몸 σῶμα소마의 궁극적 구속ἀπολύτρωσιν을 이루어내는 것이다.

예수가 산상수훈의 가르침을 통해 명령하는 바로 이 '좁은 문'으로 몰입이 뜻하는 본질은 바로 이것이다. 이 좁은 문은 곧 탄식의 새로운 과정을 이루어내는 유한 존재의 무한적 일자의 영역을 향한 몰입의 도정道程을 뜻함이다. 이 도정에의 눈뜸은 결코 인간적인 선악과 패러다임의 종교를 통해선 결코 성취될 수 없는 차원의 한계를 안고 있다. 좁은 문과 넓은 문의 개념은 바로 이렇듯 생명과 사망의 차원으로 구분되는 것이다.

이 탄식은 인간적인 역경이나 번뇌, 고통의 산물과는 개념 자체가 다르다. 이 탄식은 경이로운 무한적 일자의 말씀의 화육체가 우리의 원죄적 실존을 향해 일방적으로 돌입 되는 지평의 열림을 견딜 수 없어 하는 두려움과 떨림의 체험을 통해 본능적으로 나타나는 무한 열림에 대한 탄성이다. 이 탄성이 없이 어떻게 우리의 마음, καρδία카르디아의 혁명적 전이를 기대할 수 있겠는가. 이 탄식은 곧 성서 텍스트를 급기야 그리스도 예수의 살과 피로 인식하는, 이른바 텍스트 존재론으로의 몰입을 체험한 이들만이 그 내면에서 짓 짜내는 내면의 탄성이다.

진실로 진실로 너희에게 이르노니 믿는 자는 영생을 가졌나니 내가 곧 생명의 떡이니라 너희 조상들은 광야에서 만나를 먹었어도 죽었거니와 이는 하늘에서

내려오는 떡이니 사람으로 하여금 먹고 죽지 아니하게 하는 것이니라
나는 하늘에서 내려온 살아 있는 떡이니 사람이 이 떡을 먹으면 영생하리라 내가 줄 떡은 곧 세상의 생명을 위한 내 살이니라 하시니라 그러므로 유대인들이 서로 다투어 이르되 이 사람이 어찌 능히 자기 살을 우리에게 주어 먹게 하겠느냐 예수께서 이르시되 내가 진실로 진실로 너희에게 이르노니 인자의 살을 먹지 아니하고 인자의 피를 마시지 아니하면 너희 속에 생명이 없느니라
_요6:47~53

살과 피에 대한 인식이 그리스도 예수의 텍스트, *νόμος*노모스의 성취체, 무한적 일자의 일방적 펼쳐놓음의 장場으로 인식하는 이 깨달음, 패러다임의 혁명적인 전환을 경험하지 못한 존재들이 낼 수 있는 탄식은 무엇일까. 그것은 바로 위에서 나타난 유대인들의 다툼과 같은 유한 종교의 틀 내부에서 나타나는 논쟁, 자기 신념의 강화로 나타날 것이다. 그 굳은 마음이 결국 예수를 십자가 형틀로 내몰았다.

자신의 텍스트의 성취체로서 무한적 일자의 뜻 *θέλημα*의 궁극으로서의 펼쳐놓은 이 생명의 신비를 향한 탄식이 결여된 그 어떤 종교 행위는 지금 예수의 가르침 그대로 좁은 문이 아닌 넓은 문으로의 경도일 뿐이요, 집착이요, 헛됨을 향한 추구의 욕망일 뿐이다.

우리는 지금 이러한 현실에 살고 있다. 좁음과 넓음에 대한 인식의 차원, 그 지평의 열림에 눈을 뜨고자 하는 절체절명의 실존 앞에 존재는 있는 것이다. 고아처럼 버려진 우리를 구원해낼 수 있는 건 무엇인가. 생명의 참된 탄식을 우리의 내면 깊은 곳에서 토해낼 수 있는 그러한 참 생명으로의 열림은 어떻게 가능한가. 생명 텍스트에 대한 차원의 틀을 뛰어넘는, 혹은 그 틀을 해체하는 철저한 자기 포기와 생명의 열림에 대한 영적 유연함을 회복해야만 가능할 것이다. 그것만이 좁

은 문에 몰입되는 존재의 극적인 탄식, 기도, 찬양, 회개가 되기 때문이다.

좋은 나무, 못된 나무

> 이와 같이 좋은 나무마다 아름다운 열매를 맺고 못된 나무가 나쁜 열매를 맺나니 좋은 나무가 나쁜 열매를 맺을 수 없고 못된 나무가 아름다운 열매를 맺을 수 없느니라 아름다운 열매를 맺지 아니하는 나무마다 찍혀 불에 던져지느니라 이러므로 그들의 열매로 그들을 알리라 _마7:17~20

우리는 이제 예수의 산상수훈의 절정의 가르침, 그 혁명적 틀이 가져오는 가르침 토대의 다름에 대해 묵상하게 될 시점에 다다르고야 말았다. 7장 막바지로 치달으면서 예수는 이제 그리스도로 상징되는 생명 심연 안에 함몰되는 존재가 보여줄 수 있는 정체성과 그렇지 못한 존재들의 정체성을 극명히 구분하고자 하는 시도를 숨기지 않으신다.

우리는 이러한 예수의 가르침을 다분히 낙관적으로 생각하는 경향이 다분하다. 이를테면 좋은 게 좋은 식이라는 받아들임이 특히 산상수훈 가르침의 적용과 해석에 있어선 더욱 기승을 부린다. 이 가르침의 선봉엔 예수가 있으니, 우리는 설령 이 가르침의 전부를 지키지 못할지라도 우리를 위해 희생하신 예수 보혈의 피나 죽어라 목청껏 부르짖으면 산상수훈의 가르침을 모두 지킨 것이나 진배없다는 그러한 기묘한 보혈의 주술에 기댄 신앙생활을 참된 선함, 좋은 나무에 붙어 있는 가지의 정체성으로 생각하는 경향이 대부분이다.

그러나 지금 말씀하시는 예수의 가르침은 사실상 좋은 게 좋은 식으로 풀어지는 감정적이고 추상적 사랑의 차원에서 용해되는 성질의 것이 될 수 없다. 예수는 지금 자신이 일방적으로 펼쳐놓은 하나님 뜻 안에 하나가 되는 존재와 하나가 되지 못한 존재의 엄정한 갈림길을 제시하는 것이다. 이것은 곧 하늘의 존재와 땅의 존재로 구분된다.

> 니고데모가 어느 날 밤 예수님께 와서 '선생님, 우리는 당신이 하나님께서 보내신 분이라고 알고 있습니다. 하나님이 함께 하시지 않으면 선생님이 베푸시는 기적을 아무도 행할 수 없습니다.' 하고 말하였다. 그래서 예수님은 니고데모에게 '내가 분명히 너에게 말하지만 누구든지 다시 나지 않으면 하나님의 나라를 볼 수 없다.' 하고 대답하셨다.
>
> 니고데모가 예수님께 '사람이 늙으면 어떻게 다시 날 수 있겠습니까? 어머니 뱃속에 들어갔다가 다시 태어난다는 말씀입니까?' 하고 묻자 예수님은 이렇게 대답하셨다. '내가 분명히 말해두지만 누구든지 물과 성령으로 다시 나지 않으면 하나님의 나라에 들어갈 수가 없다. 육체에서 난 것은 육체이고 성령으로 난 것은 영이다. 너는 다시 나야 한다는 내 말을 이상히 여기지 말아라. 바람은 불고 싶은 대로 분다. 너는 그 소리를 들어도 어디서 불어와서 어디로 가는지 모른다. 성령으로 난 사람도 다 이와 같다.' _요3:2~8 (현대인의 성경)

예수의 니고데모를 향한 가르침에 율법 개념의 인식전환 요구가 들어 있음을 결코 간과해선 안 될 것이다. 니고데모가 누구인가. 그는 유대인의 관원이요, 율법에 정통한 바리새인이다. 바리새인들은 율법의 전문가임을 자청하며 율법 준수를 이스라엘 민족의 유일한 삶의 모본으로 제시한 이들이다. 그런 그들은 자신들이 제시한 율법에 대한 철저한 신념을 갖고 있을진대 예수는 그런 율법의 중심에 선 바리새인 지도자 니고데모에게 거듭남의 비밀에 대해 말하고 있다.

다시 태어남은 어떻게 가능한가? 니고데모는 바로 그 질문을 하고 있다. 니고데모의 차원은 철저한 육의 차원, 땅의 차원이라 아니할 수 없다. 하지만, 어떤 면에서 니고데모의 질문은 타당한 것일 수 있으며, 반대로 예수의 가르침이 황당해 보이는 건 어쩔 수 없는 노릇이다. 그러나 생명 사건에 대해 예수는 하늘로부터 온 생명의 일방적인 돌입을 다시 태어남, 거듭남의 신비로 역설하고 있다. 생명의 탄생은 이렇듯 땅에 뿌리를 둔, 혈통과 육신의 물리적 흐름, 즉 *χρόνος*크로노스의 시공時空에서 발아發芽되는 것이 아님을 밝힌 것이다. 예수가 이러한 비밀을 밝히는 가장 궁극적인 원인은 무엇인가. 그것은 바로 예수 자신이 하나님의 뜻의 온전한 담지체인 그리스도의 형상으로 나타나셨기 때문이다.

> 그분은 원래 하나님의 모습을 지니고 계셨지만 하나님과 동등하게 되려고 생각하지 않으시고 오히려 자기의 모든 특권을 버리시고 종의 모습으로 사람들과 같이 되어 사람의 모양으로 나타나셨으며 자기를 낮추시고 십자가에 달려 죽기까지 순종하셨습니다. _빌2:6~8 (현대인의 성경)

자기의 모든 특권을 버린다 함에서 그 특권은 무엇인가. 그것은 바로 *καιρός*카이로스의 전능성, 물리적 시공을 뛰어넘는 자신의 정체성이라 할 수 있는 초월성을 *χρόνος*크로노스의 시공 안에 스스로 가둔 바로 그 행위를 말함이다. 그 행위가 곧 *λόγος*로고스의 육화, 말씀의 현상계에로의 돌입이다. 현상계, 유한적 존재의 틀 속에서 살아갈 수밖에 없는 존재들에게 스스로 종의 모습으로 상징된 유한적 존재의 형상을 덧입은 그리스도 예수는 하지만, 그 근원이 온전히 하늘로 상징되는 말씀일 수밖에 없으며, 그 말씀은 곧 무한적 일자인 하나님의 창조적 뜻, *θέλημα*델레마이다. 그러므로 하나님의 *θέλημα*델레마는 구원사적이며, 유한 존재인 우리를 무한 영역으로 이끌어 올리기 위한 생명의 시작이요, 생명의 궁극으로 볼 수 있다. 그 생명의 궁극에 십자가가 존재한다.

십자가는 땅으로부터 시작해 땅으로 돌아가는 땅의 순환, 혈육의 전통, *χρόνος*크로노스의 유한성을 파기하고 그 *χρόνος*크로노스의 시공 속에서 *καιρός*카이로스, 하나님의 때, 절대자의 유일무이한 사랑의 표현인 *θέλημα*델레마를 펼쳐놓은 거룩한 해방의 사건이다. 이것을 어째서 해방이라 말하는가. 유한의 틀에 사로잡힌 인간은 불행히도 자신의 존재가 유한의 틀에만 갇혀 있을 수 없다는 자각에 본능적으로 눈뜨고 있다. 이것이 바로 짐승들과 인간의 다른 점이다. 인간의 의식, 이성은 자신의 존재가 물리적 시공 안에 있지만, 숙명의 영원성에 항상 눈을 뜨고 있다는 사실을 말함이다. 이는 종교적 인간, 과학적 인간, 유신론자, 무신론자든 상관없이 이성을 가진 인간이라면 누구나 본능적으로 체감하는 영원의 감각이다.

그러나 인간에게 이 영원의 감각은 있느니만 못한 끔찍한 칼이 되었다. 영원의 감각을 충족하기 위해 인간이 선택한 길은 뱀의 유혹에 넘어가는 길, 우리 존재를 하나님 생명과의 영원한 격리를 가져오게 된 사망으로서의 욕망에 눈을 뜨고, 그 욕망에 모든 영원의 감각과 갈망을 투시하는 길이었다. 그것이 바로 선악과 패러다임의 눈뜸이며, 그 욕망이 곧 문명을 잉태하였고, 시지프스의 고행을 시작하게 하였다. 그러므로 인류는 영원의 감각을 바벨탑 건립을 통해 성취하려 하는, 즉 우리 자신이 영원, 빛, 생명이 되고자 하는 땅의 욕망에 사로잡힌 존재가 된 것이며, 이것을 굳이 교리적 용어로 표현하자면 원죄이다.

그것은 그야말로 끔찍한 비극이 아닐 수 없다. 우리 내면에선 끊임없이 영원을 향한 궁극의 갈망에 몸부림치는데, 이러한 갈망의 충족을 위해 제시되는 우리 내부의 모든 틀과 기준은 자신의 행위에 의해 눈 뜬 욕망에 철저히 투신 되는 것만으로 만족 되려 하는 것이다. 우리 의지로 쌓아올린 바벨탑으로의 하나님의 계명과 가르침을 생명 차원으로 인지하지 못하는 영적 아둔함은 우리는 그것을 결코 아둔함이라고 생각하지 않는다. 점점 더 문명은 첨단의 극한을 향해 치닫고 있다. 문명의 언어, 욕망의 언어들은 참혹할 정도로 난해한 존재의 탑을 쌓아올리거나 아니면 철저히 단순해져서 인간 존재를 어떤 식으로든 원죄적 실존의 틀에서 단 한 발자국도 벗어나지 못하게 만드는 것이다. 스스로 교도소를 조성하고 있다. 지금 그 교도소 속에서 인간은 감히 영원을 추구하고 있다. 철저히 변명하며 부정할 수도 있다. 나는 영원 따윈 추구한 적이 없다고 말이다. 하지만, 존재는 언제나 그것을 영원으로 인지하든 그렇지 않든 상관없이 χρόνος크로노스의 틀에서 καιρός카이로스, 영원의 신비를 욕망하고 있다. 타락한 천사 마귀의 욕망이 그러했듯이 말이다.

니고데모에게도 그러한 욕망이 존재했다. 회심 전에 사도 바울에게도 그러한 욕망은 그의 가슴을 언제나 들끓게 했다. 그러한 욕망의 노예가 된 존재의 입술에서 발설된 답변이 바로 거듭남의 신비에 대한 우매한 해석이었다.

말씀의 육화인 그리스도가 바로 지금 이 욕망의 사슬을 끊어내고 있다. 십자가 죽음의 순간을 기억하는가. 위로부터 아래로 휘장이 찢어지는 그 신비의 상징을 잊을 수 없을 것이다. 그 사건은 곧 더는 욕망의 틀에서 καιρός카이로스의 영원을 갈망하지 않아도 되는 말씀의 현현 사건이며, 그 사건으로서의 텍스트 전체는 그러므로 예수의 부활이다. 예수의 부활 사건이 갖는 의미는 단순히 그의 몸의 부활이 갖는 현상적 신비에만 국한됨이 결코 아니다. 그 부활은 이미 니고데모와의 대화에서부터 시작되고 있다. 사람의 거듭남. 물과 성령 안에서의 다시 태어남의 신비는 이미 그가 그리스도의 총아로서 이 땅에 모습을 드러낸 그 순간부터, *χρόνος*크로노스의 시공에 일방적으로 돌입 된 *καιρός*카이로스의 전체로서 현현되었던 그 순간부터 이미 부활 생명이 시작된 것이다. 바로 예수는 부활의 현재형으로 우리에게 나타난 것이며, 지금 그리스도가 되신 예수 자신에 대한 기록인 성서 텍스트를 통해서 우리에게 새로운 생명을 일으켜 세우는 거듭남의 신비를 허락하는 것이다.

> 나는 부활이며 생명이다. 나를 믿는 사람은 죽어도 살 것이며
> _요11:25 (현대인의 성경)

'나는 부활이며 생명이다' 구절을 헬라어로 풀어보면 *ἐγώ εἰμι ἡ ἀνάστασις καί ἡ ζωή*에고 에이미 헤 아나스타시스 카이 헤 조에로 직역해 보면 '나는 부활, 그리고 생명으로 현재 존재하고 있다' 이다.

영어 동사 is에 해당하는 헬라어 *ἐστίν*에스틴이 현재형인 *εἰμι*에이미로 쓰여 예수가 지금 밝히는 바는 자신이 곧 부활, 다시 태어난, 하늘로부터 생명이 부여된 생명 자체로서의 부활로서 현재 존재함을 밝혔음을 알 수 있다. 또한, 예수는 대등접속사 *καί*카이를 사용하여 부활과 *ζωή*조에, 생명이 같은 가치를 갖는 현재형의 상태, 그리스도인 예수 자신의 다른 이름임을 강조하고 있음을 볼 수 있다.

그렇다. 예수는 이렇듯 2천 년 전 당시, 2천 년이 지난 지금도 우리의 내부 세계 속에 거룩한 영으로 존재하시고, 그 거룩한 영으로 존재하는 그리스도이신 예수가 풀어내는 궁극의 가치는 우리로 하여금 거듭남의 신비, 새로운 생명, 땅에 뿌리를 두지 않은 하늘로부터 내려오는 새로운 생명 영역에 눈을 뜨게 만드는 것이다.

> 죽은 자의 부활도 그와 같으니 썩을 것으로 심고 썩지 아니할 것으로 다시 살아나며 욕된 것으로 심고 영광스러운 것으로 다시 살아나며 약한 것으로 심고 강한 것으로 다시 살아나며 육의 몸으로 심고 신령한 몸으로 다시 살아나나니 육의 몸이 있은즉 또 영의 몸도 있느니라 기록된 바 첫 사람 아담은 생령이 되었다 함과 같이 마지막 아담은 살려 주는 영이 되었나니 그러나 먼저는 신령한 사람이 아니요 육의 사람이요 그 다음에 신령한 사람이니라 첫 사람은 땅에서 났으니 흙에 속한 자이거니와 둘째 사람은 하늘에서 나셨느니라 _고전15:42~47

죽은 자의 부활, 말씀의 부활은 단지 내세에 일어나는 특정 사건만이 아니라 바로 지금 현재 우리 내부 세계 안에서 발아되는 새로운 창조, 탄생의 신비로 나타나고 있다. 이것이 바로 말씀의 부활이 갖는 초월성이며, *χρόνος*크로노스의 휘장을 찢는 무한적 일자와의 하나 됨을 향한 표지의 열림이다. 부활의 가치는 우리 내부 세계에 혁명의 가르침으로 돌입 되고 있는 것이다.

산상수훈을 통해 예수가 밝히고자 했던 핵심 메시지가 자신이 하나님의 뜻, 그리스도로서 이 땅에 나타났으며, 원죄적 실존의 틀, 바울의 표현을 빌려 '육의 몸' 의 틀에 사로잡힌 상태에서 '신령한 몸' 을 갈망하는 욕망의 허탄함을 과감히 파쇄破碎한 거룩한 사건들, 즉 예수 자신의 성서 텍스트 성취를 위해 헌신 된 공생애, 십자가와 부활, 승천, 오순절 성령으로의 다시 오심까지. 그 모든 텍스트의 성취가 곧 자기 자신을 말씀화 시킨 사건이며, 그렇게 말씀으로 남은 유일무이한 기록이 성서가 되는 것이다. 이 성서 안으로 돌입 되는 인간의 신비엔 그러므로 욕망의 토대, 이른바 육의 몸에서 비롯된 행위의 허탄함이 적나라하게 드러난다. 이 허탄함 앞에서 존재는 경악한다. 니고데모가 거듭남의 신비 앞에 경악하듯 자신이 부활과 생명으로 현재도 그렇고 앞으로도 영원히 존재할 거란 예수의 강력한 그리스도 되심의 선언 앞에서도 동문서답을 지껄이던 마리아의 우매함이 그러했듯 존재는 이제 도리어 두려워하는 것이다. 이 생명 사건의 일방적 돌입이 곧 우리에게 거듭난 생명, 부활의 떨림으로 존재한다는 사실 자체 말이다.

산상수훈 가르침에서 좋은 나무로 번역된 *δένδρον ἀγαθοί*덴드론 아가돈에선 *καρπόυς καλόυς*카르푸스 칼루스, '선한 열매' 가 나온다고 말씀하셨다. 선함으로 번역된 헬라어 *καλόυς*칼루스의 성서에 따른 의미는 단순히 윤리, 도덕적 선행의 결실을 뜻함이 아니다. 그 본질엔 하나님 뜻에서부터 발출된 무한한 생명의 열림, 그 속성의 드러남을 뜻한다. 하나님 한 분 외에는 선한 말씀을 낼 수 있는 존재의 가능성이 없기 때문이다.

> 하나님의 선한 말씀과 내세의 능력을 맛보고 _히6:5

또한, 못된 나무로 번역된 헬라어 *σαπρού δένδρον*사프론 덴드론에서 형용사 *σαπροί*사프론은 '부패한', '썩고 있는' 의 뜻을 갖는다. '썩고 있다' 가 상징하는 바는 무엇인가. 이것이 과연 단순히 윤리, 종교적 계율을 지키지 않으므로 발생하는 윤리, 종교적 타락으로서의 썩음을 의미하는가. 만약 그렇게 본다면 우리는 좋은 나무에 대한 해석 역시 이러한 종교적 타락의 반대 개념, 상대 개념으로서 받아들여만 할 것이다. 오늘의 종교가 갖는 이 가르침에 대한 오해가 여기서부터 시작된다. 좋은 나무와, 못된 나무의 비유를 종교적 가르침의 철저한 준수냐, 아님 그 행함의 결핍이냐로 구분하여 예수의 가르침을 다시금 수평적이고 일차원적인 맥락에서 가르치거나 설교하여 그러한 가르침을 제대로 이행하고 있으면 좋은 나무요, 선한 열매라고 생각하며, 반대로 가르침의 이행에 소홀하면 못된 나무에서 나쁜 열매, 사악한 열매를 맺는 결과가 초래된다고 주장하는 것이다.

이것은 그야말로 끔찍한 기만이 아닐 수 없다. 잠잠히 성찰해 보기 바란다. 여기서 예수가 말하는 좋은 나무와 못된 나무의 차이가 우리가 말하는 소위 예수를 닮은 삶을 사느냐 살지 못하느냐에 따라 구별된다고 생각하는가. 그렇게 예수 닮은 삶을 살려고 우리가 받아들이는 텍스트에 대한 자세는 무엇인가. 그 텍스트를 또다시 아무것도 깨닫지 못하는 니고데모와 같이 규범으로 받아들이지는 않는가. 이웃을 사랑하라는 가르침을 인간적 공덕과 선함의 실천 차원으로 격하시키고 그렇게 격하된 말씀을 제대로 실천한다고 하거나, 혹은 그렇지 못함을 회개한다고 교회 십자가 앞에 무릎 끓고 기도만 하면 모든 게 해소되는 것인가. 우리가 과연 회개해야 할 궁극의 본질이 규범으로서의 텍스트를 지키지 못한 것에 대한 두려움과 죄의식, 번뇌로부터의 위안을 뜻함인가.

냉정히 말해 바로 그러한 행위들은 종교 패러다임, 선악과 패러다임에서 벗어나지 않으며, 벗어나지도 않으려 하는 고통스러운 욕망의 반복에 불과할 뿐이다. 이 욕망의 반복에 단지 예수의 이름, 십자가가 지독히도 단순한 추상적 관념의 '사랑'이란 카테고리 안에 뭉뚱그려져 진 채 제시되고 있을 뿐이다. 이러한 상태에서 과연 어떤 구원이 가능하단 말인가.

이 기만을 넘어서려고 제시한 것이 바로 예수의 텍스트다. 이 텍스트는 결코 우리에게 이것을 우리 의지와 행위로 지킴으로서 이룩해내는 바벨탑을 쌓아올리기 위한 벽돌들이 아니다. 이 예수 텍스트는 자신의 그리스도 되심에 대한 유일한 길을 열어준 생명의 열림이며, 이 열림 안에서 우리가 할 수 있는 그야말로 유일한 종교 행위, '하나님의 일' 이란 것은 이 텍스트를 규범으로, 객관적으로 바라보는 인식의 파괴를 통해 텍스트, 말씀 안으로 돌입 되는 *καιρός*카이로스와의 하나됨이다.

그들이 묻되 우리가 어떻게 하여야 하나님의 일을 하오리이까 예수께서 대답하여 이르시되 하나님께서 보내신 이를 믿는 것이 하나님의 일이니라 하시니 _요6:28~29

하나님의 보내신 자, 그분의 뜻 전체이자 절정인 그리스도이신 예수의 생명 기록인 성서 텍스트 안으로 몰입되는 것. 그것만이 존재를 유한의 틀에서 벗어나게 하는 부활의 텍스트, 생명의 열림이 되는 것이다.

이러한 맥락에서 살펴본 부패한 나무, *σαπρού δένδρον*사프론 덴드론이 상징하는 부패는 무엇인가. 이것은 유한의 한계를 뜻하며, 사도 바울의 표현대로 썩어 없어지게 될 '육의 몸' 을 뜻함이다. 이 육의 몸은 누구나 가지는 원죄적 실존의 존재 태이다. 이 존재 태에서 드러나는 모든 행위들이 *πονηρόυς*포네루스 사악한, 못된 열매로 귀결된다. 여기서 언급되는 *πονηρόυς*포네루스, 사악함은 그러므로 우리 인식 속에서 발견되는 도덕적 타락, 부패, 상식 이하의 행동, 규범을 어긋난 만행 등의 인식이 그 본질이 될 수 없다. 사실상 이 '부패한 나무', *καιρός*카이로스의 시공에 사로잡혀 전혀 이 틀에서 벗어날 가능성이 없는 원죄적 실존의 늪에 빠져버린 존재들이 토해내는 모든 종교, 도덕, 문명 추구로서의 욕망의 결과물 그 자체가 하나의 예외도 없이 *πονηρόυς*포네루스, 악함의 고통 속에 빠져버린 것이다. 사도 바울은 이러한 인간 행위의 끔찍한 허탄함을 다음과 같은 통렬한 어조로 지적하고 있다.

> 기록된 바 의인은 없나니 하나도 없으며 깨닫는 자도 없고 하나님을 찾는 자도 없고 다 치우쳐 함께 무익하게 되고 선을 행하는 자는 없나니 하나도 없도다 그들의 목구멍은 열린 무덤이요 그 혀로는 속임을 일삼으며 그 입술에는 독사의 독이 있고 그 입에는 저주와 악독이 가득하고 그 발은 피 흘리는 데 빠른지라
> _롬3:10~15

이 원죄적 실존의 중심, 그 현상계의 욕망 깊은 곳으로 그리스도이신 예수가 돌입 된 것이다. 이것이 그야말로 무한적 일자의 일방적 침투, 절대적 은혜라고밖에 달리 어떤 미사여구가 필요하겠는가. σαπρού δένδρον사프론 덴드론, 부패한 나무, χρόνος크로노스의 숙명적 썩음, 물리적 시공의 늪에 가려져 영원의 갈망을 허탄한 욕망의 차원에 배설할 수밖에 없는 존재, σαπρού δένδρον사프론 덴드론의 중심, 그 내부 세계에서부터 말씀이신 하나님. 말씀의 육화인 그리스도 예수가 현현된 것이다. σαπρού δένδρον사프론 덴드론, 육의 몸을 뚫고 거듭남의 신비, 저 무한의 천상으로부터 하나님의 계시가 돌입 되어 들어온 이 사건, 이 성육신의 극렬한 신비 심연을 발견하는 것. 바로 그 발견 자체가 깨달음이며, 무한의 섬광을 인지함이며, 그 섬광이 펼쳐놓은 찰나의 영원에 아무 제약 없이 몰입되는 생명으로의 참여를 가능케 하는 것이다.

우리가 예수를 믿는다는 건 바로 이러한 생명의 발견을 뜻함이다. 이 생명의 발견 자체를 지금 그리스도이신 예수는 선한 열매들, καρπούς καλούς카르푸스 칼루스의 궁극임을 밝힌다. 유한의 틀에 사로잡힌, 욕망이 펼쳐놓은 고통의 결박에서 벗어날 수 없으며, 벗어남에 대한 인식조차 없던 인간을 이처럼 무한의 영원으로 이끌어 올리기 위한 무한적 일자이신 τόν θεού톤 데온, 하나님의 뜻이 그러므로 이 세상의

그 어떤 사랑과 감히 비교될 수 있단 말인가.

예수의 산상수훈이 갖는 이러한 틀의 변화에 대한 혁명적 메시지를 제발 욕망의 종교성으로 회칠하지 말아야 한다. 무엇을 깨닫는 것이 생명인지, 무엇을 어떻게 해야 하는 것이 생명 안으로의 참여인지조차 구별하지 않고 오직 종교적 계명으로 닦달하는데 모든 종교적 열심을 쏟아 붓는 오늘의 종교성이 쌓아올린 바벨탑을 이제는 해체해야 할 때가 도래하고 만 것이다.

부패한 나무, 썩어 없어질 나무의 실존이 나와는 관계없다는 식의 원시적인 성서해석은 걷어 치워야만 한다. 우리는 *χρόνος*크로노스의 틀에 여전히 묶여 있다. 우리는 지금도 우리 욕망의 가치와 생명의 가치 사이의 분투, 영적 전쟁의 현장을 살아가고 있다. 무한의 생명, 거듭남의 신비, 그 신비를 일으켜는 좋은 나무, *δένδρον ἀγαθοί*덴드론 아가돈은 바로 우리의 육의 몸을 뚫고 들어온 생명 사건이 일으켜낸 전무후무한 결실이다. 바로 이 생명나무를 인지하고 땅의 차원을 철저히 거부하는 행함, 그 행함을 실천하는 이들을 예수는 자신의 제자요, 자신의 뜻을 행한 참 그리스도인이라고 말하는 것이다.

아버지의 뜻

나더러 주여 주여 하는 자마다 다 천국에 들어갈 것이 아니요 다만 하늘에 계신 내 아버지의 뜻대로 행하는 자라야 들어가리라 그 날에 많은 사람이 나더러 이르되 주여 주여 우리가 주의 이름으로 선지자 노릇 하며 주의 이름으로 귀신을 쫓아 내며 주의 이름으로 많은 권능을 행하지 아니하였나이까 하리니 그 때에 내가 그들에게 밝히 말하되 내가 너희를 도무지 알지 못하니 불법을 행하는 자들아 내게서 떠나가라 하리라 _마7:21~23

'주여', '주여' 만을 외쳤다고 천국에 들어갈 것이 아니라는 예수의 가르침은 언뜻 이해하기 쉬워 보인다. 단지 목청껏 예수 이름을 불렀다고만 해서 천국에 들어가는 게 아니다. 문제는 아버지 하나님의 뜻대로, 그 뜻한 바의 삶을 사는 것, 즉, 행함이 있는 믿음을(야고보서 참고) 실천해야 천국에 들어갈 수 있다는 거다. 그러므로 우리는 그리스도의 제자 된 삶을 살아야 한다. 그래야만 천국도, 구원도 우리에게 허락된다.

여기까지는 충분한 공감대가 형성된다. 구령의 열정도 샘솟고 뭔가 확실한 주님을 향한 신앙의 열정이 구체화하는 것 같은 기분을 갖게 된다. 하지만, 22절 말씀을 자세히 들여다보면 뭔가 석연치 않은 구석을 발견하게 된다.

그 날에 많은 사람이 나더러 이르되 주여 주여 우리가 주의 이름으로 선지자 노릇 하며 주의 이름으로 귀신을 쫓아 내며 주의 이름으로 많은 권능을 행하지 아니하였나이까 하리니 _마7:22

지금 비유를 통해 나타난 많은 사람은 단지 '주여, 주여' 만 부르짖을 뿐 행함이 없는 사람들이 아니었다. 그들은 주님의 이름으로 예언을 했고, 주님의 이름으로 귀신을 쫓아내었으며, 심지어 많은 능력, *δυνάμεις*뒤나메이스를 행하였다고까지 주장하고 있다. 지금 이들의 항변을 들어보면 그들이 과연 위의 일들을 행하지도 않았는데, 이렇게 하나님의 보좌 얼굴 앞에 나아가 따져 묻기는 어려울 것으로 생각한다. 바꿔 말하면 이 많은 이들은 분명 이러한 능력들을 실천했다는 것이다.

또한, 이들이 지금 '선지자 노릇' 이라고 번역된 헬라어 *προεφητεύσαμεν*프로에페튜사멘가 예언적 행사의 사역을 저질에 가까운 주술의 차원으로 격하시켰다고 폄하하기도 곤란하다. 만약 그런 상황에도 이들의 양심은 알고 있을 것이다. 자신들이 주님의 이름을 사용해 장사했다는 사실, 자신의 잇속만 챙겼다는 사실 정도는 알고 있을 테니 적어도 이 가르침에 나타난 비유의 정황인 심판의 날 안에서 이런 식으로 항변하긴 어려울 거란 사실이다. 귀신을 쫓아낸 일 역시 마찬가지 아닌가. 예수의 공생애 사역을 살펴보라. 그의 사역엔 무슨 사연이 그리도 많은지 온갖 귀신들에 사로잡혀 신음하는 이들의 내부 세계를 장악한 귀신의 결박으로부터 해방 시켜준 사건이 사역의 주요 부분으로 자리잡고 있다. 그렇다면, 무엇인가. 지금 이 많은 이들 역시 예수의 일을 행하고 있었다는 이야기가 되지 않은가.

능력을 행했다는 대목에 들어서면 가히 점입가경이라 아니할 수 없다. 이 능력을 과연 마귀의 주술적인 힘에 빌린 과거 출애굽 시절 모세에 맞선 마술사의 행위라고만 치부할 수 있겠는가. 냉철히 살펴보면 그들 마술사는 하나님 아닌 다른 정령들과 우상의 이름을 빌려 기적을 행한 것이지 '주' 의 이름으로 기적을 행한 것이 아니다. 그런데 지금 이 많은 이들을 보라. 다른 누구의 이름도 아닌 '주' 의 이름으로 능력을 행한 것이다.

이쯤 되면 이 '많은 이' 들이 도대체 무엇을 그렇게 잘못했기에 천국에 들어가지 못하는 비루한 운명에 처하게 되었는지 궁금해져야 하는 것이 마땅하다. 그런데 오늘의 그리스도인은 너무나 단순하게, 어쩌면 단호하게 자신들은 이 '많은 이들' 과는 다르게 하나님의 뜻을 행하는, 불법을 하지 않는 자격을 가진 이들로 믿으려는 경향이 다분한 것 같다. 이 많은 이들은 2천 년 전 당시 종교 지도자들, 외식을 하는 바리새인들, 사두개인들을 가리킨다고 여기며 말이다.

문제는 그렇게 간단하지가 않다. 문제는 과연 2천 년 전 외식한다고 예수에게 독설을 들을 수밖에 없었던 바리새인들이 '주' 의 이름으로 귀신을 쫓아내는 일, 예언을 하는 일을 했느냐 이 말이다. 물론 추상적으로 뭉뚱그려 율법의 가르침을 선포하는 일이 곧 귀신을 쫓아내고 예언하는 일이라고 주장할 수 있겠지만, 다소 설득력이 떨어지는 해석이다. 좀 더 범위를 좁혀 보면 당시 종교 지도자들이 이런 일을 행했다는 것이 아니라 어쩌면 이 '많은 이들' 은 2천 년 전 당시에 혁명가 예수를 추종하던 제자를 자칭한 이들일 수도 있으며, 오늘날엔 예수의 이름과 십자가를 내건 교회와 그리스도인들이 그 '많은 이들' 에 포함될 수 있다는 것이다. 적어도 외식만을 일삼는 형식뿐인 종교 지도자, 아예 이방신의 가치에 함몰되어버린 불신의 삶을 사는 이들이 주의 이름으로 예언을 하고 귀신을 쫓아낼 순 없기 때문이다.

그렇다면, 무엇인가. 우리가 이 '많은 이들' 이 아니기 위해선 어떻게 해야 하는가. 바로 이 질문에 대한 답을 예수는 21절 가르침을 통해 우리에게 제시하고 있다. '내 아버지의 뜻을 행하는' (21절) 존재들만이 천국, 하늘들의 나라 안에 들어갈 수 있다고 말이다. 그렇다면, 아버지의 뜻을 행한다는 게 과연 무슨 의미인가.

이것에 대한 수용의 인식 역시 오늘의 그리스도인, 오늘의 교회는 너무나 단순하고 철저하게 규범적 차원에서 받아들이는 경향이 절대적이다. 그저 예언만 해선 안 되고, 귀신만 쫓아내선 안 된다. 그러한 사역을 수행하는 마음 안엔 예수 그리스도의 사랑이 있어야 한다. 사랑하는 마음으로 이 일을 해야만 한다. 그러면서 산상수훈의 가르침을 죄다 규범의 차원으로 풀어내기 시작한다. 원수를 사랑해야 한다. 내 오른 빰을 후려치는 못된 놈들에게 내 왼빰도 돌려대어 참된 비폭력과 순종의 모본을 보여야 한다. 이성을 보고 절대 음욕을 품어선 안 되며, 어쩌다 음욕을 품었다면 눈물로 회개하며, 나의 죄를 씻음 받아야만 한다. 이러한 식으로 마음에 진심으로 사랑하는 감정을 주입시키기 위해 다시금 자기 의지로의 고행에 몰입된다. 이것이 과연 불교가 가르치는 성불, 혹은 자기 비움의 종교의식과 뭐가 다른가. 여기에 단지 하나님의 은혜인 구원과 예수 이름이 갖다 붙여진 것 정도가 아니면 도대체 어떤 차이를 가져오는지 모르는 것이다.

'사랑' 의 관념에 대해 이러한 식으로 초월적 '사랑' 의 가치가 외부의 규범적 효과로 나타나는 것을 기대하는 건 다분히 자기 의지를 통한 사랑의 실천을 강조하는, 그래서 '사랑' , ἀγαπη아가페차원을 땅의 차원에서 해석하려 하는 인지의 오류로부터 비롯됨이다. 적어도 성서의 가르침에서만 보자면 그렇다는 말이다.

성서가 말하는 '사랑' 은 무엇인가. 이 사랑, ἀγαπη아가페는 하나님 그 자신의 이름이요, 현상계의 유한 존재들이 인지할 수 있는 무한적 일자에 대한 유일무이한 흔적 그 자체다.

우리는 하나님이 우리를 사랑하시는 그 사랑을 알고 믿고 있습니다. 참으로 하나님은 사랑이십니다. 그 사랑 안에 사는 사람은 하나님 안에서 살고 하나님도 그 사람 안에 계십니다. _요일4:16 (현대인의 성경)

이 '사랑' 은 사실상 원죄적 실존의 결박에 사로잡힌 인간의 차원에선 그 본질을 헤아릴 수 없는 초월적 사건이다. 종교성의 욕망에 결박된 존재가 이 사랑에 대해 인지할 수 있는 측면은 하나님의 본체의 드러냄을 제외한 경우라면 오직 희미하고 모호한 추상적 감정으로서만 인지함이 고작이다. 바로 이 사랑이 극렬한 빛으로 제시된 것이 이 땅, 세상에 나타난 말씀의 화육체인 그리스도 예수이다.

하나님이 세상을 무척 사랑하셔서 하나밖에 없는 외아들마저 보내 주셨으니 누구든지 그를 믿기만 하면 멸망하지 않고 영원한 생명을 얻는다.
_요3:16 (현대인의 성경)

이 화육체인 그리스도 예수에 대한 기록이 모든 율법이요 선지자들의 증언이요, 뼈대가 되는 것으로 결국 우리가 이 '사랑' 의 온전한 빛, 무한적 일자의 유한을 향한 자신의 모든 뜻을 풀어낸 것이 '사랑' 의 유일무이한 흔적인 성서 텍스트이다. 그러므로 우리는 이 성서 텍스트에 기록된 생명의 말씀을, 땅의 차원, 땅의 기록, 썩어 없어질 물리적 시공의 개념으로 받아들이는 게 아니라 성령의 견인을 받아 하늘의 차원, 하나님의 뜻의 더욱 깊은 것을 알려고 함몰되는 텍스트 내부로의 몰입이 절대적으로 요구되는 것이다.

그것은 성경이 '아무도 보거나 듣거나 생각조차 못한 것을 하나님은 자기를 사랑하는 사람들을 위하여 준비해 두셨다.' 라고 한 말씀과 같습니다.

하나님께서는 성령님을 통해 그 비밀을 우리에게 알려 주셨습니다. 성령님은 모든 것을 살피시므로 하나님의 깊은 것까지도 알아내십니다.

_고전2:9~10 (현대인의 성경)

성령의 견인이 이뤄지는 영적 역사의 태동은 바로 우리가 이 말씀의 궁극, 사랑의 실체, 사랑한다는 것의 의미가 이 성서 텍스트를 '하라'와 '하지 말라'의 규범의 틀에서 벗어나 텍스트, 말씀이 곧 생명 차원을 열어놓는다는 사실의 지속적 발견과 영적 감흥의 심연 안으로의 몰입을 통해 가능케 됨을 우리는 분명히 인지해야 할 것이며, 이러한 깨달음을 획득을 위해 지금 예수께서 이처럼 규범으로서의 신앙과 텍스트와의 하나 됨으로서의 신앙과의 극명한 대비를 천명하신 것이다.

규범으로서의 신앙은 아버지의 뜻, θέλημα델레마가 우선되지 않는다. 하지만, 언제나 그 규범으로서의 신앙은 자신들이 아버지의 뜻을 향해 나아가고 있다고 믿고 있으며, 그러한 실천 강령을 신앙의 본질로 앞세운다. 그러나 우리는 분명히 인지해야 한다. 그것이 절대로 필요하지 않다는 것이 아니라 그것이 신앙의 본질을 대신할 순 없다는 진실을 예수가 강력하게 경고하고 있음을 인지할 수 있어야 한다는 말이다. 예수에게 있어서 우리 마음의 뜨거움, 열정, 우리를 구원하신 그분의 사랑을 실천하는 행함의 차원을 지금 우리 의지와 본질의 한계로 볼 수 있는 원죄의 종교성, 그 욕망의 토대 위에서 단지 성서 텍스트를 일종의 매뉴얼manual, 구색 맞추기로 갖다 놓고서 전개하는 그 모든 바벨탑 쌓기의 허망함을 통렬히 지적하는 것이며, 예수는 이러한 허망한 짓거리를 심지어 불법이라고까지 지적하셨다.

불법으로 번역된 헬라어 ἀνομίαν아노미안은 부정 접두어 ἀ아와 법을 뜻하는 νόμος노모스의 합성어로서 직역해 보면 '법이 아닌 것'으로도 그 의미를 짐작해볼 수 있다. 예수가 말하는 불법은 바로 이런 것, 법의 본질이 아닌 것을 참된 법으로 알고, 지키는 행위가 가져오는 허망함, 무의미함을 지적하고자 함이다.

참된 법을 행하는 존재는 아버지의 뜻을 행하는 존재를 말함이며, 이때 말하는 아버지, 무한적 일자이신 하나님의 뜻은 바로 우리 인간들이 자신과 같은 무한 영역, 참된 생명 차원 안에서 하나 되기를 갈망하는 바로 그것이다.

> 사실 내 아버지의 뜻은 아들을 보고 믿는 사람마다 영원한 생명을 얻는 것이다. 그리고 나는 마지막 날에 그들을 다시 살릴 것이다. _요6:40 (현대인의 성경)

> 이 세상도 그것이 대한 욕망도 다 지나가지만 하나님의 뜻을 행하는 사람은 영원히 삽니다. _요일2:17 (현대인의 성경)

신앙생활의 궁극이자 전체는 바로 이 영원한 생명 안으로의 참여요, 발견이다. 생명을 생각해보라. 이 생명의 취함은 우리 의지로 쌓아올리거나 추구해 얻어지는 것이 아니다. 그 근원의 돌입은 유한의 존재가 어떻게 할 수 있는 성질이 아닌 하늘로부터의 일방적 침투가 아니던가. 그 침투의 본질에 하나님의 뜻, θέλημα델레마가 있으며, θέλημα델레마의 유일한 화육체인 그리스도 예수가 있으며, 그 그리스도 예수를 기록해 놓은 생명 텍스트인 성서가 존재한다. 그러므로 이 영원한 생명 안으로의 참여는 생명의 몸, θέλημα델레마의 유일한 화육체인 텍스트 안에 내재한 영원의 흔적으로서의 생명을 먹고 마시는 일이 본질이요, 그 일이 바로 '내 아버지의 뜻을 행하는'(21절) 존재들이요, 그 일을 행하는 자들이 천상의 세계, 영원한 아버지의 나라 안으로 들어갈 수 있다.

'많은 이'로 상징되는 신앙의 규범화에 길든 이들을 착오 속에 빠뜨리는 결정적인 열정의 오해는 '받은 은혜가 너무나 거대하기에 그 은혜의 빚을 갚으려고 우리는 열심히 하나님의 사랑을 전해야 한다'는 이 순수한 마음을 신앙 본질의 자리에 올려놓는 일이다. 이것은 아무리 예수에 대한 뜨거운 감격을 갖고 있다 하더라도 다시금 욕망의 종교성, 선악과 패러다임의 구렁 속으로 빠져드는 어쩔 도리가 없는 구조적 한계를 안고 있음을 잊지 말아야 한다. 신앙의 본질은 은혜의 생명 차원, 그 영원의 자궁 안으로 함몰되는 것이다. 텍스트인 하나님의 말씀을 먹고 마심으로 그 안에서 하나님의 무한적 속성과 하나가 되어 하나님의 생명을 공유하는 존재가 되는 것이다. 그것이 바로 하나님이 세상을 이처럼 사랑하여 독생자까지 아끼지 않고 이 땅에 보내신 이유이며, 피조물을 향한 무한적 일자의 사랑의 극치이다.

이 극치의 사랑을 잊지 말기 위해서라도 우리는 이제 신앙의 본질에 대한 개념을 혁명적으로 뒤바꾸어야만 한다. 진정한 회개, 인식의 틀이 변혁되는 생명의 변화, 거룩한 영의 탄식을 우리의 내면 깊은 곳에서부터 일깨워내야만 한다. 그것만이 그리스도인의 정체성인 사랑을 드러낼 수 있는 거의 유일한 길이 아니겠는가.

> 내 살이 참된 양식이며 내 피는 참된 음료이기 때문이다.
> 내 살을 먹고 내 피를 마시는 사람은 내 안에 살고 나도 그 사람 안에 산다.
> _요6:55~56 (현대인의 성경)

참고문헌

Aland, B./Aland, K./Mink, G./Wachtel, K.(edd.). *Novum Testamentum Graecum:* Editio Critica Major, IV: Die katholischen Briefe, 1. Lieferung: Der Jakobusbrief, Stuttgart: Deutsche Bibelgesellschaft, 1997; 2. Lieferung: Der zweite und dritte Johannesbrief, 2005.

Aland, K./Aland, B. *Der Text des Neuen Testaments:* Einfuhrung in die wissenshftlichen Ausgaben und in Theorie wie Praxis der modemen Textkritik, 2. Aufl. Stuttgart: Deutsche Bibelgesellschaft, 21989.

Aland, B./Aland, K./Karavidopoulos, J./Martini, C. M./Metzger, B. M. Greek New Testament, 4th ed. Stuttgart: Deutsche Bibelgesellschaft, 1994.

Aland, B., "Kriterien zur Beurteilung kleinerer Papyrusfragmente des Neuen Testaments," *New Testament Textual Criticism and Exegesis: Festschrift J. Delobel,* Bibliotheca Ephemeridum Theologicarum Lovaniensium 161, ed. by A. Denaux, Leuven: Leuven University Press, 2002.

Ajzenstat, Oona. *Driven Back to the Text: The Postmodern Sources of Levinas's Post-modernism.* Pittsburgh: Duquesne University Press, 2001.

Bonhoeffer, Dietrich. *Letters and Papers from Prison.* London: Macmillan, 1972.

Bernasconi, Robert and David Wood, ed. *The Provocation of Levinas: Re-Thinking the Other.* London: Routledge, 1988.

Crossan, John D. *The Historical Jesus: The Life of a Mediterranean Jewish Peasant.* SanFrancisco: Harper, 1991.

Derrida, Jacques. "Violence and Metaphysics." Writing and Difference: An Essay on the Though of Emmanuel Levinas, 79-153. Chicago: University of Chicago Press, 1978.

Engberg-Pedersen, Troels ed. *Paul in His Hellenistic Context.* Minneapolis: Fortress Press, 1995.

Gardner, Clinton. "A Critique of Christocentric Models of Ethical Analysis." *Religion in Life 39,* No. 2(1970).

Hurtado, L. A. *Text-Critical Methodology and the Pre-Caesaren Text:* Codex Win in the Gospel of Mark. Studies and Documents 43. Grand Rapids: Eerdmans, 1981.

Levinas, Emmanuel. *Collected Philosophical Papers.* Translated by Alphonso Lingis.

Dordrecht: Martinus Nijhoff, 1987.

Moltmann, Jurgen. *Jesus Christ for Today's World.* Tr. by. Margret Kohl. Minneapolis: Fortress Press, 1994.

Russel, Jeffrey Burton. *The Devil: Perceptions of Evil from Antiquity to Primitive Christianity.* Ithaca and London: Cornell University Press, 1997.

Robinson, J. M. The Secrets of Judas: The Story of the Misunderstood Disciple and His Lost Gospel. New York: Harper San Francisco, 2006.

Ricoeur, Paul. One self as Another. Chicago: The University of Chicago Press, 1992.

Streeter, B. H., *The Four Gospels: A Study of Origins: Treating of the Manuscript Tradition, Sources,* Authorship, and Dages, London: Macmillan, 1924.

Weil, Simone. *The Notebooks of Simone Weil.* 2. Vols. Vol. 1 & 2. London: Routledge & Kegan Paul, 1956.

그닐카, J./박재순 역.『마르코복음』II. 서울: 한국신학연구소, 1986.

김진호.『예수 역사학』. 서울: 다산글방, 2000.

들뢰즈, 질/박기순 옮김『스피노자의 철학』. 서울: 민음사, 2002.

들뢰즈, 질 · 가타리, 펠릭스/김재인 옮김.『천개의 고원』. 서울: 새물결, 2001.

라캉, 자크/권택영 엮음.『욕망이론』. 서울: 문예출판사, 1994.

박노식. "마가의 예수 이해: 칭호를 통한 인물구성."『신약논단』10/2(2003), 229-262.

서중석.『복음서해석』. 서울: 대한기독교서회, 1991.

서용원.『생존의 복음』. 서울: 한들출판사, 2000.

이진경.『노마디즘』1 & 2권. 서울: 휴머니스트, 2002.

장동수.『신약성서 사본과 정경: 헬라어에서 한글까지』. 대전: 침례신학대학교 출판부, 2005.

하성수/강지숙(편저).『그리스어문법』. 경북: 분도출판사, 2005.

Ehrman, B.,『성경왜곡의 역사』민경식 역, 서울: 청림출판, 2006.

Marshall, I. H./강요섭 역.『루가복음』2. 서울: 한국신학연구소, 1984.